Projektmanagement im Energiebereich

Lizenz zum Wissen.

Sichern Sie sich umfassendes Wirtschaftswissen mit Sofortzugriff auf tausende Fachbücher und Fachzeitschriften aus den Bereichen: Management, Finance & Controlling, Business IT, Marketing, Public Relations, Vertrieb und Banking.

Exklusiv für Leser von Springer-Fachbüchern: Testen Sie Springer für Professionals 30 Tage unverbindlich. Nutzen Sie dazu im Bestellverlauf Ihren persönlichen Aktionscode C0005407 auf www.springerprofessional.de/buchkunden/

Jetzt 30 Tage testen!

Springer für Professionals.
Digitale Fachbibliothek. Themen-Scout. Knowledge-Manager.

- Zugriff auf tausende von Fachbüchern und Fachzeitschriften
- Selektion, Komprimierung und Verknüpfung relevanter Themen durch Fachredaktionen
- Tools zur persönlichen Wissensorganisation und Vernetzung

www.entschieden-intelligenter.de

Springer für Professionals

Carsten Lau • André Dechange • Tina Flegel
(Hrsg.)

Projektmanagement im Energiebereich

Herausgeber
Prof. Dr. Carsten Lau
SRH Hochschule für Logistik und Wirtschaft
Hamm
Deutschland

Prof. Dr. André Dechange
FH Dortmund
Dortmund
Deutschland

Tina Flegel
Freie Universität Berlin
Berlin
Deutschland

ISBN 978-3-658-00266-4
DOI 10.1007/978-3-658-00267-1

ISBN 978-3-658-00267-1 (eBook)

Die Deutsche Nationalbibliothek verzeichnet diese Publikation in der Deutschen Nationalbibliografie; detaillierte bibliografische Daten sind im Internet über http://dnb.d-nb.de abrufbar.

Springer Gabler
© Springer Fachmedien Wiesbaden 2013
Das Werk einschließlich aller seiner Teile ist urheberrechtlich geschützt. Jede Verwertung, die nicht ausdrücklich vom Urheberrechtsgesetz zugelassen ist, bedarf der vorherigen Zustimmung des Verlags. Das gilt insbesondere für Vervielfältigungen, Bearbeitungen, Übersetzungen, Mikroverfilmungen und die Einspeicherung und Verarbeitung in elektronischen Systemen.

Die Wiedergabe von Gebrauchsnamen, Handelsnamen, Warenbezeichnungen usw. in diesem Werk berechtigt auch ohne besondere Kennzeichnung nicht zu der Annahme, dass solche Namen im Sinne der Warenzeichen- und Markenschutz-Gesetzgebung als frei zu betrachten wären und daher von jedermann benutzt werden dürften.

Lektorat: Stefanie Brich, Katharina Harsdorf

Springer Gabler ist eine Marke von Springer DE. Springer DE ist Teil der Fachverlagsgruppe Springer Science+Business Media
www.springer-gabler.de

Vorwort

Das Thema Projektmanagement ist seit Jahrzehnten ein Dauerthema. Es gab immer wieder Industrien, die sich aus verschiedenen Gründen intensiv mit der optimalen Abwicklung komplexer Vorhaben auseinander gesetzt und eigene, angepasste Modelle entwickelt haben. Diese Unternehmen haben dem Projektmanagement auch ihren Stempel aufgedrückt. Hier sind gerade die Informations- und Telekommunikations- sowie die Automobilindustrie zu nennen.

Die Anfragen für Seminare oder Workshops mit dem Titel „Projektmanagement" steigen ständig. So wird das Thema Projektmanagement immer wieder in Branchen aufgerufen, die aufgrund hohen Wettbewerbsdrucks dringend nach neuen Lösungen und Rettungswegen suchen. Dieser Antrieb und die entsprechende Suche nach neuen Ideen und Ansätzen haben auch den Energiebereich erfasst. Themen wie der Ausstieg aus der Kernkraft, die dezentrale Stromerzeugung aus erneuerbaren Energiequellen, die gesetzlich verordnete vertikale Desintegration und der Netzausbau haben eine einstmals stolze und profitsichere Branche in den Grundfesten erschüttert.

Forschungsvorhaben, Umstrukturierungen oder Neuausrichtungen bzw. die Bündelung von Aktivitäten sollen dazu beitragen den Tanker „Energie" wieder flott zu bekommen. Hierbei spielt ein professionelles Projektmanagement eine bedeutsame Rolle. Fieberhaft stellen sich Unternehmen im Energiesektor daher der Herausforderung, Projektmanagementsysteme zu entwickeln, die der vielseitigen Branche gerecht werden.

An dieser Stelle setzt dieses Buch an: Wir haben versucht die aktuellen Projektmanagementthemen des Energiebereiches abzubilden; die wichtigsten Probleme und Lösungen zu präsentieren.

Wir bedanken uns herzlich bei den Autoren, die uns bei diesem Vorhaben unterstützt haben.

im Februar 2013
Hamm, Berlin, Dortmund

Carsten Lau
Tina Flegel
André Dechange

Geleitwort

Die Energiebranche ist dabei, sich neu zu erfinden. Der Umbau ist in vollem Gange, obwohl die Politik die Rahmenbedingungen ständig verändert und die Entwicklung der Märkte somit noch viele Fragezeichen aufwerfen wird. Der Widerspruch ist unübersehbar: Die Unternehmen können nur „auf Sicht" fahren, müssen aber oftmals Investitionen tätigen, mit denen sie sich über Jahrzehnte binden. Die große Unsicherheit lässt den Beratungsbedarf steigen.

Früher war die Welt der Stromversorgung einfach und übersichtlich: Große Unternehmen setzten große Kraftwerke neben die großen Städte und die großen Industrirereviere und verdienten damit das große Geld. Die Liberalisierung der Märkte und die Energiewende nehmen dieses Geschäftsmodell in die Zange. Der Wandel hin zu einer kleinteiligeren Struktur mit ganz neuen Playern ist unübersehbar. Zugleich stellt der wachsende Anteil erneuerbarer Energien den Bestand konventioneller Kraftwerke in Frage. Und Kunden, die bislang allein Stromverbraucher waren, sind nun zugleich Stromproduzenten. Die Zeit der einfachen, risikoarmen Geschäftsmodelle ist offenbar vorüber.

Überwölbt wird die ohnehin unübersichtliche Gemengelage von den Umwälzungen auf den Öl- und Gasmärkten, die die Entwicklung in Deutschland und im Rest Europas noch erheblich beeinflussen werden: Amerika nutzt die Möglichkeiten, die sich aus den riesigen Vorkommen an unkonventionellem Gas und Öl ergeben. Ein rasch wachsender Anteil des US-Kraftwerksparks wird mit billigem Gas befeuert, die Strompreise sinken, längst erscheint eine Reindustrialisierung der USA realistisch. Davon geht ungeheurer Druck auf Europa, speziell auf Deutschland, aus. Wer weiß denn, ob die nächste Bundesregierung die Kraft und den Willen hat, den deutschen Sonderweg eines radikalen und zunächst kostspieligen Schwenks hin zu den erneuerbaren Energien weiter zu beschreiten? Wird die Energiewende vielleicht in ein paar Monaten komplett zur Disposition gestellt? Der nächste komplette Kurswechsel innerhalb weniger Jahre ist jedenfalls nicht völlig auszuschließen.

Aber es gibt natürlich auch Chancen. Im Moment deutet vieles darauf hin, dass gerade neue Player diese Chancen nutzen. Neu heißt es in diesem Fall nicht unbedingt, dass die Zukunft den Startups gehört. Vielmehr betreten Unternehmen das Spielfeld, die bislang mit der Erzeugung, dem Transport oder dem Verkauf von Strom nichts am Hut hatten. Die Deutsche Telekom, SAP oder Cisco stehen in den Startlöchern, um etwa die intelligente Steuerung und Abrechnung der Stromverteilung zu organisieren und damit Geld zu verdienen. Gleichzeitig stecken Investoren Milliarden in Netze und Windparks.

Parallel dazu wachsen die europäischen Strommärkte zusammen. Diese Entwicklung ist politisch gewollt und zugleich marktgetrieben. Es ist Österreichern, Schweizern und künftig auch Norwegern nicht zu verdenken, dass sie an der deutschen Energiewende mitverdienen wollen. Die entsprechenden Speicher- und Netzkapazitäten werden wachsen und den deutschen Markt beeinflussen.

Für die bisherigen Branchenriesen dürfte die Welt eher komplizierter werden. Sie müssen sich mit kleinen Lösungen zufrieden geben und Partner auf der lokalen Ebene suchen. Die Entwertung eigener Investitionen – sprich: bestehender Großkraftwerke – kann im ungünstigsten Fall die Folge sein.

Das größte Problem für die Branche ist ein externes: Es ist die Politik. Sie formuliert keine Rahmenbedingungen, die auf Dauer Bestand haben. Minimalkompromisse führen zu halbherzigen, oft widersprüchlichen Lösungen, die schon nach wenigen Monaten erneut zur Diskussion stehen. Und in vielen Fällen geschieht nichts oder viel zu wenig, obwohl dringende Reformen seit Jahren überfällig sind.

Besonders deutlich wird das an der Debatte über die Förderung der erneuerbaren Energien. Es besteht mittlerweile großes Einvernehmen darüber, dass das derzeitige Förderinstrument, das Erneuerbare-Energien-Gesetz (EEG), ganz grundsätzlich geändert werden muss. Die Erneuerbaren sind mit einem Anteil von mittlerweile deutlich über 20 % an der deutschen Stromerzeugung längst ihrer Nische entwachsen. Das System fester Einspeisevergütungen, die noch immer größtenteils sehr deutlich über den Marktpreisen für konventionell erzeugten Strom liegen, ist am Ende. Die Betreiber von EEG-Anlagen müssten sich daran gewöhnen, dass auch für sie mehr und mehr die Gesetze des Marktes gelten sollen. Doch aus diesen Erkenntnissen werden keine Konsequenzen gezogen. Der überfällige Systemwechsel bei der Förderung der erneuerbaren Energien scheitert daran, dass Bund und Länder sich gegenseitig blockieren. Es steht in den Sternen, wann sich diese überaus ungünstige Konstellation ändern wird.

Die daraus erwachsenden Probleme werden von Tag zu Tag offenkundiger. Weil der rasant wachsende Anteil von Strom, der aus erneuerbaren Quellen stammt, die Märkte flutet, sinkt die Auslastung konventioneller Kraftwerke dramatisch. Wer jetzt ein neues Gaskraftwerk sein eigen nennt, hat wenig Freude daran: Es lässt sich damit kein Geld verdienen.

Es ist eine Ironie des Schicksals, dass ausgerechnet die politisch ungeliebten Braunkohlekraftwerke mit ihren exorbitanten Kohlendioxidemissionen angesichts niedriger Brennstoffkosten und stark gesunkener Preise für Emissionszertifikate zu den Profiteuren der Entwicklung gehören.

Die Politik hat auf diese Entwicklung keine Antwort, die Debatte über Kapazitätsmärkte plätschert ohne absehbares Ergebnis vor sich hin. Die Branche muss sich auf alles gefasst machen.

Ebenso unkalkulierbar ist die Zukunft des Emissionshandels. Im Idealfall wäre das Handelssystem Dreh- und Angelpunkt der europäischen Energie- und Klimapolitik. Seit geraumer Zeit jedoch führt es ein Schattendasein. Nichts deutet darauf hin, dass sich der Emissionshandel im Laufe der dritten Handelsperiode noch zu einem kraftvollen Steuerungsinstrument entwickelt, das der Branche bei der Orientierung helfen könnte.

So summieren sich die Probleme zu einer Investitionsbremse. Das vorliegende Buch von Carsten Lau, André Dechange und Tina Flegel leistet einen sehr guten Beitrag, Schneisen durchs Dickicht zu schlagen und somit Orientierung geben. Die Mischung aus wissenschaftlicher Expertise und praktischer Erfahrung bildet dafür eine gute Basis.

Klaus Stratmann
Handelsblatt
Korrespondent Schwerpunkt Energiepolitik

Einleitung

Energieversorgungsunternehmen (EVU) sehen sich heute vielfältigen neuen Herausforderungen gegenüber: Das Unglück im japanischen Kernkraftwerk Fukushima 1 inspirierte die deutsche Energiewende. Vor dem Atomausstieg hatte die Cash Cow Kernkraft andere Bereiche innerhalb der großen deutschen EVU mitfinanziert. Da sie als Einnahmequelle weggebrochen ist, mussten schnell Kosteneinsparungspotenziale realisiert und neue Einnahmequellen erschlossen werden.

Parallel führten die Weltfinanzkrise, der Ausbau des Abbaus von Shale Gas und der Einsatz neuer Technologien im Gastransport zu einem Verfall des Gaspreises, der sich negativ auf die Wettbewerbsposition der durch langfristige Lieferverträge gebundenen deutschen EVU auswirkte.

Auf die konventionelle Erzeugungssparte entsteht außerdem Druck durch die Liberalisierung des europäischen Energiemarktes und die Verschärfung der Umweltgesetzgebung bzw. die vollständige Versteigerung der Emissionsrechte.

Deutsche EVU können sich einerseits durch den Zubau von Kapazitäten erneuerbarer Energien und mit ihnen kompatibler GuD-Kraftwerke Märkte innerhalb Europas, sowie durch den Export konventioneller Kraftwerkstechnologie außerhalb Europas eröffnen. Darüber hinaus besteht insbesondere bei der Speicher- und Übertragungstechnologie ein Forschungszwang. Insgesamt dezentralisieren und diversifizieren sich damit die Aufgaben der EVU: Strategische Aufgaben für den Anlagenbau sind die Abwicklung vielfältiger kleiner Projekte mit kurzer Laufzeit in Europa einerseits, und großer Projekte mit entsprechend langer Laufzeit in politisch mitunter volatilen Ländern außerhalb Europas. Den EVU muss es darüber hinaus gelingen, die resultierende technische und organisatorische Komplexität optimal im laufenden Betrieb zu integrieren.

Um diesen Herausforderungen beggenen zu können, gilt es, funktionierende Projektmanagementsysteme in EVU zu verankern. Die konkrete Ausgestaltung eines auf die Belange neuer, internationaler, Vorhaben zugeschnittenen, branchenbezogenen Projektmanagements rückt infolgedessen zunehmend in den Blickpunkt des Interesses.

Als Herausgeber möchten wir mit diesem Buch einen Beitrag zur Konzeptualisierung dieses Projektmanagements leisten. Dazu werden theoretische und praxisbezogene Einblicke in das Projektmanagements in der Energiebranche gegeben. Die jeweiligen Autoren geben in diesem Kontext ihr persönliches Erfahrungswissen wieder, welches sich nicht immer mit der gängigen Meinung des jeweiligen Unternehmens decken muss. Das Buch verfolgt in dem Zusammenhang dabei konkret drei Ziele:

Aktuelle Themen und Trends der Energiewirtschaft aufzeigen und die Verbindung zwischen Strategie und deren Umsetzung in Projektmanagement verdeutlichen (Teil I).

Dabei den Stellenwert und die verschiedenen Ansätze des Projektmanagements in der Energiebranche darstellen (Teil II).

An konkreten Beispielen die Umsetzung des PM aufzeigen (Teil III).

Projekte im Energiebereich zeichnen sich neben ihrem Investitionsumfang und Zeithorizont dadurch aus, dass sie über einzelne Unternehmen hinausgehen, eine hohe gesellschaftliche Relevanz haben und große Veränderungen in einer strukturell und kulturell historisch sehr gefestigten Branche realisieren müssen. Das Projektmanagement im Energiebereich muss daher besonders hohen Anforderungen gerecht werden, wie sie wohl derzeit kaum auf eine andere Branche durchschlagen.

Der erste Teil des Buches stellt die Entwicklungen des Stromsektors in Deutschland seit dem Anfang der Liberalisierung im politischen Kontext dar und zeigt auf, welche strategischen Entscheidungen sich für Energieversorgungsunternehmen daraus aktuell und in Zukunft ergeben. Insbesondere wird in diesem Teil auf die Investitionsbedürfnisse des Stromsektors in Deutschland, sowie die Entscheidungsparameter von Energieversorgungsunternehmen für Investitionen eingegangen. Die Bedeutung politischer und sozialer Entwicklungen auf Stromversorgungsunternehmen wird klar. Daraus folgt die Notwendigkeit einer engen Koordination ihrer Geschäftstätigkeit mit eben diesen Entwicklungen, wobei es den Unternehmen überlassen ist, politisch-gesellschaftliche Veränderungen möglichst gut zu antizipieren und darauf flexibel zu reagieren oder sich zu engagieren, um diese Veränderungen zu beeinflussen.

Georg Erdmann beschreibt in seinem Beitrag das Spannungsverhältnis aus hohen, langfristigen, gebundenen Investitionen einerseits und großer Unsicherheit hinsichtlich politischer, wirtschaftlicher, technischer etc. Entwicklungen für die Energiebranche. Er stellt fest, dass es unmöglich ist, die Ausgestaltung des Energiesystems in 15 oder zwanzig Jahren vorherzusagen und nennt insbesondere die noch ungeklärten Widersprüchen in den Maßnahmen und der Diskussion zur deutschen Energiewende als Risikofaktor. Professor Erdmann konstatiert, dass der langfristige Erfolg von Energieunternehmen zunehmend von ihrer Fähigkeit abhängt, den Ausgang politischer Entscheidungen zu antizipieren oder zu beeinflussen.

Melanie Feudel bildet zunächst den Regulierungseinfluss der Europäischen Union im Energiebereich seit den achtziger Jahren ab und geht näher auf deutsche Maßnahmen zur Umsetzung der auf europäischer Ebene geforderten Liberalisierung des Strommarktes ein. Ihr Beitrag konzentriert sich darauf, wie die vier großen in Deutschland operierenden Stromversorger–RWE, E.ON, Vattenfall Europe und EnBW–einerseits und die kommunalen Stadtwerke andererseits mit den veränderten Rahmenbedingungen umgegangen sind. Während die Förderung der erneuerbaren Energien und der Atomausstieg Chancen für Stadtwerke darstellen, müssen sich die großen Unternehmen stärker auf die Erforschung systemrelevanter Dienstleistungen, wie Stromspeicher, konzentrieren und ihr Geschäft internationalisieren.

Tina Flegel stellt die besonderen politischen und wirtschaftlichen Risiken, denen sich Stromversorgungsunternehmen bei der Expansion in neue Märkte außerhalb der Europäischen Union gegenübersehen dar. Sie charakterisiert die Liberalisierung der Elektrizitätssektoren als internationalen Prozess, der jedoch in unterschiedlichen Überlegungen fußen kann. Ihr Beitrag geht zunächst auf die oft entscheidende Rolle verschiedener staatlicher Akteure in diesen neuen Märkten und ihre vielfältigen Interessen ein, um daraus die besondere Dynamik abzuleiten, der Stromversorger bei der Expansion begegnen. Anhand eines Fallbeispiels wird illustriert, dass die Expansion in jeden neuen Markt mit hohen Investitionen in politische Beziehungen (Stakeholdermanagement) einhergehen sollte, um erfolgreich zu sein.

Peter Witt bemerkt, dass sich die traditionell eher gering ausgeprägte Innovationsorientierung vieler Energieversorgungsunternehmen deutlich steigern muss, um mit den deutlich veränderten Rahmenbedingungen auf dem deutschen Strommarkt fertig zu werden. Vielfach müsse Innovationsmanagement noch organisatorisch in die Unternehmen eingebunden und Innovationsfreude zur Unternehmenskultur werden. Die gegenwärtige Marktsituation erfordert neue Technologien, neue Produkte und neue Prozesse. Der Beitrag stellt dar, wie Unternehmen vorgehen können, um sie entwickeln zu können. Dabei gelte es insbesondere, Trends möglichst früh aufzugreifen und entsprechend flexibel darauf zu reagieren.

Wolfgang Kottnik stellt in seinem Beitrag zunächst die Forschungsthemen vor, denen sich Stromversorgungsunternehmen in widmen müssen. Aus den politischen Vorgaben zum Ausbau erneuerbarer Energien und zur Trennung verschiedener Stufen der Wertschöpfungskette im Stromsektor ergibt sich, dass sich Versorger neue Geschäftsfelder erschließen und entsprechende Prozesse und Technologien entwickeln müssen. Da der Umfang der notwendigen Forschungsprojekte die Leistungsfähigkeit und Investitionsbereitschaft einzelner Unternehmen vielmals übersteigt, werden entsprechende Forschungsprojekte in Kooperationen aus mehreren privaten Unternehmen mit staatlicher Förderung umgesetzt. Der Beitrag beschreibt anhand eines Beispiels die Organisation und den Ablauf solcher Projekte.

Werner Hecker betrachtet die Herausforderungen an Energieunternehmen in den letzten Jahren aus Sicht des Praktikers. Er betont, dass Stromversorger Veränderungskompetenz entwickeln müssen, um sich gegen Mitbewerber durchzusetzen. Dabei gelte es einerseits, mit neuen Produkten nach außen dynamisch aufzutreten und andererseits, interne Organisationsstrukturen auf Flexibilität auszurichten. Dafür sei eine optimale Synergie aus strategischem Vorgehen und täglicher Projektarbeit notwendig.

Alle Autoren betonen wie wichtig eine durchdachte Unternehmensstrategie und ein professionelles Projektmanagement sind, damit Stromversorgungsunternehmen adäquat auf die vielfältigen Veränderungen, denen sie zukünftig gegenüberstehen, reagieren können.

Der zweite Teil des Buches beschäftigt sich mit der Planung und Steuerung von Projekten aus Unternehmenssicht im Energiebereich, dem sog. Multiprojektmanagement. Hierbei geht es um das richtige Auswählen, Bewerten und Steuern mehrerer parallel laufender Projekte in einer Unternehmenseinheit oder im gesamten Unternehmen. Darüber hinaus werden aber auch im Multiprojektmanagement die Strukturen, Vorgaben, Aufgaben, Rollen, Methoden und Instrumente des Einzelprojektmanagements professionalisiert, d. h. zunächst standardisiert und kontinuierlich verbessert. Wichtige Themen des Multiprojektmanagements im Energiebereich sind neben dem grundsätzlichen Aufbau des Multiprojektmanagements und der Standardisierung des Projektmanagements im Unternehmen, die richtige Auswahl von Projekten, ein professionelles und damit erfolgreiches Risikomanagement sowie insbesondere bei Branchen und damit Unternehmen, die im Umbruch sind, das sog. Veränderungsmanagement bzw. im Englischen Change Management. Neben dem Veränderungswunsch und -zwang, der sich in zahlreichen Projekten und Aktivitäten bei Energieunternehmen ausdrückt, ist die Kultur und Kommunikation ein weiterer wesentlicher Punkt. Herausforderungen durch verschiedene Kulturen in einem Unternehmen zeigen sich insbesondere in seinen Projekten, da aufgrund des temporären Charakters eines Projektes, das Team sehr schnell Effizienz zeigen muss.

Bernd Friedrich und *André Dechange* zeigen in Ihrem Artikel „Multiprojektmanagement in der Energiewirtschaft" den Aufbau und Funktionen des Multiprojektmanagements im Allgemeinen und ein Konzept für die Struktur eines Multiprojektmanagements in der Energiewirtschaft. Darüber hinaus beschreibt dieser Artikel die Vorgehensweise beim Aufbau des Multiprojektmanagements. Nach einer Einführung, die insbesondere der Begriffsdefinition und -abgrenzung dient, werden auf Basis von Studien die Bedeutung und der Nutzen des Multiprojektmanagements aufgezeigt. Die Struktur des Multprojektmanagements mit seinen Dimensionen „Methoden und Prozesse", „Organisation", „Mensch" und „IT" sowie der Verknüpfung mit der Unternehmensstrategie liefert die Basis und gleichzeitig den Aufbau des Artikels. Die Aufgaben und wesentlichen Merkmale werden beschrieben. Es folgt darauf die Anwendung der Dimensionen in der Energiewirtschaft. Das letzte Kapitel zeigt die Vorgehensweise für eine erfolgreiche Einführung von Multiprojektmanagement in Unternehmen auf.

Die Standardisierung des Projektmanagements wird heute in vielen Unternehmen als ein kritischer Erfolgsfaktor gesehen. *Tobias Aschoff* beschreibt in seinem Artikel „Tailoring unternehmensinterner Projektmanagementstandards für Energieanlagenbauprojekte" den Zusammenhang zwischen den typischen Projektmanagement Wissensgebieten bzw. Projektmanagementprozessen und unterschiedlichen Projektmerkmalen für Energieanlagenbauprojekte. Diese Korrelationen werden für Unternehmen aus dem Energiebereich durchgeführt. Der Artikel beginnt mit der Beschreibung von Projektmanagementsystemen und unternehmensinternen Projektmanagementstandards. Eine wichtige Basis für das Herausarbeiten der Korrelation zwischen Projektmanagementprozessen und Projektmerkmalen ist die Bildung eines Projektkategorisierungsmodells. Dieses Modell wird speziell für Kraftwerksprojekte entwickelt. Auf Basis der Korrelation zwischen Projektkategorien und Projektmanagementprozessen lassen sich Maßnahmen für die spezifische Anpassung der auf Basis der Anforderungen verschiedener Projekte realisieren.

Werner Wetekamp zeigt in seinem Artikel „Projektportfolioauswahl unter Engpassbedingungen" die praktische Bedeutung von Business Case und der Kapitalwertmethode auf. Die Kapitalwertmethode wird zunächst lehrbuchmäßig mit Beispielen verdeutlicht. Die Bedeutung des Instrumentes Business Case wird anhand der vier Bereiche „Zwang zur Planung", „Kapitalwertmethode als Risikomanagementinstrument", „Durchführung von Sensitivitätsanalysen" und „verbindliches Dokument für die Zusagen der beteiligten/verantwortlichen Fachbereiche" eingehend dargestellt.

In dem Artikel „Change Management in der Energiewirtschaft–Bericht aus einer Branche im Wandel" wendet sich *Jan Schneider* einem immer wichtigeren Thema der Energiebranche zu. Die Veränderung in den Unternehmen erfordert neben Fingerspitzengefühl des Managements ein solides Verständnis über Veränderungsprojekte. Hierzu wird neben der Bedeutung und dem Stand in der Energiewirtschaft insbesondere auf das Projektmanagement von Veränderungsprojekten eingegangen. Darüber hinaus werden die Themen „Veränderungsprojekte initialisieren", „Veränderungsprojekte planen", „Veränderungsprojekte organisieren" und „Veränderungsprojekte evaluieren" jeweils ausführlich erörtert und mit neusten Erkenntnissen aus der Praxis gefüllt.

Der Artikel „Risikomanagement–das Beherrschen von Risiken als kritischer Faktor für den Projekterfolg" von *Claudia Degner* untersucht und stellt die Bedeutung des Risikomanagements für Projekte aus dem Energiesektor dar. In dem Artikel wird in einem ersten Schritt in die Begriffswelt des Risikomanagements eingeführt. Hierbei sind Begriffe wie Risikoarten, Risikoursachen, Risikoereignis, Risikoauswirkung zu nennen. Der klassische Ablauf eines Risikomanagements mit den Phasen „Identifizierung", „Bewertung", „Strategie und Massnahmenplanung" und „Controlling" werden beschrieben. Die Autorin gibt ein umfassendes und konkretes Beispiel des Risikomanagements bei einem Kraftwerkprojekts und stellt sowohl den Ablauf als auch die verschiedenen Ausprägungen dar.

Sylvia Swonke und Carsten Schneider zeigen in ihrem Artikel „Kommunikation und Kultur in Projekten" die Bedeutung und den Zusammenhang von Kommunikation und Kultur. Es werden vor allem die Themen Voraussetzungen für eine erfolgreiche Kommunikation, optimale Zusammensetzung von Projektteams, Unterstützung des Teambildungsprozesses und Vermeidung von Konflikten dargestellt. Hierzu werden praxisnahe Beispiele und Lösungsansätze gegeben.

Der dritte Teil des Buches beschäftigt sich mit einzelnen Initiativen aus Unternehmenssicht im Energiebereich, dem sogenannten Einzelprojektmanagement. Hierbei werden derzeit herausragende Einzelprojektthemen wie die Realisierung von Großprojekten und Offshore-Projekten näher beschrieben. Die dringend notwendige Qualifizierung von Projektbeteiligten spielt ebenso wie die das Projektmanagement im Biogasbereich eine bedeutende Rolle. Den neuen Herausforderungen an die Energiewirtschaft für das bedeutende Zieljahr 2020 tragen die Überlegungen zum Thema Smart Metering Rechnung.

In dem Artikel „Einführung einer Projektmanagement-Laufbahn: Voraussetzungen und Erfolgsfaktoren" wenden sich *Eva Katharina Scherer, Timm Eichenberg und Annette Rudat* einem dringend benötigten begleitenden Karrieremodell für das Projektmanagement zu. Aufgrund der stetig steigenden Bedeutung des Projektmanagement rückt insbesondere die Projektmanagement-Laufbahn in den Fokus von Unternehmensleitungen und Personalverantwortlichen der Energiebranche. Die Autoren beschreiben die theoretischen Grundlagen von Karrieremodellen und skizzieren anschaulich die Voraussetzungen zu Einführung einer solchen Laufbahn. Untermauert wird dieser Beitrag durch die exemplarische Beschreibung der Implementierung bei der E.ON IT GmbH.

Die Bundesregierung hat Leitlinien für eine umweltschonende, zuverlässige sowie bezahlbare Energieversorgung beschrieben und dadurch die erneuerbaren Energien als zentralen Pfeiler der zukünftigen Energieversorgung definiert. Der Offshore-Windenergie fällt hierbei eine entscheidende Rolle zu. *Carsten Lau* beschreibt in seinem Beitrag „Bedeutung von Projektmanagement in Offshore Projekten unter besonderer Berücksichtigung von Logistikaktivitäten", dass die derzeit bestehenden Projekte noch nicht die ihnen angedachte Rolle ausfüllen können. Gerade im Umfeld des Projektmanagements herrscht dringender Handlungsbedarf.

In dem Beitrag von *Andreas Willeke* werden Erfahrungen aus der Realisierung eines Großprojektes beschrieben. Beim Neubau eines 1100-MW-Steinkohlekraftwerks am Standort Datteln in Nordrhein-Westfalen traten erhebliche Störungen des Bauablaufs durch Zurücknahme des Bebauungsplans auf. Der Autor beschreibt ausführlich das Projekt und widmet sich der „Projektsteuerung unter unsicheren Randbedingungen". Als Quintessenz aus diesen Unsicherheiten formuliert Andreas Willeke einen Lösungsansatz, der solche Risiken zukünftig minimieren helfen soll.

Carsten Wolff leistet mit seinem Artikel" Erneuerbare-Energien-Projekte: Beispiel Biogasprojekte" einen weiteren bedeutsamen Beitrag zum Einzelprojektmanagement im Bereich erneuerbare Energien. Er beschreibt als Ausgangslage das Grundkonzept von Biogasanlagen mit seinen technischen und rechtlichen Aspekten. Die zur Abwicklung von diesen Biogasprojekten benötigten Aspekte und Projektaktivitäten werden zudem umfangreich beschrieben. Die Symbiose aller dieser notwendigen Projekteinzelthemen verdeutlicht die Komplexität solcher Vorhaben. Schließlich werden in diesem Themenfeld neue Trends und Chancen aufgezeigt.

Den Abschluss dieses Herausgeberbandes bildet der Artikel „Vom Smart Meter zum intelligenten Gateway" von *Michael Laskowski*. Der Autor beschreibt die großen Herausforderungen vor denen die deutsche Energiewirtschaft steht. Wirtschaftlichkeit und Versorgungssicherheit müssen auf dem heutigen Niveau gehalten werden. In diesem Kontext werden die Notwendigkeiten von Smart Grids beschrieben und dargelegt, die in intelligenter Form die Verteilnetze steuern sollen. Ein Ausblick zu diesem Thema rundet den Beitrag ab.

Carsten Lau
André Dechange
Tina Flegel

Inhaltsverzeichnis

Teil I Strategie

1 **Projektmanagement Energie 2030** 3
   Georg Erdmann

2 **Die deutsche Energiewirtschaft im Wandel** 15
   Melanie Feudel

3 **Politische Entwicklungen als strategische Herausforderung bei der internationalen Expansion** 31
   Tina Flegel

4 **Innovationsmanagement in Energieversorgungsunternehmen** 53
   Peter Witt

5 **Projektmanagement in Forschungsprojekten der Energiewirtschaft** 69
   Wolfgang Kottnick

6 **Projektmanagement im Energiesektor** 87
   Werner Hecker

Teil II Multiprojektmanagement

7 **Multiprojektmanagement in der Energiewirtschaft** 101
   André Dechange und Bernd Friedrich

8 **Tailoring unternehmensinterner Projektmanagementstandards für Energieanlagenbauprojekte** 125
   Tobias Aschoff, Konrad Spang und Jan Christoph Albrecht

9 **Projektportfolioauswahl und -steuerung unter Engpassbedingungen** ... 147
   Werner Wetekamp

10 Change Management in der Energiewirtschaft ß Bericht aus einer
    Branche im Wandel 159
    Jan Schneider

11 Risikomanagement ß das Beherrschen von Risiken als kritischer Faktor
    für den Projekterfolg 177
    Claudia Degner

12 Kommunikation und Kultur in Projekten 201
    Sylvia Swonke und Carsten Schneider

Teil III Einzelprojektmanagement

13 Einführung einer Projektmanagement Laufbahn: Voraussetzungen
    und Erfolgsfaktoren 225
    Eva Katharina Scherer, Timm Eichenberg und Annette Rudat

14 Steigende Bedeutung und Rolle der Logistik und des Projektmanagements
    in Offshore-Windprojekten 239
    Carsten Lau

15 Projektmanagement unter unsicheren Randbedingungen am Beispiel des
    Steinkohlekraftwerks Datteln 4 253
    Andreas Willeke

16 Erneuerbare-Energien-Projekte: Beispiel Biogasprojekte 273
    Carsten Wolff

17 Vom Smart Meter zum intelligenten Gateway 299
    Michael Laskowski

Autorenverzeichnis

Jan Christoph Albrecht studierte International Management with Engineering (B.A.) an der Fachhochschule Südwestfalen, Abteilung Meschede, und International Project Engineering and Management (M.Sc.) an der Universität Siegen. Seit 2009 ist er als wissenschaftlicher Mitarbeiter am Lehrstuhl für Projektmanagement der Universität Kassel tätig. Im Rahmen seiner Forschungsarbeit befasst er sich insbesondere mit Reifegradansätzen sowie Standardisierung im Projektmanagement.

Tobias Aschoff geboren 1986, studierte Wirtschaftsingenieurwesen mit Fachrichtung Regenerative Energien und Energieeffizienz an der Universität Kassel. Seine Masterarbeit am Lehrstuhl für Projektmanagement schrieb er zum Thema „Möglichkeiten von technologieorientiertem Tailoring unternehmensinterner Projektmanagementstandards für Energieanlagenbauprojekte". Während seines Studiums war er von 2009 bis 2012 im Kraftwerksneubau der E.ON AG beschäftigt. Dabei war er vor allem in die konzeptionelle Entwicklung und Einführung eines prozessorientierten Projektmanagementsystems für Kraftwerksneubauprojekte involviert. Als ehramtlicher Vorsitzender eines Kreisjugendrings hat er die Einführung einer projektorientierte Organisationsstruktur umgesetzt und die Erarbeitung eines Organisationshandbuches für eine nachhaltige Vereinsentwicklung vorangetrieben. Er ist bei der Deutschen Gesellschaft für Qualität (DGQ) als Quality System Manager Junior zertifiziert. Seit Februar 2013 ist er im Energy Sector der Siemens AG beschäftigt.

Prof. Dr. André Dechange geboren 1967, studierte Elektrotechnik und Betriebswirtschaftslehre an der Technischen Universität Dortmund. Er war in verschiedenen Berater-und -Managerfunktionen bei Kienbaum Management Consultants und Ericssson tätig und leitete u. a. über mehrere Jahre ein Projektmanagement Office in Deutschland, Österreich und der Schweiz. Von 2009 bis heute ist er als Trainer, Berater und Coach für die Tiba Managementberatung im Bereich Projekt- und Prozessmanagement tätig. Er ist zertifizierter Projektmanager (Project Manager Professional nach PMI) und zertifizierte Prozessmanager (Processmanager Expert nach TÜV). Seit Februar 2012 ist er Professor für Projektmanagement an der Fachhochschule Dortmund.

Claudia Degner geboren 1982, studierte Betriebswirtschaftslehre an der Hoch-schule Anhalt (FH) mit den Schwerpunkten Unternehmensführung/Management und Controlling/Finanzierung. Sie ist zertifizierte Projektmanagerin nach GPM und seit 2006 in verschiedenen Berater- und Projektmanagerfunktionen für die Tiba Managementberatung GmbH tätig. Dabei liegt ihr Fokus auf das operative Projektmanagement für die tägliche Projektpraxis.

Prof. Dr. Timm Eichenberg geboren 1977, ist Head of People Development bei der E.ON IT GmbH in Hannover sowie zusätzlich Professor für Personalmanagement und Projektmanagement an der Hochschule Weserbergland. Zudem ist er an der FHDW Hannover freiberuflicher Dozent für Internationales Management. Zuvor war er wissenschaftlicher Mitarbeiter am Institut für Unternehmensführung und Organisation der Wirtschaftswissenschaftlichen Fakultät der Leibniz Universität Hannover und promovierte dort im Bereich Leadership. Er studierte Wirtschaftswissenschaften an der Leibniz Universität Hannover und der University of Oregon.

Autorenverzeichnis

Prof. Dr. Georg Erdmann leitet an der Technischen Universität Berlin das Fachgebiet „Energiesysteme" und ist Spezialist für Energiemärkte und Fragen des CO2-Zertifikate-Handels. Von 1981 bis 1993 forschte und lehrte er an der ETH Zürich und danach als Delegierter der ETH am Paul Scherrer Institut in Villigen. 1991 an der ETH in Ökonomie habilitiert, wurde Georg Erdmann 1995 als ordentlicher Professor an die TU Berlin berufen. Im Jahr 2000 gründete er mit Kollegen die Denkfabrik „Prog-noseforum GmbH". Unter anderem ist er Vorstandsvorsitzender der „Gesellschaft für Energiewissenschaft und Energiepolitik (GEE) e. V." und bekleidete das Amt des Präsidenten der angesehenen International Association for Energy Economics (IAEE). Im Oktober 2011 wurde er von der Bundesregierung als Mitglied der Expertenkommission zum Monitoring der Energiewende berufen.

Melanie Feudel arbeitet seit Februar 2013 als Referentin Business Affairs in der Business Unit Heat der Vattenfall New Energy GmbH, Hamburg. Davor war sie zwei Jahre als Projektmanagerin bei EUROFORUM in Düsseldorf tätig, wo sie für die konzeptionelle Erstellung von Energiekonferenzen zuständig war. Melanie Feudel hat 2010 ihr Diplom in Politikwissenschaft am Otto-Suhr-Institut der FU Berlin mit einem sehr gut abgeschlossen. Ihre Diplom-Arbeit verfasste sie zu dem Thema „Das deutsch-russische Gasgeschäft: Eine strategische Zusammenarbeit als Folge der Entspannungspolitik". Während ihres Studiums engagierte sie sich von 2006–2010 als Bezirksverordnete in der Bezirksverordnetenversammlung Tempelhof-Schöneberg, Berlin, in den Ausschüssen Jugendhilfe, Schule und Bildung sowie Soziales. Von 2004 bis 2005 hat sie ferner als freie Journalistin für mehrere Berliner Zeitungen gearbeitet.

Tina Flegel geboren 1983, promoviert seit 2010 an der Freien Universität Berlin in Politikwissenschaft zur Entscheidungsfindung und -umsetzung im Energiesektor von Aserbaidschan. Sie hat bei nationalen und internationalen Konferenzen Vorträge zu Energiepolitik/Energiesicherheit sowie internationaler Politik gehalten und in verschiedenen internationalen Zeitschriften publiziert. Frau Flegel arbeitet außerdem als Beraterin und hat Erfahrungen in mehreren Organisationen in verschiedenen Ländern Europas, Afrikas und des Mittleren Ostens gesammelt.

Bernd Friedrich studierte Diplom-Informatik mit Nebenfach BWL an der Universität Erlangen-Nürnberg. Er war in verschiedenen Berater- und Projektleiterfunktionen (Fertigung, Logistik, IT, Strategie) innerhalb der Siemens AG tätig und im Rahmen dessen u. a. verantwortlich für die Initiative PM@Siemens in dem Unternehmensbereich Information and Communication Networks. Seit 2003 ist er als Beratungsleiter und Senior Consultant für die Tiba Managementberatung tätig und ist für die Einführung von Einzelprojekt- und Projektportfoliomanagement-Standards in verschiedenen Industriebereichen (Energieversorger, Weiße Ware, Anlagenbau,...) verantwortlich. Er ist zertifizierter Projektdirektor (GPM/IPMA), Prince2 Practitioner und Unternehmensberater (FH Wiener Neustadt).

Werner Hecker Jahrgang 1948, begann nach dem Studium der Volkswirtschaft an der Universität Regensburg seine Berufstätigkeit im Rechnungswesen bei der Energieversorgung Ostbayern AG in Regensburg. Anschließend war er kaufmännischer Prokurist, Geschäftsführer und Aufsichtsrat mehrerer Stadtwerke und Regionalversorgungsunternehmen. Zuletzt führte er als Vorsitzender der Geschäftsführung die E.ON IS GmbH, ein europaweit tätiges IT-Dienstleistungsunternehmen. Er trug in seiner Laufbahn die Verantwortung für eine Vielzahl unterschiedlichster Projekte. Heute ist er beratend in Fragen der Zukunftsfähigkeit und Organisations-entwicklung von Unternehmen tätig.

Autorenverzeichnis

Prof. Dr.-Ing. Wolfgang Kottnik geboren 1951, studierte Maschinenbau an der TU Clausthal und an der TU Darmstadt. Er war 20 Jahre in der Industrie bei Energieversorgungsunternehmen wie RWE und STEAG als Planungsingenieur und als Projektleiter großer Kraftwerksprojekte sowie als Betriebsingenieur im In- und Ausland tätig. Seit 1995 arbeitet er als Hochschullehrer und hat 2002 die Stiftungsprofessur für Energiewirtschaft, Kraftwerkstechnik und Projektmanagement an der Hochschule Mannheim übernommen. Gleichzeitig ist er als Berater für energiewirtschaftliche und kraftwerkstechnische Fragestellungen in der Energiewirtschaft tätig und führt als freier Trainer für Tiba Managementberatung Projektmanagementseminare in der Industrie durch.

Prof. Dr. Michael Laskowski geboren 1960, studierte Elektrotechnik an der Ruhr-Universität Bochum. Nach seiner Promotion zum Dr.-Ing. in 1990 startete er seine berufliche Laufbahn 1991 bei der RWE Energie AG in Essen. Neben seiner beruflichen Tätigkeit absolvierte er das Zusatzstudium „Energie- und Umweltmanagement" an der TU Berlin. Nach mehreren Geschäftsführungsfunktionen und leitenden Stationen im Energie- und Telekommunikationsbereich innerhalb des RWE-Konzerns ist er heute bei der RWE Deutschland AG Leiter Förderprojekte. Er ist zugleich Projektleiter des E-Energy-Projektes „E-DeMa". Im Rahmen seiner Lehrtätigkeiten wurde er 2006 von der Fachhochschule Dortmund zum Honorarprofessor ernannt.

Prof. Dr. Carsten Lau geboren 1967, studierte Wirtschaftswissenschaften an der Technischen Universität Dortmund und promovierte im Fachbereich Maschinenbau zum Dr.-Ing. Darüber hinaus verfügt. Carsten Lau über mehr als fünfzehn Jahre Berufserfahrungen in unterschiedlichen Führungsfunktionen in Industrie- und Beratungsunternehmen (u. a. Daimler und Airbus). Neben seiner Professur an der Hochschule Hamm übt Carsten Lau derzeit eine Führungsfunktion bei E.ON aus.

Annette Rudat geboren 1979, war Managerin People Development bei der E.ON IT GmbH in Hannover. Einen Ihrer Tätigkeitsschwerpunkte stellte die Karriereentwicklung von Projektmanagern im internationalen Kontext dar: Projektleiterlaufbahn, Projektmanagmentnachwuchs und Qualifizierung. Im Abschluss wechselte sie zur E.ON Academy in Düsseldorf und übernahm die konzernweite Verantwortung für das Weiterbildungscurriculum für Projektmanager. Sie studierte Wirtschaftswissenschaften an der Leibniz Universität Hannover und der Universität von St. Gallen. Zum Zeitpunkt der Einreichung war sie noch bei der E.ON AG beschäftigt, verließ jedoch vor Veröffentlichungszeitpunkt den Konzern.

Eva Katharina Scherer geboren 1987, ist seit 2010 im Bereich Personalentwicklung bei der E.ON IT GmbH in Hannover und zusätzlich seit 2012 als Programmverantwortliche für E.ON-weite Projekt Management Qualifizierungen bei der E.ON AG tätig. Zuvor studierte sie an der Hochschule Heilbronn, am Dundalk Institute of Technology in Irland sowie an der Berlin School of Economics and Law und erlangte dort die Abschlüsse Master of Arts Business Management, Master of Science Entrepreneurship and Marketing und Bachelor of Arts BWL, Fachrichtung Handel. Für die im Beitrag beschriebene Einführung einer Projektlaufbahn bei der E.ON IT GmbH ist sie die HR-seitig verantwortliche Projektleiterin.

Jan Schneider ist Experte für das Projekt- und Prozessmanagement. Als Berater und Trainer begleitet er seine Kunden in der Konzeption, Qualifizierung und Einführung von Managementsystemen. Der Schwerpunkt seiner Arbeit ist die Organisationsgestaltung und das Veränderungsmanagement. Jan Schneider arbeitet als selbstständiger Management-Berater und bringt mehr als 15 Jahre praktische Erfahrung ein. In den letzten Jahren war er als Mitglieder des Managementteams der next level Consulting Wien u. a. für das Geschäftsfeld „Change Management" verantwortlich. Jan Schneider hat in zahlreichen DAX-Unternehmen und international tätigen mittelständischen Unternehmen die Management-Arbeit begleitet. Er ist zertifizierter Managementexperte (PMP, PROSCI), Diplom-Volkswirt und Organisationspsychologie.

Carsten Schneider B.Sc. im Wirtschaftsingenieurwesen, geb. 1986, studiert im Master an der Technische Universität Dortmund Wirtschaftsingenieurwesen mit dem Schwerpunkt Management elektrischer Netze. Als 1. Vorsitzender und Vorstand für Externes von VIA Studentische Unternehmensberatung e. V. war er 2012 für die strategische Führung, die Betreuung von Kooperationspartnern und Kuratoren, die Kundenpflege sowie die Koordination nationaler und internationaler Netzwerke zuständig. Dort fungiert er bis heute als Projektleiter in internen Projekten sowie externen Beratungsprojekten. Er war als Praktikant und Bachelorand sechs Monate lang Teil eines internationalen Projektteams bei der E.ON New Build and Technology GmbH, wo er seine Bachelorarbeit im Bereich virtuelles, interkulturelles Projektmanagement verfasste.

Prof. Dr.-Ing. Konrad Spang ist Inhaber des Lehrstuhls für Projektmanagement an der Universität Kassel. Er studierte Bauingenieurwesens an der Universität Stuttgart und promovierte an der ETH Lausanne. 20 Jahre war er tätig in der Bauindustrie, im Consulting und in Projektgesellschaften. Er verfügt außerdem über langjährige Erfahrung bei der Abwicklung und Leitung großer interdisziplinärer Bauprojekte. Ab 2000 war er Lehrbeauftragter an der TU Dresden und seit 2002 ist Konrad Spang Inhaber des neugeschaffenen Lehrstuhls für Projektmanagement an der Universität Kassel, Forschungs- und Beratungsprojekte im Bereich Automotive und Bauindustrie.

Sylvia Swonke zertifizierte Project Management Professional (PMI PMP), ist seit über 20 Jahren bei der Firma E.ON tätig. Nach 18 Jahren in Bereichen des Informationsmanagements war sie in einem internationalen Großkraftwerks-Projekt für die Koordination des Dokumenten- und Wissensmanagement verantwortlich. Seit 2010 ist sie bei E.ON New Build & Technology im Bereich Projektmanagement Systeme maßgeblich an der Weiterentwicklung, dem Rollout und der Implementierung eines unternehmensinternen Projektmanagement Standards beteiligt. Sie leitete in diesem Projekt das Projektbüro und war für die Konzeption und Umsetzung des Kommunikationsprozesses verantwortlich. Die Planung und Durchführung von internen Projektmanagement Trainings gehört seit 2012 ebenfalls zu Ihren Schwerpunkten.

Dr. Werner Wetekamp geboren 1965, absolvierte sein Studium der Betriebswirtschaftslehre in Dortmund und Köln (u. a. Energiewirtschaftliches Institut). Anschliessend startete er seine berufliche Laufbahn 1990 wieder im RWE Konzern, in dem er bereits vor dem Studium eine Ausbildung absolvierte. Er war 5 Jahre interner Consultant, wechselte dann ins Controlling und ging 1996 für 2 Jahre als Beteiligungscontroller nach Budapest. Parallel promovierte er 1997 am Energiewirtschaftlichen Institut in Köln. 1998 übernahm der die Abteilung Wirtschaftlichkeitsrechnung in Dortmund. Nach mehreren Wechseln im Konzern übernahm er 2002 erstmals eine Vorstandsposition innerhalb der RWE Tschechien und wurde 2007 als CFO der RWE Polska berufen. 2011 wechselte er in die FH Dortmund als Vertretungsprofessor für Betriebswirtschaftslehre und Projektmanagement.

Dr. Andreas Willeke ist seit Mai 2006 Gesamtprojektleiter für den Neubau des 1.100-MW-Steinkohlekraftwerks in Datteln. Er studierte Maschinenbau an der Ruhr-Universität Bochum und forschte dort bis 1990 am Institut für Energietechnik. Nach seiner Promotion auf dem Gebiet der Kernkraftwerkstechnik trat er in den VEBA-Konzern ein und leitete bis 1998 verschiedene technische Projekte in der nuklearen Systemtechnik bei PreussenElektra AG. Nach Stationen in der Unternehmensentwicklung war er bis 2006 Leiter des Bereichs „Technische Grundsatzfragen und Neue Technologien" der E.ON Energie AG. In seiner aktuellen Position arbeitet er für E.ON New Build and Technology GmbH.

Prof. Dr. Peter Witt ist seit dem 1.10.2010 Inhaber des Lehrstuhls für Technologie- und Innovationsmanagement an der Bergischen Universität Wuppertal. Seine Forschungsgebiete sind Innovationsmanagement, Entrepreneurship und Familienunternehmen. Er hat in führenden deutschen und internationalen Zeitschriften veröffentlicht, u. a. in *Management International Review, R&D Management, Venture Capital, Die Betriebswirtschaft, Kredit und Kapital* sowie *Zeitschrift für Betriebswirtschaft*. Herr Witt ist Bereichsherausgeber der Zeitschrift für Betriebswirtschaft, Präsident des Förderkreises Gründungsforschung e. V. (FGF) und Mitglied des Forschungsrats des Instituts für Mittelstandsforschung in Bonn.

Prof. Dr.-Ing. Carsten Wolff lehrt seit 2007 Technische Informatik und Projektmanagement an der Fachhochschule Dortmund. Er hat Elektrotechnik und Informationstechnik sowie Wirtschaftswissenschaften an der Universität Paderborn und der Fernuniversität Hagen studiert und im Bereich Digitalelektronik am Heinz Nixdorf Institut der Universität Paderborn promoviert. Von 2000 bis 2007 hat Carsten Wolff verschiedene Projekt- und Programm-Management-Positionen in der Halbleiterindustrie in Deutschland, China und Taiwan innegehabt. Zudem ist er seit 2008 Geschäftsführer einer Biogasanlage. Im Forschungsschwerpunkt „Process Improvement for Machatronic and Embedded Systems" forscht er an der Fachhochschule Dortmund an technischen Lösungen u. a. für Erneuerbare-Energien-Systeme.

Teil I
Strategie

Projektmanagement Energie 2030

Georg Erdmann

Viele Projektentscheidungen im Bereich der Energieversorgung haben Auswirkungen weit über das Jahr 2030 hinaus. Nach heutiger Rechtslage werden erneuerbare Elektrizitätserzeugungskapazitäten, die im Jahr 2013 in Betrieb genommen werden, noch im Jahr 2033 über das Erneuerbare-Energien-Gesetz gefördert. Aus Sicht der Energieversorgung sind fünfzehn bis zwanzig Jahre also keine extrem lange Zeitperiode. Zum Teil – etwa bei Gebäuden – gilt dies auch für den Bereich der Energienutzung. Das Projektmanagement im Bereich der Energie steht also vor der Aufgabe, sich mit besonders langen Zeithorizonten auseinandersetzen zu müssen. Energiewirtschaftliche Entscheidungen sind damit natürlich mit besonderen Herausforderungen verbunden.

Mit diesen Herausforderungen beschäftigt sich der vorliegende Beitrag. Er behandelt thesenartig die wesentlichen Schwierigkeiten und Lösungswege bei langfristig wirksamen (bindenden) Entscheidungen im Bereich der Energieversorgung und Energienutzung. Aus aktuellem Anlass wird dabei auch auf die Umsetzung der im Jahr 2011 in Deutschland beschlossenen Energiewende eingegangen.

1.1 Fundamentale Grenzen der Prognostik haben im Energiebereich einen besonderen Stellenwert

Das Projektmanagement im Energiebereich muss sich typischer Weise mit der Frage beschäftigen, wie sich das Umfeld der Energieversorger innerhalb der nächsten zwanzig Jahre entwickeln wird. (Gerade) Über derart lange Zeiträume kann jedoch niemand eindeutige und zuverlässige Antworten geben. Bestenfalls Plausibilitätsüberlegungen können dazu

G. Erdmann (✉)
Energiesysteme, TU Berlin, Einsteinufer 25 (TA8), 10587 Berlin, Deutschland
E-Mail: georg.erdmann@tu-berlin.de

dienen, bestimmte Entwicklungspfade als relativ unwahrscheinlich einzustufen oder sie gar völlig auszuschließen.

Diese Problematik wird begreifbar, wenn wir uns gedanklich zwanzig Jahre zurückversetzen und uns das damalige Energiesystem in Deutschland und Europa in Erinnerung rufen. Damals war die Schaffung eines liberalisierten Binnenmarkts für Elektrizität und Erdgas erst in der Diskussion. Die Versorger leitungsgebundener Energien konnten ihre Geschäfte zumeist als vertraglich geschützte und staatlich legitimierte Monopolisten betreiben. Die größeren Elektrizitätsversorger waren vertikal integriert. Einen wettbewerblich organisierten Großhandelsmarkt gab es ebenso wenig wie unabhängige Kraftwerksbetreiber, Energiehändler, Retail-Wettbewerb, Abtrennung des Netzbetriebs von den anderen Wertschöpfungsaktivitäten oder eine bundesstaatliche Regulierung der Netzbetreiber. Auf Initiative der CSU hatte die damalige CDU-FDP-Regierung mit zaghaften ersten Schritten die Förderung der erneuerbaren Elektrizitätserzeugung eingeleitet, doch die entsprechenden Kapazitäten für die Energieversorgung spielten noch keine Rolle. Vor dem Hintergrund extrem preiswerter Erdöl-, Erdgas- und Kohlepreise und der gerade begonnenen Diskussion zum Klimaschutz hatte die EU-Kommission eine europaweite Energie- und CO_2-Steuer zur Diskussion gestellt, von dem inzwischen etablierten europäische Markt für handelbare Emissionsberechtigungen war damals aber noch keine Rede. Kein Energieexperte kann von sich behaupten, die aktuelle Situation in ihren wesentlichen Ausprägungen bereits vor zwanzig Jahren zutreffend vorausgesehen zu haben.

Im Unterschied zu den leitungsgebundenen Energien haben sich die Märkte für Mineralölprodukte in den vergangenen Jahren vergleichsweise wenig verändert. Es gab Verschiebungen im Eigentum von Raffinerien und Tankstellen, der Anteil von Diesel-Pkw war kleiner als heute, der Heizölanteil im Wärmemarkt dafür größer, die Weltmarktpreise für Rohöl und Mineralölprodukte sind inzwischen kräftig gestiegen, die Versorgungssicherheit war auch schon vor zwanzig Jahren ein zentrales Thema. Aber es kam in diesem Zeitraum nicht zu Umbrüchen in den Rahmenbedingungen, die mit denen im Bereich der leitungsgebundenen Energien vergleichbar sind. Dennoch wurden auch hier relevante Entwicklungen unzureichend antizipiert. Beispielsweise kam es in Deutschland weder zu dem seinerzeit erwarteten Tankstellensterben noch zu einem Aufbruch in das von etlichen Experten gewünschte Zeitalter alternativer Kraftstoffe und Antriebe. Anders als vielfach prognostiziert wurde durch höhere Rohölpreise sowie die Einführung einer Ökosteuer ein bestenfalls marginaler Rückgang der aggregierten Mineralölnachfrage bewirkt. Auch der erwartete Quantensprung bei der Energieeffizienz von Geräten, Fahrzeugen und Gebäuden ist bisher ausgeblieben, trotz einer großen Zahl neuer staatlicher Vorschriften und Förderprogramme.

Fazit: Vor zwanzig Jahren wurden die entscheidenden Charakteristika des heutigen Energiesystems ebenso wenig vorausgesehen wie man heute davon ausgehen kann, alle wesentlichen Parameter des in zwanzig Jahren zu erwartenden Energiesystems zuverlässig antizipieren zu können.

1.2 Die Gestaltung langfristiger Vereinbarungen entlang der Wertschöpfungskette ist eine zentrale Vorbedingung für den Erfolg

Beim Projektmanagement im Energiebereich geht es häufig um Entscheidungen und Investitionen mit vergleichsweise langer zeitlicher Reichweite und hoher Kapitalbindung. Die wirtschaftliche Lebensdauer von Hochspannungsleitungen, Gaspipelines und -speichern, Kraftwerken, Projekten zur Gebäudesanierung und ähnlichem ist mit 30 bis 80 Jahren weitaus länger als bei den meisten Investitionen in den Nichtenergiesektoren. In dem Maße, in dem Energieinvestitionen außerdem faktorspezifisch und größtenteils irreversibel sind, benötigt das Energiemanagement ein hohes Maß an mittel- bis langfristiger Planungssicherheit.

Aus diesem Grund hatte die Energiewirtschaft traditionell die Pionierrolle bei der Entwicklung vertikal integrierter Konzerne und – überall dort, wo vertikale Integration nicht möglich ist – langfristigen Verträgen entlang der Lieferketten. Auch heute ist die Finanzierung vieler namhafter Energieinvestitionen nur auf Basis langfristig bindender Abmachungen möglich. Die Ausgestaltung derartiger Vereinbarungen gehört immer noch zu den besonderen Aufgaben des Projektmanagements im Energiebereich.

Es würde hier zu weit führen, auf die vielfältigen Erscheinungsformen und Vertragskonzepte in allen Details einzugehen. Im Kern geht es immer um zwei Aspekte: Einerseits sollen die Vereinbarungen gewährleisten, dass jeder Vertragspartner von sich aus zur Vertragstreue motiviert wird. In der ökonomischen Literatur spricht man davon, die Vertragspartner von opportunistischem Verhalten abzuhalten. Andererseits bedarf es einer ausgewogenen Zuordnung der verschiedenen Risiken (beispielsweise Preisrisiken und Mengenrisiken), wobei die einzelnen Risiken jeweils derjenigen Vertragsseite zugewiesen werden, die diese besser als die anderen Vertragspartner zu tragen in der Lage sind. Dementsprechend haben in der Erdgaswirtschaft beispielsweise Take-or-Pay-Verträge eine lange Tradition, wobei der Abnehmer die Mengenrisiken und der Lieferant die Preisrisiken übernimmt.

1.3 Die Risiken der globalen Wirtschafts- und Energiepreisentwicklung werden überschätzt

Im letzten Jahrzehnt hat sich das Preisniveau der internationalen Energiepreise zeitweilig dramatisch entwickelt. Wie schon in den 1970er Jahren wurden historische Preisspitzen übertroffen. Viele sehen dies fundamental begründet: Die steigende Energienachfrage der Schwellenländer sowie der unterproportionale Anstieg der Energiegewinnungskapazitäten führen zwangsläufig zu physischen Knappheiten und einen entsprechenden Preisdruck, der sich erst mit steigenden Investitionen in Exploration und Förderung reduziert. Genau dies ist in den letzten Jahren eingetreten. Es spricht einiges dafür, dass der fundamentale

Preisverlauf auch in künftigen Jahrzehnten ein zyklisches Muster aufweisen wird, wobei ein zeitweise hoher Preis jeweils zu technologischen Innovationen und vermehrten Investitionen in die Erkundung und Erschließung neuer Energielagerstätten fließen wird.

Auch aus Gründen des Klimaschutzes ist die Erwartung kontinuierlich weiter steigender Energiepreise wenig plausibel. Ein neues internationales Klimaschutzabkommen würde die globale Nachfrage nach Kohle, Erdöl und Erdgas dämpfen und vielleicht sogar schrumpfen lassen. Natürlich werden die internationalen Energiepreise überlagert durch Einflüsse aus der Finanzindustrie und der Politik namentlich von Exportnationen. Hinzu kommen publizistisch aufgeblasene Hypes über „die Grenzen des Wachstums" oder „Peak Oil", die sich bei genauerer Analyse jeweils als Schimären erweisen.

Bei langfristiger Betrachtung relativieren sich derartige Effekte. Das energiewirtschaftliche Projektmanagement sollte daher zumindest in den Basisszenarien keine exorbitanten Weltenergiepreisentwicklungen unterstellen. Unter den gegebenen Wechselkursen sind Rohölpreise von dauerhaft 200 USD oder mehr unrealistisch.

1.4 Die Risiken von (angekündigten) politischen Markteingriffen werden unterschätzt

Der Entwicklung von Energiesystemen in den vergangenen zwanzig Jahren zufolge waren weder die schwankenden natürlichen und geostrategischen Gegebenheiten bei der Rohstoffversorgung noch die selbstorganisierte Dynamik der Märkte Treiber für beschleunigte Veränderungen auf den Energiemärkten. Entscheidend war zumeist die Durchsetzung politischer Zielvorgaben mit entsprechend einschneidenden administrativen Interventionen. Davon waren die leitungsgebundene Energien besonders betroffen, während die Treibstoffmärkte sowie der Komplex „Energieeffizienz" eher weniger tangiert sind.

Eine Erörterung der Gründe für das besondere Engagement der Politik im Bereich der leitungsgebundenen Energieversorgung würde an dieser Stelle zu weit führen. Doch gibt es wenig Anzeichen dafür, dass sich die Energie- und Umweltpolitik in den kommenden zwanzig Jahren zurückhalten und der selbstorganisierten Entwicklung der Energiemärkte wieder einen größeren Spielraum einräumen wird. Wegen der auch weiterhin zu erwartenden häufigen und einschneidenden Regulierungseingriffe steht das energiewirtschaftliche Projektmanagement vor ganz besonderen politischen Risiken, zusätzlich zu den Technologierisiken, Investitions-, Beschaffungs-, Absatz-, Preis-, Umwelt- und Managementrisiken.

Ein Beispiel dafür ist die aktuelle Debatte über die mögliche Einführung eines Markts für Kraftwerkskapazitäten. Die Debatte beruht auf der Vorstellung, dass es angesichts eines politisch massiv geförderten Zubaus von Windkraft- und Solaranlagen zunehmend schwerer wird, den Neubau von steuerbaren Stromerzeugungskapazitäten zu finanzieren, die für Zeiten geringer Wind- und Solar-Verfügbarkeiten notwendig sind. Eigentlich könnte man dieses Problem dem Strommarkt überlassen: Wenn sich Kapazitätsengpässe abzeichnen, steigen zunächst auf den Termin- später auch auf den Spotmärkten die Strompreise und schaffen damit den finanziellen Anreiz für die benötigten Kraftwerksinvestitionen. Allerdings kommen dann auch Bestandskraftwerke in den Genuss höherer Erlöse, ohne dass sie einen Zusatzbeitrag zur Entschärfung des Kapazitätsengpasses leisten. Deswegen macht ein eigenständiger Kapazitätsmarkt nur Sinn, wenn er sich auf Neuanlagen beschränkt. Solange aber die Diskussion über die Einführung von selektiven Kapazitätsmärkten anhält, ist es für potentielle Investoren geradezu notwendig, die geplanten Projekte vorerst zurückzustellen, denn man hätte mit Wettbewerbsnachteilen gegenüber später vom Kapazitätsmarkt geförderten Erzeugungsanlagen zu rechnen. Die Kapazitätsmarkt-Diskussion schafft damit erst ein Problem, das sie eigentlich beheben möchte. Und selbst wenn die Regierung entscheidet, keinen gesonderten Kapazitätsmarkt einzuführen, bedeutet das noch kein Ende der Investitionszurückhaltung, solange nicht mit hinreichender Sicherheit auszuschließen ist, dass nach einem Regierungswechsel das Thema wieder auf die politische Agenda kommt.

Es ist vergleichsweise aufwendig, derartige politische Risiken adäquat einzuschätzen oder gar zu kontrollieren. Selbst wenn das Projektmanagement engen Kontakt mit politischen Entscheidungsträgern hält, kann das schon deshalb auf mittelfristige Sicht wenig helfen, da die personelle Zusammensetzung von Parlamenten und Regierungen häufig wechselt und das politische Personal gegebenenfalls auch aus opportunistischen Gründen immer wieder neue politische Initiativen startet.

1.5 Offene Fragen im Bereich der Energiewende-Politik

Der vorstehenden These könnte man entgegen halten, dass durch die verbindliche Vorgabe langfristiger energie- und umweltpolitischer Ziele im Rahmen der deutschen Energiewende 2011 das Ausmaß politischer Unsicherheiten deutlich reduziert worden sei. Jedem sind die bis zum Jahr 2020 und darüber hinaus angestrebten quantitativen Ziele zur Reduktion von Treibhausgasen, zum Anteil der erneuerbare Energieträger im Wärme- und Elektrizitätsmarkt, zur Effizienzverbesserung bei der Elektrizitätsnutzung sowie im Bereich von Gebäuden und Verkehr bekannt. Von daher könnten politische Risiken allenfalls darin bestehen, dass (spätere) Regierungen von diesen Zielen abrücken, etwa weil sie sich im Laufe der Zeit als zu kostspielig erweisen sollten oder die Energieversorgungssicherheit nicht mehr in der gewohnten Qualität gewährleisten könnten.

Selbst wenn man einmal davon absieht, dass politische Ziele grundsätzlich immer revidierbar sind, ist die Formulierung langfristiger energie- und umweltpolitischer Ziele im Interesse der Planungssicherheit generell zu begrüßen. Doch echte Planungssicherheit entsteht erst, wenn die vielen inhärenten Konflikte bei den Maßnahmen zur politischen Umsetzung der Ziele gelöst sind. Am Beispiel der im Jahr 2011 von der Bundesregierung beschlossenen Energiewende lässt sich dies sehr schön darstellen:

- Zu den ungeklärten Punkten gehört beispielsweise der fundamentale Konflikt zwischen dezentraler Elektrizitätsversorgung zur Deckung der regionalen Elektrizitätsnachfrage und dem großtechnischen Ausbau von Offshore-Windkapazitäten mit der Notwendigkeit entsprechender Netzanbindungen. Mit einem Trend zur Dezentralität würden viele Netzausbauprojekte hinfällig, und auch der großtechnische Ausbau von Offshore-Windanlagen in der Nord- und Ostsee würde wirtschaftlich kaum mehr Sinn machen. Noch ist völlig offen, wie und mit welchen Vorgaben die Politik diesen Konflikt wird lösen wollen
- Ein weiterer Unsicherheitsbereich ist die Neigung der Elektrizitätsverbraucher zur vermehrten Eigenstromerzeugung als Folge steigender politischer Strompreisbelastungen und der preiswerter gewordenen Technologien zur Eigenstromerzeugung. Hierbei könnte es zu einer selbstverstärkenden Entwicklung kommen: Je mehr Kunden in die Eigenerzeugung abwandern, desto geringer werden die Elektrizitätsmengen, auf die sich die Netzkosten, Stromsteuern und Umlagen verteilen lassen. Entsprechend führt die Eigenstromerzeugung zu weiter steigenden Kosten von Netzstrom und verstärkt den Trend zur Eigenstromerzeugung, bis er sich politisch nicht mehr steuern lässt. In der Folge drohen viele der heute geplanten Investitionen in die Elektrizitätsinfrastruktur wirtschaftlich notleidend zu werden
- Ein ebenso zentraler politischer Konflikt liegt in der Förderung von so genannten klimaneutralen Gebäuden und dem politisch geforderten Ausbau der Kraft-Wärme-Kopplung (KWK) inkl. der Erweiterung von Nah- und Fernwärmenetzen. Bis zum Jahr 2020 wird das Problem noch nicht relevant, doch Entscheidungen zur Gebäudesanierung und für Investitionen in die Nah- und Fernwärme haben einen sehr viel längeren Zeithorizont. Ohne politische Vorgaben zur Lösung entsprechender Konflikte gibt es weder für den Gebäudebereich noch die KWK Planungssicherheit
- Weiterhin politisch ungeklärt ist, ob und wann die nationale Förderung der regenerativen Elektrizitätserzeugung gegenüber einer Integration der erneuerbaren Erzeugungskapazitäten in den europäischen Binnenmarkt stattfinden wird. Mit einer Grundsatzentscheidung zum Stromeinspeise-Gesetz, dem Vorgänger des heutigen Erneuerbare-Energien-Gesetz, hatte der Europäische Gerichtshof zu Beginn der 2000er Jahre den Weg dafür geebnet, dass jeder EU-Mitgliedsstaat den Ausbau der regenerativen Elektrizitätserzeugung ohne Rücksicht auf das Ziel des europäischen Strombinnenmarkts vorantreiben darf. In der Folge gibt es jetzt in den einzelnen Mitgliedsstaaten wachsende regenerative Strommärkte, die nicht in den Binnenmarkt integriert sind und aus Sicht des Gemeinsamen Marktes einen Rückfall in die nationalstaatliche Eigenbrötlerei bedeuten. Trotz verschiedener Initiativen scheiterte die EU-Kommission bisher am Widerstand nationaler Lobbygruppen, einen Binnenmarkt für regenerative Elektrizität zu schaffen
- In diesem Zusammenhang ist auch zu fragen, in welcher Form die Marktintegration der regenerativen Stromerzeugung stattfinden soll. In den verschiedenen Fassungen des Erneuerbare-Energien-Gesetzes wurden verschiedene Wege gesetzlich vorgezeichnet (Eigenverbrauchsbonus, Grünstromprivileg, Selbstvermarktungsprämie). Im Ausland

wird mit Auktions- und Quotenmodellen mit und ohne direkte finanzielle Förderung der regenerativen Stromerzeuger experimentiert. Doch welches der Modelle wird gegebenenfalls zum europäischen Standard, wenn die regenerative Elektrizität eines Tages Binnenmarkt-kompatibel wird?
- Auf der nationalen deutschen Ebene gibt es inzwischen einen breiten Konsens dazu, dass sich die bisherige Konzeption des Erneuerbare-Energien-Gesetzes (EEG) – eigentlich müsste es Erneuerbare-Elektrizität-Gesetz heißen – überlebt hat. Das Gesetz verlangt von den Netzbetreibern, die ihnen angebotene regenerative Elektrizität abzunehmen und zu festen Tarifen zu vergüten, und zwar für jede einzelne EEG-Anlage über einen Zeitraum von 20 Jahren. Eine solche Regelung war zweifellos für die Markteinführungsphase hilfreich, doch angesichts der erreichten Marktanteile von Photovoltaik, Windkraft und Biogas-Verstromung schafft dieses Gesetz absurde Fehlanreize und macht den grünen Umbau der deutschen Elektrizitätsversorgung unverhältnismäßig kostspielig. Doch welche Regelungen trifft ein modifiziertes EEG? Auf was müssen sich die Entwickler, Anlagenbauer und Investoren einstellen?
- Ein besonders krasses Beispiel für politisch bedingte Investitions- und Geschäftsrisiken stellt die erst im Frühjahr 2012 eingeführte Reform dar, wonach es keine gesetzliche Förderung von Photovoltaik-Anlagen gibt, wenn eine PV-Kapazität von insgesamt 52.000 MW installiert ist. Ende 2012 war bereits eine PV-Kapazität von 32.000 MW installiert, und seit 3 Jahren wächst die installierte Leistung mit einer Jahresrate von 7.000 MW. Wenn dieser Trend weiter anhält, wird die Photovoltaik-Industrie Ende 2015 vor einer abrupten Zäsur stehen, die sich aller Voraussicht nach nicht ohne erhebliche Friktionen bewältigen lassen wird
- Ein weiteres Problem stellt die Nutzungskonkurrenz im Bereich von Bio-Energien dar. Diese können für die Elektrizitätserzeugung, die Treibstoffversorgung oder im Wärmemarkt eingesetzt werden. Doch angesichts der begrenzten Potentiale und auch der ökologischen Konflikte (Bio-Diversität) und der so genannten Teller-Tank-Problematik können nicht alle Anwendungsbereiche in gleicher Weise versorgt werden. Mit den verschiedenen Fördermaßnahmen verzerrt der Staat aber die Lösung dieser Verteilungskonflikte. Beispielsweise führt eine Begünstigung von Biomasse-Kraftwerken zu einer Verknappung von Bio-Treibstoffen oder von Tierfutter. In vielen Fällen führen die staatlichen Eingriffe zu ungewollten Ergebnissen und ganz neuen Problemen
- In dieser Liste politisch ungelöster Fragen und Entscheidungen darf die bereits angesprochene Problematik von Kapazitätsmechanismen für den Elektrizitätsmarkt nicht fehlen

Mit dieser Aufzählung sind die im Rahmen der Energiewende offenen energiepolitischen Fragen und Entscheidungen noch nicht vollständig. Besondere Herausforderungen stellen sich, wenn die von den Bürgern und der Industrie wahrgenommenen Kosten der Energieversorgung untragbar werden oder wenn die Umsetzung der Energiewende zu einer verminderten Versorgungsqualität führen sollte. Was wird im Hinblick auf die gesellschaftliche Akzeptanz der Energiewende passieren, wenn unerwartete Schwierigkeiten beim Erreichen einzelner Ziele erkennbar werden? Wird die Politik dann die Kernziele der Energiewende wieder zurücknehmen oder ganz neue Maßnahmen ergreifen, um die Ziele doch noch zu erreichen? Wird die deutsche Politik auch dann noch an den überaus ehrgeizigen Treibhausgas-Reduktionszielen festhalten, wenn bedeutende Industrie- und Schwellenländer wie bisher beim Klimaschutz abseits stehen bleiben? Die möglichen Antworten auf diese Fragen sind nicht einmal ansatzweise erkennbar. Teilweise handelt es sich sogar um Tabu-Themen, über die in der Öffentlichkeit besser nicht gesprochen werden sollte.

Auch als Folge der politischen Beschlüsse zur Energiewende steht das privatwirtschaftliche Management von langfristig bindenden Energieprojekten vor außergewöhnlichen Unsicherheiten und Herausforderungen, die das für marktwirtschaftliche Entscheidungen „normale" Niveau weit übersteigt. Der langfristige unternehmerische Erfolg wird künftig vermehrt davon abhängen, wie gut es gelingt, die Wechselbäder der Energiepolitik möglichst frühzeitig zutreffend zu antizipieren. Angesichts der beschränkten Möglichkeiten zur langfristigen Prognose politischer Entwicklungen drängen sich auch Bemühungen auf, durch eigenes Lobbying die weiteren energiepolitischen Entscheidungen in eigenem Interesse zu beeinflussen. Beides Mal fällt den energiepolitischen Abteilungen in den Energieunternehmen eine Schlüsselrolle für den unternehmerischen Erfolg zu. Es gibt inzwischen nicht wenige Unternehmen in Deutschland, die ihren Jahresüberschuss überwiegend dem erfolgreichen Wirken dieser politischen Abteilungen verdanken. Nicht zufällig kann eine geradezu explosionshaft steigende Zahl der in Berlin und Brüssel angesiedelten Unternehmensrepräsentanzen registriert werden.

1.6 Rolle und Bedeutung eines öffentlichen Energiewende-Managers

In der Öffentlichkeit werden auch andere Alternativen diskutiert, durch konsequente Abarbeitung der vorgenannten offenen Fragen der Energiewende zu einer berechenbareren Energiepolitik zu gelangen. Zu den dabei vorgebrachten Vorschlägen gehört die Schaffung eines Energiewende-Managers, der beispielsweise im Bundeskanzleramt angesiedelt sin könnte, oder die Schaffung eines Energiewende-Ministeriums, welches die energiepolitischen Abteilungen und Kompetenzen

- Im Bundeswirtschaftsministerium BMWi
- Im Bundesumweltministerium BMU
- Im Bundesministerium für Verkehr, Bau und Stadtentwicklung BMVBS
- Im Bundeslandwirtschaftsministerium BML
- Im Bundesforschungsministerium BMBF
- Im Auswärtigen Amt

und den jeweils nachgelagerten Behörden zusammenfasst. Aus den in der Tat sehr komplexen Ressortzuordnungen von bundespolitischen Energiezuständigkeiten resultiert eine Neigung zu schwerfälligen Abstimmungs- und Entscheidungsprozessen. Es wäre schon sehr überraschend, wenn aus einer solchen Governance-Struktur ein kohärentes Vorgehen bei der Lösung offener energiepolitischer Fragen resultieren würde.

Doch die Zusammenfassung der energiepolitischen Kompetenzen auf Bundesebene in einer Hand würde noch nicht hinreichend sein. Die administrative Umsetzung wird sehr viel Zeit in Anspruch nehmen, und angesichts der zu erwartenden Widerstände innerhalb des Regierungsapparats besteht keine Garantie dafür, dass am Ende leistungsfähige Strukturen entstehen werden.

Es gibt es in Deutschland zahllose untergeordnete Bundesbehörden mit energiepolitischen Aufgaben, namentlich die Bundesnetzagentur, das Bundesumweltamt, das Bundeskartellamt, das Bundesamt für Geowissenschaften und Rohstoffwesen und das Bundesamt für Außenwirtschaft. Trotz Weisungsbefugnis des übergeordneten Ministeriums haben sie alle ihre eigene Agenda und werden sich nicht ohne weiteres von einem Energiewende-Manager Detail-Vorschriften vorgeben lassen. Angesichts der bestehenden behördlichen Strukturen wäre es also keinesfalls gesichert, dass die von einem Energiewende-Manager präferierten energiepolitischen Richtungen ohne Abstriche umgesetzt werden können.

Hinzu kommt der deutsche Föderalismus. Jedes der 16 Bundesländer hat eigene energiepolitische Zuständigkeiten, die vehement verteidigt werden, denn energiewirtschaftliche Entwicklungen auf der Länderebene haben erhebliche Auswirkungen auf die wirtschaftliche Lage in den einzelnen Bundesländern. So ist beispielsweise der Freistaat Bayern im Länderfinanzausgleich Nettozahler, aber über die EEG-Umlage fließt ein deutlich höherer Betrag von den Elektrizitätskunden in anderen Bundesländern (insbesondere aus Nordrhein-Westfalen) zu den bayerischen Solaranlagenbetreibern. Es ist entsprechend nachvollziehbar, dass die Bayerische Landesregierung im Frühjahr 2012 gegen eine höhere Kürzung der Photovoltaik-Einspeise-Tarife eine Veto-Drohung ausgesprochen hat. Die Bevölkerung wird es der CSU bei den kommenden Landtagswahlen wohl zu danken wissen.

Neben den hier angedeuteten Umsetzungsproblemen der Schaffung eines Energiewende-Managers – vielleicht in Form eines Bundesministeriums für die Energiewende – gibt es noch einen Aspekt, der gerne übersehen wird. In der privaten Wirtschaft gibt es das Prinzip der Hierarchie: Beschlüsse des Vorstands oder der Geschäftsführung sind von den Mitarbeiterinnen und Mitarbeitern umzusetzen. Wer nicht mitzieht oder die vorgesehenen Maßnahmen blockiert, darf seinen Hut nehmen. In privatwirtschaftlichen Unternehmen haben durchsetzungsstarke Manager also sehr viel Macht, um die einmal getroffenen Entscheidungen zu verwirklichen, selbst wenn es den einzelnen Abteilungen im Unternehmen nicht in den Kram passt. Am Ende entscheiden die Fortune des Managers sowie „der Markt" über Erfolg oder Misserfolg der eingeschlagenen Strategie. Das privatwirtschaftliche Projektmanagement ist daher nicht unter allen Umständen erfolgreich, doch bei einer soliden Projektplanung und einem leistungsfähigen Projektteam können Zeitplan und Kosten sehr viel zuverlässiger eingehalten werden als dies bei öffentlichen Projekten häufig zu beobachten ist.

Im Bereich der öffentlichen Projekte ist es völlig anders. Es gehört zu den wesentlichen Errungenschaften demokratischer gegenüber obrigkeitsstaatlicher Gesellschaften, dass die Energiewende – wie auch die anderen Politikfelder – nicht nach hierarchischen Kriterien beschlossen und umgesetzt werden kann, sondern den Regeln der Gewaltenteilung zu folgen hat. Es gibt die parlamentarische Kontrolle durch den alle vier Jahre neu zusammengesetzten Bundestag sowie den Klageweg durch die juristischen Instanzen. Neuerdings spielen auch in Deutschland Volksabstimmungen eine zunehmend wichtige Rolle. Hierzulande liegen erst wenige Erfahrungen mit diesem Instrument vor. Deshalb ist auch das Verständnis des möglichen Beitrags von Volksabstimmungen für den Projekterfolg schwach ausgeprägt. Vielfach besteht die Auffassung, dass ein ignorantes und durch Populisten beeinflusstes Volk die von den Fachexperten entwickelten Projekte zum Scheitern bringen würde. Dabei wird gerne übersehen, dass Volksentscheide zugunsten konkreter Infrastrukturprojekte deren Umsetzung wesentlich erleichtern, weil sie den Gegnern „Wind aus den Segeln" nehmen. Das konnte man jüngst beim Bahnprojekt „Stuttgart 21" beobachten.

Die insbesondere aus Kreisen der Industrie vorgetragene Forderung zur Einführung eines Energiewende-Managers verspricht aus diesen Gründen keine spürbare Reduktion der bestehenden energiepolitischen Planungsunsicherheiten. Das unternehmerische Energiemanagement hat sich darauf einzustellen und mit der klassischen Strategie zu reagieren: Die Projekte müssen sich unter sehr unterschiedlichen energiepolitischen Szenarien als wirtschaftlich erfolgreich erweisen. Dieser Ansatz wurde jüngst wieder bei der Aufstellung von Netzentwicklungsplänen durch die Übertragungsnetzbetreiber präferiert. Allerdings ist dieser Ansatz mit zusätzlichen Kosten verbunden. Manche Investitionen werden unterlassen, weil sie zwar bei einigen Szenarien wirtschaftlich attraktiv sind, doch bei anderen Szenarien keine ausreichende Rendite versprechen. Bei versorgungspolitisch notwendigen Energieprojekten führt dies dann zur Bereitstellung staatlicher Fördermittel, die beispielsweise am Staatshaushalt vorbei über alle möglichen Netzumlagen über die Energieverbraucher finanziert werden. Doch auch dieser Ansatz des Energiewende-Projektmanagements mag irgendwann einmal an seine Grenzen stoßen.

Vor dem Hintergrund der vorgenannten Ausführungen ergeben sich die folgenden Empfehlungen für Praktiker, die mit dem Management von Projekten im Bereich der Energiewirtschaft beauftragt sind

1. Planen sie die Projekte unter einem breiten Spektrum denkbarer Entwicklungen bei den Preisen und politischen Vorgaben
2. Nur wenn Sie die politische Debatte sorgfältig beobachten, werden Sie in der Lage sein, entsprechende Entwicklungen zu antizipieren
3. Denken Sie über politisches Lobbying nach, etwa durch Engagement in einschlägigen Verbänden oder durch Direktansprache der örtlichen Abgeordneten und Parteien

4. Konzentrieren Sie sich auf robuste Projekte, die auch unter Extremszenarien positive Renditen erwarten lassen
5. Sollten Sie solche Projekte nicht identifizieren, versuchen Sie ihren wichtigsten Wettbewerbern zu kopieren. Sie werden dadurch zwar keinen relativen Wettbewerbsvorteil erlangen können, aber auch keinen Wettbewerbsnachteil

Die deutsche Energiewirtschaft im Wandel

Entwicklungen seit der Liberalisierung 1998 bis heute

Melanie Feudel

2.1 Einleitung

Es gibt in Deutschland wohl kaum einen Wirtschaftszweig, der einem so fundamentalen Wandel unterlegen war und weiterhin unterliegt, wie die Energiewirtschaft. Mit der Forderung der Europäischen Union (EU), die Energiemärkte in den Mitgliedsländern zu liberalisieren, hatte dieser Veränderungsprozess in Deutschland 1998 begonnen. Die Entwicklung vom Monopol- zum Wettbewerbsmarkt hat sich zwar langsam, aber stetig vollzogen. Daneben agiert die EU auch als beeinflussende Kraft im Rahmen der Ausrichtung der nationalen Energiepolitiken. So werden durch Ratsbeschlüsse der Mitgliedstaaten oder Richtlinien u. a. der Ausbau der Erneuerbaren Energien und die Reduzierung der Treibhausgasemissionen flankiert. Die Bundesregierung in Deutschland hat ihre Energiepolitik diesen Vorgaben angepasst, dabei aber auch national geprägte Entscheidungen getroffen. Die Katastrophe in Fukushima 2011 und die Absicht der Bundesregierung bis 2022 aus der Atomkraft auszusteigen sowie die Erneuerbaren Energien in den nächsten Jahren erheblich auszubauen, stellt einen der bedeutendsten und auch abruptesten Einschnitte der deutschen Energiepolitik dar.

Diese Entscheidungen und Beschlüsse, ob von EU oder nationaler Ebene getroffen, haben erhebliche Konsequenzen für die deutsche Energiewirtschaft und deren Akteure nach sich gezogen. Der nachfolgende Artikel stellt diese Veränderungsprozesse der deutschen Energiewirtschaft chronologisch dar und gibt einen Ausblick auf die zukünftigen Herausforderungen für das deutsche Energiesystem. Dabei wird der Fokus auf den Strommarkt gelegt.

M. Feudel (✉)
Hamburg, Deutschland
E-Mail: PM_Energiebereich@web.de

2.2 Das europäische Ziel einer gemeinsamen Energiepolitik und eines Energiebinnenmarktes

Die Idee der Schaffung eines gemeinsamen Energiebinnenmarktes entwickelte sich aus der Überzeugung der EU, dass nur so die Herausforderungen des Klimawandels, der steigenden Importabhängigkeit und des globalen Wettbewerbs bewältigt werden könnten. Bereits Ende der 90er Jahre versuchte die Europäische Kommission, den Strom- und Gasmarkt einer einheitlichen europäischen Regelung zu unterwerfen.[1] Doch erst mit der Elektrizitätsbinnenmarktrichtlinie 96/92/EG vollzog sich in der gesamten europäischen Stromwirtschaft ein Paradigmenwechsel.[2] Der einst monopolistisch geprägte Elektrizitätssektor war gezwungen sich dem Wettbewerb zu öffnen. Die Netzbetreiber wurden u. a. gesetzlich verpflichtet, ihre Netze Dritten diskriminierungsfrei zur Verfügung zu stellen. An die Einführung von Wettbewerb wurde die Erwartung geknüpft, die Energieunternehmen würden mittelfristig wirtschaftlicher arbeiten, was sich wiederum in niedrigeren Strompreisen niederschlagen sollte (Frenzel 2007, S. 29).

Neben der Idee eines gemeinsamen Binnenmarktes verfolgt die Europäische Union auch das Ziel einer gemeinsamen Energiepolitik. Aufgrund ihrer signifikanten Bedeutung für die Europäische Union findet sich im Vertrag von Lissabon 2009 erstmals eine explizite Energiekompetenznorm (Art. 194 AEUV). Diese enthält eine Kompetenzgrundlage für den Erlass energiepolitischer Maßnahmen: „[...] im Rahmen der Verwirklichung oder des Funktionierens des Binnenmarkts und unter der Berücksichtigung der Notwendigkeit der Erhaltung und Verbesserung der Umwelt" verfolgt die Energiepolitik der europäischen Union folgende Ziele:

a. Sicherstellung des Funktionierens des Energiemarkts;
b. Gewährleistung der Energieversorgungssicherheit in der Union;
c. Förderung der Energieeffizienz und von Energieeinsparungen sowie Entwicklung neuer und erneuerbarer Energiequellen und
d. Förderung der Interkonnektion der Energienetze.

Trotz der Kompetenzgrundlage, Maßnahmen zur Zielerreichung zu erlassen, bleiben die Energiekompetenzen der EU begrenzt, weil die Mitgliedstaaten auch weiterhin über ihre Energiequellen und die Struktur ihrer Energieversorgung entscheiden können (Mitgliedstaaten der Europäischen Union 2008). Nichtsdestotrotz hat die Europäische Union im Laufe der Jahre immer wieder neue Anstöße für die Richtung gegeben, in die die Energiegewinnung der Zukunft gehen soll. Dabei spielt insbesondere die Forcierung des Ausbaus der Erneuerbaren Energien eine große Rolle. Schon das Grünbuch zu Erneuer-

---

[1] Das 1988 von der Europäischen Kommission vorgelegte Arbeitsdokument „Der Binnenmarkt für Energie" gilt als Grundstein der Elektrizitätsbinnenmarktrichtlinie. Sie ging aus einer Ratsentschließung aus dem Jahr 1986 über die neuen energiepolitischen Ziele der Gemeinschaft für 1995, die u. a. einen von Handelshemmnissen befreiten Binnenmarkt forderte, hervor. (Schumann 2001, S. 12)

[2] Auf die Liberalisierung des Gasmarktes soll, wie einleitend angedeutet, an dieser Stelle nicht eingegangen werden.

baren Energien im Jahr 1996 bzw. das nach einem Jahr folgende Weißbuch, lösten eine Diskussion über den zukünftigen Einsatz von Erneuerbaren Energien aus. Da die EU nur begrenzt über eigene fossile Energiequellen verfügt und auf Rohstoffimporte angewiesen ist, wird die Energiegewinnung durch regenerative Energieträger immer wichtiger. Vor dem Hintergrund der dramatischen Prognosen zum Klimawandel erhält die Energiegewinnung durch CO_2-ausstoßarme Techniken zusätzliche Bedeutung. Die Richtlinie zur „Förderung der Stromerzeugung aus Erneuerbaren Energiequellen im Elektrizitätsbinnenmarkt" (2001/77/EG) schuf die gesetzgeberische Grundlage für den Ausbau der Erneuerbaren Energien in den Mitgliedstaaten (Rothe 2002, S. 14). Mit der aktuellen Richtlinie 2009/28/EG zur „Förderung der Nutzung von Energie aus erneuerbaren Quellen", ist in den Klimaschutzzielen ein Anteil von 20 % an Erneuerbarer Energie bis 2020 am Gesamtenergieverbrauch der Union anvisiert. Ein Ziel, das auf den im März 2007 beschlossenen Aktionsplan zur EU-Energiepolitik der Staats- und Regierungschefs für die Jahre 2007–2009, in dem die so genannten 20-20-20-Ziele festgeschrieben wurden, zurückzuführen ist.[3]

Im Jahr 2010 hat die Europäische Kommission diese Energiestrategie mit ihren Mitteilungen zur EU-Energiestrategie für die Jahre 2011 bis 2020 fortgeschrieben. Auch hier werden die Schwerpunkte auf das Thema Energieeffizienz, Versorgungssicherheit, freier Handel mit Energie im Binnenmarkt, Energietechnologien und den internationale Zusammenarbeit bei in Energiefragen gelegt. Im Vergleich zu dem Energieaktionsplan 2007–2009 werden die Themen Energieeffizienz und Energieinfrastruktur aber klar in den Vordergrund gerückt (Fischer 2011, S. 97).

2.3 Die Entwicklung der deutschen Energiewirtschaft zu Beginn der Liberalisierung

Der deutsche Energiemarkt war bis zur Initiative der Europäischen Kommission in den 1980er Jahren nahezu vollständig vom Wettbewerb abgeschottet und wäre es ohne diese Initiative wohl noch bis heute. Mit dem Gesetz zur Förderung der Energiewirtschaft von 1935 (Energiewirtschaftsgesetz – EnWG) sollte der öffentliche Einfluss auf die Energieversorgung gewahrt werden und schädlicher Wettbewerb ausgeschlossen bleiben. Als zentrales Ziel nannte die Präambel des Gesetzes die Schaffung einer kostengünstigen und sicheren – im Sinne der Versorgungssicherheit – Energieversorgung. Mit der Umsetzung der europäischen Richtlinie in nationales Recht und der damit verbundenen Neuregelung des Energiewirtschaftsgesetzes (EnWG) im Jahr 1998, wurde ein neuer Ordnungsrahmen geschaffen. Deutschland entschied sich dafür, den Energiemarkt gleich vollständig und ohne die in der Binnenmarktrichtlinie festgelegten Übergangsfristen zu öffnen (Schiffer

---

[3] Die anderen 20-20 beziehen sich auf die Reduzierung des Energieverbrauchs und die Steigerung der Energieeffizienz (jeweils gemessen am Jahr 1990).

2008, S. 224 ff.). Während jedoch alle europäischen Mitgliedsländer nach dem Erlass der Richtlinie einen geregelten Netzzugang mit einer nationale Regulierungsbehörde schufen, um diese mit der Aufsicht über ihre Strommärkte zu beauftragen, wählte Deutschland den Weg der Verbändevereinbarung. Dieser unverbindliche Verhaltenskodex, der es dem Verband der Elektrizitätswirtschaft (VDEW) und der stromverbrauchenden Großindustrie überließ, über die Bestimmungen der Netznutzungsentgelte zu entscheiden, brachte jedoch nicht das erwünschte Resultat (Angenendt 2007, S. 69). Stattdessen erschwerten die etablierten Versorger den Zugang zum Netz, sei es durch erhöhte Preise oder administrative Schranken. Staatliche Missbrauchskontrolle konnte nur im Nachhinein und auch nur in Einzelfallentscheidungen stattfinden.[4] Diese Entwicklung war nicht zufriedenstellend. Zwar hatten sich zu Beginn der Liberalisierung Handels- und Vertriebsgesellschaften wie ENRON, VASA, Best Energy oder Yello, eine Tochter der EnBW, gegründet, die meisten davon mussten aber aufgrund der schwierigen Netzzugangsbedingungen kurz darauf Insolvenz anmelden (Becker 2011, S. 100). Darüber hinaus hatte die Marktkonzentration nach der Öffnung des Marktes 1998 erheblich zugenommen. Aus der Überlegung heraus, im Wettbewerb könnten nur die großen Konzerne überleben, fusionierten die damals bestehenden neun Verbundunternehmen zu den vier Stromversorgern RWE, E.ON, Vattenfall Europe und EnBW.[5] Hinzu kamen ihre Beteiligungen an den regionalen und kommunalen Stromversorgern, die vor allem zur Sicherung des Absatzes von Strom und Gas dienten.[6] Aufgrund dieser hohen Marktkonzentration und der Marktmacht, die überwiegend aus dem Besitz der Hochspannungsnetze sowie einem großen Teil der abgeschriebenen Großkraftwerke resultierte, änderte sich zunächst einmal gar nichts an den bestehenden Monopolstrukturen.

Den Stadtwerken, die nicht von den Kommunen verkauft oder von den großen Verbundunternehmen anteilig übernommen wurden, sagte man nach der Liberalisierung sogar den Niedergang voraus (Welt Nachrichten 1998). Man ging davon aus, sie würden mit den Vertriebspreisen der Großen nicht mithalten können. Einige Stadtwerke entschlossen sich daraufhin – zur Sicherung ihrer Wettbewerbsfähigkeit – zu fusionieren, zu

---

[4] Erst mit der EU-Beschleunigungsrichtlinie 2003/54/EG, die eine erneute Novellierung des Energiewirtschaftsrechts erforderte (EnWG-Novelle 2005), wurde Deutschland dazu verpflichtet, die Verbändevereinbarung aufzuheben und einen regulierten Netzzugang einzuführen. Die ex post-Kontrolle der Netzzugangsbedingungen und -entgelte wurde durch die Ex ante-Genehmigung durch die Bundesnetzagentur bzw. der Landesregulierungsbehörden ersetzt. (Becker 2011, S. 106)

[5] Im Sommer 2000 ging die Dortmunder VEW AG in der Essener RWE AG auf. VEBA AG und VIAG AG schlossen sich 1999 zur E.ON. AG zusammen. E.ON kaufte 2001 die Ruhrgas AG und so entstand die E.ON Ruhrgas AG, der weltgrößte private Energiekonzern. Die Vattenfall Europe AG wurde 2002 nach den Übernahmen der Verbundnetzbetreiber Bewag und HEW sowie des größten deutschen Stromerzeugers VEAG gegründet. Die EnBW AG war bereits ein Jahr vor dem eingeleiteten Liberalisierungsprozess durch die Fusion der beiden baden-württembergischen Energieversorgungsunternehmen Badenwerk AG und Energie-Versorgung Schwaben AG entstanden. (Krisp 2008, S. 154)

[6] Nach Angaben des Bundeskartellamtes verfügten RWE und E.ON im Jahr 2002 zusammen genommen über ca. 210 solche Minderheitenbeteiligungen. (Deutscher Bundestag 2003, S. 163.)

kooperieren bzw. strategische Allianzen zu schließen. So entstand 1999 beispielsweise die Trianel GmbH als horizontale Kooperationsgruppe.

Im Jahr 2000 vereinbarte die rot-grüne Bundesregierung unter Bundeskanzler Gerhard Schröder mit den deutschen Kraftwerksbetreibern den Atomausstieg. Das Gesetz trat am 26.04.2002 in Kraft. Im selben Jahr dieses Atomkonsenses wurde das Erneuerbare-Energien-Gesetz, welches das zuvor gültige Stromeinspeisungsgesetz ablöste, verabschiedet. Es sollte den Ausbau der regenerativen Energien als zentrales Element für den Klima- und Umweltschutz sowie für eine nachhaltige Entwicklung in Deutschland fördern. Entsprechend den Zielen der EU und Deutschlands sollte ihr Anteil an der Stromversorgung bis 2010 mindestens verdoppelt werden (Bundesministerium für Umwelt, Naturschutz und Reaktorsicherheit 2000). Ein zentrales im EEG enthaltenes Instrument ist die Einspeisevergütung, durch die der Betreiber einer EEG-Anlage für seinen erzeugten Strom einen festgelegten Preis pro kWh erhält. Mit den in Kraft getretenen Gesetzesnovellierungen 2004, 2009, 2011 und 2012 wurde das EEG den aktuellen Rahmenbedingungen angepasst.

Zweck des Kraft-Wärme-Kopplungsgesetzes (Gesetz für die Erhaltung, die Modernisierung und den Ausbau der Kraft-Wärme-Kopplung), das im Jahr 2002 in Kraft trat, war die Bestandssicherung und Modernisierung der KWK-Anlagen, „die aufgrund der Liberalisierung unter erhebliche Kostenkonkurrenz geraten waren" (Bielitza-Mimjähner 2007, S. 352). Ferner sah man den Ausbau der Stromerzeugung in kleinen KWK-Anlagen und die Markteinführung der Brennstoffzelle als wichtige Beiträge für den Umweltschutz an. Auch im KWKG ist ein fester Satz, ein so genannter Bonus, für den in KWK-Anlagen erzeugten und ins Netz eingespeisten Strom enthalten. Diese Anlagen, die u. a. mit Erd- oder Biogas betrieben werden, stellen gleichzeitig Strom und Nutzwärme zur Verfügung und haben damit einen sehr hohen Ausnutzungsgrad (Bundesministerium für Umwelt, Naturschutz und Reaktorsicherheit 2002).

Durch das EEG und das KWKG traten neue Akteure auf den Markt, für die es aufgrund der festgeschriebenen Einspeisevergütung rentabel ist, in regenerative Energien oder KWK zu investieren. Dazu zählen Privatpersonen, Bauern, Landeigner oder Industrieunternehmen, die im Besitz der Flächen sind, um dort die Blockheizkraftwerke, Photovoltaik- oder Windanlagen zu errichten. Dabei nutzen sie den erzeugten Strom teilweise zur Eigenbedarfsdeckung, aber auch um ihn profitbringend in das Netz einzuspeisen. Bis heute hat diese Entwicklung standgehalten: 50 % der in Deutschland installierten Anlagen zur Stromerzeugung aus regenerativen Quellen sind Eigentum von Privatpersonen und Landwirten (siehe Abb. 1.3.1). Neben dieser Gruppe sind auch Projektierer in den Markt eingetreten, die für Privatpersonen, Kommunen oder Unternehmen das Management von Erneuerbaren-Projekten übernehmen und auch die Flächen von Landeignern pachten. Ein sehr erfolgreiches Beispiel dafür ist der Erneuerbaren-Projektierer Juwi, der vor rund 15 Jahren aus einer zweiköpfigen Geschäftsleitung bestand, mittlerweile ca. 1750 Mitarbeiter beschäftigt und über 1 Mrd. € erwirtschaftet (Juwi 2012). Hinzu kommt die Gründung von Ökostromanbietern wie bspw. Lichtblick, Naturstrom oder Greenpeace Energy, die den „grünen Strom" mit wachsendem Erfolg an den Kunden vertreiben (Bielitza-Mimjähner 2007, S. 355).

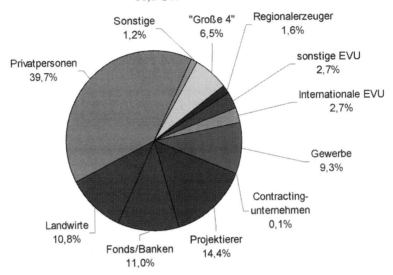

Abb. 2.1 Struktur der Erneuerbaren Energien nach Eigentümergruppen 2010 (ohne Pumpspeicherkraftwerke). Nach trend: research (2012)

Die Stadtwerke agierten zunächst sehr zögerlich und haben die Entwicklung in Richtung Erneuerbare Energien „verschlafen" (N. N. 2011a, S. 1). Stattdessen investierten sie vermehrt in die Kraft-Wärme-Kopplung (Abb. 2.1).

2.4 Der Trend zur Rekommunalisierung und die Folgen der fortschreitenden Liberalisierung für die großen Energieversorger

Erst seit dem Jahr 2007, als der verstärkte Trend zur Rekommunalisierung[7] einsetzte, ist wirklich wieder Bewegung in die Stadtwerkelandschaft gekommen. Die Städte und Gemeinden versprechen sich davon mehr Einfluss auf die wirtschafts- und umweltpolitische Zielsetzung der Energieversorgung nehmen zu können. Befördert wird der Rekommunalisierungstrend dadurch, dass gegenwärtig und in den kommenden Jahren eine Vielzahl

---

[7] „Der Begriff der Rekommunalisierung bezeichnet in diesem Zusammenhang eine Entwicklung, bei der die Energieversorgung aus privater Hand wieder vermehrt in die Hände der Städte und Gemeinden übergeht. [...] Unter Rekommunalisierung im weiteren Sinne wird auch die zunehmende Bildung von Kooperationen einzelner Stadtwerke und Regionalversorger verstanden." (Deutscher Bundestag 2011, S. 24 f.)

von Konzessions- oder Gestattungsverträgen für Strom, Gas oder Fernwärme auslaufen und neu vergeben werden müssen. Neben der hundertprozentigen kommunalen Lösung oder der Kooperation mit anderen Kommunen im Bereich Netzbertrieb und Versorgung ist es auch möglich, nur teilweise zu rekommunalisieren, das heißt, mit einem strategischen Partner aus der Energiewirtschaft zusammen zu arbeiten, um die Finanzierung des Netzkaufs und den Aufbau einer Versorgung sicherzustellen. Für bereits existierende Stadtwerke bieten die freiwerdenden Netzkonzessionen die Möglichkeit, ihr Netzgebiet zu vergrößern. Der Kauf oder Rückkauf von Stadtwerken aus der Hand der Privatwirtschaft oder die Übernahme von Konzessionen schafft neue Einnahmequellen. Prominente Beispiele für Übernahmen von Stadtwerken sind der Kauf der E.ON-Tochter Thüga durch ein kommunales Konsortium im Jahr 2009[8] und der Kauf des fünft-größten deutschen Kraftwerksbetreibers Evonik Steag durch ein Stadtwerke-Konsortium aus dem Ruhrgebiet. Außerdem hat die Gründung der Stadtwerke Stuttgart 2011 dazu geführt, dass die EnBW ihre Konzession am örtlichen Wasser-, Strom- und Gasnetz verloren hat. Ein weiteres Beispiel ist auch die staatliche Übernahme der EnBW-Anteile des französischen Stromkonzerns EDF durch das Land Baden-Württemberg. Während bei der Erzeugung eine kommunale Präsenz als positiv und wettbewerbsfördernd bewertet wird, fürchtet man durch die Rekommunalisierung der Netze eine Zersplitterung, die Effizienznachteile beim Netzbetrieb mit sich bringt und zu erhöhten Kosten für den Netznutzer führen könnte (Fellenberg et al. 2012, S. 105).

Für die großen Energieversorger bedeutet die Entwicklung der Rekommunalisierung, womit der Verlust der Netze oder Stadtwerkeanteile einhergeht, Einnahmeausfälle. Trotzdem konnten die Energieriesen im Bereich der Erzeugung ihre Marktstellung lange behaupten. Das Bundeskartellamt stellte in seiner im Januar 2011 vorgelegten Sektoruntersuchung „Stromerzeugung und Stromgroßhandel" fest, dass sowohl die Stromerzeugungskapazitäten als auch der Anteil der Nettostromerzeugung der vier Energieversorger im Jahr 2008 immer noch bei 84 % lagen (Bundeskartellamt 2011).

Im Gegensatz zum Erzeugungsbereich hat der Liberalisierungsprozess für die Eigentümerstruktur des Übertragungsnetzes erhebliche Konsequenzen mit sich gebracht. Die Elektrizitätsbinnenmarktrichtlinie 2009/72/EG, die eine erneute Novellierung des Energiewirtschaftsrechts (EnWG 2011) nötig machte, sieht nämlich die eigentumsrechtliche Trennung (Ownership Unbundling)[9], die Einrichtung eines unabhängigen Systembetreibers (ISO) oder eines unabhängigen Übertragungsnetzbetreibers (ITO) in den Mitgliedsländern, vor. Prioritäres Ziel ist es, durch die Trennung von Stromerzeu-

---

[8] E.ON hatte sich entschieden diese zu verkaufen, nachdem der BGH im November 2008 den Kauf der Stadtwerke Eschwege verboten hatte.

[9] Das integrierte Unternehmen wird in seine einzelnen Bestandteile zerschlagen und die Unternehmensstruktur aufgelöst. Die abgespaltenen Unternehmensteile sind dann eigenständige Gesellschaften, die nicht mehr vom Mutterunternehmen, wie bei der gesellschaftsrechtlichen Entflechtung, gehalten werden dürfen./ (Volz 2006, S. 22 ff.)

gung und Netzen für mehr Wettbewerb zu sorgen (Europäisches Parlament, Europäischer Rat 2009).

E.ON hatte sich bereits im Jahr 2009 dafür entschieden sein Übertragungsnetz an den niederländischen Netzbetreiber Tennet und rund 5000 MW seiner Kraftwerkskapazitäten zu verkaufen, um eine Kartellstrafe der Europäischen Kommission abzuwenden (Focus Money Online 2008). Vattenfall veräußerte sein Übertragungsnetz, die 50 Herz Transmission GmbH, ein Jahr nach dem Erlass der Richtlinie an den belgischen Netzbetreiber Elia und den australischen Fonds IFM. Auch RWE gab die Mehrheitsanteile seiner Netztochter Amprion im Jahr 2011 an ein Konsortium unter der Führung der Commerzbank-Tochter Commerz Real ab (Focus Money Online 2011b). Mit dem Verkauf ihrer Übertragungsnetze sind die Energieversorger den Vorgaben der Kommission nachgekommen. Dabei spielten strategische Aspekte sicherlich auch eine wichtige Rolle. Denn der Ausbau der Erneuerbaren Energien, insbesondere der Offshore-Windanlagen im Norden, machen erhebliche Investitionen in die Netze in den nächsten Jahren notwendig, die nun die neuen Betreiber tragen müssen. Der einzige Energieversorger, der sich für den Erhalt seines Netzes entschieden hat, ist die EnBW. Diese hat das Modell des „unabhängigen Transportnetzbetreibers", das den Verbleib der TransnetBW im EnBW Konzern ermöglicht, allerdings weitreichende Entflechtungsvorgaben berücksichtigen muss, gewählt.

2.5 Fukushima und die Auswirkungen für die deutsche Energiewirtschaft

Die Katastrophe von Fukushima, der atomare Super-Gau im März 2011 in Japan, stellt für die deutsche Energiepolitik eine Zäsur dar. Hatte die Schwarz-Gelbe Bundesregierung noch ein Jahr zuvor den von der Rot-Grünen Bundesregierung beschlossenen Atomausstieg zurückgenommen, entschied sie nun, nach dem Reaktorunfall in Japan, den endgültigen Ausstieg aus der Atomenergie bis 2022. Acht der siebzehn Atomreaktoren wurden sofort vom Netz genommen und mit ihnen 8,4 GW Erzeugungsleistung. Die weiteren neun Atomkraftwerke werden nach einem bestimmten Zeitplan in den nächsten Jahren abgeschaltet.[10] Das Ziel des politischen Projekts „Energiewende"[11], ist die Umgestaltung des Energiesystems hin zu Dezentralität und Erneuerbaren Energien. Mit der Novelle des EEG 2012 wurden konkrete Zielvorgaben für den Ausbau der Erneuerbaren an der Stromversorgung festgeschrieben. So sieht diese eine Steigerung der Erneuerbaren auf 35 % bis 2020, 50 % bis 2030, 65 % bis 2040 und 80 % bis 2050 vor (Bundesministerium für Ernährung,

---

[10] 2015 Grafenrheinfeld (Bayern), 2017 Grundremmingen B (Bayern), 2019 Philipsburg II (Baden-Württemberg), 2021 Grohnde (Niedersachsen), Brokdorf (Schleswig-Holstein) und Grundremmingen C, 2022 Isar II (Bayern), Neckarwestheim II (Baden-Württemberg) und Emsland (Niedersachsen).

[11] i. S. d. energiepolitischen Umdenkens nach Fukushima

Landwirtschaft und Verbraucherschutz 2012). Im Jahr 2011 lag der Anteil der Erneuerbaren Energien laut des Bundesverbandes der Energie- und Wasserwirtschaft (BDEW) bei 19,9 % (Brachvogel 2011). Mit der stetigen Steigerung des Anteils soll der Großteil der Kapazitäten aus den Atomkraftwerken in den nächsten Jahren durch regenerative Energien ersetzt werden. Für die vier großen Energieversorger E.ON, RWE, EnBW und Vattenfall bringt die energiepolitische Wende signifikante Einbußen ihrer Marktposition und damit verbunden finanzielle Verluste mit sich. Der Energiekonzern E.ON verfügt über 40 % der installierten Kernkraftwerkskapazität. Nach dem Atomausstiegsbeschluss musste der Konzern zwei seiner Atommeiler vom Netz nehmen und verzeichnete einen Gewinneinbruch im ersten Halbjahr 2011 von 70 % auf nur noch 900 Mio. €. Insgesamt hat der Konzern im Geschäftsjahr 2011 einen Fehlbetrag von 2,22 Mrd. € verbucht, bei einem Vorjahresüberschuss von 5,85 Mrd. €. Das Energieunternehmen RWE, das über 26,3 % der Kernkraftkapazitäten verfügt, musste nach der Katastrophe in Fukushima ebenfalls zwei seiner Meiler, Biblis A und B, abschalten. Der Gewinn sank damit in den ersten drei Quartalen 2011 um 30 % auf 4,3 Milliarden. Die EnBW, die vor Fukushima die Hälfte ihres Umsatzes aus Atomkraft generierte, hatte in den ersten neun Monaten des Jahres 2011 Abschreibungen in Höhe von 1,2 Mrd. und damit einhergehend einen Verlust von über 0,5 Mrd. € zu verzeichnen. Vattenfall musste zwei seiner Meiler, Brunsbüttel und Krümmel vom Netz nehmen. Insgesamt sank damit der Konzerngewinn im Jahr 2011 um 21 % auf 1,2 Mrd. € (N. N. 2012a, S. 4). Hinzu kommen die Rückbaukosten der Atomkraftwerke, die auf 18 Mrd. € beziffert werden und weitere Verluste für die Konzerne bedeuten (Focus Money 2011b). Außerdem lässt der Einspeisevorrang des aus Erneuerbaren Energien produzierten Stroms, der einen immer größeren Teil des Bedarfs abdeckt, die Auslastung der bestehenden konventionellen Kraftwerke und damit die Einnahmen sinken (SpiegelOnline 2012). E.ON überlegt deshalb, drei seiner bestehenden Gaskraftwerke in Süddeutschland vom Netz zu nehmen. Die Versorgungssicherheit wäre dadurch erheblich gefährdet, vor allem die des Bundeslandes Bayern, in dem sich zwei der Gaskraftwerke befinden. Der Bedarf für flexible, effiziente und vor allem schnell regelbare konventionelle Kraftwerke wird aber mittelfristig notwendig werden, um die fehlenden Kapazitäten der Kernkraftwerke zu ersetzen und als „Back-up" kurzfristig zur Verfügung zu stellen, sofern die Bedarfsdeckung durch Sonne und Wind nachts oder aufgrund des Wetters nicht möglich ist.[12] Um Investitionen überhaupt rentabel zu gestalten, ist eine Diskussion über Kapazitätsmärkte entbrannt. Betreiber von Gaskraftwerken erhalten nach diesem Modell nicht nur eine Vergütung für ihren produzierten Strom sondern werden auch für die Bereitstellung von Kraftwerkskapazitäten bezahlt.

Die großen Energieversorger müssen in den nächsten Jahren erheblich investieren und neue Geschäftsmodelle entwickeln, wenn sie ihre Marktposition in Deutschland und die Einnahmen ihres Unternehmens sichern wollen. Dabei werden vor allem Investitionen in

---

[12] Aufgrund der CO2-Reduzierungsvorgaben und da auf mittelfristige Sicht die Genehmigung von Carbon Capture and Storage (CCS) in großem Maßstab nicht in Sicht ist, kann es sich hierbei nur um Neuinvestitionen in Gas-, nicht aber in Kohlekraftwerke handeln.

Erneuerbare Energien eine große Rolle spielen. E.ON hat sich u. a. deshalb entschieden, seine drei Regionalgesellschaften Mitte, Thüringer Energie und Westfalen-Weser zu verkaufen, um so seine eigenen finanziellen Ressourcen stärker zu konzentrieren und den Umbau zur dezentralen Stromerzeugung besser stemmen zu können (N. N. 2012b, S. 1). Außerdem werden Investitionen in zukunftsfähige Technologien wie Speichertechnologien über den Erfolg der Unternehmen entscheiden. Zur Absicherung ihres Umsatzes setzen E.ON und RWE aber verstärkt auch auf Auslandsinvestitionen.

2.6 Stadtwerke als Treiber der Energiewende?

Während die Energiewende große finanzielle Nachteile für die vier großen Energiekonzerne mit sich bringt[13], werden für die Stadtwerke mit dem Beschluss aus der Atomenergie auszusteigen, neue positive Impulse gesetzt. Hatte der Verband kommunaler Unternehmen (VKU) nach der beschlossenen Laufzeitverlängerung der Kernkraftwerke 2010 noch beklagt, dass diese Entscheidung einen Wettbewerbsnachteil für die Stadtwerke bedeuten und diese Entscheidung die Anstrengungen der Stadtwerke für den Ausbau der Eigenerzeugung untergraben würde, haben sie nun erneut die Gelegenheit, sich auf dem Erzeugermarkt zu positionieren bzw. ihre Position auszubauen. Denn die stufenweise Stilllegung der Kernkraftwerke, die aufgrund ihrer niedrigen variablen Erzeugerkosten von anderen Kraftwerkstypen aus der Merit Order nicht zu verdrängen sind, macht nach und nach Marktsegmente für Investitionen anderer Akteure wie die Stadtwerke frei (Herrmann et al. 2011, S. 44).

Lag der Anteil der Stadtwerke an der installierten Kraftwerksleistung in Deutschland im Jahr 2010 bei nur etwa 10 %, haben sich die Stadtwerke zum Ziel gesetzt, bis 2020 ihren Marktanteil an der Stromerzeugung zu verdoppeln (VKU 2011a). Die folgende Abbildung zeigt die prozentuale Aufteilung der kommunalen Kraftwerkskapazitäten 2010 (Abb. 2.2).

Die eigenständige Energieerzeugung hat für die Stadtwerke eine große strategische Bedeutung, denn sie ermöglicht den kommunalen Unternehmen den Zugang zu einem attraktiven Markt, den bislang vor allem die vier großen Energieversorger beherrscht haben. Weiterhin verringert die eigene Stromproduktion die Abhängigkeit der Stadtwerke vom Großhandelsmarkt.[14] Mit der Novelle des Kraft-Wärme-Kopplungsgesetzes (KWKG) 2012 sind die Investitionen in KWK-Anlagen attraktiver geworden, weil u. a. die Vergütung für den in KWK-Anlagen erzeugten Strom gestiegen ist (Bundesministerium für Wirtschaft und Technologie 2012). Neben Investitionen in KWK-Anlagen wollen aber auch immer mehr Stadtwerke die Investitionen in die Erneuerbaren Energien-Projekte wagen oder

---

[13] Natürlich sind auch Stadtwerke wie bspw. die Stadtwerke München, die Kraftwerksscheiben an den Atomkraftwerken erworben hat, hierdurch finanziell betroffen.

[14] Allerdings haben Stadtwerke, die vor bspw. 3 Jahren eine Kraftwerksscheibe gekauft haben, heute finanzielle Nachteile dadurch, weil der Strompreis auf dem Großhandelsmarkt so niedrig ist.

Abb. 2.2 Kommunale Kraftwerkskapazitäten 2010 nach installierter Netto-Engpassleistung nach VKU (2011b). (Quelle: VKU, Unternehmensrecherche 2011)

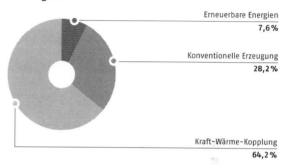

ausbauen. Ob sie dabei auf Wind, Wasser oder Sonne setzen, hängt von den regionalen Verfügbarkeiten und geografischen Standorten ab, wobei Investitionen in Onshore-Wind für Stadtwerke am attraktivsten seien, gefolgt von Offshore-Projekten und Photovoltaik (N. N. 2011b, S. 5). Einige Stadtwerke haben sich dafür entschieden, eigene Tochtergesellschaften zu gründen, in denen die Projektaktivitäten gesondert gebündelt werden. Beispiele dafür sind die Grünwerke, eine Tochtergesellschaft der Düsseldorfer Stadtwerke oder die SWM Bayernwind, eine Tochter der Stadtwerke München, die gemeinsam mit bayerischen Kommunen und einem Windparkprojektierer Windkraftprojekte realisiert.

Bei einigen Investitionsvorhaben stehen den Stadtwerke jedoch ihre kommunalen Anteileigner im Weg, weil diese zu hohe Renditeerwartungen (teilweise 10 %) haben, die bei Erneuerbaren-Projekten nicht erfüllt werden können. Laut Aussage von Lothar Schulze, Geschäftsführer der Windwärts Energie GmbH auf einer EUROFORUM-Konferenz, liegen die Renditen für Windinvestitionen in windschwachen Jahren bei ca. 6–7 %, in windreichen bei ca. 9 %.

Sehr viele Stadtwerke entscheiden sich mittlerweile, zum Zwecke der Ressourcenbündelung, im Rahmen von horizontalen Stadtwerkekooperationen in Erzeugerprojekte zu investieren. Insbesondere Großprojekte wie Offshore-Windparks oder Kraftwerke erfordern neben den ausreichenden finanziellen Ressourcen auch die langfristige Bindung von Personal für die Projektarbeit, was einzelne Stadtwerke allein nicht leisten können. Auch regionale Kooperationen kleinerer und/oder mittelgroßer Stadtwerke eröffnen Potenzial für die Erschließung von Synergieeffekten. Die Trianel GmbH ist zu der führenden Stadtwerkekooperation in Europa angewachsen und auch andere Interessengemeinschaften wie die 8 KU (acht kommunale Unternehmen) haben sich zusammengeschlossen und operieren mittlerweile auf Augenhöhe mit den Großen.

Der Gesetzesentwurf zur Kürzung der Solarförderung ist im Bundesrat blockiert worden, weil die Bundesländer befürchteten, dass das Gesetz eine Abnahme von Investitionen in diesem Bereich und damit erhebliche Konsequenzen für die deutsche Solarindustrie zur Folge hätte. Der Kompromiss sieht wesentlich geringere Einschnitte in der Vergütung vor, weshalb hier in nächster Zeit nicht mit großen Investitionsrückgängen zu rechnen ist.[15]

Bei Investitionen in Windenergie im Binnenland wird es immer schwieriger, freie Flächen zu finden. Die Landesregierung von Nordrhein-Westphalen bspw. hat deshalb reagiert und eine Leitlinie vorgegeben, um den Ausbau der Windkraft, u. a. im Wald zu erleichtern und damit die Erschließung weiterer Windflächen zu ermöglichen. Die Landesregierung von Niedersachsen will Investitionshemmnisse wie die Höhenbeschränkung beim Windanlagenbau abschaffen, um so neue Impulse für das Repowering, also das Ersetzen alter Windanlagen durch neuere und effizientere, zu setzen.

Da die Akzeptanz der Bürger für die neuen Energie- und Infrastrukturprojekte unerlässlich ist, versuchen die Stadtwerke sie verstärkt in die Investitionsprojekte einzubinden. Etliche Energieversorger setzten mit den Sparkassen oder Banken vor Ort bspw. Öko-Sparbriefe auf.

Diese Ökosparbriefe, die von den Bürgern als festverzinsliche Finanzanlage genutzt werden können, dienen den Sparkassen zur Refinanzierung der Kredite an die Stadtwerke. Das Stadtwerk baut dafür, möglichst vor Ort, EEG-Anlagen.

Ferner gehen einige Stadtwerke Kooperationen mit Energiegenossenschaften ein oder gründen solche, um Projekte auf Basis regenerativer Energien zu realisieren. Als besonders innovatives Genossenschaftsmodell gilt das der Stadtwerke Wolfhagen, einem in kommunaler Hand befindlichen Stadtwerk, an dem sich die Bürger finanziell beteiligen, um so Mitentscheidungsrechte zu erhalten und von der Dividende zu profitieren. Während diese Stadtwerke verstärkt auf dieses Kundenbindungs- und Identifikationsinstrument setzen, werden Genossenschaften aber auch vielerorts als Konkurrenz angesehen. Denn es gibt Bürger, die sich entscheiden sich auch ohne eine Kooperation mit einem Stadtwerk einzugehen, in Erneuerbaren-Projekte zu investieren oder die Netze zu erwerben. Ein Beispiel dafür sind die Elektrizitätswerke Schönau (EWS), die aus einer Bürgerinitiative heraus entstanden sind und das örtliche Netz in Schönau übernommen haben. Die Gefahr ist allerdings auch hier, wie bei Rekommunalisierung der Netze, dass die Kleinteiligkeit zur Ineffizienz der Netzinfrastruktur und damit zur Kostensteigerung führen kann.

Um ihrer Rolle als Treiber der Energiewende gerecht zu werden, müssen die Stadtwerke neben den Investitionen in die Erzeugung auch Investitionen in andere Bereiche der Wertschöpfungsstufe wie Netze (Mittel- und Niederspannung) und innovative technische Lösungen für das Energieversorgungssystem von morgen, z. B. das Smart Grid[16] tätigen,

---

[15] Das Gesetz sieht allerdings eine Deckelung der Solarförderung bei 52.000 MW vor./ (Ismar 2012)
[16] Laut der Definition des Technologieforums Smart Grids handelt es sich dabei um „Stromnetze, welche durch ein abgestimmtes Management mittels zeitnaher und bidirektionaler Kommunikation zwischen Netzkomponenten, Erzeugern, Speichern und Verbrauchern einen energie- und kosteneffizienten Systembetrieb für zukünftige Anforderungen unterstützen." (e-control 2010)

um die erfolgreiche Integration der Erneuerbaren Energien in das bestehende Energiesystem zu befördern.[17] Eine Studie der Beratungsgesellschaft Kema kommt zu dem Ergebnis, dass die deutschen Verteilnetzbetreiber bis 2030 7 Mrd. € in den Ausbau intelligenter Netze investieren müssen (VKU 2012). Einen wichtigen Beitrag für das Smart Grid können bspw. Speicher wie Elektroautos leisten, aber auch hier bedarf es noch erheblicher Investitionen bzw. eines tragfähigen Geschäftsmodells wie es sich für die Stadtwerke wirtschaftlich rentieren kann. Hier befinden sich die Stadtwerke noch relativ am Anfang.

2.7 Zusammenfassung und Ausblick

Die vier großen Energiekonzerne, die eine gewisse Marktmacht in der Vergangenheit durch den Besitz der großen konventionellen Kraftwerke bzw. durch die hohen Stromerzeugerkapazitäten ausüben konnten, sehen sich durch die aktuellen Entwicklungen mit enormen Herausforderungen konfrontiert. Sie müssen Einnahmeausfälle durch die zwangsweise Abschaltung der Kernkraftwerke hinnehmen. Darüber hinaus rechnen sich ihre bestehenden konventionellen Kraftwerke nur noch teilweise. Hinzu kommt der anhaltende Rekommunalisierungstrend, der einen Verlust von Stadtwerkeanteilen und Netzkonzessionen und damit weitere Einnahmeeinbußen bedeutet. Sie werden in den nächsten Jahren erhebliche Investitionen tätigen und ein neues Geschäftsmodell für sich entwickeln müssen, um ihre Marktposition absichern zu können. Die Stadtwerke auf der anderen Seite haben nach Fukushima an Auftrieb gewonnen. Sie sehen sich selber als wichtigen Baustein in einem zukünftigen dezentralen Energiesystem. Jetzt müssen sie nur noch ihre Ankündigungen verwirklichen und verstärkt in die Energieerzeugung, aber auch Netze und technische Innovationen investieren.

Auch viele neue Akteure sind Anfang des 21. Jahrhundert in den deutschen Energiemarkt eingetreten, für die es aufgrund der festen Einspeisevergütung lukrativ ist, in die regenerativen Energien zu investieren. Andere erhoffen sich wiederum durch den Kauf der Netze oder durch die Beteiligung an Erneuerbaren-Projekten mehr Möglichkeiten, auf die Energie- und Klimapolitik vor Ort Einfluss zu nehmen. Die Herausforderung, die sich aus dieser Entwicklung ergibt, ist, dass das deutsche Energieversorgungssystem dadurch immer kleinteiliger und schwieriger zu kontrollieren sein wird. Hinzu kommt, dass durch den ungebremsten Ausbau der Erneuerbaren Energieträger Investitionen in konventionelle Kraftwerke, die als „Back-up" unerlässlich sind, unattraktiv werden. Außerdem erfolgen die notwendigen Investitionen in Netze und Speicher nicht in gleichem Maße wie es notwendig wäre. Von dem in der von der Deutschen Energieagentur (DENA) veröffentlichten Netzstudie dena II berechneten 1800 km Netzausbaubaubedarf (Vgl. Kohler et al. 2010) sind heute erst 250 km gebaut worden. Mit dem aktuellen Netzentwicklungsplan, der

---

[17] Die dena erstellt aktuell eine Studie zum Ausbau und Innovationsbedarf der Stromverteilnetze bis 2030.

von den vier Netzbetreibern erstellt wurde, werden wichtige Handlungsempfehlungen für die Optimierung, Verstärkung und den Ausbau der Übertragungsnetze gegeben. Rund 20 Mrd. € müssen demnach bis zum Jahr 2020 in den Netzausbau investiert werden (N. N. 2012c, S. 1).

Bei den Stromspeichern gibt es momentan nur eine etablierte Technologie, die in der Lage wäre, größere Mengen an Energie zu speichern, nämlich Pumpspeicher. Da es aber kaum noch Standorte gibt, um diese zu errichten, sind hier keine großen Entwicklungen mehr zu erwarten. Hinzu kommt, dass sich solche Investitionen aufgrund der geringen Spreads zwischen base- und peak-Preisen an der Strombörse, also der Differenz zwischen den Grundlast- und Spitzenlastpreisen, zurzeit nicht lohnen. Als Speicheralternative ist aktuell „Power-to-Gas" in aller Munde. Diese Technologie kann überschüssigen Strom über die Elektrolyse in Wasserstoff umwandeln. Im Anschluss wird der Wasserstoff in Methan umgewandelt, das in das Erdgasnetz eingespeist werden kann. Damit bietet sich auch das Gasnetz als Speicher an. Kritisiert werden bei der Umwandlung jedoch die hohen Wirkungsgradverluste.

Ob sich am Ende Power-to-Gas oder eine andere Speichertechnologie durchsetzt, die in naher Zukunft überschüssigen Strom in großen Mengen speichert, es wird eine technische Lösung gefunden werden müssen. Gelingt es nicht die Erneuerbaren Energien in das bestehende System zu intergieren, wird die Energiewende scheitern. Deshalb ist es unerlässlich, dass die großen Konzerne auch weiterhin in Deutschland in neue Energietechnologien und konventionelle Kraftwerke investieren. Die Stadtwerke alleine werden diese Aufgabe nicht meistern können. Ob von der Bundesregierung neue Anreize, also im Grunde weitere Subventionen geschaffen werden, um die Investitionen zu fördern, bleibt abzuwarten. Vielleicht wird es auch Zeit für ein vollkommen neues Marktmodell. Es muss sich nur die Frage gestellt werden, welches System Deutschland in Zukunft anstrebt, einen freien oder einen überregulierten Markt. Auf jeden Fall werden sich die Kosten der Energieversorgung sichtbar erhöhen. Den Ausbau der Netze, weiter steigende EEG-Umlagen, neue technologischen Innovationen, das alles gibt es nicht zum Nulltarif.

Literatur

Bundeskartellamt. (2011). *Sektoruntersuchung Stromerzeugung/Stromgroßhandel*. Bonn: BKartA (B10-9/09).
Bundesministerium für Umwelt, Naturschutz und Reaktorsicherheit. (2000). *Gesetz für den Vorrang Erneuerbarer Energien*. Berlin: BGB I. I.
Bundesministerium für Umwelt, Naturschutz und Reaktorsicherheit. (2002). *Gesetz für die Erhaltung, die Modernisierung und den Ausbau der Kraft-Wärme-Kopplung*. Berlin: BGBl. I.
Deutscher Bundestag. (2003). *Bericht des Bundeskartellamtes über seine Tätigkeit in den Jahren 2001/2002 sowie über die Lage und Entwicklung auf seinem Aufgabengebiet und Stellungnahme der Bundesregierung*. Berlin: BT-Drucksache 15/1226.

Deutscher Bundestag. (2011). *Sondergutachten der Monopolkommission gemäß § 62 Absatz 1 des Energiewirtschaftsgesetzes Energie 2011 – Wettbewerbsentwicklung mit Licht und Schatten*. Berlin: BT-Drucksache 17/7181.

Europäisches Parlament, Europäischer Rat. (2009). *Richtlinie 2009/72/EG des Europäischen Parlaments und des Rates vom 13. Juli 2009 über gemeinsame Vorschriften für den Elektrizitätsbinnenmarkt und zur Aufhebung der Richtlinie 2003/54/EG*. Luxemburg: ABl.EU L211/55.

Mitgliedstaaten der Europäischen Union. (2008). *Vertrag über die Arbeitsweise der Europäischen Union, Titel XXI – Energie* (Art. 194). Luxemburg: ABl.EU C 115/199.

Angenendt, N. (2007). *Unbundling im internationalen Vergleich: Rechtliche Entwicklungen in Deutschland im Zuge der Liberalisierung des Strombinnenmarktes im Vergleich zu Österreich*. Hamburg: Verlag Dr. Kovač Verlag.

Becker, P. (2011). *Aufstieg und Krise der deutschen Stromkonzerne*. Bochum: Ponte Press Verlags GmbH.

Bielitza-Mimjähner, R. (2007). *Kommunaler Klimaschutz als Instrument einer nachhaltigen Energieversorgung unter den Bedingungen der Liberalisierung*. Dissertation, Universität Osnabrück.

Brachvogel, F. (2011). BDEW veröffentlicht Zahlen zum Stromerzeugungsmix 2011: Die Verantwortung wächst. http://www.bdew.de/internet.nsf/id/de_20111216-pi-die-verantwortung-waechst. Zugegriffen: 17. Juni 2012.

Bundesministerium für Wirtschaft und Technologie. (2012). Rösler: Bundesrat macht Weg frei für den Ausbau der Kraft-Wärme-Kopplung. http://www.bmwi.de/BMWi/Navigation/Presse/pressemitteilungen,did=492630.html. Zugegriffen: 1. Juli 2012.

Bundesministerium für Ernährung, Landwirtschaft und Verbraucherschutz. (2012). Das Erneuerbare-Energien-Gesetz. Daten und Fakten zur Biomasse – Die Novelle 2012. http://www.bmelv.de/SharedDocs/Downloads/Broschueren/EEG-Novelle.pdf?__blob=publicationFile. Zugegriffen: 19. Aug. 2012.

e-control. (2010). Smart Grids. http://e-control.at/de/marktteilnehmer/strom/fachthemen/smart-grids. Zugegriffen 1. Juli 2012.

Focus Money Online. (2008). E.ON muss teilweise Netz verkaufen. http://www.focus.de/finanzen/boerse/aktien/kartellrecht-e-on-muss-netz-teilweise-verkaufen_aid_351338.html. Zugegriffen: 26. Mai 2012.

Focus Money Online. (2011a). RWE verkauft sein Stromnetz an Finanzinvestoren. http://www.focus.de/finanzen/news/unternehmen/energiebranche-rwe-verkauft-sein-stromnetz-an-finanzinvestoren_aid_645860.html. Zugegriffen: 26. Mai 2012.

Focus Money Online. (2011b). Rückbau von AKWs könnte 18 Milliarden Euro kosten. http://www.focus.de/finanzen/news/unternehmen/energiewende-rueckbau-von-akws-koennte-18-milliarden-euro-kosten_aid_669694.html. Zugegriffen 1. Juli 2012.

Fellenberg, F., Rubel, J., & Meliß, L. (2012). Auslaufende Konzessionen – die Kommunalisierung als Alternative? *Energiewirtschaftliche Tagesfragen, 62,* 104–107.

Fischer, S. (2011). *Auf dem Weg zur gemeinsamen Energiepolitik. Strategien, Instrumente und Politikgestaltung in der Europäischen Union*. Baden-Baden: Nomos Verlagsgesellschaft.

Frenzel, S. (2007). *Stromhandel und staatliche Ordnungspolitik*. Berlin: Duncker & Humblot.

Herrmann, N., Praetorius, B., & Schilling, J. (2011). Kernausstieg bis 2022: Neue Chancen für Stadtwerke. *Energiewirtschaftliche Tagesfragen, 61,* 43–46.

Ismar, G. (2012). Kürzungen bei Solarförderung massiv entschärft. http://www.welt.de/wirtschaft/article107283797/Kuerzung-bei-Solarfoerderung-massiv-entschaerft.html. Zugegriffen: 20. Aug. 2012.

Juwi. (2012). Die Erfolgsgeschichte von Juwi. http://www.juwi.de/ueber_uns/daten_fakten.html. Zugegriffen: 24. Juni 2012.

Kohler et al. (2010). Dena-Netzstudie II – Integration erneuerbarer Energien in die deutsche Stromversorgung im Zeitraum 2015–2020 mit Ausblick 2025. http://www.dena.de/fileadmin/user_upload/Publikationen/Erneuerbare/Dokumente/Endbericht_dena-Netzstudie_II.PDF Zugegriffen: 22. Juni 2013.

Krisp, A. (2008). *Die deutsche Stromwirtschaft: Interessenkonflikte, Klimaschutz und Wettbewerb.* Frankfurt a. M.: VWEW Energieverlag GmbH.

N. N. (2011a). Stadtwerke haben die Energiewende verschlafen. *energate messenger, 229,* 1–3.

N. N. (2011b). Viele Stadtwerke sind nicht auf Energiewende vorbereitet. *Dow Jones Energy Weekly, 26,* 5.

N. N. (2012a). Vattenfall mit Konsolidierungserfolg. *energate messenger, 87,* 4.

N. N. (2012b). E.ON Mitte und E.ON Thüringer stehen zum Verkauf. *energate messenger, 107,* 1–3.

N. N. (2012c). Merkel: Netzausbau hat sich beschleunigt. *energate messenger, 103,* 1–3.

Rothe, M. (2002). Europas Weg in die Zukunft – Erneuerbare Energien. Europa: Thema. http://www.glante.eu/download/thema_europa/ThemaEU_Energie.pdf. Zugegriffen: 12. Juli 2012.

Schiffer, H.-W. (2008). *Energiemarkt Deutschland*. Köln: Tüv Media.

Schumann, D. (2001). Die Bedeutung Politikfeldübergreifender Koppelgeschäfte für die Europäische Energiewirtschaft: Das Beispiel der Liberalisierung des Energiebinnenmarktes. Diskussionspapiere. Fakultät für Sozialwissenschaft Ruhr-Universität Bochum. http://www.sowi.rub.de/mam/content/fakultaet/diskuss/dp01-2.pdf. Zugegriffen: 25. Juli 2012.

SpiegelOnline. (2012). Solarzellen liefern so viel Strom wie 20 Atommeiler. http://www.spiegel.de/wirtschaft/unternehmen/solarzellen-liefern-leistung-von-20-atomkraftwerken-a-835417.html. Zugegriffen: 24. Juni 2012.

trend:research. (2012). *Anteile einzelner Marktakteure an Erneuerbaren Energien-Anlagen in Deutschland*. Bremen: trend:research.

Volz, T. (2006). *Das Unbundling in der britischen und deutschen Energiewirtschaft*. Frankfurt a. M.: Lang.

VKU. (2011a). Kommunalwirtschaft beliebt wie nie. http://www.vku.de/service-navigation/presse/pressemitteilungen/liste-pressemitteilung/pressemitteilung-8111.html. Zugegriffen: 1. Juli 2012.

VKU. (2011b). Unternehmensrecherche. http://www.vku.de/grafiken-statistiken/energie.html. Zugegriffen: 1. Juli 2012.

VKU. (2012). Was kosten die intelligente Netze der Zukunft? http://www.vku.de/service-navigation/presse/pressemitteilungen/liste-pressemitteilung/pressemitteilung-6412.html. Zugegriffen: 22. Juni 2013.

Politische Entwicklungen als strategische Herausforderung bei der internationalen Expansion

Tina Flegel

3.1 Einleitung

Welchen Risiken und Chancen sehen sich Energieversorgungsunternehmen bei der Expansion außerhalb der Europäischen Union (EU) gegenüber? Zunächst wird die meist sehr wichtige Rolle staatlicher Akteure im Energiesektor basierend auf öffentlichen und politischen Interessen im Energiebereich erläutert. Danach werden die besonderen Risiken und Chancen, die sich somit in neuen Märkten ergeben können, beschrieben. Schließlich werden sie an einem Beispiel illustriert.

Energie- und Energieversorgungsunternehmen (EVU) bewegen sich in einem politisch wichtigen und von der Öffentlichkeit stark beachteten Umfeld. In Deutschland zeigt die Energiewende den möglichen negativen Einfluss der Politik auf die Profitabilität von Energieunternehmen und auf die Rentabilität von Investitionen in den Energiesektor[1] (siehe u. a. den Beitrag von Melanie Feudel in diesem Band). In Europa ist Energie mit Gründung der Europäischen Gemeinschaft für Kohle und Stahl (EGKS) 1951 ein wichtiger Pfeiler der Integration. Im Zuge der Schaffung des europäischen Binnenmarktes dauert die Liberalisierung des Energiesektors an. Diese Entwicklungen setzen Energieunternehmen in der EU unter Druck und zwingen sie zur Entwicklung neuer Geschäftsmodelle. Allerdings ist die Liberalisierung des Energiesektors eine weltweite Entwicklung, die europäischen

---

[1] Die Profitmargen für Erdgas und Strom sind in liberalisierten Märkten wesentlich geringer als bei Erdöl: Der Transport von Erdgas ist etwa zehn Mal so teuer wie der Transport von Erdöl (Jensen 2002), während Erdgas auf dem Sportmarkt pro Energieeinheit nur ein Zehntel bis halb so viel wert ist, wie Erdöl.

T. Flegel (✉)
Berlin, Deutschland
E-Mail: tina.flegel@fu-berlin.de

Unternehmen auch Handlungsoptionen in neuen Märkten eröffnet. Während Energieunternehmen also ihre Position in angestammten Märkten verteidigen müssen, können sie in anderen Märkten Anteile gewinnen.

Energieunternehmen/EVU operieren aus verschiedenen Gründen zunehmend international: Erstens expandieren sie angesichts der langsamen Entwicklung der Stromnachfrage in Industrieländern, sowie auf Grund struktureller Marktveränderungen mit erprobten Technologien in neue Versorgungsgebiete. Zweitens expandieren sie vertikal in Erdgashandel und -förderung, um ihren Bedarf an dem für die Strom- und Wärmeerzeugung zunehmend wichtigen Erdgas zu wettbewerbsfähigen Konditionen zu decken, und um von der Entstehung eines globalen Erdgasmarktes zu profitieren[2]. Dies zieht ihre Geschäftstätigkeiten in Länder, in denen Erdgas gefördert bzw. durch die Erdgas transportiert wird[3]. Somit sind Energieunternehmen in zunehmend vielfältigen politischen Arenen aktiv und Prozessen innerhalb dieser Arenen ausgesetzt.

Vor dem Hintergrund, dass die Liberalisierung der Strom- und Gasmärkte in der EU die Energieunternehmen und EVU stärkerem Wettbewerbsdruck aussetzt, während sie durch die Segmentierung der Energieversorgung und -erzeugung verwundbarer gegenüber politischen Entscheidungen werden, ist bestmögliches Unternehmensmanagement wichtig. Die (relativ jungen) Beschaffungs- und Handelsabteilungen von EVU z. B. müssen auf politische Entscheidungen zum Marktdesign, zu Umweltstandards und auf veränderliche internationale politische Beziehungen flexibel und adäquat reagieren können. Das Energiegeschäft ist jedoch von hohen langfristigen Investitionen gekennzeichnet – in Infrastruktur, die über zwanzig und mehr Jahre nachhaltig und möglichst vollständig ausgenutzt werden muss.

Der vorliegende Beitrag zielt auf die Umwelt- und Trendanalyse bei der internationalen Expansion von Energieunternehmen/EVU ab. Es handelt sich um eine Analyse der wichtigsten Chancen und Risiken dabei (Welge und Al-Laham 2008).

Der Mehrwert des Beitrages liegt in der Darstellung politischer Faktoren in neuen Märkten, deren Institutionen und Verwaltung u. U. weniger effizient gestaltet und/oder unbeständiger sind, als in den Ländern der EU, aus denen Energieunternehmen expandieren. Es wird dargestellt, welche Faktoren die genannten Trends beeinflussen, um eine

---

[2] Das Gasgeschäft ist aufgrund technologischer Entwicklungen in den letzten Jahren (mit Fortschritten in der Verflüssigung, dem Schiffstransport und der Vergasung von Erdgas, dem Abbau von Shale Gas und der Erschließung neuer Förderquellen) dynamischer, komplexer und preislich volatiler geworden. Gleichzeitig bieten sich eben auch neue Chancen.

[3] Kommt Erdgas in Verbindung mit nennenswerten Mengen Erdöl oder Kondensat vor, lassen sich Produktions-Projekte leichter, da profitabler, realisieren, als dies z. B. bei der Stromproduktion der Fall ist. Die Stromproduktion ist allerdings geografisch wesentlich flexibler, als das Gasgeschäft, da die verschiedenen Energieträger, aus denen sich Strom erzeugen lässt, weiter verbreitet sind als Erdgas. Insofern wird sich die Erdgasförderung notwendig dort ansiedeln, wo Erdgas vorkommt, während die Entscheidung für den Einstieg in den Stromsektor eines Landes von vielfältigen Faktoren abhängt.

Abb. 3.1 Konzeption der Umweltanalyse (nach Welge und Al-Laham 2008)

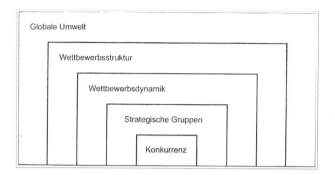

bessere Abschätzung zukünftiger Entwicklungen zu ermöglichen. Insbesondere wird dabei auf die Interessen der wichtigsten Akteure im jeweiligen Markt abgestellt.

Erstens wird deutlich, dass die umfassende Analyse und das Interessengruppen-Management wichtige Erfolgsfaktoren für EVU sind. Zweitens treten „versteckte" Kosten von Expansion zutage (siehe unten). Entgegen dem klassischen Verständnis (Welge und Al-Laham 2008) wird die „globale Umwelt" (siehe Abb. 3.1) hier nicht als gegeben angenommen. Vielmehr gilt es die tatsächlichen Gestaltungsmöglichkeiten des Unternehmens, sowie Kosten und Nutzen der Einflussnahme, jeweils abzuschätzen.

3.2 Politische Relevanz des Energiesektors & Internationalisierung

In diesem Abschnitt werden die verschiedenen Interessen, mit denen der Energiesektor konfrontiert sein kann, beschrieben, um im Folgenden aufzuzeigen, inwiefern sich die Gewichtung unterschiedlicher Ziele in neuen Märkten auf international expandierende Energieunternehmen auswirken kann.

Von den durch Petroleum Energy Weekly 2011 klassifizierten 50 größten upstream Unternehmen der Welt sind zwanzig vollkommen staatlich, sieben zu mehr als 50 % staatliches Eigentum und drei weitere zu rund einem Drittel in staatlichem Besitz. Von den übrigen zwanzig vollkommen privaten Unternehmen waren acht in den USA ansässig (PIW's Top 50: How the Firms Stack Up 2011). Mit anderen Worten: Weltweit und insbesondere außerhalb der USA ist die Mehrzahl großer Energieproduktionsunternehmen unter staatlicher Kontrolle. Konkurrent eines nationalen Unternehmens zu sein ist für international expandierende Firmen eine realistische und offensichtlich herausfordernde Situation, insbesondere da nationale Energieunternehmen oft vertikal integriert sind und die Öl- und Gas-Wertschöpfungskette weitgehend beherrschen.

Der Stromsektor ist historisch noch stärker von öffentlichem Engagement geprägt als der Upstream-Sektor, der bis in die 1970er von privaten Unternehmen beherrscht wurde

(Williams und Ghanadan 2006)[4]. Allerdings reformierten und privatisierten einige Länder (Chile, England und Wales, sowie Norwegen) ihren Stromsektor zur Steigerung der Effizienz schon in den 1980er Jahren (Bacon 2001). Dieser Trend setzte sich fort und in den 1990er Jahren dominierte die Idee, dass Privatisierung und Wettbewerb den öffentlichen Sektor im Allgemeinen und die Gas- und Stromversorgung im Besonderen effizienter machen würden. Somit begannen sowohl Staaten der Europäischen Union, bzw. der OECD (everis und mercados 2010), als auch Staaten, die nicht Mitglied der OECD waren, eine Neuorganisation der Strom- und Gasmärkte, wobei unterschiedliche Überlegungen die Politik anleiteten. Im Hinblick auf die Erschließung neuer Märkte, sind letztere Staaten für Energieunternehmen aus Europa aktuell von besonderem Interesse.

3.2.1 Liberalisierung in nicht-OECD Staaten

Vor der Liberalisierung ist die allgemeine Energieversorgung in nicht-OECD Ländern zum Zweck der Industrialisierung und Modernisierung vorangetrieben worden. Dabei diente der Stromsektor zur Verwirklichung der nationalen Entwicklungsstrategie im Sinne der Unterstützung (Subventionierung) der Wirtschaft und Priorität lag bei der Steigerung des Lebensstandards, der Aneignung von Technologie und der Steigerung staatlicher Kapazität (Williams und Ghanadan 2006). Durch die geringe Bedeutung ökonomischer Effizienz und finanzieller Autonomie wurde der Energiesektor in vielen der sich entwickelnden Länder zur ernsthaften Belastung für den staatlichen Haushalt. Also setzten sich z. B. die Weltbank und die Asian Development Bank dafür ein, den Energiesektor zu privatisieren. Folgerichtig wurden um die Jahrtausendwende verschiedene Versuche unternommen, den Fortschritt der Liberalisierung der Stromsektoren weltweit einzuschätzen. Eine gemeinsame Studie von Weltbank und UNDP stellte fest, dass bis 1998 rund 60 % der untersuchten Entwicklungsländer verschiedene Schritte zur Liberalisierung des Stromsektors unternommen hatten (Energy Sector Management Assistance Programme 1999). Allerdings vollzog sich die Reform in nicht-OECD Ländern als Teil umfassender Veränderungen vor dem Hintergrund eines unzureichenden institutionellen und rechtlichen Gefüges. Es ging hier weniger darum, den Sektor zu optimieren, als darum, ihn finanziell mit Hilfe privater Akteure zu retten und die Staatskasse zu entlasten (Williams und Ghanadan 2006). Daraus folgte eine absolute Trendwende, mit der z. B. die sozialen und makroökonomischen Auswirkungen der Restrukturierung weitgehend ignoriert wurden (Williams und Ghanadan 2006). Deregulierung, Privatisierung und die Schaffung von Investitionsanreizen zogen neben öffentlichen Protesten nicht-intendierte private Mitnahmeeffekte nach sich, die inzwischen durch Re-regulierung und andauernde Reformen gemindert werden sollen. Zusammengefasst löste die Liberalisierung der Energiesektoren in der OECD die Expan-

---

[4] So wurden z. B. selbst 2010 in den USA weniger als 40 % des Stroms durch rein privatwirtschaftliche Unternehmen erzeugt (Eisenbrey et al. 2012).

sion dort heimischer EVU in nicht-OECD Länder, wo sie privaten Unternehmen den Markteintritt erst ermöglichte, aus.

Der Energiesektor zeichnet sich ökonomisch gesehen dadurch aus, dass Leistungen, die aufgrund ihrer hohen Skaleneffekte rational von einem Anbieter zur Verfügung gestellt werden sollten, eng mit wettbewerbsfähigen Aktivitäten verbunden sind. So gelten der netzgebundene Transport (Hochspannung/Hochdruck) und die Verteilung von Strom und Gas als tendenziell nicht für den Wettbewerb geeignet. Dagegen werden die Erzeugung von Strom bzw. Produktion von Erdgas, sowie deren Verkauf und Vertrieb, unter Umständen auch die Speicherung von Strom und Gas, als wettbewerbsfähig eingeordnet (OECD 2001). Allerdings zeigt sich z. B. in der Debatte um die Energiewende in Deutschland, dass die optimale Abstimmung der verschiedenen Stufen der jeweiligen Wertschöpfungsketten – das ideale Marktdesign – alles andere als offensichtlich ist. Insgesamt sind daher zunächst im Strombereich, aber auch was den Gassektor anbelangt, in der OECD wie außerhalb, noch große Veränderungen zu erwarten. Dies hat Implikationen für die Aussichten eines Markteintrittes.

3.2.2 Energiepolitische Ziele

3.2.2.1 Wohlfahrt

Der Lebensstandard ist eng damit verbunden, ob es in der Nacht Licht gibt – nicht nur im Haus, sondern auch auf der Straße, weil dies ganz erheblich zur öffentlichen Sicherheit beiträgt; ob die Wohnung im Winter warm und im tropischen Hochsommer kühl ist; ob es warmes Wasser gibt und elektrische Haushaltsgeräte, sowie Computer, Radio und Fernseher betrieben werden können. Volkswirtschaftlich betrachtet sind die Zeitersparnis durch elektrische Geräte und der Gewinn an produktiver Zeit durch Beleuchtung Produktivitätsfaktoren und können z. B. in Zusammenhang mit Bildung gesetzt werden. Ein modernes Staatswesen mit angemessenen öffentlichen Dienstleistungen ist ohne zuverlässige Energieversorgung kaum denkbar. Daher sind die vollständige Elektrifizierung und weitgehende Gasifizierung allgemeine energiepolitische Ziele.

3.2.2.2 Wirtschaftliche Entwicklung

Die positive makroökonomische Entwicklung der Volkswirtschaft liegt sowohl im Interesse von der Staaten, als auch von Energieunternehmen. Letztere können bei expandierender Wirtschaftstätigkeit einen breiteren Markt bedienen, u. U. höhere Preise für ihre Produkte fordern und neue Technologien refinanzieren. Den Staaten ist an Wirtschaftswachstum selbstverständlich gelegen, weil dies mit steigenden Steuereinnahmen und größeren politischen Gestaltungsmöglichkeiten einhergeht.

Dagegen sind nationale Wirtschaftskrisen ein echtes Risiko für Energieunternehmen, die in neue, sich noch entwickelnde, Märkte einsteigen. Die Strom- und Gassektoren vieler entsprechender Länder sind außerdem durch eine geringe Zahlungsmoral und hohe Energieverluste gekennzeichnet (Wasilik et al. 2011). Diese Defekte verstärken sich im

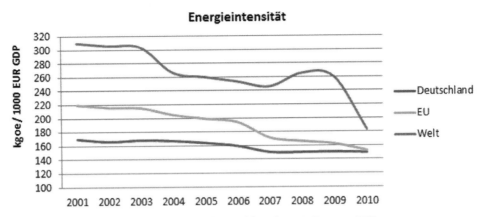

Abb. 3.2 Quelle: Eigene Berechnungen, The World Bank 2012; Eurostat 2012

Falle von Krisen oft. Darüber hinaus schrumpft in Krisenzeiten der Energiemarkt und bestehende Kapazitäten können nicht ausgelastet werden. Daher sind stabile, positive Trends wichtig für eine Investitionsentscheidung. Weniger entwickelte Volkswirtschaften sind anfälliger für Krisen und weisen eine höhere Gefahr starker Schwankungen auf, denn sie sind schwächer diversifiziert als ausgereifte Wirtschaftssysteme (Marone et al. 2009).

Obwohl die Energieintensität der Wirtschaft tendenziell sinkt, besteht ein starker Zusammenhang zwischen der Wirtschaftsleistung und dem Energieverbrauch (siehe Abb. 3.2). Wirtschaftliche Prozesse bedürfen signifikanter Mengen Energie und je preisgünstiger die Energieversorgung für Wirtschaftsbetriebe ist, desto billiger können sie theoretisch Produkte und Leistungen anbieten.

Energie ist z. B. ein wichtiger Inputfaktor für die Landwirtschaft und hohe Lebensmittelpreise waren in den letzten Jahren einer der Hauptgründe für politische Proteste und Revolutionen. (Kreller 2011) Daher ist die politische Einflussnahme zur günstigen Versorgung ausgewählter Verbrauchergruppen, z. B. durch Subventionen oder besondere Vorgaben, nicht nur wichtiges Instrument der Wirtschafts-, insbesondere der Exportförderung, sondern innenpolitisch bedeutsam.

Energiekonzerne sind außerdem selbst wichtige Wirtschaftsakteure. Der Umsatz der 250 größten Unternehmen der Energiebranche (siehe Abb. 3.3) entspricht rund einem Zehntel des Weltwirtschaftsproduktes (Platts 2011; The World Bank 2012). Es ist klar, dass neben der sozialen Bedeutung von Energieversorgung, der in Deutschland mit dem Grundversorgungsauftrag an private Unternehmen Rechnung getragen wird, der Energiesektor für rohstoffreiche Staaten eine signifikante Einnahmequelle darstellt.

Die besagten 250 Unternehmen machten 2010 rund 473 Mrd. USD Profit, rund 7,5 % ihres Umsatzes von über 6.000 Mrd. USD (Platts 2011). Energieunternehmen sind daher in vielen Ländern wichtige Steuerzahler.

Gleichzeitig gilt der Energiesektor wegen seiner sozio-ökonomischen Bedeutung als strategisch wichtig und „starke" nationale Energieunternehmen können eine außen-

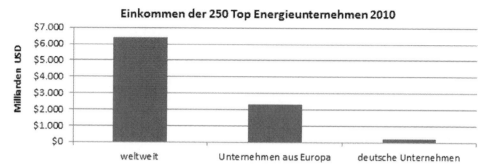

Abb. 3.3 Quelle: Platts 2011

politische Rolle einnehmen. Daraus, dass die Energieversorgung der Welt zum weit überwiegenden Teil auf endlichen Ressourcen basiert, ergeben sich im Energiesektor besonderer Innovationsdruck und technologischer Wettbewerb. Damit kann ein öffentliches Interesse einhergehen, denn die Technologieförderung verspricht nicht nur national, sondern auch international ökonomischen Erfolg und Prestige.

3.2.2.3 Öffentliches Einkommen

Handelt es sich bei den Energieunternehmen um staatliche Unternehmen, können deren Erlöse und Einbußen, wie gesagt, dem Staatshaushalt zufallen. Während einige Staaten weit über die Hälfte ihres Einkommens aus dem Verkauf energetischer Rohstoffe durch primär nationale Unternehmen generieren, ist die national organisierte Energieversorgung tendenziell eher mit Verlusten verbunden. Daher muss hier zwischen den verschiedenen Aspekten des Geschäftes mit Energie unterschieden werden.

Allgemein gesprochen sinken die Margen, je weiter man sich auf der Wertschöpfungskette von der Förderung von Energieträgern zur Versorgung der Verbraucher bewegt. Das liegt u. a. daran, dass mit der Nähe zum Verbraucher die Anforderungen an Kapital und Technologie einzelner Projekte sinken und ergo die Konkurrenz steigt. Beispielsweise können Investitionen für die Entwicklung von offshore Erdgasfeldern 20 Mrd. USD erreichen, während die Kapitalintensität des Bau eines konventionellen Kraftwerkes mit unter 1,5 Mrd. USD eine deutlich geringere Markteintrittsbarriere darstellt. Große internationale Upstream-Unternehmen haben gegenüber kleinen und/oder national operierenden Konkurrenten darüber hinaus einen technologischen Vorsprung, der bei schwierigen Projekten ein Alleinstellungsmerkmal ist. Daher ist der „Markt" der Förderung aus geologisch besonders anspruchsvollen Feldern faktisch oligopolistisch.

Die beschriebene Konstellation hat verschiedene Konsequenzen für das internationale Energiegeschäft: Staaten sind an den Erlösen aus dem Upstream Sektor stark interessiert und die UN Resolution 1803 garantiert ihnen das Recht an den eigenen natürlichen Ressourcen (United Nations General Assembly 1962). Daher werden z. B. keine Konzessionen mehr vergeben und das Geschäft ist differenzierter geworden. Gleichzeitig besitzen nur wenige Unternehmen weltweit das Know-how, dessen es zur Ausbeutung der zunehmend tief, abgeschieden und komplex gelagerten Ressourcen bedarf. Somit sind ressourcenreiche Staaten auf die gute Zusammenarbeit mit solchen Unternehmen angewiesen – auf ihre Investitionsbereitschaft und ihr Wissen –, um von den eigenen Ressourcen profitieren zu können. Seit den großen strukturellen Umbrüchen im Upstream-Bereich, von der Konzessionsvergabe zu differenzierteren vertraglichen Regelungen, sind extreme staatliche Eingriffe selten geworden und lassen sich durch die kontinuierliche Generierung von Mehrwert unter schwierigen technologischen Förderbedingungen managen. (Erkan 2011)

Im Stromsektor, sowie im Bereich der Gasversorgung verhält es sich etwas anders. Während die Fähigkeit zum Bau moderner Kraftwerke einigen Unternehmen noch immer eine besondere Stellung verschafft, ist die erforderliche Technik weiter verbreitet als im Förderbereich. Staaten laden private Unternehmen, wie gesagt, oft zum Einstieg in den Stromsektor ein, da er sich zum Ballast für den Staatshaushalt entwickelt hat. Gleichzeitig werden verschiedene, teilweise gegensätzliche Erwartungen – wie hohe Investitionen, sowie eine sichere und vollständige Versorgung zu einem vordefinierten sehr geringen Preis für den Verbraucher – quasi „mit privatisiert". Es ergibt sich, dass Stromunternehmen keine mit Förderunternehmen vergleichbar hohen Profite für Staaten – in Form direkter Erlöse bei Joint Ventures oder in Form von Steuern – generieren. Erfüllt ein Stromunternehmen die öffentlichen Erwartungen nicht, steht schnell ein anderes bereit, das sich versuchen kann oder der Sektor wird wieder verstaatlicht, nachdem die wichtigsten Investitionen getätigt worden sind, da der Kraftwerks- und Netzbetrieb keine extrem hohen Anforderungen stellen.

Zusammengefasst sind zwar die Investitionen in die Förderung von Energieträgern höher, das Risiko getätigte Investitionen aus politischen Gründen zu verlieren wird aber durch die besondere Machtposition großer Upstream-Unternehmen, die sich aus ihrer Bedeutung für den Staatshaushalt ergibt, etwas gemindert. Im Stromsektor dagegen haben Unternehmen weniger Macht dem Staat und Konkurrenten gegenüber. Die Profitmargen sind geringer und das Risiko aus negativer politischer Einflussnahme ist dadurch höher.

Im Energiesektor resultiert immer eine gewisse Gefahr aus der Perzeption aktiver Unternehmen durch die Öffentlichkeit. Die problematische Sicherheitslage im Öl-Delta von Nigeria (Boonstra et al. 2008) ist bekannt und muss nicht näher erläutert werden. Die Proteste von Bürgerinitiativen gegen die Nutzung bestimmter Energieträger oder gegen bestimmte Projekte (Kraftwerke, Förderanlagen), sowie Betriebspraktiken können ein ernstes Risiko darstellen und je nachdem, wie ein Staat organisiert ist, die Vorteile von Erlösen aus dem Sektor aufwiegen (siehe Fallbeschreibung). Ein wichtiger Anlass für Proteste sind die ökologischen Auswirkungen der Energieerzeugung und -umwandlung.

3.2.2.4 Nachhaltigkeit

Seit den 1990er Jahren wird versucht, einen funktionierenden Markt für klimaschädliche Gase zu schaffen. Je nachdem, wie sich die globalen Treibhausgasemissionen in den nächsten Jahren entwickeln, könnte die Erhöhung der Konzentration dieser Gase in der Atmosphäre die Erde im Jahr 2100 weitgehend unbewohnbar machen, wie eine Simulation des hohen Basisfalles des Deutschen Klimarechenzentrums zeigt (Vuuren et al. 2011).

3 Politische Entwicklungen als strategische Herausforderung ...   39

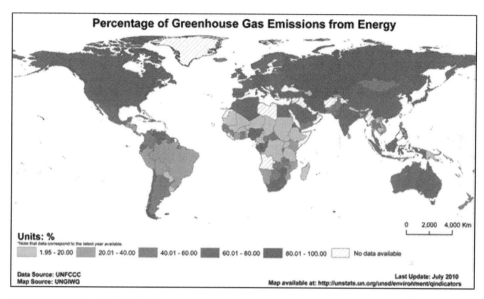

Abb. 3.4 Quelle: UNSTATS 2010

Klimapolitik ist vor allem Energiepolitik, denn der überwiegende Teil der globalen Treibhausgasemissionen wird durch den Energiesektor bzw. die Nutzung energetischer Rohstoffe freigesetzt (siehe Abb. 3.4).

Die Klimapolitik setzt sowohl an der Energieerzeugung an, indem Emissionen Kosten zugewiesen werden, die sich je nach Produktions- und Erzeugungsmethode auf die Energiekosten auswirken, als auch unter dem Schlagwort Energieeffizienz an der Nachfrage. Trotz der andauernden Klimaverhandlungen und dem Abschluss verschiedener Verträge und Verpflichtungen, sind jedoch weltweit steigende Emissionen zu beobachten und ist auch zukünftig mit einem wachsendem Energieverbrauch und ergo wachsenden Märkten für Energie zu rechnen. Die Emissionsintensität der Strom- und Wärmeerzeugung ist seit der Jahrtausendwende nicht signifikant gesunken, obwohl die Weltgemeinschaft seit über zwanzig Jahren in internationalen Foren versucht, die Bedrohung des Weltklimas durch den Energieverbrauch abzuwenden (siehe Abb. 3.5).

Die bereits beobachtbaren und noch zu erwartenden Veränderungen des Klimas haben zweierlei Auswirkungen auf den Energiesektor: Einerseits ist als Reaktion auf bereits sichtbare Auswirkungen des Klimawandels mit strikterer Regulierung weltweit und deutlicherem Fokus auf erneuerbare Energiequellen, sowie steigenden Kosten für Emissionen zu rechnen. Andererseits bedrohen extreme Wetterereignisse die bestehende Infrastruktur und verlangen nach Investitionen in die Anlagensicherheit. Außerdem können Klimaveränderungen z. B. die Wirksamkeit von Kraftwerken senken, sowie die Verfügbarkeit und den Verbrauch von Kühlwasser beeinflussen. Daher ist zu erwarten, dass der Investitionsbedarf von Energieinfrastruktur-Projekten insgesamt, auch in Gebieten mit relativ schwacher Umweltgesetzgebung, steigen wird.

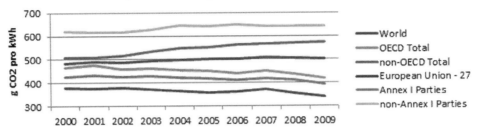

Abb. 3.5 Quelle: IEA 2011

In dem Zusammenhang sind auch die lokalen Umweltauswirkungen der Energieproduktion und -nutzung zu bedenken, die zu öffentlicher Ablehnung, Regulierung und erheblichen Mehrkosten für Sicherheit und Öffentlichkeitsarbeit führen können. Viele Staaten fordern inzwischen umfassende Umwelt- und Sozialverträglichkeitsstudien, bei deren Erstellung betroffene Bürger beteiligt werden, bevor sie Bau- und Betriebsgenehmigungen für Energieanlagen vergeben.

3.2.2.5 Zuverlässigkeit

Die Energieversorgung muss zuverlässig sein. Dies stellt eine sowohl nationale, wie auch internationale Herausforderung dar. Wie in den vorangegangenen Abschnitten impliziert, ist die Zuverlässigkeit der nationalen Energieversorgung davon abhängig, dass ausreichend Energie produziert und effektiv zu den Verbrauchern gebracht wird. In vielen nicht-OECD Ländern stellt die Netzstabilität (bei Strom und bei Gas) ein Problem dar und Verbraucher sind oft mit Stromausfällen unterschiedlicher Dauer konfrontiert. Ein einschlägiges Beispiel ist Indien, wo im August 2012 rund 600 Mio. Menschen von einem Stromausfall betroffen waren (Denyer und Lakshmi 2012). Allerdings drohen auch in Deutschland Stromausfälle, u. a. wegen mangelnder Investitionen in die Netze (siehe Beitrag von Melanie Feudel). Nationale Maßnahmen zur Erhöhung der Zuverlässigkeit der Energieversorgung (im indischen Fall Gesetze, die ignoriert wurden) können für Energieunternehmen mit relativ hohen Kosten verbunden sein.

Als internationales Problem stellt sich die Zuverlässigkeit der Energieversorgung vor allem in Ländern dar, die nicht selbst über ausreichende, wirtschaftlich nutzbare Energieressourcen verfügen. Zwar sind die beschriebenen technologischen Fortschritte in der Nutzung verschiedener Energieressourcen ein Schritt zur autarken Versorgung, aber bis auf weiteres ist nicht davon auszugehen, dass eine autarke Versorgung in jedem Fall das wirtschaftliche Optimum darstellt. Stattdessen ist der Bezug fossiler Energieträger aus den Ländern, wo diese vorkommen, eine wichtige Voraussetzung für eine zuverlässige Energieversorgung. Während im Transportsektor in vielerlei Hinsicht schlicht noch keine wirklichen Alternativen zu Erdöl existieren, wird im Strom- und Wärmesektor aus ökologischen Gründen stärker von der häufig in Verbrauchernationen vorkommenden Kohle auf Erdgas umgestellt. Erdgas müssen viele Verbraucher aus nicht-OECD Staaten beziehen. Energieimporte können dabei zu einer einseitigen Abhängigkeit führen, die als problematisch für die nationale Sicherheit gilt[5].

Je nachdem, ob der Energiesektor politisch instrumentalisiert wird, können sich für einzelne Unternehmen Konsequenzen aus den internationalen politischen Beziehungen ergeben, denn obwohl international operierende private Energieunternehmen natürlich eigene Interessen haben, werden sie oft als Vertreter ihres Heimatstaates wahrgenommen. Gleichzeitig setzen sich Regierungen auf verschiedene Art und Weise für „ihre" Unternehmen ein. Die „Nationalität" eines privaten Unternehmens kann sich daher positiv oder negativ auf seine Geschäfte im Ausland auswirken – abhängig davon, wie sich das politische Verhältnis zwischen dem Heimat- und dem Gastland gestaltet oder sogar davon, welchen Ruf das Heimatland eines privaten Unternehmens in der Öffentlichkeit des Gastlandes hat. Diplomatie und Zuverlässigkeit hängen also im Energiesektor eng zusammen.

3.2.2.6 Politische & Finanzielle Renten

Mit „politische Renten" sind Machtvorteile gemeint, die sich Gruppen/Netzwerke durch den Energiesektor verschaffen können. Wird die Energieversorgung von öffentlicher Hand organisiert, drohen z. B. einer Regierung im Falle von Preiserhöhungen oder Versorgungsproblemen politische Proteste, die zum Machtverlust führen können (siehe Fallbeispiel). Dagegen sinkt die Wahrscheinlichkeit politischer Proteste auf Grund von Energiefragen, wenn die Versorgung privat erfolgt. Des Weiteren können sich Regierungen gegen private Unternehmen an die Seite ihrer Öffentlichkeit stellen und sich so politische Unterstützung sichern. Indirekt ist der Energiesektor in ressourcenreichen Staaten eine sehr wichtige Einnahmequelle, die entsprechend der Rentenstaatstheorie (Meissner 2010) bestimmten Gruppen politische Macht sichern kann und autoritäre Strukturen festigt: Die Erlöse aus dem Energieexport können eingesetzt werden, um sich innerhalb der Elite politische Unterstützung zu sichern oder um die Wünsche der Bevölkerung nach materieller Wohlfahrt und nationaler Größe zu befriedigen. Mit anderen Worten ist die Verteilung von Energie selbst oder von Geld aus dem Energieexport bzw. Leistungen, die von diesem Geld finanziert werden, ein sehr wichtiges politisches Instrument, das konstituierend für die Regierung eines Staates sein kann. Für international tätige Energieförderunternehmen und ihre Vertreter vor Ort ergibt sich daraus, dass sie sich oftmals in politisch unfreien Staaten bewegen und sich persönlich, aber auch in ihrem gesellschaftlichen Engagement in Corporate Social Responsibility (CSR) stark an die Gegebenheiten anpassen müssen, um Konflikte zu vermeiden. Dies kann im Spannungsverhältnis zur Unternehmensphilosophie stehen.

Mit „finanzielle Renten" ist Geld gemeint, das Individuen dank ihrer Position im Staatssystem aus dem Energiesektor abschöpfen können. Offensichtlich sind Zahlungen, die Förderunternehmen für die Vergabe von Explorations- und Produktionslizenzen in Form

---

[5] Im Falle großer Märkte oder weniger gut ausgestatteter Exporteure kann es jedoch auch zu einer Abhängigkeit ressourcenreicher Staaten von Energieimporteuren kommen.

von Boni leisten, die dann in private Konten von Entscheidungsträgern fließen. Solcherlei Unregelmäßigkeiten haben zur Gründung z. B. der Extractive Industries Transparency Initiative geführt, die der Zivilgesellschaft durch Veröffentlichung der durch Unternehmen geleisteten Zahlungen eine Kontrollmöglichkeit eröffnen soll (Haufler 2010). Weitere klassische korrupte Praktiken sind:

- Die Vergabe von öffentlichen Aufträgen im Energiebereich nach geleisteten Sonderzahlungen;
- local content Bedingungen, die mit einem Zwang zur Beschäftigung „politisch" ausgewählter Individuen oder lokaler Unternehmen, gerne zu überhöhten Preisen, einhergehen;
- die Festlegung von Vergütungen für Dienstleistungen, z. B. Einspeisetarifen für Strom, entsprechend jeweils einzeln verhandelter Verträge und in dem Zusammenhang eine Gewinnaufteilung mit den verantwortlichen Entscheidungsträgern;
- Steuervergünstigungen und andere gesetzliche Ausnahmen, die von privaten Zahlungen begleitet werden (dies kann sich für ein internationales Unternehmen kurzfristig als Vorteil darstellen).

Allerdings scheinen der Kreativität in diesem Bereich kaum Grenzen gesetzt. Für ein internationales Energieunternehmen stellen solche korrupten Praktiken ein Dilemma dar: Fügt es sich den Forderungen verschiedener öffentlicher Stellen nicht, riskiert es in dem Land zu scheitern; fügt sich das Unternehmen „den falschen" Forderungen, riskiert es z. B. als Unterstützer der Opposition wahrgenommen zu werden und zu scheitern; fügt es sich „den richtigen" Forderungen und werden die Praktiken bekannt, droht ein Imageverlust. Je weniger institutionalisiert öffentliche Entscheidungsprozesse sind und je größer der potenzielle Gewinn aus einem Geschäft, desto größer ist auch die Konkurrenz um Vorteile auf Seiten der lokalen Eliten. Insgesamt drohen einem „fremden" Unternehmen wegen Zuwiderhandlung gegen Gesetze schwere Strafen. Leistet ein Unternehmen alle formell notwendigen Zahlungen und kommt zusätzlich den informellen Forderungen nach, kann die Profitmarge erheblich leiden. Hinzu kommt, dass in wenig formalisierten Systemen selbsterklärte oder scheinbare Entscheidungsträger u. U. nur mit flüchtiger Macht ausgestattet sind. Verträge, die im Nachhinein illegitim erscheinen, weil sie mit illegalen Geldflüssen einhergegangen sind oder weil der Vertragspartner keine legale Entscheidungskompetenz hatte, können für nichtig erklärt werden. Dieses Problem ergibt sich insbesondere nach politischer Umstrukturierung, z. B. im Falle von Regierungswechseln (Erkan 2011).

Während die politischen Systeme in den Heimatmärkten großer Strom- und Gasversorgungsunternehmen meist einen relativ hohen Grad von Transparenz und Institutionalisierung aufweisen und politische Prozesse demokratisch organisiert und damit in den meisten Fällen relativ langsam und vorhersehbar erscheinen, ist die Situation in neuen Märkten unvergleichlich komplizierter. Insgesamt ist festzuhalten, dass Vertreter des Gastlandes immer eine Trumpfkarte in der Hand halten. Eine einvernehmliche Zusammenarbeit, die von häufigen Nachverhandlungen begleitet ist, ist einer gerichtlichen Konfrontation vorzuziehen, weil weder die gerichtliche Unabhängigkeit, noch die Einhaltung üblicher Rechtsprinzipien (insbesondere hinsichtlich rückwirkender Gesetzgebung) garantiert sind.

3.2.3 Zusammenfassung

Zusammengefasst machen die sozialen, ökologischen und ökonomischen Implikationen die Strom- und Gaswertschöpfungsketten politisch hoch relevant. Viele Akteure haben starke unterschiedliche Interessen in Bezug auf den Energiesektor. Zweck energiepolitischer Entscheidungen kann/können z. B. sein:

- Wohlfahrt (allgemeine Versorgung),
- Wirtschaftliche Entwicklung,
- Staatseinkommen,
- Nachhaltigkeit,
- Zuverlässigkeit,
- politische und/oder finanzielle Renten.

Verschiedene Akteure und gesellschaftliche Gruppen haben teilweise unterschiedliche Ansprüche: Während der Bevölkerung z. B. an einer preisgünstigen Versorgung mit Energie und geringen spürbaren lokalen Umweltauswirkungen gelegen ist, können sich politische Machthaber auf makroökonomischen Aspekte oder private Vorteile konzentrieren.

Unterschiedliche Systeme bieten jeweils anderen Akteuren bessere Einflussmöglichkeiten. Eher demokratische Systeme dienen der Bevölkerung bei der Durchsetzung ihrer Forderungen und die Existenz von Pressefreiheit/Transparenz belegt Korruption mit höheren Risiken. Eliten in gefestigten autokratischen Systemen werden dagegen primär auf private materielle Renten abzielen und die punktuelle Versorgung von Ballungsräumen sowie industriellen Prestigeprojekten anstreben, um sich die Loyalität ausgesuchter Gruppen zu sichern.

Während neue internationale Märkte weniger rigide wirken und interessante Möglichkeiten bieten, geht Flexibilität mit Risiko einher. Letztendlich ist die Entscheidung, in ein neues Land einzusteigen strategisch. Ihr müssen nicht nur umfassende Analysen vorausgehen, sondern die Geschäftstätigkeit im Ausland sollte von politischer Beobachtung, Lobbying und Öffentlichkeitsarbeit begleitet werden. Es scheint sehr wichtig zu ermitteln, welche Auswirkungen die durchschnittlich geringeren staatlichen Leistungen in den Bereichen Bildung, Gesundheit und Infrastruktur etc. haben und es ist zu definieren, welche öffentlichen Anforderungen/Gesetzesänderungen erfolgen können, trotz derer noch eine profitable Geschäftstätigkeit möglich ist. Insgesamt ergeben sich konkret also Chancen und Gefahren für Energieunternehmen, die international expandieren. Die Konstellation innerer Faktoren international expandierender Unternehmen wirkt, je nachdem, wie gut sie zu den Umweltbedingungen eines neuen Marktes passt (Welge und Al-Laham 2008), als Stärke oder Schwäche.

Nachdem also staatlichen Erwartungen an Energieunternehmen skizziert wurden, die es für den konkreten Fall zu untersuchen gilt, beleuchtet der nächste Abschnitt die Chancen und Gefahren für Strom- und Gasunternehmen in nicht-OECD-Ländern näher.

3.3 Risiken und Chancen

Gefahren und Chancen für Energieunternehmen ergeben sich aus externen Faktoren, die der sogenannten globalen Umwelt zugehörig sind. Allerdings ist die klassische Definition von „extern" zu einfach, als dass sie den tatsächlichen strategischen Handlungsspielraum zu fassen vermag. „Extern" wird klassisch als außerhalb des Einflussbereiches eines Unternehmens definiert (Welge und Al-Laham 2008). Für einige wichtige Faktoren mag zutreffen, dass das Unternehmen keinen Einfluss nehmen kann. Andere Aspekte stehen zwar nicht direkt unter seiner Kontrolle, können aber durchaus im Einflussbereich eines internationalen Unternehmens liegen. Über die bloße Auswahl eines gegebenen Marktes hinaus, kann die Veränderung von Rahmenbedingungen in die gewünschte Richtung maßgeblich zum Unternehmenserfolg beitragen, ihn aber auch langfristig beeinträchtigen.

Im Gegenzug für öffentliche Leistungen, wie z. B. Sicherheit, Gesundheit, den Bau und die Instandsetzung von Infrastruktur, die Bereitstellung von Informationen, die Bildung von Humankapital, finanzielle Leistungen (Subventionen, Garantien) usw. erwarten Staaten von öffentlichen/privaten Unternehmen z. B. Dienstleistungen, (Steuer-)Zahlungen und eine konstruktive Beteiligung an der Verwirklichung der nationalen Vision. Dabei ist nicht immer gegeben, dass sich die Qualität der Rahmenbedingungen und die staatlichen Forderungen in einem für Unternehmen akzeptablen Verhältnis stehen, noch ist sicher, dass Unternehmen ihren staatlich explizit oder implizit definierten Aufgaben in vollem Umfang gerecht werden.

Im Laufe der Zeit können die Erwartungen an Unternehmen steigen, während die Seite staatlicher Leistungen unverändert bleibt. So ist z. B. im Hinblick auf die Arbeitsgesetzgebung davon auszugehen, dass eine Verbesserung der Bedingungen für Arbeitnehmer grundsätzlich wünschenswert ist, da dies ihren Lebensstandard, ihre Gesundheit und die allgemeine Wohlfahrt positiv beeinflusst. Gehen allerdings Arbeitszeitverkürzungen nicht mit Produktivitätssteigerungen einher, können die Lohnstückkosten signifikant steigen. Um sich abzusichern sollten Unternehmen nicht nur berechnen, welchen Profit sie unter gegenwärtigen Bedingungen und im Falle positiver oder negativer makroökonomischer Trends haben bzw. hätten. Vielmehr sollte auch analysiert werden, inwieweit die Abweichung von Gesetzen und Standards vom OECD-Durchschnitt in einem neuen Markt konstitutiv für die Profitabilität der Unternehmung ist, um zu ermitteln, ob ein Business Case auch im Falle von Verschärfungen eben dieser Vorgaben in Richtung OECD-Niveau noch gegeben ist.

Wehrt sich ein Unternehmen offensichtlich gegen Veränderungen, die die Stellung von Arbeitnehmern und der breiten Öffentlichkeit an das OECD-Niveau angleichen sollen, droht ihnen schnell ein Imageverlust. Allerdings reagiert die Öffentlichkeit auch auf negative Entwicklungen, die nur sehr begrenzt unter der Kontrolle eines Unternehmens stehen u. U. mit Protest. Populistische Politiker können solche Tendenzen ausnutzen. Während Energiemärkte z. B. durch Urbanisierung und Industrialisierung wachsen, was Länder, die durch solche Entwicklungen geprägt sind, als Markt besonders attraktiv macht, gehen solche Prozesse mit sozialen und ökologischen Veränderungen einher, die angesichts mangelnder staatlicher Kapazität desaströse Konsequenzen haben können. Daher ist nicht ausgeschlossen, dass ein für Energieunternehmen negatives gesellschaftliches Klima entsteht, obwohl die Unternehmen nicht oder nur zum Teil Auslöser für den beklagten Zustand sind, gerade wenn die Regierung sich selbst durch Schuldzuweisung zu schützen sucht.

Politische Entscheidungen über z. B. striktere Umweltstandards, Preisobergrenzen für Energieprodukte, Forschungsfördergelder, Einspeisevergütungen und auch Enteignungen werden sich an den (strategischen) Zielen der Entscheidungsträger orientieren. Diese Ziele können in einer Energiestrategie ausformuliert sein oder sich aus vergangenen Entscheidungen, sowie den Aussagen politischer Entscheidungsträger ableiten lassen. Eine Herausforderung für ein expansionswilliges Energieunternehmen oder EVU ist daher, abzuschätzen, welche Erwartungen auf öffentlicher bzw. staatlicher Seite an Unternehmen bestehen und inwiefern diese Erwartungen in relevanter Zukunft politische Entscheidungen nach sich ziehen können.

Mehrere an sich kleine Gesetzesänderungen und Vorgaben können kumulativ die Profitabilität eines Unternehmens stark angreifen und insgesamt als schleichende Enteignung wirken (Erkan 2011). In dem Zusammenhang kann die Verschärfung von Standards gesehen werden. Das Problem ist nicht z. B. eine mögliche Verschärfung der Umweltgesetzgebung in einem nicht-OECD Land an sich. Vielmehr kann der Gesetzgebungsprozess unzureichend formal institutionalisiert sein oder wird nicht befolgt, sodass informelle und potenziell irrationale, erratische und privat motivierte Maßnahmen beschlossen werden. Auch rückwirkende Gesetze sind im Rahmen des Möglichen, insbesondere dann, wenn eine als illegitim geltende Regierung ersetzt wird (s. o.). Darüber hinaus sind notwendige Informationen zur Befolgung bestehender Regeln und Standards, wie solche Vorgaben selbst, Besitzverhältnisse an Grund und Boden, das Vorkommen schützenswerter Tierarten und Pflanzen in einem Gebiet, Bebauungspläne, die Einschränkungen nach sich ziehen können, etc. oft nicht vorhanden und müssen erst generiert werden.

Wachsende Beachtung erhält in dem Zusammenhang, was ein Unternehmen tun kann, um vorteilhafte politische Rahmenbedingungen herzustellen. Während mittelständische und große Unternehmen in ihren Heimatmärkten, z. B. in Deutschland, Strukturen zur politischen Einflussnahme etabliert haben und mitunter ausgezeichnet vernetzt sind, bzw. formal in Entscheidungsprozesse eingebunden sind (Bohne 1981), bewegen sie sich im

Ausland auf unbekanntem Territorium. Entsprechend gestalten sich ihre Handlungsoptionen dort anders. Unternehmen sind stärker abhängig von den Netzwerken einzelner Partner, dem (kurzfristigen) Rat von Experten oder müssen selbst erheblichen Aufwand in die Informationsakquise stecken. Zwar kann das internationale Netzwerk im Ausland engmaschiger sein, insbesondere wenn noch nicht viele internationale Player aktiv sind, allerdings sind Informationen oft sprachlich, kognitiv und kulturell gefiltert. Aktivitäten, die sich unter dem modernen Ausdruck business diplomacy (Ordeix-Rigo und Duarte 2009; Oliver und Holzinger 2008) zusammenfassen lassen und die der Akzeptanz eines Unternehmens im Ausland dienen, wie bestimmte Aspekte des Einkaufs, der Regierungsangelegenheiten (Public bzw. Governmental Affairs) und der Öffentlichkeitsarbeit, z. B. als CSR können erheblichen Aufwand verursachen.

Insbesondere in schwach institutionalisierten Umgebungen ist Intransparenz ein ernstzunehmendes Problem. Die Informationskosten einerseits, aber auch die Kosten mangelnder Information oder falscher Information können extrem hoch sein. Ein Unternehmen muss also vor dem Eintritt in einen neuen Markt abwägen, ob und wie weitgehend es politisch Einfluss nehmen muss, will und kann. Des Weiteren sind die Kosten von kontinuierlicher Beobachtung und Netzwerkpflege länderspezifisch und sollten daher nicht einfach dem Konzernweiten Overhead zugerechnet werden.

Der nächste Abschnitt illustriert die Gefahren internationaler Expansion anhand des gescheiterten Projektes des U.S. Unternehmens Enron in Dabhol, Indien.

3.4 Fallbeispiel

„Enron" steht inzwischen für einen spektakulären Untergang. Enrons Misserfolg beim Bau und Betrieb eines großen Kraftwerkes in Dabhol, Indien, ist exemplarisch für einige Fehler, die ein Unternehmen bei der Expansion in einen neuen Markt machen kann. An diesem Beispiel zeigt sich einerseits, dass große Unternehmen in neuen Märkten erhebliche Macht ausüben können und anderseits, dass mangelhafte ökonomische und politische Analyse, sowie schlechtes Stakeholder-Management fatal sein können. Die oben beschriebenen Interessen, Chancen und Gefahren lassen sich recht gut nachvollziehen.

Human Rights Watch veröffentlichte 2002 einen umfassenden Bericht zu den Vorgängen um das Dabhol Kraftwerksprojekt und betont Enron's besonders großen Einfluss auf die Regierung des Bundesstaates Maharashtra, sowie auf die indische Regierung von 1992 bis 1998 (Human Rights Watch 1999a). Bereits 1993 stellt ein Ausschuss des indischen Kabinetts in Bezug auf die Verträge und Gesetzesänderungen bei der Zusammenarbeit mit Enron fest: „In fact, the entire negotiation with Enron is an illustration of how not to negotiate, how not to take a weak position in negotiations and how not to leave the initiative to the other side." (Human Rights Watch 1999c). Was ist passiert?

3.4.1 Projekt

Nach der Auflösung der UdSSR öffnete Indien 1991 unter Premierminister Pamulaparti Venkata „Narasimha Rao" seinen unterfinanzierten und desolaten Energiesektor für Investoren. Ab 1992 engagierte sich Enron in Indien für ein Kraftwerksprojekt in Dabhol im Wert von rund 3 Mrd. USD. Die erste Projektphase sah den Bau eines heizölbefeuerten 740 MW-Kraftwerkes zur Stabilisierung des Übertagungsnetzes vor (1,1 Mrd. USD) und Phase II ein 1440 MW-Gaskombikraftwerk, das über einen eigenen Terminal mit Flüssiggas aus Qatar versorgt, zur Befriedigung Indiens rasant wachsenden Strombedarfs beitragen sollte (1,9 Mrd. USD). Enron hielt zunächst 80 % an der für das Projekt gegründeten Dabhol Power Company (DPC) (Bechtel und GE jeweils 10 %), reduzierte in der Folge von Nachverhandlungen zwischen 1995 und 1996 jedoch bis 1998 seinen Anteil zugunsten der Regierung von Maharashtra auf 50 % (Human Rights Watch 1999a).

Die Weltbank erklärte das Projekt im April 1993 für ökonomisch nicht gerechtfertigt und bezweifelte, dass das öffentliche Energieversorgungsunternehmen des indischen Bundesstaates Maharashtra (MSEB) als alleiniger Kunde des Kraftwerkes den relativ teuren Strom bezahlen könnte (Human Rights Watch 1999c). Die nationale Regulierungsbehörde, die dem Projekt wie die Weltbank insgesamt kritisch gegen überstand, stellte fest, dass der mit Enron vereinbarte Strompreis auf Grund u. a. der enthaltenen Investitionskosten doppelt so hoch wie das akzeptable und wettbewerbsfähige Niveau war. Sie lehnte die Strombezugsvereinbarung mit MSEB daher zunächst ab, musste in Folge politischer Einflussnahme von Enron jedoch dem Druck anderer staatlicher Behörden weichen (Human Rights Watch 1999c). Im Dezember 1993 unterzeichnete MSEB eine Strombezugsvereinbarung mit DPC über zwanzig Jahre (The Economist 2001).

Die Vereinbarung zur ersten Projektphase zwischen der DPC und des MSEB löste breite Proteste in der indischen Bevölkerung aus, die 1995 zum Regierungswechsel im Bundesstaat Maharashtra führten. Die neue Regierung hatte sich dem Projekt gegenüber kritisch erklärt und es kam zum Baustopp und zu Neuverhandlungen[6]. Allerdings wandte die neue Regierung auch hier kein kompetitives Bieterverfahren zur Fertigstellung oder für den Betrieb des Kraftwerkes an (The World Bank 2009).

Die Neuverhandlungen kamen im Januar 1996 zum Ende und der Bau von Phase I wurde von der DPC wieder aufgenommen. Das erste Kraftwerk ging 1999, mit zwei Jahren Verspätung, ans Netz. Darüber hinaus wurde die zweite Projekt-Phase genehmigt, die ursprünglich optional war (Human Rights Watch 1999b). Sie sollte 2001 fertig gestellt werden. Dazu übernahm die Regierung des Bundesstaates Maharashtra gemeinsam mit ausländischen Investoren und nationalen Finanzinstitutionen einen erheblichen Teil der Finanzierung des Projektes (The World Bank 2009). Außerdem erhielt Enron eine Garantie für die Projektfinanzierung. Zum Zeitpunkt der Insolvenz von Enron 2001 war Phase II zu 80% fertiggestellt (The Economist 2001). Das Kraftwerk wurde ab 2005/06 der

---

[6] die u. a. zur Erhöhung des Anteils von MSEB in der DPC auf 15 % nach Fertigstellung von Phase I und auf 30 % nach Phase II führen sollten

Ratnagiri Gas and Power Pvt Ltd unterstellt. Das Kraftwerk begann 2007 mit 900 MW im Testbetrieb zu laufen und ging 2010 schließlich vollkommen ans Netz, erreicht aber auf Grund technischer Probleme nicht die volle Designleistung.

3.4.2 Probleme

Neben hausgemachten Problemen, wie der bedenklichen Konzeption (Größe, Treibstoffversorgung) und ökonomischen Parameter des Projektes, war die DPC auch unter schwierigen Rahmenbedingungen tätig: Wie vielerorts musste die MSEB bestimmten Verbrauchern (z. B. landwirtschaftlichen Betrieben) Strom unter dem Selbstkostenpreis zur Verfügung stellen. Darüber hinaus führten technische Defekte und Diebstahl zu Verlusten von einem Drittel der erzeugten Elektrizität. Die MSEB operierte daher mit hohen Einbußen und stieß schnell an die Grenze ihrer Zahlungsfähigkeit. (The Economist 2001) Von internationalen Investoren wurde implizit eine Verbesserung der Situation des Elektrizitätssektors erwartet, die diese kaum leisten konnten. Hinzu kommt, dass die DPC preislich mit Strom aus alten Wasser- und Kohlekraftwerke konkurrierte. Insofern erschienen die geforderten Strompreise im Vergleich deutlich teurer.

Trotzdem bleibt die massive Kritik an dem Projekt selbst, u. a. da die Strompreise von Dabhol für eine Auslastung von rund 85 % kalkuliert waren und das Kraftwerk damit die Grundlast abdecken sollte, während die MSEB insbesondere Probleme hatte, Spitzenlasten zu befriedigen. Die indische Bevölkerung wehrte sich gegen verschiedene Aspekte des Kraftwerks, wie das Design und die mangelhafte Umwelt- und Sozialverträglichkeitsprüfung. Außerdem wurde der Ausgang mehrerer Entscheidungen im Zusammenhang mit dem Projekt, wie z. B. der Beschluss der Strombezugsvereinbarung, die Minderung des Importtarifes für Flüssiggas zur Belieferung des Kraftwerkes mit Gas aus Katar von 105 % auf 15 % und die starke Unterstützung der U.S. Regierung für Enron, durch die persönlichen Interessen involvierter Entscheidungsträger und durch Korruption erklärt (Parry 2001). Eine Interessengruppe z. B. klagte Enron und weitere Unternehmen an, den indischen Ölminister 1992–1993 bestochen zu haben, um die Versorgung von Phase I durch die nahe gelegenen Ölfelder zu sichern (Roy 2002). Human Rights Watch bemängelt darüber hinaus verschiedene Menschenrechtsverletzungen im Zusammenhang mit dem Kraftwerk. Sicherheitskräfte z. B. seien im Auftrag der DPC unverhältnismäßig brutal gegen opponierende Bürger vorgegangen, die die Baustelle besetzt hatten, nachdem ihre ökologischen und sozialen Anliegen komplett ignoriert worden waren. (Human Rights Watch 1999a) Daneben avancierte das Kraftwerk zum Symbol für das Programm zur wirtschaftlichen Liberalisierung der indischen Regierung und generelle Proteste spitzten sich auf Enron zu (Parry 2001).

3.5 Fazit

Je höher das Risiko einer Investition ist, desto schneller sollte sie sich refinanzieren. Daher ist der Markteinstieg mit einem Projekt, das an sich auf die Herstellung eines langfristig guten Verhältnisses mit den örtlichen Autoritäten ausgerichtet ist, nicht optimal. Ein weiteres Argument gegen eine solche Strategie ist die globale Konkurrenz um „emerging Markets", die dazu führen kann, dass ein vorteilhaftes Projekt zwar akzeptiert wird, sich daraus aber keine langfristige Geschäftsbeziehung entwickelt. Jedes Projekt für sich muss auf einem tragfähigen Business Case basieren. Anderseits zeigt der Fall Dabhol, dass auch absolute politische Einflussnahme zugunsten eines Projektes ohne Rücksicht auf potenzielle Folgeaufträge nicht erfolgreich sein muss.

Es ist wünschenswert, dass der Business Case für ein Projekt in neuen Märkten eine gewisse Bandbreite möglicher zukünftiger Entscheidungen, z. B. eine Verschärfung der Umweltgesetzgebung, der Sozialgesetzgebung oder des Steuerrechtes auf ein bestimmtes, realistisches Niveau aushält. Profit-Schwellen sollten definiert werden, die aufzeigen, welche politischen Ereignisse einen Projektabbruch auslösen. Das Projekt sollte entsprechend so in Phasen aufgeteilt werden, dass das Risiko minimiert und die Profitabilität optimiert werden.

Die Bevölkerung und lokale Regierungen in neuen Märkten sind ebenso wichtige Stakeholder, wie nationale Entscheidungsträger. Es reicht nicht, die politische Arbeit nur auf die Zentralregierung zu konzentrieren. Daher entstehen bei dem Eintritt in einen neuen Markt signifikante Kosten für die politische Arbeit oder „business diplomacy", die bei der Entscheidung für Projekte im Ausland berücksichtigt werden müssen. Ausländischen Unternehmen werden vielerorts weitreichende Erwartungen entgegengebracht, die es zu steuern und aufzugreifen gilt. Unternehmenswerte müssen eindeutig kommuniziert und gelebt werden, d. h. z. B. dass die Unternehmensphilosophie kultursensibel vermittelt werden muss und sich CSR-Aktivitäten an den Unternehmenswerten orientieren sollten. Das Unternehmen muss sich den neuen Gegebenheiten anpassen und dabei seine Identität wahren. International expandierende Unternehmen sind darüber hinaus stärker internationalen Prozessen ausgesetzt, was z. B. mit der Teilnahme an freiwilligen Initiativen wie dem UN Global Compact einhergehen kann.

Die Interessen nationaler Eliten können in wenig demokratischen Ländern sehr stark von denen der Bevölkerung divergieren. Internationale politische Entwicklungen können ein Unternehmen direkt treffen (wie z. B. im Falle der Upstream-Unternehmen, die sich vor den internationalen Sanktionen im Iran engagiert haben). Schlussendlich können Aktionäre ein Unternehmen auf Grund der Expansion ins Ausland einer anderen Risikogruppe zuordnen oder sich aus humanitären o.ä. Gründen gegen das Engagement in bestimmten Ländern richten. Ihre Interessen sind bei der Internationalisierung nicht zu vergessen.

Während also die Anwendung erprobter Standards und optimierter interner Prozesse durchgesetzt werden muss, ergeben sich in neuen Märkten insbesondere im Bereich des Stakeholdermanagement, der ökonomischen und politischen Analyse, sowie praktischer Aspekte (z. B. im Bereich Personal) Veränderungen und Herausforderungen. Nur eine durchdachte Unternehmensstrategie, deren Umsetzung in professionellem Portfolio- und Projektmanagement erfolgt, kann den vielfältigen Aspekten der internationalen Expansion gerecht werden.

Literatur

Bacon RWB-J, J. (2001). Global electric power reform, privatization and liberalization. *Annual Rev Energy Environ, 26,* 331–359.

Bohne, E. (1981). *Der informale Rechtsstaat: Eine empirische und rechtliche Untersuchung zum Gesetzesvollzug unter besonderer.* Berlin: Duncker & Humblot.

Boonstra, J., Burke, E., & Youngs, R. (2008). *The politics of energy: Comparing Azerbaijan, Nigeria and Saudi Arabia. Working Paper* (vol. 68). Madrid: Fundación para las Relaciones Internacionales y el Diálogo Exterior.

Denyer, S., & Lakshmi, R. (2012). India blackout, on second day, leaves 600 million without power. The Washington Post

Eisenbrey, C., Frauenheim, S., & Suggs, P. (2012). Industry data. Edison Electric Institute. http://www.eei.org/whatwedo/DataAnalysis/IndustryData/Pages/default.aspx. Zugegriffen: 24. Juli 2012.

Energy Sector Management Assistance Programme. (1999). *Global Energy Sector Reform in Developing Countries: A Scorecard. Report,* (vol. 219/99). Washington, D.C: UNDP; World Bank.

Erkan, M. (2011). *International energy investment law: Stability through contractual clauses.* Alphen aan den Rijn: Kluwer Law International.

Eurostat. (2012). Energy intensity of the economy – Gross inland consumption of energy divided by GDP (chain-linked volumes – reference year 2000) – kgoe (kilogram of oil equivalent) per 1000 euro. *Eurostat.* http://epp.eurostat.ec.europa.eu/portal/page/portal/energy/data/database. Zugegriffen: 31. Aug. 2012.

everis, & mercados (2010, 28. April) From Regional Markets to a Single European Market. Brüssel: Europäische Kommission.

Haufler, V. (2010). Disclosure as governance: The extractive industries transparency initiative and resource management in the developing world. *Global Environmental Politics, 10*(3), 53–73. doi:10.1162/GLEP_a_00014.

Human Rights Watch. (1999a). *The Enron Corporation: Corporate Complicity in Human Rights Violations.* New York: Human Rights Watch.

Human Rights Watch. (1999b). *The Enron Corporation: Corporate Complicity in Human Rights Violations: II.3. The „Renegotiated".* New York: Project Human Rights Watch.

Human Rights Watch. (1999c). *The Enron Corporation: Corporate Complicity in Human Rights Violations: II. Background: New Delhi and Bombay.* New York: Human Rights Watch.

IEA. (2011). CO_2 Emissions from Fuel Combustion Statistics. OECD, Paris. doi:10.1787/co2-data-en.

Jensen, J. T. (2002). LNG and Pipeline Economics. http://iis-db.stanford.edu/evnts/3917/jensen_slides_rev.pdf. Zugegriffen: 31. Aug. 2012.

Kreller, A. (2011). Kampf ums tägliche Brot news.de GmbH. http://www.news.de/politik/855124990/kampf-ums-taegliche-brot/1/. Zugegriffen: 31. Aug. 2012.

Marone, H., Thelen, N., & Gulasan, N. (2009). The Economic Crisis: Assessing Vulnerability in Human Development. Working Paper. New York

Meissner, H. (2010). The Resource Curse and Rentier States in the Caspian Region: A Need for Context Analysis. Working Paper.

OECD. (2001). *Restructuring Public Utilities for Competition*. Paris: OECD.

Oliver, C., Holzinger, I. (2008). The Effectiveness of Strategic Political Management: A Dynamic Capabilities Framework. *Academy of Management Review, 33*(2), 496–520. doi:10.5465/AMR.2008.31193538.

Ordeix-Rigo, E., & Duarte, J. (2009). From Public Diplomacy to Corporate Diplomacy: Increasing Corporation's Legitimacy and Influence. *American Behavioral Scientist, 53*(4), 549–564. doi:10.1177/0002764209347630.

Parry, S. (2001). Enron's India Disaster. The Consortium for Independent Journalism, Inc. http://www.consortiumnews.com/2001/123001a.html. Zugegriffen: 31. Aug. 2012.

PIW's Top 50: How the Firms Stack Up. (2011). Petroleum Intelligence Weekly 6(10):Supplement

Platts (2011). Platts Top 250 Global Energy Company Rankings The McGraw-Hill Companies Inc. http://www.platts.com/Top250Navigation/Region/Electric%20Utility. Zugegriffen: 31. Aug. 2012.

Roy S (2002, 07. Februar). Enron in India: The Giant's First Fall. AlterNet http://www.alternet.org/story/12375/enron_in_india%3A_the_giant%27s_first_fall. Zugegriffen: 21. Aug. 2012.

The Economist. (2001). Generation gaps: Enron's Maharashtra power project continues to spark controversy. The Economist, 11.01.2001,

The World Bank. (2009). *Deterring corruption and improving governance in the electricity sector*. Washington: D.C: The World Bank.

The World Bank. (2012). Databank: World Development Indicators & Global Development Finance. The World Bank Group. http://data.worldbank.org/.

United Nations General Assembly. (1962). *Resolution 1803 (XVII): Permanent sovereignty over natural resources"*. New York: United Nations.

UNSTATS. (2010). Percentage of Greenhouse Gas Emissions from Energy. *United Nations Statistics Division*. http://unstats.un.org/unsd/environment/air_greenhouse_emissions%20by%20sector_percentage.html. Zugegriffen: 31. Aug. 2012.

Vuuren, D. P., Edmonds, J., Kainuma, M., Riahi, K., Thomson, A., Hibbard, K., Hurtt, G. C., Kram, T., Krey, V., Lamarque, J.-F., Masui, T., Meinshausen, M., Nakicenovic, N., Smith, S. J., & Rose, S. K. (2011). The representative concentration pathways: an overview. *Climatic Change (Climatic Change)* 109(1-2), 5–31. doi:10.1007/s10584-011-0148-z.

Wasilik, O., Elzinga, D., Fulton, L., Heinen, S. (2011). Advantage Energy: Emerging Economies, Developing Countries and the Private-Public Sector Interface. *IEA Energy Papers*. Paris. doi:10.1787/5kg51nfc1321-en.

Welge, M. K., Al-Laham, A. (2008). *Strategisches Management: Grundlagen – Prozess – Implementierung*. Wiesbaden: Gabler.

Williams, J. H., Ghanadan, R. (2006). Electricity reform in developing and transition countries: A reappraisal. *Energy, 31*, 815–844. doi:10.1016/j.energy.2005.02.008.

Innovationsmanagement in Energieversorgungsunternehmen

4

Peter Witt

4.1 Stand und Entwicklung des Marktes für Energieversorgung

Die Märkte für Energieversorgung stehen weltweit vor großen Herausforderungen. Zum einen sind die Reserven an fossilen Energieträgern wie Öl und Gas grundsätzlich begrenzt, was bei stetig wachsender Nachfrage nach diesen Rohstoffen zu weiter steigenden Preisen führen wird (Erdmann und Zweifel 2008, S. 125–132). Zum anderen hat sich der Klimawandel durch die weltweit ansteigenden CO_2-Emissionen weiter beschleunigt, ein Großteil dieser Emissionen ist auf die Energieerzeugung mit fossilen Energieträgern wie Steinkohle, Braunkohle und Erdgas zurückzuführen (Ströbele et al. 2010, S. 64–68). Die Stromerzeugung mit Kernenergie hat zwar den Vorteil sehr geringer CO_2-Emissionen, verliert aber in vielen Ländern wegen der Probleme bei der Endlagerung der Brennelemente und wegen der Gefahr einer radioaktiven Verseuchung bei Kraftwerksunfällen an gesellschaftlicher Akzeptanz. Andere emissionsneutrale Verfahren der Energieerzeugung, sogenannte „erneuerbare Energien", wie Windkraft, Biogas, Photovoltaik oder Solarthermie, sind zwar technisch verfügbar und werden auch verstärkt genutzt, sie sind aber wetter- und tageszeitabhängig nicht immer gleich gut einsatzbereit und bei den heutigen Strompreisen zum Teil auch unwirtschaftlich. Stromspeichertechnologien könnten die Volatilität in der Erzeugung durch erneuerbare Energieträger überbrücken, sie stehen aber bisher nicht ausreichend zur Verfügung. Insofern bleiben die konventionellen Formen der Energieerzeugung weltweit bedeutsam, das gilt insbesondere für die Gas- und Kohleverstromung.

In Deutschland hat sich der beschriebene Umbruch der Energiemärkte noch stärker ausgewirkt als in anderen Ländern. Deutsche Energieversorgungsunternehmen (EVU)

P. Witt (✉)
Technologie- und Innovationsmanagement, Bergische Universität Wuppertal,
Gaußstraße 20, 42119 Wuppertal, Deutschland
E-Mail: Witt@wiwi.uni-wuppertal.de

haben einschneidende Veränderungen der gesetzlichen und technologischen Rahmenbedingungen erfahren. Die Bundesregierung verfolgt ein umfangreiches energiepolitisches Programm, das umgangssprachlich als „Energiewende" bezeichnet wird. Es umfasst mehrere Einzelgesetze und verfolgt grundsätzlich das Ziel, die CO_2-Emissionen zu verringern, den Energieverbrauch zu senken und den Anteil der erneuerbaren Energien an der Energieerzeugung deutlich zu erhöhen. Parallel dazu wurde der Ausstieg aus der Kernenergie beschlossen. Investitionen in erneuerbare Energien werden im Zuge der Energiewende spürbar und langfristig subventioniert, vor allem die Photovoltaik, aber auch die Windkraft. Gleichzeitig genießt aus erneuerbaren Energien erzeugter Strom einen Einspeisevorrang ins Netz, was zu deutlich mehr Volatilität in der Erzeugung und zu deutlichen Ausbaubedarfen bei der Netzinfrastruktur geführt hat. Zudem bewirkt der Einspeisevorrang der erneuerbaren Energien, dass konventionelle Kraftwerke nicht mehr durchgehend Strom erzeugen, sondern in Zeiten hoher Einspeisungen durch erneuerbare Energien vom Netz genommen werden müssen. Folglich sinken die Investitionsanreize zum Bau neuer Kraftwerke für Energieversorgungsunternehmen. Langfristig drohen dann Kapazitätsengpässe, also zu geringe konventionelle „Reservekapazitäten".

Die Energieversorgungsunternehmen in Deutschland sind aber noch weiteren Herausforderungen ausgesetzt. So ist es immer schwieriger geworden, Investitionen in neue Stromerzeugungskapazitäten genehmigt zu bekommen. Das gilt selbst dann, wenn es sich um innovative Kraftwerke handelt, die alte Kapazitäten ersetzen und dadurch die CO_2-Emissionen der Stromerzeugung ceteris paribus verringern. Ein viel beachtetes Beispiel ist das modernste Steinkohlekraftwerk Europas, das von der E.ON Kraftwerke GmbH in Datteln gebaut wurde. Es weist einen Wirkungsgrad von 46 % sowie 1055 MW Leistung auf und sollte drei alte, weniger effiziente Blöcke ersetzen. Die Fertigstellung dieses Kraftwerks, Datteln IV genannt, wurde im September 2009 auf die Klage eines benachbarten Landwirts hin durch einen Beschluss des Oberverwaltungsgerichts Münster gestoppt. Das Gericht war der Ansicht, der Bebauungsplan der Stadt Datteln sei unwirksam. Wenn dieser Beschluss in weiteren Gerichtsentscheidungen Bestand haben sollte, dann muss Datteln IV abgerissen werden. Dem Unternehmen E.ON würde dadurch ein Schaden in Höhe von über 1 Mrd. € entstehen. Ähnliche Genehmigungsprobleme und Anwohnerklagen liegen bei praktisch allen Investitions- und Innovationsvorhaben in der Energiewirtschaft vor. Selbst politisch gewünschte Investitionen wie Biogasanlagen, neue Überlandleitungen oder Offshore-Windkraftanlagen werden von Anwohnern und Naturschutzinitiativen bekämpft.

Erschwerte Wettbewerbsbedingungen gelten für viele Energieversorgungsunternehmen auch auf den Absatzmärkten für Strom und Gas. Dort treten zahlreiche neue Konkurrenten aus anderen Branchen in den Markt ein, weil die Markteintrittsbarrieren gering sind und jeder neue Anbieter als Strom- und Gashändler zugelassen werden muss. Gleichzeitig weitet sich das Produktangebot im Bereich der Energieversorgung deutlich aus. Es reicht von Verträgen mit Preisgarantien für bestimmte Laufzeiten, über Energieeinsparberatungen und Hausautomatisierungsprodukte bis hin zu Elektromobilität. So verkauft beispielsweise die Deutsche Telekom AG in Deutschland Produkte der Hausautomatisierung und Energieverbrauchssteuerung. Der Kaffeeröster Tchibo bietet seinen Kunden Stromlieferverträge mit „grünem" Strom an. Die RWE AG hat eine neue Tochtergesellschaft gegründet, die RWE Effizienz GmbH, die unter anderem Hardware zur Stromeinsparung in Gebäuden sowie Ladestationen für Elektrofahrzeuge vertreibt. Alle diese Beispiele machen deutlich, dass die Märkte für Energieversorgungsunternehmen in Deutschland sehr stark in Bewegung geraten sind. Der traditionelle Preiswettbewerb für homogene Güter wie Strom und Gas wird ergänzt durch einen Innovationswettbewerb. Dementsprechend muss sich auch die traditionell eher gering ausgeprägte Innovationsbereitschaft der Branche deutlich erhöhen.

Die betriebswirtschaftliche Forschung versteht unter einer Innovation die Markteinführung eines neuen Produktes oder eines neuen Fertigungsverfahrens, beide beruhend auf Forschung und Entwicklung (Albach 1994, S. 50). In diesem Beitrag wird ergänzend eine weitere Art von Innovation betrachtet, die Sozialinnovation, die man auch organisatorische Innovation nennt. Der Begriff „neu" kann sehr unterschiedlich definiert werden. Für die Zwecke dieses Beitrags kommt es auf die Perspektive des einzelnen Energieversorgungsunternehmens an. Ein Produkt, ein Fertigungsverfahren oder eine Organisationsform sind dann neu, wenn sie in dem betreffenden Unternehmen erstmalig eingeführt werden. Als Innovationsmanagement wird die dispositive Gestaltung des Prozesses, der solche Innovationen hervorbringt, bezeichnet (Hauschildt und Salomo 2007, S. 32). Es geht also um die Führungsaufgabe, den Prozess der Entstehung einer Innovation von der Phase der Ideengenerierung bis hin zur erfolgreichen Markteinführung zu organisieren und zu steuern. Im Folgenden werden am Beispiel der Energiewirtschaft zunächst die möglichen Arten von Innovationen näher erläutert, bevor dann auf typische Herausforderungen des Innovationsmanagements in Energieversorgungsunternehmen eingegangen wird.

4.2 Arten von Innovationen in Energieversorgungsunternehmen

4.2.1 Prozessinnovationen

Eine in der Energiewirtschaft nahe liegende Zielsetzung von Innovationsmanagement besteht darin, auf der Beschaffungs- bzw. Erzeugungsseite die Produktionskosten zu senken. Das geeignete Verfahren hierzu wären Neuerungen bei der Fertigungstechnologie, sogenannte Prozessinnovationen. Konkret könnten also innovative Verfahren der Erzeugung oder des Transports von Strom und Gas entwickelt werden, die zu niedrigeren Kosten als die bisher verwendeten Technologien führen. Solche Prozessinnovationen haben in großen Energieversorgungsunternehmen eine sehr lange Tradition und stehen oft synonym für energiewirtschaftliche Innovationen. Konkret wird beispielsweise seit Jahrzehnten versucht, die Energieeffizienz von Kraftwerken zu erhöhen. Dabei sind große Erfolge erzielt worden. So hat z. B. die RWE Power AG über viele Jahre hinweg Braunkohlekraftwerke mit optimierter Anlagentechnik (BoA) entwickelt und gebaut. Das neueste Kraftwerk dieser

Reihe, die BoA 3 wurde im August 2012 in Neurath in Betrieb genommen. Sein thermischer Wirkungsgrad liegt bei 43 %. Ältere Braunkohlekraftwerke kommen nur auf 30 %. Ähnliche technische Fortschritte hat es bei der Energieeffizienz von Windkraftanlagen gegeben. So hat z. B. das Unternehmen REPower Systems SE, ein Unternehmen der indischen Suzlon-Gruppe, spezielle Windkraftanlagen für Schwachwindgebiete entwickelt, die durch Rotordurchmesser von 100 m auf 2 MW Nennleistung kommen. Für den Offshore-Bereich hat das Unternehmen Windkraftanlagen mit bis zu 6 MW Nennleistung auf den Markt gebracht, die zudem auch bei großen Wassertiefen gebaut und betrieben werden können.

In der Primärenergiegewinnung haben Prozessinnovationen ebenfalls große Bedeutung. So geht es bei der Erdöl- und Erdgasexploration beispielsweise darum, die Prognosegüte von seismischen Verfahren zur Lagerstättensimulierung zu erhöhen. Bei der Förderung von Kohlenstoffen hat es große technische Fortschritte bei der Art der Bohrungen gegeben. So konnte beispielsweise die RWE Dea AG aus Hamburg Umweltschutzauflagen beachten und Bohrkosten senken, indem sie die Technologie der „extended reach-Bohrungen" entwickelte. Mit diesem Verfahren können Erdölvorkommen in Gesteinsschichten unter dem Wattenmeer durch Bohrungen von Land aus erschlossen werden, obwohl dabei große Entfernungen zu überwinden und Wechsel zwischen vertikalen und horizontalen Bohrrichtungen zu realisieren sind.

4.2.2 Produktinnovationen

Neben der Senkung der Produktionskosten muss ein ebenso wichtiges Ziel von Energieversorgungsunternehmen darin bestehen, den Kundennutzen zu erhöhen. In diesem Falle wären Produktinnovationen das geeignete Instrument. Sie haben in der Energieversorgungsbranche nur wenig Tradition. Strom und Gas gelten als Commodities. Eine störungsfreie Versorgung mit Strom und Gas ist oft das einzige Standardprodukt, das den Kunden angeboten wird. Leider ist das aber auch die Leistung, die der Kunde ohnehin erwartet und die von allen Anbietern am Markt gleichermaßen angeboten wird. Dadurch wird der Preis zum alleinigen Entscheidungskriterium. Erst in allerjüngster Zeit sind von Energieversorgungsunternehmen Versuche unternommen worden, die Produkte für den Endkunden zu differenzieren und so aus dem Commodity-Markt auszubrechen.

In der Praxis der Entwicklung und Vermarktung von Produktinnovationen kommt es vor allem darauf an, den vom Kunden wahrgenommenen Nutzen der angebotenen Leistung zu erhöhen. Erst eine qualitative Differenzierung von den Produkten der Wettbewerber ermöglicht es einem Energieversorgungsunternehmen, aus dem reinen Preiswettbewerb auszusteigen und Alleinstellungsmerkmale zu erreichen. Allerdings ist das sehr viel schwieriger als in anderen Branchen. Denn bei Strom und Gas ist auf den ersten Blick nicht erkennbar, worin ein qualitativer Unterschied zu Produkten der Wettbewerber bestehen könnte. Es lohnen sich aber ein zweiter Blick und eine Erweiterung der verwendeten Produktdefinition. So kann man beispielsweise das sogenannte

Abb. 4.1 Das Kano-Modell der Produktinnovationen. (Quelle: Kano et al. 1984, S. 43)

Kano-Modell verwenden (Kano et al. 1984), um zwischen unterschiedlichen Formen von Kundenerwartungen und Produkteigenschaften zu differenzieren (Abb. 4.1).

Ausgangspunkt des Kano-Modells sind die Standardeigenschaften eines Produkts. Sie sind in den Augen des Kunden mit dem Produktpreis abgegolten. Sie werden vom Kunden erwartet, weil jedes Produkt am Markt sie bietet. Bei einem Fehlen von Standardeigenschaften oder bei Fehlern in den Standardeigenschaften reagiert der Kunde sehr unzufrieden und wandert zu Konkurrenten ab. Werden alle Standardeigenschaften fehlerfrei geliefert, reagiert der Kunde neutral, aber eben nicht begeistert oder mit besonderer Loyalität. In der Energiewirtschaft gibt es sehr viele Produkteigenschaften, die von Kunden als Standards wahrgenommen werden. Beispiele sind eine fehlerfreie Rechnung, eine störungsfreie Stromversorgung oder eine gut erreichbare Hotline. Alles, was ein Energieversorgungsunternehmen in diesen Leistungsdimensionen erreichen kann, ist die Vermeidung von Kundenunzufriedenheit. Bei den Standardeigenschaften dominiert zudem der Preiswettbewerb, d. h. eine langfristige Wettbewerbsstrategie muss auf Kostenführerschaft setzen.

Für die Gewinnzielung sehr viel aussichtsreicher sind Zusatzeigenschaften. Für sie ist der Kunde bereit, extra zu bezahlen. Sie werden daher auch getrennt vom Standardprodukt in Rechnung gestellt. In vielen Branchen finden sich Zusatzeigenschaften in Form von unterschiedlich reichhaltigen Leistungspaketen, z. B. im Luftverkehr als „economy class", „business class" und „first class". Der Wettbewerb zwischen den Anbietern bei den Zusatzeigenschaften ist dann sehr viel geringer, weil diese typischerweise nur in Verbindung mit dem Standardprodukt gekauft werden können, aber nicht als alleinstehende

Leistungen. Beispiele von Zusatzeigenschaften in der Energiewirtschaft sind Versicherungen für Elektrogeräte, klimafreundlich erzeugter Strom mit Preisaufschlägen im Vergleich zu Standardtarifen oder eine längerfristige Tarifbindung für Gaslieferverträge. Mit Zusatzeigenschaften kann die Kundenzufriedenheit erhöht werden, weil sie in den Augen des Kunden einen Zusatznutzen darstellen.

Eine dritte Kategorie von Produkteigenschaften sind im Kano-Modell die Begeisterungseigenschaften. Sie bieten dem Kunden einen besonderen Kundennutzen, für den dieser aber nicht bereit ist, zusätzlich zu bezahlen. Also muss ein Unternehmen diese Eigenschaften kostenlos anbieten. Sie machen das Produkt im Gegenzug einzigartig und führen zu einer besonders hohen Kundenzufriedenheit. Zudem führt das Fehlen einer Begeisterungseigenschaft noch nicht zur Unzufriedenheit, weil der Kunde die entsprechende Leistung von sich aus gar nicht erwartet hätte. Beispiele für Begeisterungseigenschaften in der Energiewirtschaft sind Smart Meter, mit denen ein Kunde die Energieverbräuche an verschiedenen Entnahmestellen im Tagesablauf ablesen kann, eine Kundenkarte, mit der man bei Partnerunternehmen verbilligt einkaufen kann, oder eine Kundenzeitschrift, die über Ereignisse in der Region und beim Energieversorgungsunternehmen berichtet. Für keine dieser Leistungen würde ein Kunde vermutlich separat bezahlen. Aber wenn er diese Leistungen im Rahmen seines Stromliefervertrags kostenlos erhält, dann freut er sich sehr und wird zu einem loyalen Kunden.

4.2.3 Sozialinnovationen

Die Energieversorgungsbranche steht langfristig vor einem noch viel größeren Problem als „nur" intensivem Preis- und Innovationswettbewerb. Ihr droht die fehlende Akzeptanz der Gesellschaft und eine immer weitergehende Verstaatlichung. Das Image vieler Energieversorgungsunternehmen in der Öffentlichkeit ist jetzt schon sehr schlecht. Insbesondere die großen Erzeuger mit konventionellen Kraftwerkparks gelten als oligopolistisch agierende Preistreiber und als Klimasünder. Diese schlechte Reputation ist nicht nur unangenehm für die Mitarbeiter der betreffenden Unternehmen, sie hat auch konkrete ökonomische Auswirkungen. So könnten umweltbewusste Kunden beispielsweise zu anderen Energieversorgern mit einem besseren Image abwandern, selbst wenn der Strom, den sie dort beziehen, am Ende des Tages von den gleichen Kraftwerksparks erzeugt wird. Das schlechte Image großer Energieversorger macht auch staatliche Eingriffe in den Energiemarkt wahrscheinlicher. Sie reichen von einer Förderung erneuerbarer Energien über schwierigere Genehmigungen konventioneller Kraftwerke bis hin zum Entzug von Betriebsgenehmigungen für bereits getätigte Investitionen, wie im Fall der deutschen Kernkraftwerke.

Als Sozialinnovation bezeichnet man neue Organisationsformen der menschlichen Zusammenarbeit. Im Vordergrund der traditionellen betriebswirtschaftlichen Analyse stehen Sozialinnovationen innerhalb eines Unternehmens, z. B. neue Arbeitszeitmodelle, neue Formen der Arbeitsorganisation wie Heimarbeit oder neue Arbeitsmethoden wie etwa

Web-Meetings. Sie verbessern zunächst potenziell das Image eines Unternehmens bei seinen Mitarbeitern, wenn diese nämlich von Sozialinnovationen profitieren und das Unternehmen als attraktiveren Arbeitgeber wahrnehmen. Fasst man den Begriff der Sozialinnovation weiter, dann können auch neue Organisationsformen des menschlichen Zusammenarbeitens außerhalb des Unternehmens verfolgt werden. Für diese Art von Innovationsaktivitäten werden auch Begriffe wie „Nachhaltigkeit", „Corporate Social Responsibility" oder „Corporate Social Entrepreneurship" verwendet. Ein Beispiel ist die von Cisco in Singapore betriebene Netz-Akademie, die eine kostenlose Ausbildung von Menschen aus Entwicklungsländern im Bereich der Netzwerktechnologien anbietet. Dieses Engagement eines privaten Unternehmens hat zum einen positive Reputationseffekte. Zum anderen hat es in vielen Fällen natürlich auch ökonomische Vorteile. So werden im Fall der Netz-Akademie von Cisco zum einen potenzielle Mitarbeiter angeworben und ausgebildet, zum anderen werden zukünftige Entscheidungsträger an Technologien von Cisco gewöhnt und damit zu potenziellen zukünftigen Kunden entwickelt.

Im Fall der Energieversorgungsunternehmen muss es bei sozialen Innovationen darum gehen, ein Image als klimafreundliches, mitarbeiterorientiertes und verantwortungsbewusstes Unternehmen aufzubauen. Das könnte durch Sozialinnovationen innerhalb des Unternehmens geschehen, z. B. Kinderbetreuungsangebote für Mitarbeiter, wird aber insbesondere durch Sozialinnovationen außerhalb des Unternehmens gelingen. Nimmt man sich andere Branchen als Vorbild, könnten sich deutsche Energieversorgungsunternehmen beispielsweise beim Bau von Anlagen zur Stromerzeugung aus erneuerbaren Energien in Entwicklungsländern engagieren. Solche Projekte würden sich wahrscheinlich ökonomisch nicht lohnen, könnten aber eine Imageverbesserung und damit einen indirekten Nutzen bringen. Ein anderes Beispiel einer potenziell interessanten Sozialinnovation in der Energieversorgungsbranche sind Energieeinsparberatungen für Unternehmen und Haushalte. Sie wirken auf den ersten Blick töricht, weil man ja Kunden dabei hilft, weniger des eigenen Produkts nachzufragen. Auf den zweiten Blick gibt es aber neben dem potenziellen Imagegewinn auch die Möglichkeit, mit Energiesparberatungen neue Kundenkontakte aufzubauen und diese für den Vertrieb anderer Produkte und Dienstleistungen des eigenen Unternehmens zu nutzen, z. B. für Anlagen der Haushaltssteuerung oder für Photovoltaikanlagen.

4.2.4 Kombinierte Innovationen

Grundsätzlich kann ein Unternehmen die genannten Innovationsarten nicht nur einzeln realisieren, sondern immer auch mehrere Arten von Innovationen verbinden. Die Innovationsstrategie würde dann Prozess-, Produkt- und Sozialinnovationen kombinieren. Abbildung 4.2 stellt die beschriebenen Arten unternehmerischer Innovationen grafisch dar. In einem Portfolio-Modell misst man auf der einen Achse den wahrgenommenen Kundennutzen eines Produkts bzw. einer Dienstleistung. Auf der anderen Achse misst man die Kosten der Erstellung der entsprechenden Leistung. Sie korrelieren häufig, wenn auch

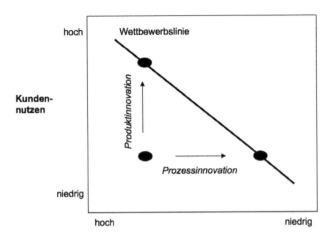

Abb. 4.2 Das Kundennutzen-Produktkosten-Portfolio. (Quelle: Witt 1998, S. 165)

nicht zwingend, mit dem Produktpreis. Die im Portfolio eingezeichnete Wettbewerbslinie bezeichnet Angebote, mit denen ein Unternehmen am Markt wettbewerbsfähig ist. Das kann beispielsweise im Premium-Segment sein. Das entsprechende Produktangebot hätte dann einen hohen Kundennutzen bei hohem Preis. Wettbewerbsfähig ist aber auch ein Discount-Angebot, das einen relativ geringen Kundennutzen bietet, aber dafür auch nur einen geringen Produktpreis hat. Innovationsbedarf besteht jedoch bei einer Positionierung des Angebots unterhalb der Wettbewerbslinie. Unternehmen, die ihre Leistungen dort anbieten, haben einen Wettbewerbsnachteil. Es gibt dann immer einen Wettbewerber, der entweder denselben Kundennutzen zu niedrigeren Preisen anbietet, oder einen, der zum gleichen Preis einen höheren Kundennutzen verspricht.

Das Kundennutzen-Produktkosten-Portfolio ist als dynamisches Modell zu verstehen. Die Wettbewerbslinie verschiebt sich mit jeder Angebotsänderung eines Wettbewerbers. Schafft es ein Konkurrent beispielsweise, die Effizienz seiner Stromerzeugung zu erhöhen und dadurch die Herstellungskosten pro Kilowattstunde zu senken, so verlagert sich dadurch die Wettbewerbslinie des entsprechend belieferten Strommarkts. Sie dreht sich nach Nordosten. Dasselbe passiert, wenn ein Wettbewerber in seinen Stromlieferverträgen für Endkunden bei gleichen Tarifen Zusatzleistungen wie beispielsweise eine Energiesparberatung anbietet. Dann geraten alle anderen Anbieter, die vorher noch auf der Wettbewerbslinie lagen, in eine Position unterhalb der Wettbewerbslinie. Sie bieten entweder den gleichen Kundennutzen, haben aber höhere Kosten und müssen daher höhere Preise nehmen als das Unternehmen mit der effizienteren Erzeugungstechnologie. Oder sie haben den gleichen Preis, bieten aber einen geringeren wahrgenommenen Kundennutzen an. Insofern sind viele Unternehmen der Energieversorgungsbranche allein schon durch die Innovationsbemühungen ihrer Wettbewerber gezwungen, selbst innovativ zu werden. Sie fallen sonst immer häufiger auf Marktpositionen zurück, auf denen ihre Leistungen nicht mehr wettbewerbsfähig sind, und werden dann als Unternehmen mittel- oder langfristig ganz vom Markt verdrängt.

4.3 Voraussetzungen eines effektiven Innovationsmanagements in Energieversorgungsunternehmen

4.3.1 Die Formulierung einer Innovationsstrategie

Das wichtigste Ziel eines Unternehmens besteht darin, für seine verschiedenen Anspruchsgruppen (Stakeholder) Wert zu schaffen. Zu den Anspruchsgruppen zählen Aktionäre, Mitarbeiter, Kunden, aber auch Fremdkapitalgeber, Lieferanten und der Staat. Wert kann ein Unternehmen immer dann schaffen, wenn die Rendite auf das eingesetzte Kapital höher ist als die Kapitalkosten. Das gilt im Wesentlichen auch für Innovationen. Innovationen schaffen immer dann Wert, wenn die Rendite auf das für Innovationen und Innovationsmanagement eingesetzte Kapital höher ist als die Kapitalkosten.

In der betriebswirtschaftlichen Forschung sind im Wesentlichen drei generische Innovationsstrategien abgeleitet worden, die ein Unternehmen verfolgen kann. Die defensive Strategie besteht darin, gar kein Innovationsmanagement zu betreiben oder nur die Neuentwicklungen von anderen Unternehmen zu imitieren. Unternehmen mit einer defensiven Innovationsstrategie betreiben keine eigene Forschung und Entwicklung, sie bauen nur die Innovationen der Wettbewerber nach. Sie verfügen auch meist nicht über eigene Forschungskompetenz, sondern nutzen externe Technologiequellen. Eine defensive Innovationsstrategie hat geringere Risiken, bietet dafür aber auch geringere Chancen. Es handelt sich insgesamt um eine eher risikoscheue Ausrichtung. Eine solche Strategie ist nur empfehlenswert für Energieversorgungsunternehmen, die ihre Kernkompetenzen in anderen Bereichen haben, beispielsweise im regionalen Marktzugang oder im Marketing.

Eine offensive Innovationsstrategie bedeutet, dass ein Unternehmen eigene Forschungs- und Entwicklungsaktivitäten unternimmt. Das strategische Ziel besteht dann darin, eigene Produktinnovationen zu realisieren. Insofern handelt es sich um eine Strategie mit einem hohen Chancen-Risiko-Profil. Sie kennzeichnet risikofreudige Unternehmen. Die offensive Innovationsstrategie ist oft die einzige strategische Alternative, wenn ein Energieversorgungsunternehmen bereits Markt- und Technologieführer ist. Sie erfordert, dass im Unternehmen umfangreiche Forschungs- bzw. Technologiekompetenzen vorliegen. Ein Beispiel für das Verfolgen einer offensiven Innovationsstrategie in einem stark wachsenden Segment des Marktes für Stromerzeugung ist die RWE Innogy GmbH. Sie hat im September 2011 ein neuartiges Schiff für die Installation von Offshore-Windkraftanlagen in Betrieb genommen. Das Schiff wurde von der koreanischen Werft DSME gebaut, die Innovation wurde also in Zusammenarbeit mit Zulieferern entwickelt. Das Installationsschiff kann bis zu vier Offshore-Windturbinen der Multi-Megawatt-Klasse gleichzeitig transportieren und diese in Wassertiefen von über 40 m aufstellen. Die offensive Innovationsstrategie im Bereich der Installationsschiffe, die es in dieser Funktionalität am Markt bis dahin nicht gab, wurde vom Unternehmen RWE Innogy als erforderlich angesehen, um die Technologie- und Marktführerschaft im Bereich der Offshore-Windkraftanlagen zu erreichen.

Eine dritte Innovationsstrategie wird als absorbierend bezeichnet. Sie besteht darin, dass ein Unternehmen externe Innovationen nutzt. Konkret könnten Entwicklungen und Erfindungen von anderen Unternehmen gekauft oder in Lizenz genommen werden. Die Weiterentwicklung erfolgt dann in den innovierenden Unternehmen. Durch eine absorbierende Innovationsstrategie vermeidet ein Unternehmen die sehr riskante Grundlagenforschung. Es bedarf jedoch trotzdem einer Technologiekompetenz im eigenen Hause, um Innovationen anderer Unternehmen beurteilen zu können. Die wissenschaftliche Literatur spricht hier von „absorptive capacity" (Cohen und Levinthal 1990). Eine absorbierende Innovationsstrategie erscheint dann vorteilhaft, wenn externe Innovationen schneller entwickelt werden können als eigene.

4.3.2 Die Organisation des Innovationsprozesses

Wenn man wissen will, ob es in einem Energieversorgungsunternehmen jenseits einer offiziell formulierten Innovationsstrategie auch ein funktionierendes Innovationsmanagement gibt, muss man nur einige wenige Fragen stellen. Die erste Frage lautet, ob im Vorstand bzw. in der Geschäftsführung jemand exklusiv für Innovationsmanagement zuständig ist. In den allermeisten Energieversorgungsunternehmen ist das nicht der Fall. In anderen Branchen, z. B. der pharmazeutischen Industrie, findet sich dagegen in fast jedem Unternehmen ein Innovations- oder F&E-Vorstand.

Eine zweite Frage zur Organisation des Innovationsmanagements in einem Energieversorgungsunternehmen lautet, welches Mitglied des Vorstands bzw. der Geschäftsführung sich denn neben anderen Aufgaben für Innovationsmanagement verantwortlich fühlt. Im schlimmsten Fall, der aber nur selten auftritt, ist das niemand. Häufig wird aber das Innovationsmanagement organisatorisch dem Marketingvorstand zugeordnet. Die Schwerpunkte der Arbeit liegen dann typischerweise auf Produkt- und Tarifinnovationen. Alternativ liegt die Zuständigkeit für Innovationsmanagement beim Technikvorstand. Dann ist eher ein Schwerpunkt auf Prozessinnovationen und Maßnahmen zur Steigerung der Erzeugungseffizienz zu erwarten. Vereinzelt finden sich auch Energieversorgungsunternehmen, die das Innovationsmanagement in einer Stabsabteilung mit dem Namen „Projektmanagement" organisieren, die direkt der Geschäftsführung berichtet und einzelne Innovationsprojekte vorschlägt.

Eine dritte Frage zur Organisation des Innovationsmanagements in Energieversorgungsunternehmen betrifft die Ideengenerierung. Wer muss bzw. darf Vorschläge für Innovationsprojekte machen? Zunächst könnte das natürlich die Zuständigkeit der Abteilung für Innovationsmanagement sein, wenn es eine gibt. Sehr viel besser wäre es aber, wenn Vorschläge für innovative Produkte, Verfahren oder Dienstleistungen von allen Abteilungen gemacht werden können. Ein weit verbreitetes und relativ einfaches Verfahren ist das betriebliche Vorschlagswesen bzw. Ideenmanagement. Es ermöglicht jedem Mitarbeiter eines Energieversorgungsunternehmens, Vorschläge einzureichen, die dann von einem Expertengremium bewertet und bei positiver Evaluation umgesetzt werden. Hier muss nur darauf geachtet werden, dass die Bewertung schnell erfolgt und Vorschläge grundsätzlich auf Wertschätzung stoßen. Sonst werden Mitarbeiter das Instrument irgendwann nicht mehr ernst nehmen und auch keine guten Vorschläge mehr machen. Ein weiteres Verfahren der Ideengenerierung sind Businessplan-Wettbewerbe, bei denen Mitarbeiter neue Geschäftsideen entwickeln. Sie werden dabei unterstützt von betriebswirtschaftlichen und technischen Experten aus dem eigenen Unternehmen. Die eingereichten Businesspläne werden dann von einer Jury beurteilt. Sind sie wirtschaftlich aussichtsreich und passen sie in die Strategie des Energieversorgungsunternehmens, werden sie intern umgesetzt. Sind sie aussichtsreich, passen aber nicht zur strategischen Ausrichtung des Unternehmens, dann können sie von den Mitarbeitern selbst in eigenständigen Ausgründungen, sogenannten Spin-offs, umgesetzt werden. Die RWE AG hat im Jahr 2012 einen solchen Businessplan-Wettbewerb mit Namen JUMP! durchgeführt. Er führte zu vielen innovativen Geschäftskonzepten. Die besten Ideen wurden öffentlichkeitswirksam prämiert und umgesetzt. Im August 2012 gründete sich eines der Gewinnerunternehmen von JUMP!, die CUT! Energy GmbH mit Sitz in Essen, als unabhängiges Spin-off. CUT! betreibt eine innovative Auktionsplattform, auf der Kunden ihr Potential schaltbarer elektrischer Anlagen veräußern können. Die Zusammenführung dieser Potentiale erlaubt die Anpassung der Stromnachfrage an sich verändernde Einspeiseprofile. Erstmalig muss sich also nicht mehr nur die Stromerzeugung dem Lastgang im Netz anpassen, variable Lasten können je nach Energieüberschuss oder Energieknappheit im Netz hinzugeschaltet oder abgeschaltet werden.

4.3.3 Die Schaffung einer innovationsfreundlichen Unternehmenskultur

Bisherige Untersuchungen haben gezeigt, dass der Prozess des Innovationsmanagements nicht allein durch organisatorische und technische Festlegungen gesteuert werden kann. Es kommt auch darauf an, eine innovationsfreundliche Unternehmenskultur zu schaffen (Albach 1994, S. 177–196). Innovationsfreundliche Merkmale einer Unternehmenskultur sind unter anderem Fehlertoleranz, Systemoffenheit und Risikobereitschaft. Nur wenn Mitarbeiter bereit sind, Unsicherheit zu ertragen, neue Produkte und Verfahren grundsätzlich zu begrüßen und dafür auch Risiken und Fehler in Kauf zu nehmen, kann ein Unternehmen auf Dauer erfolgreich neue Produkte und Verfahren entwickeln. Ähnliches gilt für den Informationsaustausch mit anderen Unternehmen und mit Forschungseinrichtungen. Je offener eine Unternehmenskultur für einen solchen Austausch ist, desto besser kann externes Wissen für das eigene Innovationsmanagement genutzt werden. Bei der Gestaltung einer innovationsorientierten Unternehmenskultur kommt es auch auf geeignete Anreize für die Mitarbeiter an. Für Forscher sind nicht-materielle Anreize oft viel wichtiger als Boni und Prämienzahlungen. So kann man beispielsweise Wissenschaftlern Arbeitszeit zur Verfügung stellen, in der sie tun und lassen können, was sie wollen. Viele Forscher werden auch dadurch motiviert, dass sie auf Konferenzen fahren und dort ihre Ideen vortragen dürfen. Insgesamt dient eine offene Innovationskultur dazu, dass ein Unternehmen möglichst viel von anderen Unternehmen und von Forschungseinrichtungen lernt und dieses Wissen in die eigene Entwicklung einbringt.

Ein weiteres Merkmal einer offenen, innovationsorientierten Unternehmenskultur ist die intensive Kommunikation. Immer wenn Unternehmen offen kommunizieren, wenn Fehler machen erlaubt ist, und wenn eine gewisse Risikobereitschaft honoriert wird, werden die einzelnen Mitarbeiter bereitwillig Informationen austauschen. Die betriebswirtschaftliche Forschung hat auch gezeigt, dass eine offene Kommunikation nur dann möglich ist, wenn Organisationseinheiten überschaubar sind. In sehr großen Unternehmen ist es durchaus möglich, dass bestimmtes Wissen in einzelnen Abteilungen vorliegt, aber für andere Abteilungen nicht leicht oder gar nicht zugänglich ist.

Zudem kommt es auf eine eher geringe Regelungsdichte an. Im Gegensatz zu anderen Bereichen des Unternehmens sollten die Forschungs- und Entwicklungsabteilungen eher wenig reguliert und überwacht werden. Es macht auch keinen Sinn, bei F&E Aktivitäten auf kurzfristige Erfolge zu hoffen oder Mitarbeiter unter Druck zu setzen. Das Konfliktbewusstsein muss so ausgeprägt sein, dass Schnittstellenprobleme und Widerstände vorab mit eingeplant sind. Auch dies setzt voraus, dass man intrinsisch motivierte Mitarbeiter und eine offene Fehlerkultur implementiert. Es ist generell förderlich, wenn in Forschungsabteilungen eine gewisse Technologieorientierung vorherrscht. Mitarbeiter sollten offen sein für Innovationen und für Veränderungen. Sie sollten zuversichtlich sein, dass Innovationsprojekte umgesetzt werden können. Führungskräfte sollten akzeptieren, dass Entwickler auch ihre Liebhaberprojekte und ihre technischen Spielereien verfolgen. Nicht alles was anfangs wie Spielerei aussieht, bleibt kommerziell wertlos. Es gibt viele Beispiele dafür, dass Unternehmen sehr erfolgreiche Produkte aus angeblichen Fehlentwicklungen in anderen Bereichen abgeleitet haben.

Eine innovative Unternehmenskultur in einem Energieversorgungsunternehmen bedeutet schließlich auch, unternehmensinterne Widerstände gegen Innovationen zu überwinden. Davon gibt es zahlreiche. Vertreter konventioneller Technologien der Stromerzeugung leisten beispielsweise Widerstand gegen den starken Investitionsvorrang bei erneuerbaren Technologien. Daher ist nach Verfahren gesucht worden, wie interne Widerstände gegen Innovationsvorhaben überwunden werden können. Ein solches Instrument ist das sogenannte Promotoren-Modell. Abbildung 4.3 stellt es in den Grundzügen dar.

Dem Promotoren-Modell zufolge muss es immer einen Machtpromotor geben, der Ressourcen freigibt, der die Ziele eines Innovationsvorhabens formuliert und der sicherstellt, dass Widerstände überwunden werden können. Typischerweise handelt es sich bei dem Machtpromotor von Innovationsvorhaben um einen ranghohen Manager. Idealerweise ist sie oder er Mitglied der Geschäftsführung bzw. des Vorstandes. In engem Kontakt mit den einzelnen Abteilungen und den betroffenen Mitarbeitern arbeitet der

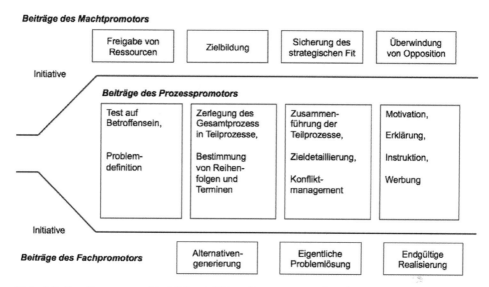

Abb. 4.3 Das Promotoren-Modell betrieblicher Innovationen. (Quelle: Hauschildt und Salomo 2007, S. 230)

Fachpromotor. Seine Aufgabe besteht darin, geeignete Alternativen zu generieren. Er ist auch zuständig für die eigentliche Problemlösung in den technischen Abläufen des Innovationsprozesses. Der Fachpromotor sollte sich mit den zu entwickelnden Produkten bzw. Verfahren gut auskennen. Er sollte über technischen Sachverstand verfügen, um mit den betroffenen Kolleginnen und Kollegen kommunizieren zu können. Er ist auch oft der derjenige, der die Initiative zu einem Innovationsvorhaben ergreift. Zwischen Machtpromotor und Fachpromotor bewegt sich der Prozesspromotor. Seine Rolle besteht darin, Widerstände zu sehen, Widerstände zu überwinden, die Gesamtprozesse in Teilprozesse zu zerlegen, Konflikte zu beseitigen und zu informieren. Der Prozesspromotor muss nicht unbedingt fachlicher Experte sein. Es ist wichtig, dass er die verschiedenen Sichtweisen auf ein Innovationsvorhaben versteht und dass er in der Lage ist, unterschiedliche Informationsstände auszugleichen. Insgesamt unterstellt das Promotoren-Modell, dass man mit einer Gruppe von drei Promotoren (Machtpromotor, Fachpromotor, Prozesspromotor) innerbetriebliche Widerstände wirksam überwinden und einen erfolgreichen Ablauf des Innovationsprozesses sicherstellen kann. Die Promotorentheorie ist insofern interessant, als sie in Deutschland entwickelt wurde und sich empirisch auch gut bestätigen ließ. Allerdings wird sie meinem Kenntnisstand nach bisher nur in sehr wenigen Energieversorgungsunternehmen organisatorisch umgesetzt.

4.3.4 Innovationscontrolling

Innovationsmanagement befasst sich definitionsgemäß mit Investitionen bei hoher Unsicherheit. Ob eine Innovation ein wirtschaftlicher Erfolg wird oder nicht, weiß man erst nach Abschluss des gesamten Innovationsprozesses. Trotzdem bedarf es der Planung und der Steuerung von Innovationsprozessen. Die Ziele eines jeden Innovationsprojekts müssen hinsichtlich der Qualität, der Kosten und der Zeiten klar formuliert sein, um nachher überhaupt überprüfen zu können, ob sie erreicht wurden (Hauschildt und Salomo 2007, S. 471–495). Zudem haben Zielvorgaben für die beteiligten Mitarbeiter auch eine klare Motivationsfunktion. Die Planung, Steuerung und Kontrolle von Innovationsprozessen wird als Innovationscontrolling bezeichnet. Es hat seinen Ursprung im Forschungs- und Entwicklungscontrolling (Göpfert 2006, S. 2486).

Die betriebswirtschaftliche Forschung hat sich intensiv mit der Frage auseinandergesetzt, wie ein geeignetes Innovationscontrolling aussehen muss (Hauschildt und Salomo 2007, S. 495–510 und 550–557). Je innovativer das zu entwickelnde Produkt oder Verfahren ist, desto weniger sinnvoll sind detaillierte Prozessvorgaben. Meilensteine der Projektentwicklung sind aber immer sinnvoll, vor allem wenn sie den Mitarbeitern Handlungsautonomie bei der Art der Erreichung der Meilensteine lassen. Empirische Untersuchungen haben konkret gezeigt, dass eine flexible Handhabung von Budgets die Effizienz des Innovationsprozesses erhöht. Bei der Kontrolle hat sich gezeigt, dass eine Kombination aus Verhaltenskontrolle als Fremdkontrolle durch das Management mit einer Ergebniskontrolle durch die Mitglieder des Innovationsteams selbst zu den besten Ergebnissen führt. Energieversorgungsunternehmen müssen sich also bewusst machen, dass ihr Innovationscontrolling deutlich offener und informeller auszusehen hat als das Controlling, das sie aus anderen Bereichen gewohnt sind. Um wesentliche Merkmale einer Innovationskultur nicht zu beschädigen, muss auch das Innovationscontrolling Risikobereitschaft und Fehlertoleranz fördern. Wenn die Mitarbeiter der traditionellen Controlling-Abteilung dazu nicht willens oder nicht geeignet sind, dann muss das Innovationscontrolling in eine eigenständige Abteilung verlagert werden.

Die wahrscheinlich schwierigste Entscheidung im Innovationscontrolling ist die Entscheidung, ein Innovationsprojekt abzubrechen. Sie demotiviert die beteiligten Mitarbeiter und dokumentiert einen Fehlschlag. Daher scheuen viele Unternehmen davor zurück, Innovationsprojekte abzubrechen, auch wenn es immer unwahrscheinlicher wird, dass die gesetzten Ziele noch erreicht werden können. Stattdessen wird solchen Innovationsvorhaben lieber das Budget gekürzt oder eine geringere Priorität zugewiesen. Entsprechend endet das fehlgeschlagene Innovationsprojekt nicht offiziell, es „versandet" über die Zeit und wird erst formell beendet, wenn sich schon niemand mehr an seine Existenz erinnert. Für das Innovationscontrolling ist ein solches Vorgehen ungünstig, weil die Erfolgsmessung über alle Innovationsaktivitäten hinweg verzerrt und der Zeitpunkt der endgültigen Projektbewertung immer weiter in die Zukunft verschoben werden.

4.4 Ein Fazit

Die Märkte für Energieversorgung sind in Deutschland und in anderen europäischen Ländern sehr stark in Bewegung gekommen. Die Bedeutung neuer Technologien hat zugenommen und wird weiter zunehmen. Das gilt nicht nur für die Erzeugung, sondern auch für Transport und Vertrieb von Energie. Gleichzeitig hat sich die Prognostizierbarkeit der politischen Regulierung der Energieversorgungsmärkte deutlich verringert. Kein Energieversorgungsunternehmen kann heute mehr sicher sein, welche Subventionen, Genehmigungserfordernisse oder Marktpreise für seine Produkte und Dienstleistungen in den nächsten Jahren gelten werden. Dadurch steigt das Risiko von Fehlinvestitionen an. Der Wert flexibel einsetzbarer Technologien erhöht sich. Auch die Kundenbedürfnisse und damit die Nachfrage nach einzelnen Energieprodukten und Energiedienstleistungen lassen sich schwerer als früher prognostizieren (Erdmann und Zweifel 2008, S. 66–77). Unternehmen, die neue Kundenbedürfnisse früher erkennen oder mit neuen Produkten latente Kundenbedürfnisse als erste wecken, werden Wettbewerbsvorteile haben und es erscheint durchaus möglich, dass dies auch neu in den Markt der Energieversorgung eintretende Unternehmen sein können, also Wettbewerber aus anderen Branchen sowie neu gegründete Unternehmen.

Energieversorgungsunternehmen müssen sich angesichts dieser Wettbewerbsentwicklungen klar zur Innovation bekennen. Kein Energieversorgungsunternehmen kann es sich auf Dauer leisten, keine Innovationsstrategie zu formulieren. Es muss nicht jedes Unternehmen eine offensive Innovationsstrategie wählen. Aber zumindest muss sichergestellt werden, dass in ausreichendem Maße eine Absorptionsfähigkeit für neue Technologien und neue Produkte aufgebaut wird. Das ist nur möglich, wenn Innovationsmanagement in Energieversorgungsunternehmen auch organisatorisch fest verankert wird. Unabhängig von seiner Größe und seinem Leistungsspektrum sollte jedes Energieversorgungsunternehmen irgendwo in der Aufbauorganisation eine zuständige Stelle oder Abteilung für Innovationsmanagement einrichten. Es sollte auch explizit versuchen, eine innovationsfreundliche Unternehmenskultur und ein effektives Innovationscontrolling zu schaffen. Insgesamt muss sich in Energieversorgungsunternehmen die Grundüberzeugung durchsetzen, dass Innovationsmanagement etwas substanziell anderes ist als das Management von wiederholten Routineentscheidungen und dass man ohne Innovationsmanagement in dieser sich sehr schnell entwickelnden Branche langfristig nicht erfolgreich sein kann (Hauschildt und Salomo 2007, S. 29).

Literatur

Albach, H. (1994). *Culture and technical Innovation*. Berlin.
Cohen, W. M., & Levinthal, D. A. (1990). Absorptive capacity: A new perspective on learning and innovation. *Administrative Science Quarterly, 35,* 128–152.
Erdmann, G., & Zweifel, P. (2008).*Energieökonomik*. Berlin.
Göpfert, I. (2006). Innovationscontrolling. In *Handelsblatt-Wirtschaftslexikon* (S. 2484–2491). Stuttgart.
Hauschildt, J., & Salomo, S. (2007). *Innovationsmanagement* (4. Aufl.). München.

Kano, N., Seraku, N., Takashi, F., & Tsuji, S. (1984). Attractive quality and must-be quality. *Journal of the Japanese Society for Quality Control, 14,* 39–48 (in japanischer Sprache).

Ströbele, W., Pfaffenberger, W., & Heuterkes, M. (2010). *Energiewirtschaft* (2. Aufl.). München.

Witt, P. (1998). Strategies of technical innovation in Eastern European Firms. *Management International Review, 38,* 161–182.

Projektmanagement in Forschungsprojekten der Energiewirtschaft

5

Wolfgang Kottnick

5.1 Neue Herausforderungen in der Energiewirtschaft

Kaum ein Wirtschaftssektor ist derzeit so stark von Veränderungs- und Anpassungsdruck geprägt wie die Energiewirtschaft. Nach Jahrzehnten festgefügter monopolistischer Strukturen und wettbewerbsfreier Energieversorgung der Verbraucher hat der Übergang zum liberalisierten Strommarkt die gesamte Branche in Bewegung versetzt. Plötzlich dem Wettbewerbsdruck ausgesetzt, müssen die in der Energieversorgung tätigen Unternehmen sich teilweise ganz neu erfinden. In allen Bereichen finden Anpassungsprozesse statt, indem die Firmen sich neue Organisationsstrukturen geben müssen und sämtliche Prozesse von der Kundenakquise über die Beschaffung, Verteilung und Vermarktung sowie die Schaffung neuer Energieprodukte neu definieren müssen. Hinzu kommt der Zwang des Gesetzgebers, der laufend weitere marktfördernde Vorgaben macht und durch neue Gesetze in Marktstrukturen, Technik der Netze und Handelsabläufe eingreift.

Mit der Liberalisierung ging auch eine Aufsplittung der bisher in jeweils einer Versorgerhand liegenden Wertschöpfungsstufen Erzeugung, Übertragung, Verteilung und Handel einher.

Mit diesem „Unbundling" entstanden neue eigenständige Firmen mit einem abgegrenzten Geschäftsfeld, zwischen denen zahllose neue technische und organisatorische Schnittstellen auftreten und ein exorbitant angewachsener Datenaustausch erforderlich ist.

Die sich daraus ergebenden Handlungszwänge führen dazu, dass in den Unternehmen neben der fortlaufenden Geschäftstätigkeit gleichzeitig Umstellungs- und Anpassungsprozesse unter Zeitdruck ablaufen müssen.

W. Kottnick (✉)
Hochschule Mannheim, Paul-Wittsack-Straße 10, 68163 Mannheim, Deutschland
E-Mail: w.kottnick@hs-mannheim.de

Insbesondere müssen bestehende Geschäftsprozesse optimiert und gänzlich neue Geschäftsfelder erschlossen werden. Da hier in vielen Fällen Neuland betreten wird, müssen die Unternehmen eigene Anstrengungen unternehmen, um ihre Handlungsspielräume zu erforschen und somit die wissenschaftlichen Grundlagen zu erarbeiten, auf denen sie ihre Anpassungsprozesse aufbauen. Da der Wettbewerb sich dynamisch entwickelt, können aus Zeitgründen nicht künftige Ergebnisse der Grundlagenforschung abgewartet werden, sondern die Unternehmen müssen pragmatisch vorgehen und maßgeschneiderte Konzepte für ihre speziellen Probleme erarbeiten und dabei eigene Forschungsprojekte durchführen.

5.2 Welches Neuland liegt vor der Energiewirtschaft?

5.2.1 Überblick

Sowohl die mit der Energiewende einher gehenden technischen Herausforderungen als auch die generell durch den Wettbewerb geprägten Zwänge, die von außen auf die verschiedenen Geschäftsfelder der aus dem Unbundling hervorgegangenen neuen Gesellschaften wirken, führen je nach Geschäftsfeld zu ganz unterschiedlichen Zielsetzungen für die Anpassungsprozesse.

Gleichzeitig haben sich aufgrund der neuen Randbedingungen wie EEG und Energiewende sowie durch die technologische Entwicklung einige Hauptthemen herauskristallisiert, die konkreten Forschungsbedarf in der Energiewirtschaft mit sich bringen.

Mehrere dieser Themen lassen sich dem Umfeld der erneuerbaren Energien und den Auswirkungen ihres wachsenden Anteils an der Energieversorgung zuordnen, während andere Themen neue Energieanwendungen oder neue Energiedienstleistungen betreffen. Einige Themen sind bereits Gegenstand staatlich angestoßener Forschungsprojekte geworden, andere werden von Forschungseinrichtungen direkt aufgegriffen und bearbeitet.

Im Themenkomplex „Erneuerbare Energien" und deren Auswirkungen sind zu nennen:
Erneuerbare Energien:

- Netzausbau (darin u. a. Erdkabel und Gleichstromleitungen)
- Speichertechniken
- Integration von Speichern in das Verteilnetz

Und als Folge der Erneuerbaren:

- Umwandlung von Strom in Biomethan („Power-to-gas")
- Flexibilisierung der Leistung von bestehenden konventionellen Kraftwerken

Als neue Anwendungsbereiche eröffnen sich:

- Elektromobilität
- Energiedienstleistungen (Contracting)
- Smart Grid

5.2.2 Netzausbau

Die dena-Verteilnetzstudie Dena Verteilnetzstudie – Ausbau- und Innovationsbedarf der Stromverteilnetze in Deutschland bis 203 (2013) hat verschiedene technische Optionen geprüft, die zukünftig dazu beitragen können, den Netzausbau zu reduzieren und grundsätzlich technisch machbar sind. Das größte Potenzial haben innovative Betriebsmittel (Leitungen, Trafos, Schutzeinrichtungen), die die Nutzung der Netzinfrastruktur optimieren, zum Beispiel regelbare Ortsnetztransformatoren, die eine verbesserte Ausnutzung des zulässigen Spannungsbands ermöglichen, die Anpassung technischer Richtlinien sowie die Abregelung von Leistungsspitzen der regenerativen Erzeugung. Die technischen Optionen zur Reduzierung des Netzausbaus und deren Wirtschaftlichkeit müssen aber noch detaillierter untersucht werden und sollten bei der Ausgestaltung der zukünftigen energiewirtschaftlichen Rahmenbedingungen berücksichtigt werden. Auch der Beitrag der regenerativen Energien zur Bereitstellung von Systemdienstleistungen sowie die zukünftige Zusammenarbeit zwischen Übertragungs- und Verteilnetzbetreibern bedürfen weiterer wissenschaftlicher Forschung.

5.2.3 Speichertechniken

Von herausragender strategischer Bedeutung für die künftige Energieversorgung Deutschlands ist ein verbesserter Zugriff auf leistungsfähige, effiziente und wirtschaftlich zu betreibende Energiespeicher. Angesichts der deutlich zunehmenden fluktuierenden Stromerzeugung aus erneuerbaren Energien brauchen wir neue Speichertechnologien und neue Ansätze des Lastmanagements bzw. neuer Netzstrukturen. Leider stehen den notwendigen Fortschritten auf dem Gebiet der Energiespeicher vielfältige und nach wie vor z. T. grundlegende technologische Hürden entgegen. Vor diesem politischen und fachlichen Hintergrund haben sich BMWi, BMU und BMBF darauf verständigt, den Forschungsarbeiten auf dem Gebiet von Energiespeichern in Deutschland durch eine gemeinsame Förderinitiative neue Impulse zu geben.

5.2.4 Integration von Speichern in das Verteilnetz

Speichersysteme können grundsätzlich herkömmliche Netzbaumaßnahmen ersetzen. Der Speicher übernimmt dabei die Funktion als zusätzliche Last, wenn eine hohe dezentrale Einspeisung in das Netz erfolgt und wirkt als Erzeugungsanlage bei hoher Bezugslast, wenn der Speicher entladen wird. Um einen Netzausbau optimal zu ersetzen, sind die Speichersysteme mindestens so dezentral im Netz anzuordnen, wie die entsprechenden Erzeugungsanlagen. Die erforderliche Kapazität des Speichers ist abhängig vom Anwendungsfall. Unter aktuellen Rahmenbedingungen und Marktgegebenheiten lassen sich Speichersysteme ausschließlich für diesen Anwendungsfall derzeit nicht wirtschaftlich betreiben. Kombinierte Nutzungsmöglichkeiten von Speichern durch Kunden, Handel und Vorgaben des Netzbetreibers könnten bei geänderten Rahmenbedingungen und entsprechender Preisdegression von Energiespeichern eine wirtschaftliche Betriebsweise zulassen. Hierzu sind weitere Forschungsarbeiten erforderlich.

5.2.5 „Power-to-gas"

Bei Strom gibt es derzeit praktisch nur eine Speichertechnik: Pumpspeicherkraftwerke. Die heute insgesamt vorhandene Stromspeicherkapazität in Deutschland beläuft sich bei einem jährlichen Verbrauch von etwa 619 TWh_{el}/a auf nur rund 0,04 TWh_{el} Kohler (2012), Die Speicher könnten rein rechnerisch den kompletten Strombedarf Deutschlands also für nur weniger als eine Stunde decken.

Eine Speichertechnik mit ausreichender Kapazität, die wetterbedingte Stromüberschüsse langfristig aufbewahren kann, wird in der Umwandlung von Strom in Gas gesehen. Das Verfahren mit dem Namen „Power-to-Gas" kombiniert die beiden Prozessschritte H_2O-Elektrolyse und Methanisierung. Zuerst wird mit Strom Wasserstoff erzeugt, der in der Methanisierungsstufe mit CO_2 zu Methan reagiert.

Das Gasnetz mit seiner derzeitigen Speicherkapazität von etwa 210 TWh ist in der Lage, zukünftig sowohl eine Speicher- als auch eine Verteilfunktion für erneuerbaren Strom zu übernehmen und somit das Stromnetz zu entlasten.

Eine Analyse potenzieller CO_2-Quellen hinsichtlich Verfügbarkeit, Erzeugungspotenzial, Wirtschaftlichkeit und Kosten wird Gegenstand künftiger Forschungsvorhaben sein.

Entsprechende Ziele verfolgt das vom Bundesministerium für Umwelt, Naturschutz und Reaktorsicherheit (BMU) geförderte Verbundprojekte Power-to-Gas (Projektlaufzeit: 1.4.2011 bis 31.3.2014) ZSW (2013).

5.2.6 Leistungsflexibilisierung bestehender Kraftwerke

Langfristig sollen erneuerbare Energien den Hauptteil der Energieversorgung in Deutschland übernehmen. Neben den konventionellen Kraftwerken wird künftig eine immer größere Anzahl von regenerativen Anlagen den benötigten Strom erzeugen. Als Folge müssen bestehende fossile Kraftwerke flexibel gefahren werden, um die so genannte „Residuallast" bereit zu stellen. Der Ertrag von Windenergie und Fotovoltaik schwankt stark entsprechend den Wetterverhältnissen. Dem gegenüber steht der Bedarf der Verbraucher, der sich in der Regel nicht mit dem gerade bestehenden Energieangebot von Wind und Sonne deckt. In einem Stromnetz, das in zunehmendem Maß auf der Einspeisung von Wind- und Solarstrom basiert, ändert sich somit die Residuallast mit höheren Amplituden und Gradienten. Fossil gefeuerte Kraftwerke müssen in dieser Situation flexibel reagieren können. Sie müssen künftig in der Lage sein, schnelle Lastwechsel durchzuführen, geringere Anfahrzeiten zu erreichen und mit geringerer Mindestlast in Bereitschaft stehen. Nur Anlagen mit diesen Fähigkeiten werden sich künftig am Regelenergiemarkt wirtschaftlich behaupten können.

Daher ergeben sich für Betreiber bestehender fossiler Kraftwerke neue Herausforderungen bei der Entwicklung prozesstechnischer Verbesserungen, die diesen Anforderungen gerecht werden und ein wirtschaftliche Überleben dieser Kraftwerke möglich machen. Nur ein Zusammenwirken von Wissenschaft, Betreibern und Herstellern bei der Entwicklung von Lösungsansätzen kann hier Fortschritte liefern.

5.2.7 Elektromobilität

Durch Ressourcenknappheit und Umweltbelastung gewinnt die Forschung und Entwicklung neuer, nachhaltiger Mobilitätssysteme zunehmend an Bedeutung. Die Entwicklung zukunftsfähiger Technologien erfordert allerdings gerade in Hinblick auf das Automobil weitreichendes Umdenken. Mit dem Wandel hin zur Elektromobilität zeichnet sich eine Zeitenwende ab. Am 19. Juni 2012 übergab die Nationale Plattform Elektromobilität ihren dritten Bericht der Bundesregierung Fortschrittsbericht der Nationalen Plattform Elektromobilität (2013). Darin finden sich Empfehlungen für die künftige Politik der Bundesregierung im Bereich Elektromobilität. Das BMBF baut die Forschungsförderung aktuell weiter aus. Im Insbesondere im Spitzencluster Elektromobilität Süd-West Die Bundesregierung (2013) arbeiten Partner aus den Feldern Fahrzeugtechnik, Energieversorgung und Versorgungstechnik, Informations- und Kommunikationstechnologien (IKT) und -dienstleistungen sowie dem Querschnittsfeld Produktionstechnologie gemeinsam an neuen Konzepten für die Elektromobilität. Sie verbinden ihre Kompetenzen in feldübergreifenden Forschungsprojekten.

Das BMBF stellt bis 2017 in zwei Förderphasen 40 Millionen Euro Zuwendung für die Förderung von Verbundforschungsprojekten bereit. Zu den zentralen Projekten der ersten Phase zählen die Entwicklung innovativer Dienste für eine vernetzte Mobilität, Integration der Elektromobilität in die Stromversorgung und die Planung qualitätsorientierter, serienflexibler Batterieproduktionssysteme.

5.2.8 Energiedienstleistungen (Contracting)

Contracting bedeutet ein Outsourcing auf Zeit von Aufgaben und Risiken der Nutzenergiebereitstellung oder -lieferung auf ein hierauf spezialisiertes Unternehmen. „Contracting" ist ein Oberbegriff für verschiedene Arten von Energiedienstleistungen. Im Mittelpunkt steht die Idee, eine Modernisierung und Optimierung von Energieerzeugungs- und -verteilungsanlagen in Gebäuden oder Liegenschaften ohne Einsatz eigener Geldmittel zu möglichen.

Insbesondere die Variante „Energie-Einspar-Contracting" hat noch ein hohes Potenzial Trend research (2013). Die Modernisierung der Energieversorgung eines Gebäudes, eines Industriebetriebes oder einer vorhandenen Liegenschaft scheitert oft an einem entscheidenden Punkt: Es fehlen die erforderlichen Finanzmittel. Das Einspar-Contracting ist eine bewährte Form der Projektumsetzung, die dieses Problem oft lösen kann. Sie ermöglicht eine wirtschaftliche und umweltgerechte Sanierung dadurch, dass der Contractor aufgrund seiner energietechnischen und energiewirtschaftlichen Kompetenz unter Einsatz energieeffizienter Technologien auf der Verbrauchsseite („demand side management") zunächst durch Eigeninvestitionen Einsparungen bei den Energiekosten erschließt und daraus den Kapitalrückfluss seiner Investition in einer überschaubaren Zeit deckt. Danach gehen die Anlagen kostenfrei in den Besitz des Betriebes oder der Liegenschaft über.

Einerseits sind fast alle solche Lösungen für den Energieverbraucher maßgeschneidert zu konzipieren, andererseits besteht hier noch ein Entwicklungspotenzial für Standardisierungen und wirtschaftliche Optimierungen unter Einbeziehung jeweils aktueller gesetzlicher Rahmenbedingungen.

Ein bisheriges Stadtwerk begibt sich mit dieser neuen Geschäftstätigkeit auf ein anspruchsvolles Gebiet, das deutlich über sein herkömmliches Geschäft des Energieverkaufs hinausgeht. Wie viele Beispiele u. a. auf den Infoseiten der Deutschen Energie-Agentur zeigen, können sich Energieversorger hier lukrative neue Geschäftsfelder erschließen.

Da die Installation neuer energieeffizienter Technologien in bestehende Verbrauchsstrukturen gar keine oder nur geringfügige Unterbrechungen des eigentlichen Betriebsablaufs verursachen dürfen, ist ein wirkungsvolles Projektmanagement bei der Realisierung solcher Projekte unabdingbar.

5.2.9 Smart Grids

[FA1] Eine wesentliche Voraussetzung für die meisten der genannten Handlungsfelder stellt das „intelligente Netz" („smart grid") dar. Gegenüber dem früheren eher statischen Netz mit „Einbahnstraßenverkehr" des Stroms vom Kraftwerk zum Verbraucher mit festen Tarifen und wenigen Akteuren hat man es heute mit einer Vielzahl von dezentralen Einspeisern mit volatiler Leistung, unterschiedlichen Stromrichtungen und Wettbewerb unter den Stromlieferanten zu tun.

Damit gehen die Aus- und Umbauerfordernisse der Netze zur Kapazitätsanpassung einher mit der Integration von Kommunikationsstrukturen. Datenerfassung, Datentransfer und Steuerung der dynamischen Abläufe sowie das Management der vielen neuen Schnittstellen im Netz erfordern eine effektive Kontrolle und Steuerung.

Das Zusammenschalten von steuerbaren dezentralen Erzeugungsanlagen, Lasten und Speichern zu virtuellen Kraftwerken ermöglicht in intelligenten Verteilnetzen außerdem das Erschließen von zusätzlichen Erlöspotenzialen. Auch die Integration der regenerativen Energien in den „Direktverbrauch" über die Verschiebung von Lasten mit Anreiztarifen stellen Möglichkeiten dar, den Speicherbedarf zu reduzieren. Mit dem Anfang 2013 auslaufenden Förderprogramm E-Energy" BMU, BMWI: Startseite E-Energy (2013) wurden hier bedeutsame Erkenntnisse erarbeitet.

5.3 Forschungsfelder in der Energiewirtschaft

5.3.1 Überblick

Mit der energiepolitischen Neuorientierung ergeben sich auch neue Prämissen für die Energieforschung.

Diese wird von der Bundesregierung aktiv durch Förderprogramme angestoßen. Als Ergänzung zum Energiekonzept hat die Bundesregierung deshalb das 6. Energieforschungsprogramm „Forschung für eine umweltschonende, zuverlässige und bezahlbare Energieversorgung" aufgelegt BMWI: Forschung für eine umweltschonende, zuverlässige und bezahlbare Energieversorgung (2013).

Das Programm enthält alle aktuellen (2012) energieorientierten Förderprogramme, die sowohl ressortübergreifend von mehreren Ministerien gefördert werden als auch die von den Einzelministerien aufgesetzten Programme und setzt auf vielen Feldern neue Akzente. Von Bedeutung sind dabei vor allem die klare Priorität bei der Förderung von Forschung und Entwicklung in den Bereichen „Energieeffizienz" und „Erneuerbare Energien", eine verstärkte ressortübergreifende Zusammenarbeit auf strategisch wichtigen Feldern, insbesondere bei den Themen „Energiespeicher" und „Netze".

Die Bundesregierung verfolgt dabei das Ziel, einen Beitrag zur Erfüllung der zahlreichen energiewirtschaftlichen und klimapolitischen Vorgaben der Bundesregierung zu leisten. Damit bekommen Bereiche und Technologien eine Priorität, die dazu beitragen, die Energieeffizienz in dem angestrebten Umfang zu verbessern und den Ausbau der erneuerbaren Energien so voranzutreiben, dass die vorgegebenen Marktanteile erreicht werden können. Aufgabe der Förderpolitik ist es insbesondere, diese Technologien kostengünstiger zu machen und dadurch den Weg für eine schnelle Marktdurchdringung zu ebnen.

Die Zusammenstellung dieser Programme im 6. Energieforschungsprogramm enthält auch einen Leitfaden für Projektförderung, die dem Interessenten praktische Hinweise für die Teilnahme an Forschungsprojekten liefert.

Als Ergänzung dieser Programme hat die Bundesregierung wegen der Bedeutung neuer Technologien und Konzepte für den Netzausbau im Dezember 2012 die Förderinitiative „Zukunftsfähige Netze" BMWI: Netze für die Stromversorgung der Zukunft (2013) gestartet. Mit ihrer Hilfe sollen neue Verfahren, Konzepte, Technologien und Materialien erforscht und entwickelt werden für die Anwendungen

- Intelligente Verteilnetze
- Übertragungsnetze
- Offshore-Anbindungen
- relevante Schnittstellen.

Darüber hinaus bestehen weitere gezielte Förderprogramme wie z. B. die Förderung von Elektromobilität durch das BMU vom August 2011.

5.3.2 Auswahl einiger konkreter Förderprogramme

Nachfolgend werden einige bestehende Förderprogramme zu den in ▶ Abschn. 0.2 Themengebieten aus dem Förderprogramm der Bundesregierung vorgestellt.

5.3.2.1 Netzausbau

Neben der neuen Initiative von Dezember 2012 enthält das 6. Energieforschungsprogramm einen ressortübergreifenden Förderkomplex „Netze". Die Forschungsthemen weisen ein breites Spektrum auf und erstrecken sich von der Entwicklung neuer Komponenten, z. B. der Gleichstromübertragungstechnik oder Supraleitungstechnologie, der Modellbildung zur Planung und zum sicheren und effizienten Betrieb von Netzen, über die Demonstration und Qualifizierung neuer Technologien bis hin zu systemanalytischen Fragestellungen. Da die drei Ressorts BMWi, BMU und BMBF Forschung und Entwicklung im Bereich Netze mit jeweils unterschiedlichen Ausrichtungen fördern, können durch eine enge ressortübergreifende Zusammenarbeit Synergien genutzt und dringend notwendige technologische Entwicklungen beschleunigt werden. Wegen der Dringlichkeit der anstehenden Investitionen zum Netzausbau und der Anpassung an hohe Anteile erneuerbarer Energien ist eine intensive und koordinierte Zusammenarbeit aller Akteure auf diesem Gebiet besonders wichtig. Dabei sind Ausrüster für Netzkomponenten ebenso angesprochen wie Netzbetreiber.

5.3.2.2 Speichertechniken

Ebenfalls in einem ressortübergreifenden Förderangebot werden Mittel bereitgestellt für die Themen

- Thermische Speicher
- Stoffliche Speicher
- Chemische Speicher

Mittel- bis langfristig wird der Einsatz von Speichern mit dem stetig steigenden Anteil der erneuerbaren Energien immer bedeutsamer. Hier bestehen Betätigungsfelder für Speicherhersteller, potenzielle Nutzer von Speichern (Betreiber dezentraler bzw. regenerativer Erzeugungsanlagen), Netzbetreiber oder künftige kommerzielle Speicherbetreiber.

5.3.2.3 Integration von Speichern in das Verteilnetz und „Power-to-gas"

Ein wichtiger Schwerpunkt liegt in der Entwicklung von Simulationsverfahren für die Verwendung von Speichern im Stromnetz. Es gilt hier u. a., systemanalytische Untersuchungen zu den Wechselwirkungen der Strom- und Gasnetze unter Berücksichtigung von Speichern mit Umwandlung der Energieform durchzuführen.

Neben Strom- und Gasnetzbetreibern sind hier ebenfalls Komponentenhersteller für Umwandlungsanlagen und Forschungsinstitutionen für die Entwicklung von Steuerungssoftware denkbare Akteure.

5.3.2.4 Neue Kraftwerkstechniken

Der Vormarsch der regenerativen Energien führt zu einer Verschiebung der Mittel- und zeitweise auch der Grundlast von konventionellen Kraftwerken zu regenerativen Anlagen mit einem hohen dynamischen Anteil. Dafür werden entsprechende Fördermittel angeboten.

Im Jahr 2020 wird für Deutschland ein Anteil der gesicherten Leistung, die zur Abdeckung der Spitzenlast erforderlich ist, von über 80 % aus Gas-, Kohle- oder Kernkraftwerken prognostiziert. Wegen steigender Volatilitäten in der Stromerzeugung muss in Zukunft der gesamte fossil befeuerte Kraftwerkspark für den Ausgleich der abhängigen regenerativen Erzeugung und die Stabilisierung des Netzbetriebes mit eingesetzt werden. Dies stellt völlig neue Anforderungen an fossil befeuerte Kraftwerke hinsichtlich Lastflexibilität und Fahrweisen. Zugleich müssen die Potenziale anderer lastausgleichender Technologien, wie intelligente Netze, Speicher oder die dezentrale Stromerzeugung, berücksichtigt werden.

Insbesondere Betreiber konventioneller Kraftwerke mit noch längerer Restlebensdauer werden hier Ansätze finden, die helfen, die wirtschaftliche Lebensdauer ihrer Kraftwerke in diesem sich verändernden Umfeld abzusichern.

5.3.2.5 Contracting

Innerhalb der Contractingvarinten ist das Energieeinsparcontracting eine zeitgemäße Energiedienstleistung, die durch ihren Ansatz die Umsetzung energieeffizienzsteigernder Maßnahmen besonders in Industriebetrieben in einem ganzheitlichen Ansatz auf der „Demand Side".

Daher benötigt das Einsparcontracting energieeffiziente Komponenten wie Technologien zur Abwärmenutzung, hocheffiziente Elektromotoren, innovative Mess-, Steuer- und Regelungstechnik u. a., für die das Forschungsprogramm Ansätze bietet. Somit besteht kein direkter Fördertitel „Contracting", jedoch stehen in diesem Titel die für das erfolgreiche Einsparcontracting erforderlichen Technologien im Mittelpunkt.

Sämtliche Hersteller für energieverbrauchende Komponenten finden hier ein Betätigungsfeld sowie integrierende Energiedienstleister, die entsprechende Komponenten auf der Demand-Side zu optimierten Gesamtlösungen kombinieren.

Diese breite Palette von notwendigen Forschungsansätzen bietet neben den ohnehin in der Forschung tätigen Institutionen auch den am Energiemarkt beteiligten Unternehmen die Gelegenheit, an den zukunftsweisenden Umstrukturierungen in ihrem Geschäftsfeld aktiv teilzunehmen und dabei die bestehenden Förderangebote zu nutzen.

Wie eine solche Gelegenheit auf Basis des abgelaufenen Forschungsprogramms „E-Energy" von interessierten Partnern aufgegriffen und umgesetzt wurde, soll das nachfolgende Beispiel „Modellstadt Mannheim" erläutern.

5.4 Das Forschungsprojekt „Modellstadt Mannheim"

5.4.1 Ein Praxisbeispiel aktueller Forschung auf dem Gebiet der Energiewirtschaft

Wegen seiner modellhaften zentralen Bedeutung für den Energiemarkt wird nachfolgend die Realisierung eines aktuellen Forschungsprojektes im Themenfeld „Smart Grids" vorgestellt, in dem nicht zuletzt auch wegen der Vorgaben des Fördergebers BMU der Einsatz professionellen Projektmanagements bei der Realisierung erforderlich war.

5.4.2 Forschungsziel

Im Projekt „Modellstadt Mannheim" Modellstadt Mannheim (2013) wurde ein IKT-gestützter Strommarkt organisiert, der das gesamte Elektrizitätssystem von der Stromerzeugung über die Netze bis hin zum Stromverbrauch intelligent steuert und regelt. Insbesondere wird eine Balance zwischen volatiler, wetterabhängiger Stromerzeugung und fluktuierendem Stromverbrauch verwirklicht.

Als Teilnehmer am Marktplatz der Energie soll man Verbraucher oder Erzeuger, Energiehändler oder Verteilnetzbetreiber, Anbieter von Energiespeicherkapazitäten oder von Energiedienstleistungen, sowie Messdienstleister sein können – oder auch mehrere Funktionen gleichzeitig wahrnehmen. Zum Beispiel können heutige Kunden zukünftig verstärkt Erzeuger (Producer) und Verbraucher (Consumer) sein, und damit in der Wortverbindung zum Prosumer werden.

Die wesentliche technische Voraussetzung für diesen künftigen Marktplatz der Energie ist ein „Smart Grid", ein intelligentes Netz, das das bisherige reine Stromnetz um ein Kommunikationsnetz ergänzt, das zwischen allen Marktbeteiligten wie Erzeuger, Verbraucher und Netzbetreiber Informationen über Stromangebot und -nachfrage und insbesondere sich daraus ergebende variable Tarife in Echtzeit austauscht.

Mit den dabei im Mittelpunkt stehenden variablen Tarifen lassen sich einerseits Anreize beim Verbraucher schaffen, seinen Verbrauch in nachfrageschwache Zeiten zu verschieben und anderseits kann damit erreicht werden, dass der Verbraucher seinen Konsum am Dargebot regenerativ erzeugten Stroms orientiert und über automatische Schalthandlungen diesen Strom zeitgleich zur Erzeugung verbraucht, wodurch verlustbringende weite Transporte und Speicherung vermieden werden können.

5.4.3 Projektumfeld

Die bisherigen Strukturen im Energiesektor waren durch einen „Einbahnstraßencharakter" beschreibbar. Zentrale Energieversorger betrieben Kraftwerke und setzten den Strom direkt oder über zwischengelagerte Stadtwerke an den Verbraucher ab. In den Monopolstrukturen waren Tarife vorgegeben und für private Endkunden nicht verhandelbar. Wettbewerb existierte nicht und somit bestand kein eigentlicher Energiemarkt.

Durch die Liberalisierung der Energiemärkte und der sich durchsetzenden Erkenntnis, dass dezentrale Energiebereitstellung und verbrauchernahe z. B. Kraft-Wärme-Kopplungs-Lösungen eine Reduzierung des Primärenergieeinsatzes erlauben, ergaben sich neue Randbedingungen. Mit der zunehmenden dezentralen Einspeisung regenerativer Energien in die Netze entstanden neue Herausforderungen für Erzeuger, Übertragungs- und Verteilnetze sowie für Händler und Energiedienstleister. Die bestehenden Energieinfrastrukturen mit ihrem Einbahnstraßencharakter und die fehlende Möglichkeit, die verschiedenen Akteure am Energiemarkt informationstechnisch kommunizieren zu lassen, erwiesen sich mehr und mehr als Hindernis bei der Realisierung eines liquiden Energiemarktes.

Die Bundesregierung hat die Herausforderungen für die Energieversorgung von morgen erkannt und einen Wandel der bisherigen Strukturen und Abläufe auf dem Energiesektor hin zu wettbewerbsgeprägten Randbedingungen eingeleitet. Dazu hat sie den Wettbewerb E-Energy ausgeschrieben.

In dem vom Bundesministerium für Wirtschaft und Technologie (BMWi) initiierten Programm werden in ressortübergreifender Partnerschaft mit dem Bundesministerium für Umwelt, Naturschutz und Reaktorsicherheit (BMU) entsprechende Forschungs- und Entwicklungs-Aktivitäten mit insgesamt etwa 60 Millionen Euro gefördert. Damit wird ein Gesamtvolumen von rund 140 Millionen Euro mobilisiert. Eines der „Leuchtturmprojekte", das bei der Teilnahme an dieser Ausschreibung zum Zuge kam, war das Projekt „Modellstadt Mannheim" mit dem Ziel, einen auf Informations- und Kommunikationstechnologie basierten Energiemarkt zu schaffen, der in Echtzeit Marktpartner miteinander agieren lässt und gelichzeitig die sich neu herausbildenden dezentralen Strukturen mit der Integration erneuerbarer Energien berücksichtigt.

5.4.4 Projektpartner

Die Erfüllung der komplexen Projektanforderungen war nicht durch einen einzelnen Akteur möglich.

Neben der wissenschaftlichen Erarbeitung von darzustellenden Marktmechanismen mussten neue Kommunikationskomponenten und entsprechende Software entwickelt, erprobt und in größeren Losen hergestellt und im Netz bei Kunden installiert werden. Dazu musste auch ein reales Versorgungsnetz bereitgestellt werden, in dem Kunden als Beteiligte gewonnen werden mussten. Gleichzeitig sollte ein über den lokalen Rahmen hinausgehendes Funktionieren des neuen Systems nachgewiesen werden.

Die auf Basis dieser neuen Strukturen möglichen neuen „Business Cases" mussten definiert und schließlich das Funktionieren des Gesamtsystems evaluiert werden.

Somit bestand eine erste Herausforderung darin, geeignete Partner zu identifizieren, zur Zusammenarbeit zu gewinnen, eine gemeinsam getragene Projektskizze mit ausgewogener Arbeitsteilung zu erstellen und von gemeinsamer Absicht getragen beim Fördergeber einzureichen.

Sehr früh übernahm die MVV Energie AG die Initiative in diesem Findungsprozess und bildete mit dem ersten Partner IBM den „Nukleus" des Projektes.

MVV stellte die eigentliche Grundlage für ein solches Projekt mit ihrem Verteilnetz bereit sowie sich selbst als Marktakteur auf der Vertriebsseite. IBM war bereits in eigener Mission auf dem Gebiet der energiespezifischen Informationstechnologie aktiv und brachte dieses Forschungsfeld in das Projekt ein sowie seine Erfahrungen auf dem Gebiet der Normung und Standardisierung. Mit der Dresdner Energieversorgung DREWAG wurde neben der elektrischen Marktseite auch eine Verbindung zum Wärmemarkt über dortige Kraft-Wärme-Kopplungsstrukturen eingebracht sowie die überregionale Machbarkeit des Systems demonstriert.

Mit der Firma Papendorf wurde ein Mittelständler gefunden, der flexibel die Anforderungen für Kommunikationskomponenten in die Fertigung von Geräten umsetzte.

Die Universität Duisburg-Essen übernahm Erarbeitung der wissenschaftlichen Grundlagen und der Anforderungsprofile für Komponenten.

Die Firma Power Plus Communications führte die Prototypentests der Komponenten durch und brachte ihre Erfahrung beim Betrieb der kommunikativen Schnittstellenanbindung aller Marktteilnehmer ein.

Mit seiner Erfahrung auf dem Forschungsgebiet der Netzintegration dezentraler Anlagen leistete das Fraunhofer-IWES Institut in Kassel wesentliche Projektarbeit durch die Entwicklung entsprechender Software.

Schließlich lieferte das IZES volkswirtschaftliche Bewertungen von Geschäftsmodellen und das ifeu führte die Evaluierung der Feldversuche durch.

Zur Teilnahme an der Ausschreibung hatten sich somit 2007 die Projektpartner MVV Energie AG, DREWAG, PPC, IBM, Uni Duisburg Essen, ifeu, Papendorf, IZES und Fraunhofer IWES zu einem Bieter-Konsortium zusammengeschlossen. Neben zahlreichen anderen Wettbewerbern haben die Projektpartner mit Ihrer Idee „Modellstadt Mannheim"

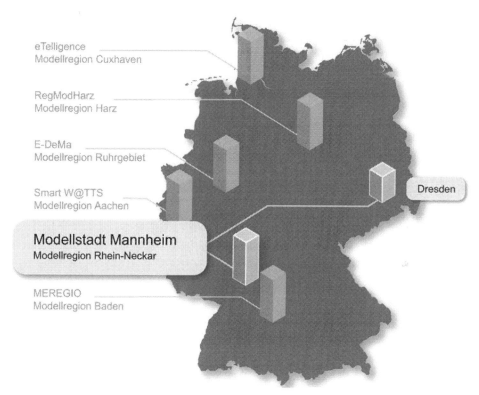

Abb. 5.1 Die sechs E-Energy-Leuchtturmprojekte

an der Ausschreibung teilgenommen und wurden im Jahr 2008 als eines von bundesweit sechs Leuchtturmprojekten ausgezeichnet (Abb. 5.1).

5.4.5 Projektphasen des E-Energy-Projektes „Modellstadt Mannheim"

Die insgesamt auf vier Jahre angelegte Projektlaufzeit lässt sich in mehrere Hauptphasen unterteilen.

Als Grundlage für die Erteilung eines Zuwendungsbescheides des Förderers (hier das BMU) musste eine detaillierte Projektplanung nach den Prinzipien eines lehrbuchmäßigen Projektmanagements erstellt werden. Diese wurde zunächst vom Projektsupervisor (Projektträger Jülich), der vom Fördergeber mit der Projektüberwachung eingesetzt wurde, auf Plausibilität und verpflichtende Zwischenergebnisse hin überprüft. Dieser Projektplan wurde dann die Referenzgrundlage für die Beurteilung der Projektfortschritte der folgenden Projektlaufzeit und für die Zwischenabrechnungen.

Nach der offiziellen Zuwendungsmitteilung der Förderung im Oktober 2008 erfolgte die Phase 1 mit der Erarbeitung der wissenschaftlichen Grundlagen, Machbarkeitsuntersuchungen und Erstellung von Anforderungskatalogen für die Systemkomponenten sowie der Herstellung und den Funktionstests erster Prototypen in Laborumgebung. Parallel zu diesen im Wesentlichen von der Uni Duisburg-Essen erbrachten Leistungen erstellte das Fraunhofer-IWES die auf diesen Anforderungsprofilen basierende Funktionssoftware.

Der Roll-out des Projektes mit Ausdehnung auf einen großen Kundenkreis wurde in der anschließenden Phase 2 auf zunächst ca. 200 Teilnehmer mit einen ersten Feldtest im Verteilnetz der MVV Energie AG in Mannheim realisiert. Dieser Feldtest diente zunächst dem Erfahrungsgewinn bezüglich Funktionalität der im Feld installierten Komponenten und der Eignung der Software sowie der Akzeptanz der aktiven Teilnahme am Energiemarkt durch die Kunden, die aufgrund von bereitgestellten unterschiedlichen Zeitzonen-Stromtarifen ihre Lasten zeitlich verschieben konnten.

Gleichzeit erfolgte ein paralleler Feldtestaufbau in kleinerem Umfang in Dresden.

Die Auswertung der Erfahrungen aus dem ersten Feldtest führte zu Verbesserungen in der Gerätetechnik, der Optimierung der Software und zur Einbindung der Kundenabrechnung in die bestehenden Abrechnungssysteme der MVV.

Nach Umsetzung dieser Verbesserungen wurde ein umfangreicherer Feldtest mit ca. 700 teilnehmenden Kunden aufgebaut und mit zeitlich variablen Tarifen unter Echtzeitbedingungen über mehrere Monate sowohl in Mannheim als auch in Dresden durchgeführt und dabei von einer gemeinsamen IT-Plattform aus überwacht und gesteuert.

Zum Ender der Feldtests im Oktober 2012 stehen Aussagen über die Akzeptanz des Systems durch den Verbraucher und über die tatsächlich mögliche Steuerung der Nachfrage und Lastverschiebung zur Verfügung.

Wegen der weltweiten Beachtung und normsetzenden Erkenntnisse aus diesem Forschungsvorhaben nahm die Vermittlung dieser Ergebnisse in die Öffentlichkeit auf Messen und Kongressen einen immer größeren Umfang ein. Parallel dazu wurden zahlreiche internationale Besucher informatorisch betreut.

5.4.6 Projektplanung

Forschungsprojekte unterliegen der Randbedingung, dass der mit öffentlichen Mitteln arbeitende Fördergeber permanent eine transparente Rechenschaft über den Projektverlauf verlangt sowohl im Hinblick auf erreichte Projektzwischen- und Endziele als auch auf die Verwendung der zugesagten Finanzmittel.

Damit besteht der (aus Sicht des Projektmanagements „heilsame") Zwang zu einer professionellen Projektplanung des Projektes mit Projektstrukturplan, Arbeitspaketen, Arbeitspaketbeschreibungen und klar formulierten Meilensteinen sowie einem darauf basierenden Verlauf des Einsatzes der finanziellen Mittel.

Regelmäßig vorzulegende Zwischenberichte sind Voraussetzung für die jeweilig zu bewilligenden Quartalszuwendungen.

Die genannten Konsortialpartner mussten dazu jeder einen eigenen Förderantrag für ihren Projektbeitrag stellen und als individueller Förderempfänger auftreten. Untereinander stimmten die Konsortialpartner ihre Beiträge ab, so dass insgesamt ein stimmiges Gesamtprojekt entstand. Die organisatorische Klammer um alle Einzelbeiträge bildet der Konsortialvertrag unter den Projektpartnern, dessen Existenz Voraussetzung für die Gesamtbewilligung des Projektes war.

5.4.7 Projektorganisation

Oberste Instanz innerhalb des Projektes war der Lenkungsausschuss, in dem die Projektpartner durch Führungskräfte vertreten sind. Dieser Lenkungsausschuss berichtete dem Fördergeber. Innerhalb des Konsortiums nahm MVV Energie AG die Rolle des Konsortialführers wahr.

Weitere Gremien unterhalb des Lenkungsausschusses waren ein von allen Partnern beschicktes Kernteam sowie die bei MVV Energie AG angesiedelte Projektleitung.

Für die insgesamt etwa 80 Arbeitspakete wurde jeweils ein AP-Verantwortlicher benannt, der die Arbeitsabläufe innerhalb seines Arbeitspakets koordiniert. Im Allgemeinen waren an den Arbeitspaketen wiederum mehrere Konsortialpartner beteiligt.

Darüber hinaus war jeder Partner für das Projektmanagement innerhalb seines eigenen Projektantrags verantwortlich.

Die Sitzungen des Lenkungsausschusses finden halbjährlich statt, die des Kernteams vierteljährlich und die fortlaufende operative Arbeit wurde in wöchentlichen Telefonkonferenzen gesteuert.

5.4.8 Projektverlauf

Ende 2012 kann über das abgewickelte Projekt folgender Status berichtet werden.

Der hohe Grad an Unbestimmtheit eines Forschungsprojektes und damit verbundene Risiken rechtfertigen überhaupt die Tatsache, dass eine 50 % – Förderung gewährt wird.

Das Beschreiten von Neuland war auch in diesem Projekt die große Herausforderung. Neue Prozessabläufe mussten definiert, die dafür notwendige Technik mit Hard- und Software mussten entwickelt und erprobt werden, große Stückzahlen der „Energiebutler" (IT-Endgeräte als materielles Interface zum intelligenten Netz) gefertigt und bei den Kunden installiert werden. Bei allen teilnehmenden Kunden mussten digitale fern auslesbare Zähler installiert und die im Hintergrund arbeitende IT zu deren Auslesen und Datentransport bereitgestellt werden.

Um vor dem großen Roll-out der Technologie und der begleitenden Software Sicherheit bezüglich der Funktionstüchtigkeit und beim Kundenverhalten zu gewinnen, wurden die Feldversuche in drei Phasen mit zunehmender Teilnehmerzahl, Komplexität und zunehmender funktionaler Tiefe aufgeteilt. Diese Vorgehensweise stellte sich als ausschlaggebend für den Projekterfolg heraus.

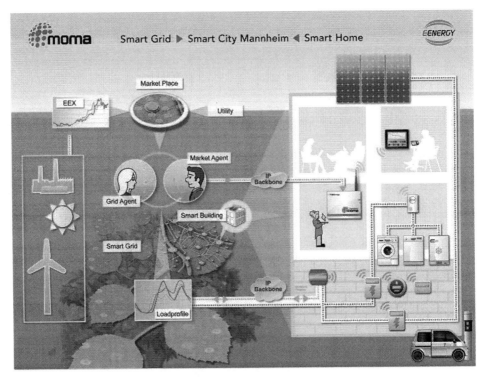

Abb. 5.2 Projektlandschaft von „Modellstadt Mannheim"

Zahlreiche unerwartete Probleme bei der Programmierung und der Funktion der neuartigen Software und der Funktion der eingesetzten neuen Displays beim Kunden zur Transparenz seines Verbrauchs und dem ferngesteuerten Betrieb seiner großen Verbrauchsgeräte machten mehrere ungeplante Schleifen bei der Entwicklung notwendig, bevor im dritten Feldversuch ein störungsfreier Betrieb der Technik mit alltagstauglicher Bedienmöglichkeit durch den Kunden und in Echtzeit bereit gestellten variablen Tarifen sichergestellt werden konnte. Dies stellte das Projektmanagement oft vor Herausforderungen, die nur unter Straffungen des Projektumfangs bei gleichzeitiger Sicherstellung der Hauptziele durch alternative Lösungswege gemeistert werden konnten. Zur Verbesserung der Betreuung der Kunden und für schnelle Reaktionen bei Rückfragen wurde zusätzlich ein Callcenter eingeschaltet. Seit Mai 2012 fielen dann Daten an, die tatsächlich eine nachweisbare merkliche tarifindizierte Lastverschiebung der angeschlossenen Kunden gegenüber einer Referenzgruppe von Kunden ohne „Smart Grid"-Zugang belegen konnten (Abb. 5.2).

Die geschilderten Abwicklungsprobleme zwangen zu Kompromissen im Zieldreieck des Projektmanagements „Qualität – Termine – Kosten". Gesteigerter Aufwand bei der Hard- und Software-Entwicklung führte zu Terminverzug und höheren Kosten.

Technologische Erkenntnisse im ersten und zweiten Feldtest erforderten ihrerseits zusätzlichen Testaufwand und das Beheben von Fehlfunktionen in zahlreichen Kundenhaushalten steigerte Aufwand und Kosten der Installation. Letztlich konnten höhere Kosten durch eine Reduzierung der teilnehmenden Kunden und damit zu fertigenden und zu installierenden Kundenendgeräte auf rund 700 aufgefangen werden. Längere Testlaufzeiten führten zwar zu einem deutlich später beginnenden Feldtest 3, jedoch haben die zurückgelegten „Qualitätsschleifen" wiederum zu einem stabil arbeitenden Gesamtsystem auf Hard- und Software-Ebene in der eigentlichen Bewährungsphase des Projektes geführt.

Eine rückblickende Ablaufanalyse zeigt, dass einige Probleme bei der Entwicklung der Software hinsichtlich der Übertragbarkeit aus der Laborumgebung in alltagstaugliche Prozesse unterschätzt wurden. Die anfänglich nicht gegebene Stabilität der Funktionsfähigkeit konnte zwar überwunden werden, jedoch stellte sich der Engpass bei qualifiziertem Fachpersonal in der Entwicklung von Software als kritischer Einflussfaktor heraus. Hier zusätzlich aufzuwendende Zeit und Kosten mussten letztlich im weiteren Projektverlauf durch Reduzierung der ursprünglich geplanten Teilnehmerzahl und Weglassen einiger nicht strikt notwendiger Funktionalitäten kompensiert werden. Gleichzeitig wurde aber das eigentliche Projektziel, durch Angebot variabler Tarife dem Kunden Anreize zur Lastverschiebung zu liefern, die er auch nutzt, in einer aussagefähigen Breite erreicht.

Die Projektpartner und der Auftraggeber teilen diese Meinung. Die auch mit der geringeren Teilnehmerzahl nachgewiesene Bereitschaft der Kunden, diesen IKT-getriebenen Strommarkt aktiv zu nutzen und das Funktionieren der Prozesse sind künftig auch auf größere Kundengruppen skalierbar.

Einerseits zeigen diese Erfahrungen, dass das Beschreiten von Neuland in Forschungsprojekten wegen der hohen Wahrscheinlichkeit von auftretenden unvorhergesehenen Problemen eine Förderung rechtfertigt, gleichzeitig unterstreichen diese Erfahrungen aber auch, dass in der Planungsphase von Forschungsprojekten dem Risikomanagement ein höherer Stellenwert eingeräumt werden muss, um Schwachpunkte im Vorfeld zu erkennen und entsprechende Reaktionsmöglichkeiten einzuplanen.

5.5 Fazit

Die dargestellten Beispiele zeigen, welchen wichtigen Beitrag das Projektmanagement bei Transformationsprozessen in den Energieversorgungsunternehmen leistet. Die Einführung der Liberalisierung hat zur Folge, dass früher nahezu statische Kunden-Lieferanten-Beziehungen in einen hochdynamischen wettbewerbsgeprägten Markt überführt werden. Dabei sind völlig neue Strukturen zu schaffen und in den unabhängig voneinander operierenden Wertschöpfungsstufen entstehen ganz neue Randbedingungen, an die Erzeuger, Netzbetreiber, Händler, Kunden und neu in den Markt eintretende Wettbewerber, die ihre Wertschöpfungsprozesse anpassen müssen. Diese Anpassungsprozesse erfolgen neben der Kontinuität der sicherzustellenden Versorgung und binden Personalressourcen, die dem operativen Geschäft vorübergehend entzogen werden. Gleichzeitig erfordert der Wettbewerb ein schnelles Handeln, um keine Marktanteile zu verlieren bzw. um mit neuen Produkten im Markt zu bestehen.

Mit dem Einsatz bewährter Projektmanagement-Methoden lassen sich diese Umstellungsprozesse effektiv organisieren und erlauben somit ein zielorientiertes Handeln der Projektpartner.

Literatur

Dena Verteilnetzstudie – Ausbau- und Innovationsbedarf der Stromverteilnetze in Deutschland bis 203. (2013). Endbericht, verfügbar unter http://www.dena.de/fileadmin/user_upload/Projekte/Energiesysteme/Dokumente/denaVNS_Abschlussbericht.pdf. letztmalig Zugegriffen: 15. Feb. 2013.

Kohler, S. (2012). Integration erneuerbarer Energien – Systemlösungen vorantreiben, Vortrag 13. Juni 2012, Power to gas – innovative Systemlösungen für ein zukunftsfähiges Energiesystem entwickeln, Berlin.

ZSW. (2013). Fraunhofer-IWES, Solarfuel: Verbundprojekt „Power-to-Gas" ‚Errichtung und Betrieb einer Forschungsanlage zur Speicherung von erneuerbarem Strom als erneuerbares Methan im 250 kWel-Maßstab, verfügbar unter http://www.zsw-bw.de/fileadmin/editor/doc/20111019_Power-to-Gas_Projektinfo_01.pdf. letztmalig Zugegriffen: 15. Feb. 2013.

Fortschrittsbericht der Nationalen Plattform Elektromobilität. (2013). (3. Bericht), Themenseiten „Elektromobilität" der vier Bundesministerien (BMWi, BMVBS, BMU, BMBF), verfügbar unter http://www.bmu.de/fileadmin/bmuimport/files/pdfs/allgemein/application/pdf/bericht_emob_3_bf.pdf. letztmalig Zugegriffen: 15. Feb. 2013.

Die Bundesregierung: Ideen, Innovation, Wachstum, Die High-Tech-Strategie für Deutschland. (2013). verfügbar unter http://www.hightech-strategie.de. letztmaliger Zugegriffen: 15. Feb. 2013.

Trend research: Einspar-Contracting in Deutschland. (2013). Marktvolumen und Marktpotenziale 2005 bis 2015, Kurzbeschreibung der Studie, verfügbar unter http://www.contracting-markt.de/studien_details.php?id=6&sid=156. letztmalig Zugegriffen: 15. Feb. 2013.

BMU, BMWI: Startseite E-Energy. (2013). verfügbar unter http://www.e-energy.de/. letztmalig. Zugegriffen: 15. Feb. 2013.

BMWI: Forschung für eine umweltschonende, zuverlässige und bezahlbare Energieversorgung. (2013). verfügbar unter http://www.bmwi.de/BMWi/Redaktion/PDF/E/6-energieforschungsprogramm-der-bundesregierung. letztmalig Zugegriffen: 15. Feb. 2013.

BMWI: Netze für die Stromversorgung der Zukunft. (2013). verfügbar unter http://www.bmwi.de/DE/Themen/Energie/Energieforschung/foerderschwerpunkte,did=455512.htmlwb=true.pdf. letztmalig Zugegriffen: 15. Feb. 2013.

Modellstadt Mannheim (moma). (2013). Projekt Homepage, verfügbar unter http://www.modellstadt-mannheim.de. letztmalig Zugegriffen: 15. Feb. 2013.

Projektmanagement im Energiesektor

Werner Hecker

6.1 Veränderungsintensität schafft Projektpermanenz

Zugegeben: die Energiewende des Jahres 2011 kam in der Folge der Reaktorkatastrophe von Fukushima für die deutschen Energieversorgungsunternehmen (EVU)[1] mehr als überraschend. Für viele EVU wurde dieses Jahr zum schwersten ihrer Geschichte. Urplötzlich waren wohlformulierte Strategien obsolet, erstmals schrieben EVU rote Zahlen. Nur ein radikaler Schwenk in Richtung erneuerbarer Energien und dezentrale Erzeugung, hin zu mehr Energieeffizienz, drastische Kostensenkungsprogramme sowie konsequentes Portfolio-Management weisen den Weg in die Zukunft. Mittlerweile sehen die EVU darin auch eine Chance.

Aber: die Branche ist – nicht nur in Deutschland – seit gut zwanzig Jahren einem tiefgreifenden Wandel der Rahmenbedingungen unterworfen, dessen Tempo sich allerdings stetig erhöht hat.

Vormals waren die deutschen EVU quasi „Energiebehörden", die, ähnlich den Fernmeldeämtern im Telekommunikationssektor, als Monopolisten operierten. Sie sahen sich „Abnehmern" statt Kunden gegenüber. Im Tarifkundensegment wurden die Preise mit Kostenüberwälzung zur Genehmigung eingereicht. Die von der Unternehmensleitung vorgelegten und vom Aufsichtsrat genehmigten technischen Budgets wurden mit hohem Ehrgeiz und erstaunlicher Präzision zum jeweiligen Periodenende realisiert. Positive Folge: Netzbau und Netzbetrieb sicherten ein hohes Maß an Versorgungssicherheit.

---

[1] Die einleitende Darstellung bezieht sich im Wesentlichen auf die großen Unternehmen der Branche. Die dann folgende Argumentation gilt aber ebenso für kleine und mittlere Unternehmen.

W. Hecker (✉)
Regensburg, Deutschland
E-Mail: wernerhecker@freenet.de

Ebenso nutzten die administrativen Einheiten präzise ihre Freiheitsgrade: Bei neuen Softwaresystemen wurden Module sequentiell eingeführt, mit hinreichenden Testabläufen und Korrekturphasen.

Dann aber veränderte sich das gesellschaftliche und politische Umfeld abrupt. Im Osten Europas zerfielen die Planwirtschaften sozialistischen Zuschnitts und wendeten sich einer marktwirtschaftlichen Ordnung zu. Viele EVU durchliefen tiefgreifende Umstrukturierungen. So wurden in den neuen Bundesländern Stadtwerke ausgegliedert und ganze Sparten (z. B. das Gasgeschäft) von den ehemaligen Kombinaten abgespalten. Der Umbau der EVU in den neuen Ländern hatte Vorbildfunktion und damit Folgewirkungen für die der alten Länder.

Eine ganze Branche „normalisierte" sich: der Energiesektor wurde – wenn auch mit unterschiedlicher nationaler Intensität – in den Mitgliedsstaaten der Europäischen Union privatisiert und liberalisiert. Dies generierte Wettbewerb. Die Regulierungsbehörden nahmen massiven Einfluss auf die Unternehmen. Zudem stand die Öffentlichkeit der Branche zunehmend kritisch gegenüber und der Kostendruck verstärkte sich spürbar. Schließlich mussten die EVU den Anforderungen des „Unbundling" nachkommen, ihre Strukturen damit verändern. Oder sie bauten neue Strukturen auf, wie z. B. in den Bereichen Vertrieb, Energiehandel und erneuerbare Energien. Heute arbeiten viele EVU längst nicht mehr nur in ihren angestammten Versorgungsgebieten. Statt lokal oder regional, sind sie nun national oder zum Teil auch international (d. h. europaweit) tätig. Mutige Schritte in neue internationale Märkte führten vereinzelt zum Erfolg, mehrheitlich sammelte man eher schmerzliche Erfahrungen, optimistische Prognosen wurden selten bestätigt. Neue Chancen bieten stattdessen länderübergreifende funktionale Einheiten in den Bereichen Erzeugung und erneuerbare Energien. Vormals diversifizierte Konzerne wandeln sich zu reinen Energieunternehmen mit variablem vertikalem Mix. Die verstärkte Kapitalmarktorientierung vieler EVU erhöht außerdem die Veränderungsgeschwindigkeit bei der Geschäftsfeldstrategie und im Portfolio-Management.

Die technologische Entwicklung brachte in den vergangenen Jahrzehnten bahnbrechende Veränderungen in den Kommunikationsprozessen mit sich, führte damit zu einer wesentlichen Bedeutungssteigerung von Informationstechnologie (IT) und Telekommunikation (TK) und zu deren Zusammenwachsen. Z. B. setzen Internet, mobile Kommunikation, E-Business, Smart Grid, Cloud-Computing etc. völlig neue Maßstäbe. Chancen eröffneten sich, aber: Datensicherheit wird zunehmend zum Risikofaktor. IT und TK mutierten von Unterstützungsprozessen zu Kernkompetenzen und zu organischen Bestandteilen aller Unternehmensprozesse. Die IT/TK hat sich so zur technologischen Triebfeder für strategische Wettbewerbsvorteile gewandelt.

Der Veränderungsdruck verursacht auch kontinuierliche Anpassungsprozesse in den Organisationsstrukturen der EVU. Die Unternehmen konzentrieren sich zunehmend auf Kernkompetenzen und lagern Geschäftsprozesse ganz oder teilweise aus (Outtasking/Outsourcing). Schon vor Jahren begannen EVU z. B. mit der Auslagerung von Netzbau – und/oder Netzbetriebseinheiten. Heute führen viele Unternehmen Shared Services (z. B. HR oder in der IT die Infrastruktur oder der Applikations-Service) zusammen und/oder geben diese Aufgaben an andere ab. Dabei sind auf Grund der weltweiten Vernetzung durch die Kommunikationstechnik vielen Funktionen keine Grenzen mehr gesetzt (Stichwort „Offshoring").

Gleichzeitig bewegen sich die EVU in einem unsicheren politischen Kontext. Die Energiewende wurde politisch mutig eingeleitet, allerdings ohne konzeptionelle Begleitung. Die Netzkapazitäten sind auf Grund der Anbindung von erneuerbarer Energieerzeugung längst an Grenzen gestoßen; ein abgestimmter, realisierbarer Ausbau der Netze mit gesicherter Finanzierung ist nicht erkennbar; die Netzstabilität hat deutlich abgenommen, die technischen Eingriffe zur Erhaltung der Stabilität sind deutlich angestiegen. Im Binnenmarkt werden die energiepolitischen Zuständigkeiten mit Regelmäßigkeit neu diskutiert. Europaweit ist ein harmonisiertes Energiekonzept nicht zu erkennen. Stattdessen ist die Grundsatzfrage nicht klar beantwortet: Ist Energie „Commodity" (wie Benzin oder Kartoffelchips) oder Infrastrukturleistung der Daseinsvorsorge (wie Schulen oder Justizvollzugsanstalten). Traut man Markt und Wettbewerb oder doch eher Staat und „Energieamt"? Oder liegt die Wahrheit irgendwo dazwischen? Wenn ja, wo?

Ob überraschend oder nicht: alle wesentlichen Veränderungen müssen von den Unternehmen verkraftet und zumeist in Projektform verarbeitet werden. Die geschilderte Veränderungsdynamik führt bei den EVU somit dauerhaft zu einem signifikanten und nur teilweise planbaren Projektvolumen. Diese „Projektpermanenz" erfordert ein effizientes Projektmanagement, welches damit zu einem weiteren kritischen Erfolgsfaktor für die EVU geworden ist.

6.2 Veränderungen anzustoßen ist Chefsache!

Wodurch entsteht diese Projektvielfalt? Mögliche Ausgangspunkte sind: ein regelmäßiger Strategieprozess; strategische Einzelentscheidungen oder die Wahrnehmung strategischer Chancen (z. B. im Bereich Merger and Acquisition (M&A)); Marktdruck (z. B. Kostendruck durch die Finanzkrise); einschneidende technologische Entwicklungen und richtungsweisende politische Entscheidungen (gesetzliche Regelungen/Entscheidungen von Regulierern).

Daraus entsteht eine Vielfalt von Projektarten, auch in gemischter Form:

- Strategieprojekte (z. B. neue Geschäftsfelder/ Wachstumsperspektiven/ Internationalisierungsperspektiven)
- Reorganisationsprojekte (Überprüfung bestehender Strukturen)
- Effizienzprojekte (vornehmlich zur Kostensenkung)
- Fusionsprojekte
- Carve-In-/ Carve-Out-Projekte
- Outtasking-/Outsourcingprojekte

- Softwareeinführungs- oder Veränderungsprojekte (z. B. spezielle Abrechnungssoftware für energiewirtschaftliche Prozesse oder Betriebsführungssysteme für Kraftwerke)

Diese Projektvielfalt und die daraus resultierende Projektpermanenz führen dazu, dass Linienfunktion und Projektfunktion bestens miteinander harmonieren müssen. Beide haben ihre Berechtigung. Es ist Sache der Unternehmensleitung, Linie und Projekt zu steuern und zu balancieren. Die Linienfunktion sichert den operativen Erfolg eines Unternehmens, die Projektfunktion seinen langfristigen Bestand.

Die Unternehmensleitung benötigt daher Steuerungsinstrumente für alle wesentlichen, funktionsübergreifenden Veränderungen. Ein solches Instrument kann ein Transformation Board (TB) sein. Ihm sollten die Unternehmensleitung und die Linien-Manager aller relevanten Bereiche (ggf. mit Mandatierung) angehören. Die Einrichtung eines TBs führt zur Reduzierung von Komplexität, vermindert die Schnittstellen von Führungs- und Veränderungsfunktion und sichert effiziente Mittelverwendung für Projekte. Akzeptanz und rasch sichtbare Erfolge führen automatisch zu einer häufigen Inanspruchnahme dieses Gremiums.

Mit den Unternehmen verändern sich die Anforderungen an die Manager. So müssen erfolgreiche Manager in der Lage sein, sowohl die Linie zu führen als auch Projekte zu leiten und auch beides tun. Dies ist bei Aus- und Fortbildung zu beachten. Dadurch steigt die Akzeptanz für Projekte, der Zeitaufwand für die Projektabwicklung reduziert sich und die Linie internalisiert Projekte (d. h. sie gewöhnt sich an Veränderungen). Insgesamt wird so eine effizientere Allokation der Ressourcen erreicht.

Werden Projekte initiiert, so müssen die Projektziele konkret definiert und auf einen realistischen Umfang beschränkt werden (Mission Statement). Für den Projekterfolg ist entscheidend, dass Projekte „verdaubare Happen" bleiben. Übermäßige Komplexität ist zu vermeiden, da Megaprojekte leicht aus dem Ruder laufen. Auch müssen die Verantwortlichkeiten eindeutig zugeordnet werden, indem man die Fachbereiche konkret adressiert. In diesen Zusammenhang fällt auch die Bestimmung von Projekt-/Prozess-Ownern. Es versteht sich von selbst, dass die Qualität der Projektleitung absolut erfolgskritisch ist.

Der Projektumfang/-scope ist zweifelsfrei festzulegen, um spätere Änderungsanträge zu vermeiden. Die Machbarkeitsprüfung („Tun wir das Richtige?") sollte zentraler Bestandteil der Projektvorbereitung sein, sinnvollerweise in Form eines kompakten Vorprojekts. Ziel und Ablauf sind darin klar zu umreißen, um kostenintensive „trial and error"- Verfahren zu verhindern. Wenn es im Vorprojekt nicht gelingt, realistische Projektergebnisse aufzuzeigen, darf das eigentliche Projekt nicht gestartet werden.

Um ein Projekt planbar zu gestalten, müssen gegebenenfalls Tabus („No-gos") vorab deklariert werden. Ebenso muss über das Budget entschieden werden. Inwieweit ist mit Bordmitteln oder auch mit externer Unterstützung zu rechnen? Auch sind Grundsatzfragen zu klären, z. B. ob die mit dem Projekt verbundenen personalwirtschaftlichen Maßnahmen opportun sind und der Zeitpunkt für das Projekt günstig ist. Des Weiteren sind die Auswirkungen des Projektes auf Kunden, Partner, die eigene Organisation und weitere Betroffene (z. B. User bei IT-Projekten) zu prüfen. Der Projekterfolg ist abhängig davon, dass bei allen Beteiligten Konsens über die Notwendigkeit des Projektes besteht. Außerdem ist die frühzeitige Einbindung der Belegschaftsvertretung vorzusehen. Gegebenenfalls ist der Betriebsrat ständig in Unternehmensgremien (z. B. das TB) einzubinden. Spätestens aber dann, wenn erste Beschlüsse vorliegen.

Zum Abschluss dieser Überlegungen ist eine Gremienunterlage (Projektskizze/Grobplanung) zu erstellen, nach deren Genehmigung die Erarbeitung der Projektorganisation mit personeller Besetzung folgt. An diesem Punkt ist die Kommunikation des Projektes im Unternehmen richtungsweisend, wobei insbesondere die Absicht hinter dem Projekt überzeugend vermittelt werden muss („Story"). Die Kommunikationsmittel respektive – instrumente müssen daher rasch festgelegt, und das Änderungsmanagement („Change Mangement") muss frühzeitig skizziert und aufgesetzt werden.

6.3 Gewissenhafte Planung verhindert Überraschungen

Nach Abschluss des Vorprojektes sollte die Feinplanung mit einer genauen Analyse des Status quo starten. Dabei gilt es die aktuellen Stärken und Schwächen herauszufinden. Bewährtes ist nicht ohne Prüfung über Bord zu werfen. Insbesondere bei Blaupausen und Prototypen ist Vorsicht angebracht, wenn sie schon häufiger zum Einsatz kamen. Denn: will man erfolgreicher sein als die Konkurrenz, muss man neue Wege beschreiten. Die Grundregel lautet: Veränderungen sind nur dann vorzunehmen, wenn das erwartete Ergebnis zweifelsfrei besser ist als die aktuelle Situation – oder wenn sie rechtlich, respektive politisch vorgegeben sind.

In dem Zusammenhang müssen die realistischen Auswirkungen einer Maßnahme auf Prozessebene analysiert werden. Sie werden oft unterschätzt und führen dann zu erheblichen Kostensteigerungen, einer Flut von Änderungsanträgen („change requests") und nicht zuletzt deutlichem Unmut. Aus mangelnder Analyse von Prozessrisiken resultiert Verharmlosung, die die Genehmigung zwar erleichtert, aber anschließend Probleme erzeugt. Sind personalpolitische Auswirkungen zu erwarten? Dabei reicht die Palette von sozialverträglicher Reduzierung der Belegschaft über Mobilitätserfordernisse, Veränderungen für einzelne Fachbereiche, Mitarbeiter, User etc. bis hin zu betriebsbedingten Kündigungen. Jede unerwartete Veränderung wird per se als unangenehm empfunden.

Mit den Resultaten der Vorarbeiten wird ein Feinkonzept für das Projekt erstellt. Darin sind die Projektziele eindeutig definiert. Alles Weitere ist „out of scope" oder muss später per Änderungsantrag beschlossen werden. Das Feinkonzept schließt die Phasenplanung und das Festlegen von Meilensteinen ein. Eine möglichst schlanke Projektorganisation ist zu erstellen und die Personalzuweisung („staffing") ist zu klären. Wer muss wann eingebunden werden, um den Erfolg des Projektes zu sichern? Dabei sind die Auswirkungen des Projektes auf die Linie und die Zusammenarbeit mit der Linie zu beachten. Mitarbeiter sollten nicht zwei Weisungsbefugten gleichzeitig unterstellt sein. Bei der Ressourcenplanung sind außerdem Urlaubs- und Regenerationszeiten für die Mitarbeiter vorzusehen. Es ist nun mal Realität, dass Fach- und Führungskräfte in Linienfunktionen gerade auch in Projekten als unverzichtbar gelten. Der Gefahr dieser permanenten Überlastung ist entgegenzuwirken. Hier bietet sich die gezielte Unterstützung von Partnern an, beispielsweise durch Interimsmanagement in Linienfunktionen.

Auf Basis aller vorhandenen Informationen wird im Rahmen der Feinplanung das Projektbudget kalkuliert und damit der Budgetrahmen verbindlich festgelegt. Um die wirtschaftlichen Projektziele (z. B. Kosten zu senken) zu erreichen, sind in einem Business Case (Simulation von Geschäftsvorfällen) Kosten- und Einsparungsverläufe darzustellen. Nur so können die Wertbeiträge von z. B. Strategie- oder IT-Projekten ermittelt werden. Effekte, die nicht exakt berechnet werden können, sind plausibel und gewissenhaft zu schätzen.

Schon in dieser Phase des Projektes sind die organisatorischen Rahmenbedingungen und Vorgehensweisen („Spielregeln") für die Projektumsetzung zu bestimmen. Es kann z. B. festgelegt werden, dass „Tagesgeschäft vor Projektgeschäft" geht. Außerdem muss das Projekt auf der Prioritätenskala gegenüber anderen Projekten eingeordnet werden. Daneben sind Eskalationswege und -mechanismen zu definieren, die Schnittstellen zwischen Linien- und Projektfunktionen (Reibungspunkte, die regelmäßig Konfliktpotential schaffen und Mitarbeiter überfordern) zu regeln und Projektstandards festzulegen, oder wenn bereits vorhanden, einheitlich zur Anwendung zu bringen.

Parallel sind alle Projekt-Stakeholder zu identifizieren. Ihre Erwartungen müssen ermittelt und im Projektverlauf berücksichtigt werden. Mit der Bildung eines Steering Boards (SB) sollten wichtige Stakeholder eingebunden und somit zu Entscheidern gemacht werden. Auf Management-Ebene ist die größtmögliche Aufmerksamkeit und Akzeptanz für das Projekt herzustellen, um Fachbereiche und (interne) Kunden optimal in das SB zu integrieren. Für das SB ist eine möglichst gemischte Besetzung anzustreben, wobei allerdings die Zahl der Teilnehmer eingegrenzt werden sollte. Wie im Transformation Board kann dies über Mandatierung erreicht werden. Eine direkte Einbindung auch der Belegschaftsvertretung kann im Rahmen der Kommunikations- und Entscheidungsprozesse wertvolle Zeit einsparen. Die Sitzungsfolge des SBs ist an den gesetzten Meilensteinen auszurichten, wobei das SB mit ausreichendem Vorlauf zu den Genehmigungsgremien tagen sollte. Seine Qualität ist genauso entscheidend für den Projekterfolg wie die Befähigung der Projektleitung.

Alle Mitarbeiter sind in die Überlegungen zum Projekt einzubeziehen und ihre jeweilige Rolle ist zu hinterfragen: wie wird sich das Projekt auf die Mitarbeiter auswirken? Wer übernimmt welche Funktion im Projekt? Wer nimmt die Linienfunktionen wahr? Welche Folgen hat die mögliche Doppelfunktion einiger Mitarbeiter? Wie kann man eine Zweiklassengesellschaft vermeiden, weil man die Projekttätigkeit als die attraktivere betrachtet? Wird es am Ende des Projektes Gewinner und Verlierer geben? Welche Förderung und Perspektiven können möglichen Verlierern geboten werden? Im Rahmen des Change Managements sind angemessene Programme für die betroffenen Mitarbeiter zu gestalten. Falls Personalentscheidungen im Anschluss an das Projekt absehbar sind, müssen diese frühzeitig kommuniziert werden. Dabei sind „lame ducks" allerdings zu vermeiden.

Falls sich im Vorprojekt Bedarf für externe Beratung ergeben hat, muss dies ebenso in den Genehmigungsprozess einbezogen werden. Der Auswahlprozess (mit Ausschreibung, Briefing, Präsentation, Projekteinstieg) sollte rasch in Gang gesetzt werden. Als Grundregel ist zu beachten, dass externe Beratung/Unterstützung nur in den Bereichen genutzt wird, wo Kompetenz im Unternehmen fehlt (Fach-, Methoden-, Moderationskompetenz). Andernfalls wird die Belegschaft das Outtasking kritisch sehen. Außerdem ist der Projektrhythmus immer, auch im Falle umfassender Beratungsleistungen, vom Management des Unternehmens, nicht von Externen zu bestimmen. Die eingesetzten Berater sollten darüber hinaus schon bei der Präsentation vorgestellt werden. Ihr Auftrag muss exakt formuliert, erwartete Ergebnisse eindeutig definiert und ihr Projektausstieg im Voraus festgelegt werden. Unangenehme Entscheidungen dürfen nicht auf externe Berater abgewälzt werden! Sie zu treffen ist Aufgabe der Unternehmensleitung.

Zum Ende der Planungsphase müssen die Genehmigungsunterlagen erstellt und durch alle notwendigen Gremien, einschließlich der Arbeitnehmergremien, bestätigt werden. Hier ist der jeweilige zeitliche Vorlauf einzuplanen. Damit sollte auch das Feinkonzept zum Change Management vorliegen, d. h. alle Maßnahmen und Instrumente als Bestandteil der Projektplanung feststehen.

6.4 Projektkultur ist integrativer Bestandteil der Unternehmenskultur

Die Projektleitung muss bei der Durchführung des Projektes die Fäden für alle erkennbar straff in den Händen halten und miteinander verknüpfen. Gerade große Projekte neigen in ihren Teilen zur Verselbstständigung. Das Projekt Management Office (PMO) ist die Schaltzentrale der operativen Projekttätigkeit und das „gute Gewissen" der Projektleitung. Über das PMO wird das Tempo des Projektes bestimmt, notwendige Aktivitäten angestoßen und die Einhaltung der vereinbarten Regeln und Absprachen überwacht. Das PMO bereitet auch den offiziellen Start der Projektausführung – das Kickoff – vor. Das Kickoff sollte richtig dimensioniert sein und alle betroffenen Bereiche für das Projekt motivieren. Da es keine zweite Chance für den Auftakt gibt, sollte ausreichend Zeit in seine Vorbereitung fließen. Gerade hier ist auch zu klären, wie die Linie eingebunden wird.

Die Thesen, die dem Projekt und den erarbeiteten Umsetzungsmaßnahmen zugrunde liegen, sind in jedem Fall zu verifizieren. Nur wenn eine logische Entwicklungslinie nach dem Muster Diagnose-Analyse-Maßnahme-Umsetzung-Ergebnis beschrieben und beschritten wird, sind die einzelnen Projektschritte vermittelbar. Die Prozessebene sollte bei allen Umsetzungsmaßnahmen möglichst frühzeitig eingebunden werden. Lange theoretische Diskussionen kosten nur Zeit und Mühe, werden oft auch durch mangelnde Umsetzungsrelevanz auf der Prozessebene konterkariert.

In großen Unternehmen ist das Vorhandensein unterschiedlicher Interessen Standard und auch im Projekt ist die „Politik" nicht zu vernachlässigen. Daher gilt es frühzeitig

Kompromisslösungen zu suchen, Tabuzonen („No-gos") abzustecken und gegebenenfalls Absprachen („Deals") mit den Arbeitnehmern zu treffen.

Da der Anspruch und die Reichweite des Projektes („scope") eindeutig definiert wurden, ist mit den Änderungsanträgen („change requests") restriktiv umzugehen. Falls Änderungen genehmigt werden, sind sie formell zu beschließen und zweifelsfrei zu dokumentieren.

Projekte sollten insgesamt stringent ausgeführt werden. Ausnahmen wirken kontraproduktiv. Als „white spots" gelten solche Organisationseinheiten, Funktionen, Prozesse oder Segmente davon, die bewusst von der Veränderung ausgenommen werden. Sie sollten nur zugelassen werden, wenn sich kein anderer Lösungsweg bietet. Ansonsten droht die Glaubwürdigkeit verloren zu gehen, was zu weiteren Ausnahmebestrebungen führt. Zudem ist zu klären, wie die Prozesse dort gestaltet werden, ohne dass das angestrebte Projektergebnis auf Prozessebene konterkariert wird.

Präsentationen zum Projektfortschritt sollten das Aggregationsniveau niedrig halten, um ausreichende Detailtiefe zu bewahren. Schließlich werden die konkreten Umsetzungsergebnisse vornehmlich auf der Prozessebene realisiert. Bei Anwendung von Ampellogik sollten alle vermeintlichen Farben erläutert, allzu viel Grün hinterfragt werden. Risiken muss mit Sensibilität begegnet werden, d. h. sie müssen angenommen, bewertet und geplant werden. Es sind Zeitpunkte zu ermitteln, bis zu denen eine Kehrtwende möglich ist („Fall-back-Positionen"). D. h. die Projektrisiken sind zu analysieren, nicht zu kategorisieren, Risikofolien sollten nicht unter den Tisch fallen. Natürlich ist auch ein Übermaß an Folien nicht zielführend, Folienschlachten sind zu vermeiden. Gerade die Back Offices der Beratungsunternehmen neigen zu unermüdlicher Produktion, die die Projektarbeit häufig paralysiert.

Für die Projektsteuerung sollte eine förderliche Meetingkultur etabliert werden. Meetings sind effizient, d. h. mit Entscheidungsträgern und nicht mit unbefugten Vertretern zu besetzen. Die Teilnehmerzahl ist zu begrenzen, nicht jeder muss überall vertreten sein. Gleichzeitig sollten die Reisezeiten durch die Verwendung moderner Kommunikationsmittel minimiert werden. Die Einhaltung von Terminen und Absprachen fördert nachhaltig die Projekthygiene.

Fehlertoleranz gebietet, Fehler und Fehlentwicklungen im Projekt zu tolerieren, aber auch offen zu diskutieren. Es muss Raum für die mutige Revision von Entscheidungen geben, falls Maßnahmen sich als wirkungslos erweisen oder in die falsche Richtung führen. Fehler sollten für die „lessons learnt" dokumentiert werden.

Zwischen Kritik und Widerstand ist zu unterscheiden. Konstruktive Kritik muss erlaubt sein, ansonsten wirkt dies zu demotivierend. Konformität ist kein guter Nährboden für Kreativität! Besteht nach eindeutigen Beschlüssen jedoch anhaltender Widerstand, muss die dauerhafte Zusammenarbeit überprüft werden. Es ist auch dafür Sorge zu tragen, dass getroffene Entscheidungen akzeptiert und nicht ständig wieder in Frage gestellt oder ignoriert werden, weil es sonst zu „Blindleistung" kommt.

Die Projektpermanenz darf weder zur Entwicklung einer Parallelkultur führen, noch die operative Verantwortung der Linie untergraben, sondern sollte Synergieeffekte generieren. In diesem Sinne sollten Aktivitäten, sobald wie möglich, nachdem Meilensteine erreicht worden sind, in die Linie überführt werden – auch in Teilen. Gegebenenfalls müssen operative Führungsstrukturen schon während des Projektes angepasst werden. Den Mitarbeitern sollten eindeutige Ziele gesetzt werden, entweder im Projekt oder in der Linie und sie sollten von multipler Verantwortung verschont bleiben.

Besondere Herausforderungen ergeben sich bei internationalen Projekten durch unterschiedliche Sprachen, Kulturen, Terminologien und Interpretationen. Auf Grund der unterschiedlichen Rechtssysteme ist zudem der Rechtsbereich bei internationalen Projekten besonders früh einzubinden. Wegen des erforderlichen speziellen Know-hows wird bei einigen Rechtsthemen (Arbeits-, Mitbestimmungs-, Ausschreibungs-, Gesellschaftsrecht, z. B.) wahrscheinlich externe Unterstützung nötig. Gesetzliche Fristen können dabei Verzögerungen im Projekt auslösen.

Zwischenergebnisse nach dem Erreichen von Meilensteinen sowie weitere wesentliche Entwicklungen des Projektes müssen regelmäßig über die festgelegten Kanäle (elektronisch/schriftlich/persönlich) kommuniziert werden. Andernfalls drohen Unsicherheit, Sorge und Misstrauen der Mitarbeiter, die sich in Demotivation und Dienst nach Vorschrift niederschlagen. Gleichfalls ist die Belegschaft nicht mit (wiederholten) Allgemeinplätzen hinzuhalten. Wenn es nichts zu berichten gibt, sollte wenigstens über den Status quo und die weitere Projektplanung informiert werden. Vornehmlich in großen Unternehmen tendiert der Genehmigungsprozess bezüglich Kommunikationsmaßnahmen in eine Endlosschleife zu münden. Bei schwierigen Veränderungsprozessen ist Kommunikation „Chefsache", d. h. die Belegschaft erwartet das „Gesicht" der Unternehmensleitung. Die regelmäßige Koordination und Abstimmung mit allen Mitbestimmungsgremien bezieht sich auch auf die innerbetrieblichen Kommunikationsprozesse. In nahezu allen Projekten besteht die Gefahr, dass Informationen versickern. Das Änderungsmanagement-Programm muss daher alle Mitarbeiter erreichen. Gerade auch die Linienmanager dürfen sich ihrer Informationspflicht gegenüber ihren Mitarbeitern nicht entziehen.

Die Unternehmensphilosophie und die gelebte Unternehmenskultur bilden den Rahmen für die Projektarbeit genauso wie für die Linienorganisation. Dies gilt damit ebenso für die Führungsprinzipien wie für die Werte, für die das Unternehmen steht. Externe Berater müssen sich ebenfalls in diesem Rahmen bewegen und sind schon im Briefing darauf vorzubereiten. Fühlt sich das Unternehmen Werten wie Vertrauen, Mut und Offenheit verpflichtet, so gelten diese allumfassend. Es muss über den gesamten Projektverlauf hinweg Ergebnisoffenheit gewährleitet werden, da Vorprägungen das Team frustriert. Im Rahmen der definierten Ziele soll schlichtweg das Ergebnis nicht vorher festgelegt sein, sondern aus der Projektarbeit resultieren. Es geht auch nicht nur darum, Checklisten abzuarbeiten. Die Teams sollten eigenverantwortlich und kreativ handeln dürfen. Nur so bleibt hohe Motivation gegeben. Nur so werden Herz und Leidenschaft eingebracht, ohne die gute Ergebnisse nicht zu erzielen sind.

Vor allem größere, längerfristige Projekte drohen, ein Unternehmen zu lähmen. Es darf sich in dieser Zeit nicht nur mit sich selbst beschäftigen, sondern muss aufmerksam auf die Befindlichkeiten von Kunden und Partnern reagieren. Nicht selten stellt sich von außen die lapidare Frage: „Was ist denn bei euch los?" Ebenso müssen auch technologische Entwicklungen im Blick behalten werden. Andernfalls können Opportunitätskosten entstehen, die in keine Gesamtrechnung einfließen.

Für die Projektleitung ist das Projektcontrolling in allen Phasen ein wichtiges Steuerungsinstrument. Zudem muss eine enge Zusammenarbeit von Projektcontrolling und Unternehmenscontrolling gewährleistet sein. Vielfach laufen verschiedene Projekte parallel, die nur an einer Stelle im Unternehmen zusammengeführt werden können. Viele Maßnahmen wirken sich auch erst mit Verzögerung aus, die die Dauer des Projektes übersteigt. Hier ist das Unternehmenscontrolling ebenso gefordert. Das strategische Controlling ist somit gemeinsame Aufgabe von Projekt- und Unternehmenscontrolling.

Das Projektcontrolling leistet einen wesentlichen Beitrag bei der Verifizierung der einzelnen Maßnahmen. Tun wir die richtigen Dinge? Zeigen sie die erwartete Wirkung? Oder müssen wir nachjustieren, oder Maßnahmen gar revidieren? Das Projektcontrolling muss sich daher Gehör verschaffen und als „Gutes Gewissen" gehört werden.

Die regelmäßige Budgetverfolgung sollte eine „ehrliche" Kostensammlung auf Basis von Vollkosten beinhalten. Auch ist darauf zu achten, dass bei verschiedenen Projektzielen im Laufe des Projektes nicht das Kostensenkungsziel alles dominiert. Change Requests können das definierte Budget maßgeblich beeinflussen. Kann das Budget gesteigert werden, oder sind Kompensationen im Budget erzielbar?

Das operative Controlling umfasst nicht nur das betriebswirtschaftliche, sondern auch das technische Controlling. Letzteres beantwortet die Frage, ob die technische Umsetzung zum erwarteten Ergebnis geführt hat. Fehler oder Fehlentwicklungen werden in Projekten häufig kaschiert. Projektcontrolling leistet Hilfestellung, sie aufzudecken. Denn bei aller Fehlertoleranz müssen Fehler korrigiert werden. Unterbleibt dies, schleichen sich dieselben Fehler immer wieder ein.

6.5 Veränderungskompetenz wird zur Kernkompetenz

Nach Erreichen des letzten Meilensteins erfolgt die zügige, verbindliche Abnahme des Projektes in dem bereits in der Planungsphase festgelegten Modus. Damit ist bekannt, wer, nach welchen Kriterien das Projekt abnimmt. Die vor allem bei großen Projekten üblichen Rest- und Korrekturarbeiten werden in einem inhaltlich und zeitlich geordneten Nachlauf erledigt, für den eine reduzierte Projektmannschaft Verantwortung trägt. Die Projektergebnisse sind zwischenzeitlich in einer überzeugenden, verständlichen Darstellung aufzubereiten. Aus erfolgreichen Projekten kann Motivation für die kommenden Herausforderungen gezogen werden – die nächsten Projekte warten schon! Gerade deswegen gilt, nicht alles rosarot zu färben. Permanente Erfolgsmeldungen sind nicht nachvollziehbar, denn jedes Projekt hat seine „Downs". Die ExPost-Kommunikation richtet sich an alle Stakeholder nach dem Motto: „Tue Gutes und rede darüber!". Die im Projekt gesammelten Erfahrungen („lessons learnt") fließen zur Beachtung bei nachfolgenden Projekten in das Projekthandbuch ein. Schließlich wider die Verfechter der totalen Effizienz: aus einer gelungenen Abschlussfeier bei erfolgreichem Projektende lässt sich trefflich Leistungsbereitschaft und Motivation schöpfen!

Beherzigt man die dargestellten Vorgehensweisen in Projekten, dann gilt auch für den Energiesektor: Veränderungskompetenz wird zur Kernkompetenz! Vor allem dann, wenn es der Unternehmensleitung gelingt, den organisatorischen Paradigmenwechsel auf Grund der immer umfangreicheren Ausprägung von Projekten zu balancieren. Die den operativen Zielen verpflichtete Linienfunktion sollte mit der strategisch orientierten Projektfunktion unternehmerisch zu einer beständigen „ideellen" Einheit verschmolzen werden.

Teil II
Multiprojektmanagement

Multiprojektmanagement in der Energiewirtschaft 7

André Dechange und Bernd Friedrich

7.1 Motivation

Aufgrund der wachsenden Flexibilität und Innovationsgeschwindigkeit des Energiesektors gewinnen neue Organisationsformen zunehmend an Bedeutung.

Die Energieversorger stehen heute vor großen Veränderungen und Aufgaben, neben dem Betrieb der laufenden Kraftwerksanlagen und Stromnetze sind das z. B.:

- Liberalisierung der Märkte (höhere Konkurrenz, damit Kostendruck)
- Rückbau von alten Kraftwerksanlagen (speziell Kernkraft)
- Laufzeitverlängerung der Kernkraftwerke (Vielzahl von technischen Projekten)
- Neubau von Kraftwerken im In- und Ausland
- Alternative Energieformen/Erneuerbare Energien
- Erneuerung der Netze/Intelligente Netze (SMART Grids)

Zur erfolgreichen Bewältigung dieser Herausforderungen ist Projektmanagement ein entscheidender Erfolgsfaktor von innovativen Unternehmen (vgl. Peters 1999). Die Bereitschaft bzw. Fähigkeit wichtige und temporäre Vorhaben als Projekte zu organisieren und abzuwickeln, steigert neben der Motivation der Mitarbeiter auch die Qualität der Arbeitsergebnisse und damit die Effizienz des Unternehmens.

A. Dechange (✉)
Fachhochschule Dortmund, Fachbereich Wirtschaft,
Emil-Figge-Str. 44, 44227 Dortmund, Deutschland
E-Mail: andre.dechange@fh-dortmund.de

B. Friedrich
Berlin, Deutschland
E-Mail: bernd.friedrich@tiba.de

Neben einem professionellen Einzelprojektmanagement liefern das Multiprojektmanagement und hier insbesondere das Projektportfoliomanagement einen bedeutenden Beitrag. Denn die Hauptaufgabe des Projektportfoliomanagements ist es, die richtigen Projekte zum richtigen Zeitpunkt zu starten und Ressourcenkonflikte zu vermeiden.

Voraussetzung für ein funktionierendes Projektportfoliomanagement ist jedoch, dass das Einzelprojektmanagement einen entsprechenden Reifegrad hat. Dabei ist die Ausgangslage in den meisten Unternehmen ähnlich, es werden bereits verschiedene Projektmanagement-Methoden angewendet. Diese Methoden sind im Laufe der Zeit entstanden und dementsprechend in den meisten Fällen nicht unternehmensweit harmonisiert. Ein festgelegter und standardisierter Prozess für das Projektgeschäft eines Unternehmens ist in der Praxis häufig nicht vorhanden oder wird noch nicht „gelebt". Die Vorteile eines standardisierten und einheitlichen Projektmanagements sind unbestritten, jedoch ist die Einführung eines durchgängigen Projektmanagement eines der schwierigsten Organisationsprojekte. Die Widerstände gegen die Einführung basieren häufig auf den Ängsten der Linienorganisationen an Macht- und Gestaltungsverlust.

Eine Veränderung kann nur erfolgreich sein, wenn die folgenden Kriterien innerhalb der Organisation erfüllt sind

- Wissen   Warum und was wird geändert?
- Fähigkeiten   Wie kann ich es verändern?
- Verlangen   Möchte ich es überhaupt verändern?
                (s. hierzu auch das Kap. 10)

Viele Unternehmen haben in den letzten Jahren Geld und Aufwand in die Weiterentwicklung des Einzelprojektmanagements gesteckt. Als positive Folge davon erreichen die einzelnen Projekte heute besser als in der Vergangenheit die qualitativen, terminlichen und budgetmäßigen Ziele. Dennoch bleibt eine Unzufriedenheit, da das Verbesserungspotential in Hinblick auf das Projektmanagement in vielen Fällen noch nicht vollständig ausgeschöpft wird (vgl. Tiba 2010).

Während im Einzelprojektmanagement der Schwerpunkt in der Verbesserung der Leistung im einzelnen Projekt liegt, steht beim Projektportfoliomanagement die Optimierung der wirtschaftlichen und strategischen Zielerreichung mit den vorhandenen Ressourcen durch die initiierten und laufenden Projekte im Vordergrund (Abb. 7.1; vgl. Kendall, 2003).

Der folgende Beitrag beschäftigt sich mit Multiprojektmanagement und hier insbesondere mit dem Projektportfoliomanagement allgemein und speziell bei Energieversorgen.

Zunächst erfolgen im zweiten Kapitel Begriffsklärungen und Abgrenzungen im Multiprojekt- und Projektportfoliomanagement. Ein ganzheitlicher Ansatz auf der Basis der Dimensionen „Prozesse und Methoden", „Organisation", „Mensch" und der passenden „IT-Lösung" ist die Basis für eine nachhaltige effektive und effiziente Projektportfoliomanagement- Lösung und wird im dritten Kapitel vorgestellt. Im vierten Kapitel wird die Thematik Projektportfoliomanagement bei Energieversorgern beleuchtet. Das fünfte Kapitel erklärt eine strukturierte und auf das Unternehmen angepasste Imple-

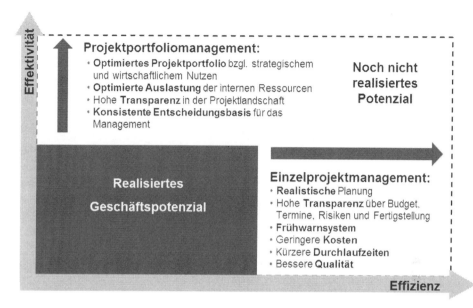

Abb. 7.1 Ausschöpfung des noch nicht realisierten Geschäftspotenzials durch Projektmanagement (Tiba Management Beratung)

mentierungsstrategie (Stufenkonzept). Am Ende werden die wichtigsten Feststellungen zusammengefasst.

7.2 Begriffsdefinitionen Projektportfoliomanagement, Multiprojektmanagement und Programmmanagement

Die Begriffe des Multiprojektmanagements werden derzeit in der Literatur und den Unternehmen nicht einheitlich verwendet. Um Missverständnisse zu vermeiden, werden diese Begriffe wie folgt verwendet und abgegrenzt (Abb. 7.2):

Laut DIN 69901-5-2009 bildet **Multiprojektmanagement (MPM)** den organisatorischen und prozessualen Rahmen für das Management mehrerer einzelner Projekte. Hierzu gehört insbesondere die Koordinierung mehrerer Projekte bezüglich der Zuordnung gemeinsamer Ressourcen zu den einzelnen Projekten (vgl. DIN 69901-5-2009 2009).

Der Begriff Multiprojektmanagement umfasst dabei neben dem bereits erwähnten und weiter unten erklärten Projektportfoliomanagement, auch das gesamte Projektmanagementsystem mit seinen Prozessen, Standards, Kennzahlen, Formularen, Regeln, IT Lösungen, Kompetenzentwicklungen, etc. (vgl. Lomnitz 2011, S. 58 ff.).

Die Methoden des Multiprojektmanagements werden im Projektportfoliomanagement und teilweise im Programm-management angewendet.

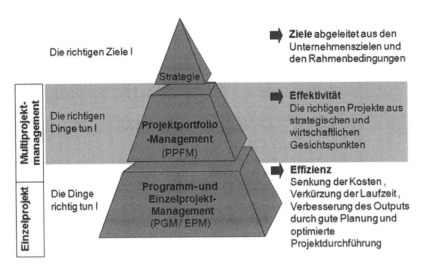

Abb. 7.2 Begriffsdefinitionen

Eine Bündelung von Projekten mit einer gemeinsamen Zielsetzung wird **als Programm** bezeichnet. **Programmmanagement** ist die projektübergreifende Planung und Steuerung von mehreren Projekten, die fachlich und/oder organisatorisch und/oder mit einer gemeinsamen Zielsetzung zusammen gehören.

Das **Programmmanagement ist eine temporäre Aufgabe mit dem Ziel,** die zugeordneten Projekte (inklusive evtl. Teilprojekte) so zu steuern, dass

- das Programm im definierten Termin- und Kostenrahmen mit der geforderten Qualität und Leistung und zur Zufriedenheit der Kunden realisiert wird,
- gemäß den Vorgaben aus dem Berichtswesen rechtzeitig zu den definierten Meilensteinen die Informationen und Ergebnisse aus den Projekten vorliegen und
- die Schnittstellen aus den Projekten so aufeinander abgestimmt sind, dass die Synergien optimal genutzt werden können.

Der Programmmanager hat in der Regel die Entscheidungsbefugnis, das Budget, die Ressourcen und die Termine zwischen den Projekten auszugleichen und gegebenenfalls Projekte zu verschieben (vgl. Lomnitz 2011, S. 22 ff.).

Vor diesem Hintergrund ist das Programmmanagement hier dem Einzelprojektmanagement zugeordnet, da es mehr Merkmale des Einzelprojektmanagement als des Multiprojektmanagements enthält.

Projektportfoliomanagement ist die permanente Planung, Priorisierung, übergreifende Überwachung und Steuerung mehrerer unabhängiger Projekte einer Organisationseinheit bzw. des Unternehmens (vgl. Lomnitz 2011, S. 23). Die Hauptaufgaben des Projektportfoliomanagements sind die Planung und das Controlling des Projektportfolios. Die Planung umfasst dabei schwerpunktmäßig:

- Definition und Priorisierung von Projekten und Programmen zur Umsetzung der übergeordneten Organisationsziele bzw. Unternehmensziele
- Beurteilung von beantragten Projekten
- Bewilligung, Zurückstellung und Ablehnung von Projektanträgen und Change Requests laufender Projekte

Das Controlling des Projektportfolios besteht aus den folgenden Aufgaben:

- Kontinuierliche Überwachung von laufenden Projekten (Projektfortschritt, Budget, Risiken, Ressourcen, Termine) aus der Sicht des Unternehmens.
- Lösung von projektübergreifenden Konflikten in Hinblick auf Ziele, Termine, Ressourcen und Budget.

Typische Fragestellungen im Projektgeschäft, mit denen sich das Projektportfoliomanagement befasst, sind:

- Erreicht das aktuelle Projektportfolio das Optimum des strategischen, operativen und wirtschaftlichen Nutzens unter Berücksichtigen der vorhandenen Ressourcenkapazitäten (Budget, Manpower) bei geringstem Risiko?
- Erfüllen alle laufenden Projekte noch die Startkriterien oder muss die Zusammensetzung und/oder Priorisierung des Projektportfolios überarbeitet werden?

Die kontinuierliche optimale Zusammensetzung des Projektportfolios ist der Grundstein für ein erfolgreiches Projektgeschäft und damit für den wirtschaftlichen Erfolg des Unternehmens.

Der Beitrag beschäftigt sich im Folgenden schwerpunktmäßig mit dem Projektportfoliomanagement, da die o. g. Effektivitätssteigerung (Abb. 7.1) insbesondere durch ein professionelles Projektportfoliomanagement realisiert werden kann. Weitere wichtige Themen des Multiprojektmanagements, wie Standardisierung, Risikomanagement, Change Management werden in den anderen Artikeln in diesem Buch behandelt. (S. Kap. 10)

7.2.1 Struktur eines Projektportfolios

Bei großen Unternehmen wird das Projektportfolio hierarchisch aufgebaut, denn die hierarchische Gliederung der Projektlandschaft garantiert, dass auf jeder Ebene die notwendigen Entscheidungen schnell und konsistent getroffen werden können.

Um Programme bzw. Projekte optimal zu planen und zu steuern ist eine Einteilung nach den in der (Abb. 7.3) genannten Projektarten zu empfehlen. Denn je nach Projektart sollte das Projektmanagementsystem sowohl auf der Einzel- als auch auf der Multiprojektebene an den Anforderungen angepasst werden. So benötigt ein Kundenprojekt andere

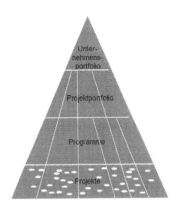

Auf Unternehmensebene werden nur Programme und Projekte dargestellt, die die Aufmerksamkeit des Top Managements hinsichtlich Budget, Risiken, wirtschaftliche und strategische Bedeutung etc. benötigen.

Die Programme und Projekte können nach Regionen (z.B. USA, Europa,..) oder Projektart (z.B. Entwicklungsprojekte, Kundenprojekte, IT Projekte etc.) strukturiert sein.

Abb. 7.3 Struktur eines Projektportfolios

formalisierte Meilensteine und Vorlagen und muss mit dem Vertriebsprozess harmonisiert werden. Ein Forschungs- und Entwicklungsprojekt (F&E Projekt), hingegen richtet sich an dem Entwicklungsprozess aus. Prinzipiell werden drei Projektarten unterschieden (s. Abb. 7.4).

Alle Projektarten haben unterschiedliche Zielsetzungen und damit unterschiedliche Leistungskennzahlen bzw. Key Performance Indicators (KPIs). Diese KPIs sind durchgängig im Projektportfolio-management zu überwachen und zu steuern.

	Kundenprojekte	Entwicklungsprojekte	Interne Projekte
Beispiele	Sondermaschinen Bauprojekte SW-Projekte, ...	Pharma Automobile Maschinenbau,.....	Strategie Struktur IT und Organisation
Projektziel	Zugesicherte Leistung termin- und qualitätsgerecht zu geringstmöglichen Kosten dem Kunden zur Verfügung zu stellen.	Das Produkt termingerecht mit geplanten Funktionsumfang zu den kalkulierten Preis zur Marktreife zu bringen.	Das Ergebnis des Projektes termingerecht in der vereinbarten Qualität mit geringem Aufwand zu erreichen.
Ziel bei der Projektauswahl (Zusammensetzung des Projektportfolios)	Auswahl der Projekte mit dem höchsten wirtschaftlichen(Umsatz, EBIT, Cashflow etc.) und strategischen (neue Kunden, Produkte, Märkte) Nutzen bei geringsten Risiko.	Auswahl der Projekte mit der höchsten Expected Commercial Value (ECV) (Technischer * wirtschaftlicher Erfolg) unter Berücksichtigung von Terminen, Risiken und Produktportfoliooptimierungen (Schließen von Lücken im Sortiment).	Auswahl der Projekte mit dem höchsten strategischen, operativen und wirtschaftlichen Nutzen unter Berücksichtigung der vorhandenen Ressourcen und der Minimierung der Risiken.

Abb. 7.4 Projektarten

7.2.2 Status quo und Bedeutung des Projektportfoliomanagements

In einer Untersuchung von IDC[1] im Jahre 2008, in der Unternehmen aus unterschiedlichen Branchen hinsichtlich ihrer Erfahrung bei der Einführung von Projektportfoliomanagement (PPM) gefragt wurden, konnte die positive Wirkung von Projektportfoliomanagement nachgewiesen werden (vgl. Perry und Hatcher 2008).

- Die Zahl der Projekte, die zeitgleich umgesetzt wurden, hat sich um ca. 25 % erhöht
- Gleichzeitig sanken die Kosten um durchschnittlich 37 %
- Der Anteil der Projekte, die scheiterten, sank um 59 %
- Redundante Projekte konnten um 78 % abgebaut werden
- Nur halb so viele Projekte überschritten das Budget wie vor dem Einsatz der PPM-Lösung
- Die Qualität der Arbeit hat sich erhöht und für die Umsetzung der Projekte wurde durchschnittlich ein Drittel weniger Zeit benötigt.

Eine weitere Untersuchung der Technischen Universität München aus dem Jahre 2007 belegt, dass viele Unternehmen zwar den Nutzen des Projektportfoliomanagements sehen, jedoch zögern Projektportfoliomanagement einzuführen (vgl. Friedrich 2010):

- 45 % der Topmanager sehen einen starken Einfluss des Projektportfoliomanagements auf den Geschäftserfolg, aber ...
- nur 12 % der Unternehmen führen die richtige Anzahl an Projekten durch
- nur 19 % der Unternehmen brechen unnötige Projekte konsequent ab
- nur 23 % der Unternehmen verteilen die Ressourcen strategiekonform
- 32 % beklagen Doppelarbeiten

Nun stellt sich die Frage, warum Unternehmen die Chancen eines funktionierenden Projektportfoliomanagement nicht nutzen. Liegt es an mangelndem Wissen über den Nutzen und der Möglichkeiten des Projektportfoliomanagements oder haben die Unternehmen einfach Respekt vor der Komplexität[2] der Aufgabe? Bei der Beantwortung dieser Fragen sollen die folgenden Kapitel einen wertvollen Beitrag liefern.

---

[1] IDC ist einer der weltweit führende Anbieter von Marktinformationen, Beratungsdienstleistungen und Veranstaltungen auf dem Gebiet der Informationstechnologie und der Telekommunikation

[2] Die Komplexität ist unbestritten, da Projektportfoliomanagement in bestehende Geschäftsprozesse eingreift und das Management fordert, Entscheidungen zu treffen.

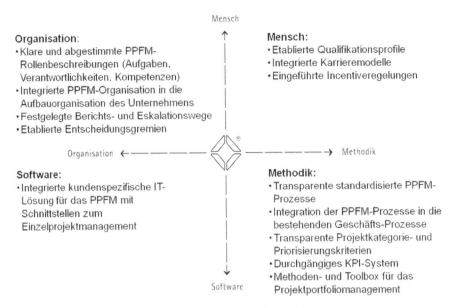

Abb. 7.5 Die Dimensionen eines ganzheitlichen Projektportfoliomanagement Ansatzes

7.3 Der ganzheitliche Projektportfoliomanagement- Ansatz

7.3.1 Einleitung

Zielgerichtetes Projektportfoliomanagement sieht die Aufgabe in einem ganzheitlichen Ansatz als Zusammenwirken von Personal, Systemen und Organisation, da sowohl die rein technologische als auch die rein prozessual ausgerichtete Betrachtungsweise wichtige Aspekte vernachlässigt.

Dabei ist zu beachten, dass Projektportfoliomanagement keine statische Organisationsform ist, sondern der ständigen Erneuerung und Verbesserung bedarf.

Eine ganzheitliche Lösung für das Projektportfoliomanagement umfasst, wie im Einzelprojektmanagement die folgenden Dimensionen (Abb. 7.5):

Diese Dimensionen sind die "Stellschrauben", an denen zur Erreichung eines nachhaltigen Erfolgs im Projektgeschäft "gedreht" werden muss. Erst die Berücksichtigung aller vier Dimensionen führt in der Regel zu dem gewünschten, auch wiederholbaren Erfolg, in der Optimierung des Projektportfolios und der Projektabwicklung.

Die **Dimension Methoden und Prozesse** beschreibt die standardisierten und in das jeweilige Geschäftsprozessmodell integrierten Projektportfolioplanung und - controllingprozesse und die dazu notwendigen Methoden.

Die **Dimension Organisation** betrachtet im Wesentlichen die aufbauorganisatorischen Erfordernisse, die für die Planung und Steuerung des Projektportfolios gelten. Dort sind die Rollen der Beteiligten sowie die geltenden Eskalations- und Berichtswege beschrieben. Die Rollenbeschreibungen legen fest, welche Kernaufgaben mit der Ausübung einer Rolle verbunden sind, welche Verantwortung eine Rolle trägt und welche Befugnisse sie hat, um dieser Verantwortung gerecht zu werden.

Die **Dimension Mensch** umreißt, welche Anforderungen an die Besetzung der Rollen existieren, auf welche Aspekte der Zusammenarbeit zu achten ist, welche Qualifizierungsmaßnahmen notwendig sind, mit welchen Maßnahmen Anreize geschaffen werden und wie diese generell in die Personalentwicklung eines Unternehmens eingebettet werden sollte.

Bei der **Dimension Projektmanagement-Software** steht die Softwareunterstützung für das Projektportfoliomanagement im Vordergrund. Es wird beschrieben, welche Werkzeuge zu welchem Zeitpunkt erforderlich sind und welche Rolle im Projekt mit welchen Werkzeugen ausgestattet sein muss.

Ein weiterer wichtiger Faktor, der beim Multiprojektmanagement hinzukommt, ist die Unternehmensstrategie, die direkten Einfluss auf die Portfoliobildung und damit auf die Auswahl von Projekten hat. Dieser Parameter stellt keine Stellschraube dar, sondern ist eine Vorgabe an das Projektportfoliomanagement.

Für eine nachhaltige Lösung müssen diese Dimensionen des Projektportfoliomanagements ausbalanciert sein. Die Projektportfoliomanagementlösung ist in jedem Fall unternehmensspezifisch und muss die Ausgangslage und Zielsetzung des Unternehmens berücksichtigen.

7.3.2 Dimension: Prozesse/Methoden

Die Basis für die Projektportfoliomanagement-Lösung bildet dabei ein Standard-Projektportfoliomanagement-Prozess. Aufgrund der unternehmensspezifischen Ausprägung und Integration der Prozesse in die bestehende Prozesslandschaft werden die Methoden, die Organisation, die IT und die Anforderungen an die handelnden Personen (Mensch) ausgearbeitet (Abb. 7.6).

Der Projektportfoliomanagement-Prozess muss in die Geschäftsprozesse des Unternehmens eingebunden sein. Folgende Geschäftsprozesse sind dabei zu berücksichtigen:

- Budgetierung (Jahresplanung, Rechnungswesen, Controlling, Hochrechnung)
- Risikomanagement (Risikokonsolidierung, Risikomeldungen, Rückstellungen)
- Ressourcenmanagement (Kapazitätsplanung, Personalentwicklung, Schnittstelle zum Betriebsrat, Arbeitszeiten, Incentive-Systeme)
- Wissensmanagement (Erfahrungssicherung)
- Dokumentenmanagement (Dokumentationsrichtlinien, Benennungen, Archivierung)

7.3.2.1 Prozessschritt Vorbereitung
Im ersten Schritt, in der Regel jährlich, werden die Rahmenbedingungen für das Projektgeschäft festgelegt. Dies ist unter anderem

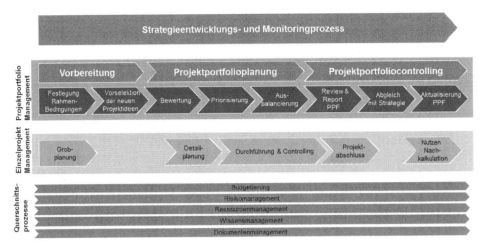

Abb. 7.6 Projektportfoliomanagement Standardprozess

- Ableitung der strategischen Projektbewertungskriterien aus der Unternehmensstrategie (wie beispielsweise Kunden, Technologie, Markt-Fokus, Sicherheits- und Verfügbarkeitsziele der Fertigungsanlagen)
- Ableitung der wirtschaftlichen Projektbewertungskriterien aus der Unternehmensstrategie (z. B. Umsatz, Liquidität, Rentabilität, Amortisation, Ziele)
- Festlegung der Budget- und Ressourcenkapazitätsobergrenzen.
- Festlegung der Projektkategorisierungskriterien
- Feststellung der Projektwürdigkeit neuer Projekte aufgrund strategischer Bedeutung, erste wirtschaftliche Abschätzung und technische und/oder gesetzliche Notwendigkeit
- Festlegung der Projektkategorie bei neuen und auch bei laufenden Projekten
- Zusammenfassen von Projekten mit gleicher Zielrichtung und/oder gleichen Themen zu Programmen
- Clustern von Projekten, die gemeinsam zu betrachten sind

Die Bewertungskriterien für die Optimierung des Portfolios sind an die Projektklassen und die Ausgangslage des Unternehmens anzupassen.

Die enge und transparente Verzahnung des Projektportfoliomanagement mit der Unternehmensstrategie sichert, dass die strategischen Ziele in den operativen Projekten umgesetzt werden. Dabei ist eine klare und stabile Unternehmensstrategie Voraussetzung für ein funktionierendes Projektportfoliomanagement.

7.3.2.2 Projektportfolioplanung

Für eine aktuelle **Bewertung** des Projektportfolios müssen neben den neuen Projekten auch die laufenden Projekte neu bewertet werden. Nur so ist sichergestellt, dass laufende Projekte, die technologisch, wirtschaftlich und/oder strategisch nicht mehr sinnvoll sind, rechtzeitig gestoppt oder angepasst werden. Muss-Projekte die aufgrund technologischer oder gesetzlicher Vorgaben notwendig sind, müssen dementsprechend gekennzeichnet werden.

Das Kundenprojektportfolio wird in der Regel nicht jährlich neu bewertet. Die Auswahl, welche Angebote verfolgt werden (Go-/NoGo-Entscheidung) und welche abgegeben werden (Bid-/No-Bid-Entscheidung) werden im Rahmen des Angebotsprozesses getroffen. Laufende Kundenprojekte müssen im Rahmen der Portfolioplanung jedoch soweit berücksichtigt werden, da diese Ressourcen innerhalb des Unternehmens binden, die für andere Projekte nicht zur Verfügung stehen.

Es ist nachgewiesen, dass aufgrund der zahlreichen, für die Bewertung von Projekten relevanten Informationen und Bewertungskriterien eine einzelne Methode nicht ausreicht, um das optimale Projektportfolio zusammen zu stellen. Vielmehr hat sich eine Kombination aus qualitativen und quantitativen Bewertungsmethoden in der Praxis bewährt.

Durch standardisierte und nachvollziehbare Bewertungskriterien werden die Projekte nun priorisiert. Anhand dieser Priorisierung wird das optimale Projektportfolio zusammengestellt.

Bei der Ausbalancierung werden unterschiedliche Projektportfolioszenarien unter Berücksichtigung von Budget- und Ressourcenverfügbarkeiten erstellt (interaktives Verfahren bis zur Verabschiedung). Das Portfolio ist so zusammen zu setzen, dass die vorhandenen Ressourcen (wie Budget oder auch Manpower) bestmöglich auf die Projekte verteilt sind.

Ein typische Schwachstelle in der Projektportfolioplanung ist derzeit, dass ein Abgleich mit den vorhandenen Ressourcen nur unzureichend berücksichtigt wird. In vielen Fällen werden zu viele Projekte gleichzeitig gestartet, ist der Ressourcen-Zuteilungsprozess nicht transparent und nachvollziehbar und die zugesagten Ressourcen stehen den laufenden Projekten nicht in dem geplanten Umfang zur Verfügung.

Auf diese Punkte ist im Rahmen der Ausbalancierung des Projektportfolios besonders zu achten.

Anschließend wird das „optimale" Projektportfolio und damit die einzelnen Projekte freigegeben.

Die Ressourcen- und Budgetallokationen werden festgelegt und das Ergebnis kommuniziert.

Hierbei ist darauf zu achten, dass alle Projektleiter die Auswirkungen der Entscheidungen in Ihren Projekten umsetzen (Budgetverschiebungen, Terminänderungen etc.)

7.3.2.3 Prozessschritt Projektportfoliocontrolling

Nachdem das Projektportfolio optimal zusammengesetzt ist, startet der Prozess des Projektportfoliocontrollings. Da Änderungen und Abweichungen im Projektgeschäft die Regel sind, sind die Auswirkungen auf die Projekte und das Projektportfolio kontinuierlich zu erfassen, zu analysieren und, falls nötig, Steuerungsmaßnahmen zu initiieren.

Erst durch das Controlling des Projektportfolios wird die Nachhaltigkeit der optimierten Zusammensetzung des Projektportfolios gewährleistet.

Das Projektportfoliocontrolling umfasst:

- Die Erhebung des Status Quo der laufenden Projekte
- Analyse der einzelnen Berichte auf Konsistenz und Auswirkungen auf das Projektportfolio
- Zusammenfassung der Projektstatusberichte zu einem Projektportfoliobericht bzgl. Terminen, Budget, Ressourcen und Risiken
- Proaktives Konfliktmanagement: Konflikte werden identifiziert, analysiert und entsprechende Lösungsalternativen erarbeitet
- Umsetzung von Entscheidungen im Projektportfolio
- Neubewertung der Risiken des Projektportfolios
- Neubewertung der Projekte bei relevanten Änderungen innerhalb des Projektes oder der Rahmenbedingungen (Business Case etc.)
- Bei gravierenden Änderungen der Rahmenbedingungen (wie beispielsweise Strategieänderung, wirtschaftliche Krisen, etc.) muss das komplette Projektportfolio neu geplant werden.

Die Kennzahlen, nach denen das Projektportfolio und damit die Projekte gesteuert werden, sind wie bei der Projektbewertung abhängig von den strategischen und wirtschaftlichen Zielen, der Projektklasse und den Rahmenbedingungen.

Beispiele für mögliche projektklassenunabhängige Kennzahlen sind:

- Vergleich der aktuellen Planung zum freigegebenen Planungsstand (Kosten, Ressourcen, Termine, Risiken)
- Vergleich Ist-Kontierungen zu freigegebenen Planungsstand (Kosten, Ressourcen)
- Vergleich des aktuellen Fertigstellungsgrades zum geplanten Fertigstellungsgrad (Earned Value Analyse)
- Termintreue der Projekte (Anteil der Meilensteine und/oder Arbeitspakete die ohne Zeitverschiebung beendet wurden)
- Terminenge (Anzahl der Arbeitspakete pro Projekt, die auf dem terminkritischen Pfad liegen)
- Umsetzungsquote der Arbeitspakete
- First Pass Yield (Arbeitspakete ohne Nacharbeit) in der Berichtsphase
- Fehlerraten in den unterschiedlichen Entwicklungsphasen
- Konfiguration-Management (Anzahl Änderungen)
- Anforderungs-Management (Anzahl Änderungen)
- Mitarbeiter (Fluktuationsrate, Fehlzeiten, Zufriedenheit, Überstunden)
- Stakeholderzufriedenheit
- Übersicht Fremd- und Eigen-Claim

7 Multiprojektmanagement in der Energiewirtschaft

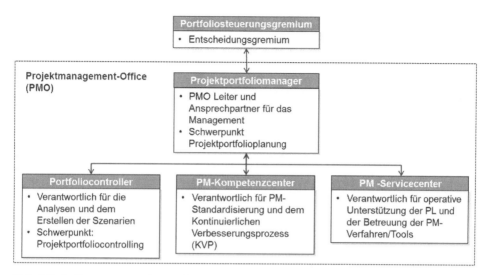

Abb. 7.7 Aufbau einer Projektportfoliomanagement Organisation

Zusätzlich bei Kundenprojekten sind zu nennen:

- Kundenzufriedenheit
- EBIT Entwicklung der Projekte
- Cashflow (Forderungsmanagement), etc.

7.3.3 Dimension Organisation

Für das Projektportfoliomanagement muss eine permanente Organisationseinheit im Unternehmen zu verankert werden. Diese Organisationseinheit wird in der Regel als Projektmanagement-Office (PMO) bezeichnet. Dieses PMO berichtet dem Portfoliosteuerungsgremium (Entscheidungsinstanz) und hat in der Regel neben dem **Portfolioplanung und Controlling** folgende zwei Hauptaufgaben:

Als **PM-Kompetenzcenter** ist es verantwortlich für die permanente Weiterentwicklung der PM-Methoden und der PM-Organisation. Das PM-Kompetenzcenter dient als unternehmensinternes Know-how-Center für Projektmanagement und besteht als Stabsstelle aus Mitarbeitern mit Expertenwissen zu Projektmanagement.

Als **PM-Servicecenter** ist es neben der operativen Unterstützung der kompletten PM-Organisation bei der Anwendung der PM-Verfahren und deren Werkzeuge in Form von Schulungen, Trainings und Coaching auch als technischer Ansprechpartner für PM-Verfahren/-Werkzeuge zuständig (Abb. 7.7).

Bei hierarchischen Projektportfolien werden mehrere PMOs, mit festgelegtem Entscheidungs-befugnissen etabliert. Die Aufgaben, Kompetenzen und Verantwortlich-

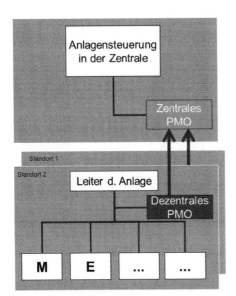

Das Zentrale PMO
- ist zuständig für die Festlegung, Einführung und Weiterentwicklung des Projektmanagements (z.B. PM Methoden, PM Werkzeuge, PM Leitfäden) in Abstimmung mit den dezentralen PMOs,
- erstellt Entscheidungsvorlagen inkl. Empfehlungen zur Planung, Priorisierung und Steuerung des Gesamt-Projektportfolios und erstellt Berichte zu dessen Stand und Entwicklung und
- überwacht das Projektportfolio.

Das Anlagen-Projektbüro
- erstellt Entscheidungsvorlagen inkl. Empfehlungen zur Planung, Priorisierung und Steuerung des Projektportfolios und erstellt Berichte zu dessen Stand und Entwicklung,
- überwacht Einzelprojekte oder Programme des Standortes,
- unterstützt die Projektleiter bzw. Programmmanager und
- ist verantwortlich für das Coaching von Projektbeteiligten.

Abb. 7.8 Hierarchische Anordnung von mehreren PMO anhand eines Bespiel eines Energieversorgers (Kraftwerke)

keiten (AKV) der PMO's unterscheiden sich hinsichtlich der hierarchischen Ebene bzw. der Zentralität (zentral vs. dezentral). Die oberste/zentrale Ebene kann grundsätzlich als Strategie- und Strukturgebende Instanz für das Projektmanagement gesehen werden. Die dezentralen PMOs fokussieren sich häufig auf die Unterstützung der Programme und Projekte mit PM-Ressourcen sowie Vorlagen, Prozessbeschreibungen. Die folgende Abbildung zeigt ein Beispiel aus dem Kraftwerksbau (Abb. 7.8):

7.3.4 Dimension Mensch

Um qualifizierte und motivierte Mitarbeiter für die Funktionen des Projektportfoliomanagements zu gewinnen, müssen diese Funktionen attraktiv gestaltet werden. Dies kann durch folgende Punkte erreicht werden:

- Entsprechend hohe organisatorische Aufhängung in der Projektportfoliomanagement Organisation,
- Rollen des Projektportfoliomanagements im Karrieremodell des Unternehmens verankern,
- Weiterbildungsmöglichkeiten anbieten,
- Entwicklungsmöglichkeiten sowohl in Richtung Linienverantwortung als auch in Projektleitungen festlegen und
- Befugnisse und Gestaltungsfreiräume festlegen.

	Vorteile	Nachteile
Ein System	• Einheitliche, redundanzarme Datenbasis • Weniger Schnittstellen • Lizenzkosten	• Konflikte der Stakeholder bei Einführung und Weiterentwicklung • Häufig erhöhte Komplexität im Gesamtsystem • Abhängigkeit der Datenqualität zwischen Anwendungsbereichen
Mehrere Systeme	• Zielgruppenorientierte Auslegung • Unterschiedliche fachl. Administration • Systemauswahl und konfigurierte Ausprägung liegt auf dem Anwendungsschwerpunkt	• Mehrfache Server-, Lizenz- und Wartungskosten

Abb. 7.9 Vor- und Nachteile von Einsystem und Mehrsystem Ansätzen

Der Projektportfoliomanager ist Sparringpartner für das Management bei Planung und Controlling des Projektportfolios, darüber hinaus ist er in ständigen Abstimmungen mit den Linienverantwortlichen und den Projektleitern. Dies erfordert, dass er ein entsprechendes Standing im Unternehmen hat und über einen ausreichenden Erfahrungshintergrund verfügt.

7.3.5 Dimension Software

Eine in die vorhandene IT-Landschaft integrierte Softwarelösung für das Projektportfoliomanagement ist der letzte aber wesentliche Schritt, um die Nachhaltigkeit der Lösung zu gewährleisten. Nachdem die Prozesse, die Methoden, die organisatorische Einbindung und die Qualifikation der Beteiligten (potenzielle Nutzer der IT-Lösung) feststehen, wird aufgrund dieser Anforderung die passende IT-Lösung konzipiert und implementiert. Entsprechend den Anforderungen können eigene Softwarelösungen entstehen oder die am Markt befindlichen eingesetzt werden.

Die Granularität und Ausprägung diverser Funktionsbausteine ist in jedem Segment unterschiedlich. Grundsätzlich ist bei einer Softwareauslegung zu klären, ob das Einzelprojektmanagement und das Multiprojektmanagement in einer gemeinsamen Systemumgebung verwaltet werden soll oder nicht.

Beide Architekturansätze gilt es in seinen Vor- und Nachteilen gegeneinander abzuwägen (Abb. 7.9).

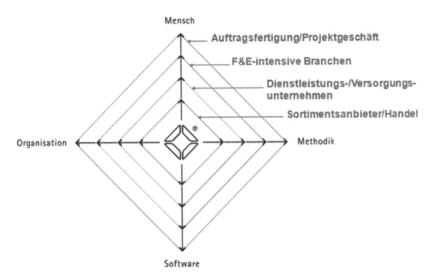

Abb. 7.10 Projektkompetenz unterschiedlicher Branchen anhand der vier Dimensionen Mensch, Organisation, Methodik und Software – Graphik

7.4 Projektportfoliomanagement in der Energiewirtschaft

In diesem Kapitel werden zunächst die Besonderheiten von Projekten in der Energiewirtschaft/Großanlagenbau aufgezeigt. Anschließend wird der Nutzen eines professionellen Projektportfoliomanagements in diesen Branchen herausgearbeitet.

Ausgehend von den drei grundsätzlichen Projektarten (Kundenprojekte, Interne Projekte (z. B. Marketing-, IT-, Organisationsprojekte), Forschungs- und Entwicklungsprojekte (F&E Projekte) (vgl. Kapitel ▶ Abschn. 7.2.1)) gibt es hauptsächlich bei den Kundenprojekten branchenspezifische Unterschiede. Diese Unterschiede spiegeln sich ebenfalls in der Bedeutung der vier Dimensionen des Projektmanagements Mensch, Organisation, Software und Methodik wieder.

Die wesentlichen Aufgaben der Unternehmen im Energiesektor sind die Erzeugung, die Verteilung, der Handel von Energie. Dabei generiert die Erzeugung und Distribution den Großteil der Wertschöpfung, die durch große Projekte rund um den Kraftwerksbau, und Erhaltung sowie den Rückbau gekennzeichnet sind.[3]

Damit gehören Energieversorger bzgl. der o. g. Branchenstruktur (Abb. 7.10) zum Anlagenbau/Projektgeschäft und sind somit, wie in der oben gezeigten Abbildung dargestellt, auf der anspruchsvollsten und komplexesten Stufe des Projektmanagements. Die

---

[3] Für vertiefende Informationen bzgl. der Strukturierung von Projekten im Energiebereich (vgl. Kap. 8)

hohen Anforderungen, die an diese Branche gestellt werden, spiegeln sich sowohl im Einzelprojektmanagement als auch im Multiprojektmanagement wieder.

Bei den Energieversorgen kann man die Kundenprojekte weiter in Neubauprojekte (kategorisiert nach der Technologie, z. B. Gas, Kohle, Erneuerbare Energieformen (Windkraft, Photovoltaik, Biomasse) und nach dem Vertragstyp Lotprojekte oder Generalunternehmerprojekte), Assetprojekte und Netzprojekte IT/TK – inkl. Smart Metering, Smart Grids unterteilen. Ein Großteil der Projekte sind technologisch und gesetzlich vorgeschrieben (sog. Muss-Projekte).

Bei der Portfoliobildung hat sich bei vielen großen Energieversorgen, die international tätig sind, eine hierarchische Projektportfoliostruktur, die an der Organisationsstruktur angelehnt ist, wie z. B. Kraftwerke – Businessunit – Mutterkonzern, herausgebildet.

Die typischen Merkmale der Energieversorger, durch die das oben dargestellte Projektmanagement mit seinen vier Dimensionen an Bedeutung gewinnt, sind:

- Jedes Großprojekt benötigt selbst eine Art Projektportfoliomanagement
- Sehr lange Projektlaufzeit und sehr hohes Volumen (mehrere Jahre und Milliarden Euro Budget) und damit ein sehr großes Projektteam
- Zahlreiche Sublieferanten, die gesteuert werden müssen
- Auftragsbezogene Einzelfertigung
- Individuelle Projektabschlüsse
- Hoher Anteil an projektabhängigen Kosten und Leistungen

Die wesentlichen Erfolgsfaktoren für das Projektgeschäft in dieser Branche sind Planungssicherheit aufgrund der extrem hohen Investitionen, Projektmanagement als elementare Kernkompetenz, exzellentes Projektcontrolling, ausgefeiltes Risikomanagement, lückenloses Claim- und Vertragsmanagement, sowie eine projektorientierte Ausrichtung von Organisation, Struktur, Kultur und Prozessen.

Unter Berücksichtigung der o. g. Besonderheiten bei Energieversorgen kann Projektportfolio-management folgendes leisten:

- Durch klare strategische und wirtschaftliche Vorgaben bzgl. Bid-No-Bid Entscheidungen und dem späteren Vertragsabschluss wird nachhaltig die Zusammensetzung des Projektportfolios optimiert.
- Durch einen Bedarfs-Kapazitätsabgleich wird sichergestellt, dass die notwendigen Ressourcen für die Projekte zur Verfügung gestellt werden und dadurch die Projekte im Budget- und Zeitrahmen abgeschlossen werden.
- Ein standardisiertes Projektportfoliocontrolling garantiert, dass Änderungen frühzeitig erkannt werden und Maßnahmen initiiert werden.
- Die gewonnene Transparenz in der Planung und dem Controlling über das Projektportfolio sichert die Nutzung vorhandener Synergiepotenziale.

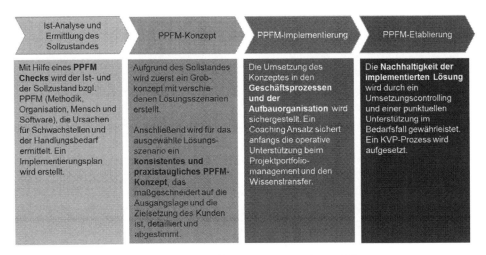

Abb. 7.11 Prozess zur Einführung und Etablierung eines Projektportfoliomanagements

Dies führt nachhaltig zu höherem Umsatz, geringeren Kosten, kürzeren Durchlaufzeiten und verbesserter Liquidität.

Um ein Projektportfoliomanagement erfolgreich bei Energieversorgern zu implementieren und die o. g. Erfolgsfaktoren umzusetzen, wird im nächsten Kapitel eine in der Praxis erfolgreich angewandte Vorgehensweise beschrieben.

7.5 Vorgehensweise bei der Einführung eines Projektportfoliomanagements

Um eine optimale und erfolgreiche Einführung des Projektportfoliomanagements sicherzustellen, sollte es als ein strategisches Projekt mit klar abgegrenzten Phasen und Meilensteinen aufgesetzt werden. Am Ende jeder Phase stehen definierte Ergebnisse und es besteht die Entscheidungsfreiheit, ob und wie die nächste Phase zu gestalten ist. So wird zu allen Zeitpunkten Transparenz und Überprüfbarkeit gewährleistet, und ein Vorgehen am aktuellen Bedarf des Unternehmens sichergestellt (Abb. 7.11).

Die einzelnen Phasen werden in den folgenden Kapiteln beschrieben. Darüber hinaus werden zu jeder Phase Hinweise aus der Praxis gegeben, um Fehler zu vermeiden und eine effiziente und erfolgreiche Implementierung zu gewährleisten. Dabei sind die Phasen in die entsprechenden Tätigkeiten und Ergebnisse unterteilt.

7.5.1   1. Phase: Ist-Analyse und Ermittlung des Soll-Zustandes

Die erste Phase umfasst die Analyse der wesentlichen Planungsparameter und fokussiert auf die Ist-Situation und den Sollzustand bzgl. des Projektportfoliomanagements (Methodik, Organisation, Mensch und Software) im Unternehmen. Auf dieser Basis werden die Schwachstellen und der Handlungsbedarf ermittelt. Darüber hinaus ist ein professionelles internes Stakeholdermanagement von besonderer Bedeutung (Vgl. Kap. 12)

Die wesentlichen Tätigkeiten in dieser Phase sind:

- Kickoff-Workshop mit dem Auftraggeber und den relevanten Stakeholdern
- Analyse der aktuellen Projektmanagement Situation im Unternehmen und der entsprechenden Umfeldfaktoren
  - Aktuelle und zukünftige Projekttypen, -kategorien, -klassen etc.
  - Falls vorhanden: Aktuelle PM-Organisationsform, Ressourcen (Personal, IT etc.) und PM Ansatz
  - Falls vorhanden: PM Prozesse, Modelle, Vorlagen, Instrumente
- Ermittlung des Ist- und Sollzustandes anhand eines Projektportfoliomanagement Checks (Interviews und Dokumentenanalyse) und Identifikation des Handlungsbedarfes
- Ableitung von Anforderungen an das Projektmanagement und ein Projektportfoliomanagement (Ziele, Schwachstellen etc.)
- Analyse der betrachteten Projektarten bzgl. Planung und Steuerung.
- Bewertung der vorhandenen Konzepte und Standards zum Portfoliomanagement und ggfs. Einzelprojektmanagement
- Identifizierung der kundenspezifischen Erfolgsfaktoren
- Festlegung der Rahmenbedingungen für die Konzeption des Projektportfoliomanagements
- Definition und Priorisierung der Handlungsfelder
- Festlegung des weiteren Vorgehens
- Ergebnispräsentation mit dem Auftraggeber und den relevanten Stakeholdern
- Buy-in der Key-Stakeholder (Management Team, Personal, Controlling etc.)
  - Interviews mit Stakeholdern aller durch die Einführung betroffener Abteilungen
  - Sammeln von Anforderungen, Zielen, Sichtweisen, Ideen etc.

Der Einführungsprozess eines Projektportfoliomanagements kann durch die parallele Spezifikation und Implementierung des Projektportfoliomanagement Konzepts und der notwendigen Software Lösung signifikant verkürzt werden.

Voraussetzung für diese parallele Vorgehensweise ist eine enge und konsequente Abstimmung zwischen den Prozessen und der notwendigen Software Lösung.

Als Ergebnis dieser Phase liegt vor:

- Analysereport inkl. Stärken, Schwächen, Chancen und Risiken Übersicht (SWOT), Anforderungen an das Projektportfoliomanagement

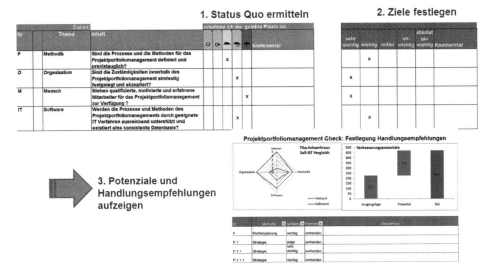

Abb. 7.12 Beispiel zur Vorgehensweise und Struktur eines PPFM Checks

- Zustimmung, Anforderungen, Erwartungen und Befürchtungen der Stakeholder (Stakeholdertabelle)

Die folgende Abbildung zeigt beispielhaft und schematisch die Vorgehensweise und die Struktur zur Erhebung der Ist-Situation und der Ableitung von Handlungsempfehlungen mit einzelnen Werkzeugen wie standardisierten Tabellen, Fragen, Diagrammtypen und Auswertungen (Abb. 7.12).

Ein erfolgreiches Projektportfoliomanagement wird erst durch die Akzeptanz der Stakeholder ermöglicht.

Hier gilt die einfach Formel: Erfolg = Qualität × Akzeptanz

Akzeptanzsichernde und -unterstützende Maßnahmen können sein:

- Qualifizierung der involvierten Mitarbeiter/Kompetenzaufbau
- Aufbau einer Projektkultur
- Transparenz in der Projektportfolio-Organisation (Struktur, Prozesse, Rollen und Kommunikation inkl. Dokumentation)
- Konsequentes Handeln
- Involvierung der Stakeholder
- Kontinuierlicher Verbesserungsprozess
- Projektportfoliomanagement -Marketing

7.5.2 2. Phase: Konzept

Im Rahmen der Konzept Phase erfolgt das Design und die Ausgestaltung der wesentlichen Projektportfoliomanagement-Komponenten auf Basis der Analyseergebnisse. Hierbei sind vor allem die folgenden Komponenten zu berücksichtigen: Aufbaustruktur des Projekt Portfoliomanagements, Prozesse, Rollen (inkl. Aufgaben, Befugnisse und Verantwortlichkeiten), Vorlagen, Methoden und Instrumente, IT sowie relevante Kennzahlen für die Projektsteuerung und das Management des Projekt Portfoliomanagements.

Die wichtigsten Tätigkeiten hierbei sind:

- Festlegung von Projektportfoliomanagement Ziele, Strategien und Funktionen
- Erstellung eines Grobkonzeptes mit möglichen Lösungsszenarien und entsprechender Entscheidungsvorlage
- Organisationskonzept (Prozesse, Rollen inkl. der Aufgaben, Kompetenzen und Verantwortlichkeiten, Aufbaustruktur innerhalb des Projektportfoliomanagement etc.)
- Festlegung von IT Unterstützung und Auswahlkriterien
- In Abhängigkeit des Projektportfoliomanagement Modells: Kompetenzprofil und Stellenausschreibungen für Projektportfoliomanagement Mitarbeiter
- Notwendige Vorlagen und Tools werden erstellt und abgestimmt
- Konzept zum Veränderungsmanagement/Einführungsplanes, Marketing und Kommunikation (interne Kommunikation, ggfs. externe Kommunikation)

Der Einführungsprozess eines Projektportfoliomanagements kann durch die parallele Spezifikation und Implementierung des Projektportfoliomanagement Konzepts und der notwendigen Software Lösung signifikant verkürzt werden.

7.5.3 3. Phase: Implementierung

Diese Phase dient der Umsetzung der Konzeption und ist somit die „eigentliche" Einführung bzw. der Aufbau des Projektportfoliomanagements. Ein erfolgskritischer Aspekt in dieser Phase ist die Kommunikation, die im gesamten Projekt eine wichtige Rolle spielt und Bestandteil des Stakeholder-managements sein sollte.

Als Aktivitäten dieser Phase sind zu nennen:

- Auswahl und Ernennung der relevanten Projektportfoliomanagement Rollen (z. B. Leiter Projektportfoliomanagement, Portfolioverantwortlicher, PM Competence Verantwortlicher)
- Kommunikations- und Marketingstrategie wird erstellt und umgesetzt (Akzeptanzsicherung)
- Implementierung des Projektportfoliomanagement Systems inkl. Trainings
- Implementierung von IT-Systemen und Applikationen inkl. Trainings
- Projektportfoliomanagement Qualifizierungen: Die Projektportfoliomanagement Verantwortlichen werden methodisch gecoacht und operativ unterstützt
- Die Abstimmungen mit den beteiligten Fachbereichen bzgl. der Schnittstellen wird vorangetrieben

- Die Software Lösung wird realisiert, geschult und produktiv gesetzt
- Implementierung eines Controlling Systems incl. Kennzahlen
- Die ersten Projektportfolioberichte werden gemeinsam erstellt und mit dem Management abgestimmt
- Die ersten Projektportfolioplanungsrunden werden vorbereitet und begleitet
- Durchführungen von begleitenden Maßnahmen zum Aufbau einer Projektkultur
- Verbesserungspotenziale werden aufgenommen, bewertet und ggfs. umgesetzt

Die Implementierung des Projektportfoliomanagements ist immer auch eine Veränderung im Unternehmen. Vor diesem Hintergrund sei auf die Besonderheiten von Veränderungsprojekten hingewiesen (vgl. Kap. 10)

7.5.4 4. Phase: Etablierung

In dieser Phase sollte das Controlling und eine ständige Verbesserung des Projekt Portfoliomanagement erfolgen. Doch muss dies nicht zwingend in dem Aufbauprojekt erfolgen, sondern kann im Anschluss an das Projekt z. B. als kontinuierlicher Verbesserungsprozess (KVP) umgesetzt werden.

Das Controlling sollte dabei die Betrachtungselemente Aufbaustruktur, Prozesse, Rollen inkl. Aufgaben, Kompetenzen und Verantwortlichkeiten, Projektvorlagen (auf Einzel- und Multiprojektmanagementebene), Methoden und Instrumente und IT überwachen und steuern.

Die wesentlichen Aktivitäten in dieser Phase sind:

- Bewertung des Umsetzungsprojektes
- Aufsetzen und Betreuung des Kontinuierlichen Verbesserung Prozesses (KVP)
- Falls erforderlich: Korrigierende Maßnahmen oder Aufsatz eines weiteren Projektes
- Aufbau eines Kennzahlensystems bzw. einer Projektportfoliomanagement „Balance Score Card" bzw. eines Kennzahlensystems
- Aufbau eines Projektportfoliomanagement Controlling Systems (Prozesse, Vorlagen und Rollen)
- Monitoring und Analyse der Kennzahlen
- Ggfs. Überführen des Kennzahlensystems/Balance Score Card in den PMO/Unternehmenscontrolling Prozess
- Etablierung des Projektportfoliomanagements durch begleitende Maßnahmen des Veränderungsmanagements
- Im Rahmen von Workshops wird der weitere Wissenstransfer sichergestellt.
- Überführung der IT-Lösung in den normalen Betrieb

Die Konzeption, Implementierung und Etablierung von Projektportfoliomanagements ist aufgrund der verschiedenen Betrachtungselemente und Dimensionen (Ziele, Organisation,

Methoden und Prozesse, Mensch und IT) und der vielen Stakeholder aus Management, Controlling, Personal etc. grundsätzlich ein komplexes Vorhaben. Vor diesem Hintergrund sollte es auf jeden Fall in Projektform durchgeführt werden (vgl. hierzu auch Dechange 2010).

7.6 Zusammenfassung und Fazit

Es ist nachgewiesen, dass Unternehmen, die Projektportfoliomanagement einsetzen, höhere Erträge aus ihren Projektinvestitionen erzielen und über das Controlling sicher stellen, dass ihre Projekte zur Erreichung der Unternehmensziele einen entsprechenden Beitrag leisten.

Wesentlicher Nutzen eines Projektportfoliomanagements ist die Schaffung von Transparenz bei der Auswahl des optimalen Projektmixes in Verbindung zum Beitrag zu den Unternehmenszielen und den strategischen Vorgaben. Des Weiteren werden hierdurch Synergien zwischen den Projekten transparent und können genutzt werden, die in vielen Fällen zu einer höheren Produktivität der eingesetzten Ressourcen führen. Die Verbesserung der Projektergebnisse (Einhaltung von Terminen, Kosten und Ergebnissen) durch ein durchgängiges Risikomanagement und eine zeitnahe Berichterstattung können außerdem erreicht werden.

Gerade in der projektintensiven Energiebranche kann das Projektportfoliomanagement einen wertvollen Beitrag liefern, die strategischen Ziele und auch die Projektziele effizienter zu erreichen. Dabei sollten die folgenden Erfolgsfaktoren berücksichtigt werden:

- Thema auf Top Management-Ebene besetzen (z. B. Besetzung des Lenkungskreises)
- Einführung eines Projektportfoliomanagements als eigenes Projekt durchführen
- Professionelles Stakeholder Management (Einbindung relevanter Stakeholder)
- Zielgruppengerechte interne Kommunikation
- Kundenspezifische und auf die Ausgangslage und Zielsetzung des Unternehmens angepasste Lösung
- Realisierung von Quick-Wins, um die Machbarkeit und den Nutzen der angestrebten Lösung frühzeitig nachzuweisen
- Messung des nachhaltigen Erfolgs des Projekt Projektportfoliomanagements
- Ganzheitliche ausbalancierte Projektportfoliomanagement Lösung
  - In die bestehende Geschäftsprozesse integrierte Projektportfoliomanagement Prozesse
  - Etablierte Projektportfoliomanagement Organisation
  - Qualifizierte und motivierte PMO Mannschaft
  - Funktionierte und „entlastende" IT Unterstützung
- Enge Kopplung zu der Unternehmensstrategie

Bibliografie

Dechange, A., & Lau, C. (2010). Effiziente und erfolgreiche Implementierung von Projekt Management Offices. In C. Steinle, V. Eßeling, & T. Eichenberg (Hrsg.), *Handbuch Multiprojektmanagement und –controlling: Projekte erfolgreich strukturieren und steuern* (S. 69–86). Berlin: Erich Schmidt Verlag.

DIN 69901-5-2009. (2009). Projektmanagement – Projektmanagementsysteme – Teil 5: Begriffe.

Friedrich, B. (2010). Einzelprojekt- und Projektportfoliomanagement als Grundstein wirtschaftlichen Erfolgs (Artikel Tiba Magazin Ausgabe 3/2010); München.

Kendall, G., & Rollins, S. (2003). *Advanced project portfolio management and the PMO: Multiplying ROI at warp speed*. Florida: J. Ross Publishing and International Institute for Learning.

Lomnitz, G. (2011). Multiprojektmanagement, *Projekte planen, vernetzen und steuern*. Landsberg/Lech: Verlag Moderne Industrie.

Perry, R., & Hatcher, E. (2008). IDC White Paper: How project and portfolio management solutions are delivering value to organisations, Doc # 213980.

Peters, T. (1999). *The Circle of Innovation: You Can't Shrink Your Way to Greatness*. New York: Vintage.

Tiba. (2010). Vortrag „Multiprojekt- und Portfoliomanagementmanagement" im Rahmen der Tiba PM Tage am 25./26.02.2010 (Tagungsunterlagen), München.

Tailoring unternehmensinterner Projektmanagementstandards für Energieanlagenbauprojekte

8

Tobias Aschoff, Jan Christoph Albrecht und Konrad Spang

8.1 Einleitung

Unternehmensinterne Projektmanagementstandards bewegen sich im Spannungsfeld zwischen dem Ziel der „Vereinheitlichung" und dem einmaligen Charakter von Projekten. Das bedeutet, dass Unternehmen auf der einen Seite versuchen durch die Schaffung von klaren und einheitlichen Strukturen die Qualität ihrer Projektabwicklung insgesamt zu optimieren. Auf der anderen Seite laufen sie mit einem überregulierten, starren Konzept jedoch Gefahr die Projekte in ihrer Flexibilität zu stark einzuschränken und damit neue Ineffizienzen zu schaffen. Diesen Wiederspruch zwischen Einheitlichkeit und Freiheit gilt es auszubalancieren (vgl. Patzak und Rattay 2004, S. 492). Im Energiesektor kommt seit einigen Jahren- angetrieben von einem stark steigenden, weltweiten Energiebedarf, knapper werdenden Ressourcen und dem fortschreitenden Klimawandel- ein beachtlicher technologischer Wandel hinzu, der die universelle Anwendbarkeit von Projektmanagementstandards zusätzlich in Frage stellt. Vor allem im Bereich der erneuerbaren Energien hat es eine rasante Weiterentwicklung der Technologien gegeben. So hat sich der Anteil der erneuerbaren Energien in Deutschland an der gesamten Bruttostromerzeugung seit 2005 von 10 % auf 20 % im Jahr 2012 verdoppelt und wird sich weiter erhöhen (vgl. u. a. BMU 2011a, S. 6 ff.; BMU 2011b, S. 16).

T. Aschoff (✉)
Hofmannstraße 103, 91052 Erlangen, Deutschland
E-Mail: tobiasaschoff@gmx.de

K. Spang · J. C. Albrecht
Universität Kassel, Institut für Arbeitswissenschaft & Prozessmanagement, Lehrstuhl für Projektmanagement, Heinrich-Plett-Str. 40, 34132 Kassel, Deutschland
E-Mail: spang@uni-kassel.de

J. C. Albrecht
E-Mail: albrecht@uni-kassel.de

Die Unternehmen des Energiesektors müssen sich dementsprechend an die neuen Entwicklungen anpassen, um auch zukünftig weltweit wettbewerbsfähig bleiben zu können. Dazu gehört eine Anpassung der unternehmensinternen Vorgehensweisen bei der Abwicklung von Investitionsprojekten. Um einen Ausgleich zwischen der notwendigen Flexibilität und der angestrebten Standardisierung zu erreichen, ist eine spezifische Anpassung der unternehmensinternen Projektmanagementstandards auf verschiedene Projekttypen bzw. an die speziellen Eigenschaften verschiedener Projekte notwendig.

Diese Erkenntnis aus dem Energiesektor deckt sich mit den Ergebnissen einer umfangreichen Untersuchung von Forschungspotenzialen im Projektmanagement von Bredillet et al. (2007, 2008). Darin zeigen die Autoren Potenziale für die Weiterentwicklung des Projektmanagements in der Ausweitung und Weiterentwicklung von Projektkategorisierungssystemen auf, mit deren Hilfe die Auswahl geeigneter Prozesse und Methoden für das spezifische Management von Projekten ermöglicht werden soll. Zudem werden dort Potenziale in der Entwicklung von Methoden beschrieben, die den Unternehmen die Anwendung ihrer vorhandenen Vorgehensweisen auf verschiedene Projekttypen ermöglichen.

Dementsprechend wird in diesem Kapitel ein Vorgehensmodell zum technologieorientieren Tailoring, das bedeutet zur Anpassung unternehmensinterner Projektmanagementstandards im Sinne eines Zuschneidens auf verschiedene Technologien in Energieanlagenprojekten, aufgezeigt.

Zunächst wird eine kurze Einführung in Projektmanagementsysteme und unternehmensinterne Projektmanagementstandards gegeben und der Anwendungsbereich für das vorliegende Tailoring-Konzept abgegrenzt. Anschließend wird ein Projektkategorisierungsmodell für Kraftwerksprojekte vorgestellt, das auf Basis einer umfangreichen Analyse vorhandener Kategorisierungssysteme aus der Projektmanagementliteratur sowie der im Energiesektor herrschenden Anforderungen erarbeitet wurde. Die Projektkategorisierung wiederum bildet die Basis für das eigentliche Tailoring-Konzept, in dem mittels einer Korrelationsmatrix der Zusammenhang zwischen den Projektmerkmalen und den Projektprozessen hergestellt wird. Auf Basis dieser Zusammenhänge lassen sich entsprechend Maßnahmen für die spezifische Anpassung der Projektprozesse nach den speziellen Eigenschaften verschiedener Projekte realisieren.

8.2 Unternehmensinterne Projektmanagementstandards

Als unternehmensinterne Projektmanagementstandards werden an dieser Stelle alle Richtlinien, organisatorischen Strukturen, Prozesse und Methoden verstanden, die ein Unternehmen für die Planung, Überwachung und Steuerung seiner Projekte festgelegt hat. Diese Standards stellen damit die Grundlage für das Projektmanagementsystem eines Unternehmens dar (vgl. DIN 69901-05 2009, S. 14). Der hier beschriebene Ansatz bezieht sich ausschließlich auf prozessorientiere Projektmanagementsysteme.

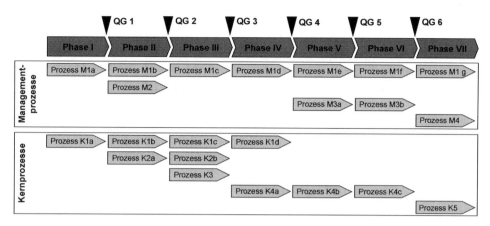

Abb. 8.1 Schematisches Phasenmodell mit Prozesslandschaft. (*QG* Quality gate)

8.2.1 Aufbau

Der Aufbau unternehmensinterner Projektmanagement-standards kann an allgemeine Projektmanagementstandards angelehnt sein. Diese stellen einen universellen Leitfaden bzw. ein Rahmenwerk für die Durchführung von Projekten und für die Einführung von Projektmanagement in Organisationen dar und haben den Anspruch unabhängig vom Projekttyp und vom Projektumfeld angewendet werden zu können. Zu den bekanntesten allgemeinen Projektmanagementstandards gehören „A Guide to the Project Management Body of Knowledge" (PMBOK-Guide) des Project Management Institute, die „IPMA Competence Baseline 3.0" (ICB 3.0) und „Projects in Controlled Environments" (PRINCE2). Daneben gibt es verschiedene branchenspezifische oder länderbezogene Projektmanagementstandards (siehe dazu u. a. Bea et al. 2011, S. 403 ff.; Ahlemann et al. 2009, S. 294).

Abbildung 8.1 zeigt schematisch, wie eine Prozesslandschaft in Kombination mit einem Phasenmodell für einen relevanten Projektmanagementstandard aussehen kann. Anzahl und Definition der Phasen sind vom Unternehmen festzulegen. Den hier gezeigten Projektphasen können noch allgemeine Projektmanagementphasen übergeordnet sein. Die Phasen in einem Phasenmodell sind durch klar definierte Schnittstellen voneinander abgegrenzt. Der Abschluss einer Phase wird durch ein so genanntes *Quality Gate* (auch Stage Gate, Meilenstein oder Decision Gate genannt) definiert. Diese Quality Gates sind mit einer Freigabe der nächsten Phase verbunden. Es muss hier geprüft werden, ob die zu Projekt- oder Phasenbeginn definierten Leistungen und damit die Voraussetzungen für den Start der nachfolgenden Phase erfüllt sind. Schlussendlich steht an einem Quality Gate immer eine Entscheidung an, ob das Projekt in der jetzigen Form weitergeführt werden kann oder geändert bzw. vollständig abgebrochen werden muss. (vgl. Project Management Institute 2008, S. 18 f.; DIN 69901-2 2009, S. 8 und 18)

Je nachdem, wie umfangreich das Projektmanagementsystem ausfällt, sollte über eine Einführung von datenbankbasierter Dokumentationssoftware und die Modellierung der Prozesse nachgedacht werden (vgl. Schmelzer und Sesselmann 2008, S. 138).

8.2.2 Erfolgsfaktoren und Grenzen

Die positiven wie negativen Effekte der Standardisierung und damit Formalisierung von Projektmanagementstrukturen sind Gegenstand zahlreicher Forschungsvorhaben (z. B. Geraldi 2008 oder Hällgren et al. 2012). Ahlemann et al. (2009) haben in ihrer Untersuchung Defizite von Projektmanagementstandards analysiert. Daraus geht hervor, dass die Befragten die größten Probleme bei einem zu hohen administrativen Aufwand und einer unzureichenden Akzeptanz bei den Projektbeteiligten sehen. Weitere relevante Defizite, die im Rahmen der Untersuchung identifiziert wurden, sind zu hohe Implementierungskosten und fehlende Flexibilität.

Shenhar und Dvir (1996) zeigen in ihrem Modell einer zweidimensionalen Projekttypologie, dass das Projektmanagement mit zunehmendem Projektumfang formaler werden sollte. Daraus lässt sich schließen, dass der Projektumfang bzw. die Projektgröße bei der Einführung von Projektmanagementstandards berücksichtigt werden muss. So kann beispielsweise eine Systematik, die sich an den größten Projekten eines Unternehmens orientiert, eine Überregulation durch zu viele Formalitäten für kleine Projekte bedeuten.

Insgesamt ist für eine erfolgreiche Einführung von Projektmanagementstandards darauf zu achten, dass

- die Spezifik von Projekten berücksichtigt wird,
- Standards die handelnden Personen in ihrer Flexibilität nicht zu sehr einschränken,
- der administrative Aufwand überschaubar bleibt,
- die Akzeptanz durch Einbeziehung der betroffenen Personen bei der Erstellung und Revision der Standards sichergestellt wird (vgl. Patzak und Ratty 2004, S. 478 f.; Ahlemann et al. 2009, S. 300; Shenhar und Dvir 1996, S. 629).

8.3 Projektkategorisierung für Kraftwerksprojekte

Die Projektkategorisierung dient der Identifizierung von Projekttypen und zur Unterscheidung von Projekten nach ihren Eigenschaften. Dementsprechend bedarf es einer Definition von Unterscheidungsmerkmalen, anhand derer die Projektkategorisierung vorgenommen werden kann.

In der Projektmanagementforschung gibt es verschiedene Untersuchungen im Rahmen derer allgemeine Kategorisierungsmechanismen entwickelt wurden. Sie sind eine wertvolle Grundlage für die Identifizierung von Faktoren und Kriterien für eine Projektkategorisierung. Jedes Unternehmen, das eine Projektkategorisierung nutzen möchte, kann diese Grundlagen zwar zum Teil adaptieren, muss für sich jedoch eine eigene Systematik entwickeln (vgl. Shenhar et al. 2002, S. 105).

Die aktuell umfangreichste Untersuchung zu Projektkategorisierungssystemen stammt von Crawford et al. (2005). Darin analysieren die Autoren zum einen Gründe für eine Projektkategorisierung und zum anderen absolute und relative Merkmale anhand derer Projekte kategorisiert werden. Ein weiterer umfangreicher Ansatz wurde von Sapper (2007) vorgestellt. In seinen Untersuchungen zeigt er, dass mit den von ihm verwendeten relativen Merkmalen, eine spezifische Anpassung der Projektmanagementprozesse möglich ist.

Innerhalb der vorhandenen Projektkategorisierungssysteme lassen sich, aufbauend auf den Arbeiten von Crawford et al. und Sapper, folglich zwei verschiedene Arten von Merkmalen unterscheiden:

Absolute Merkmale Sind solche Merkmale, die Projekte nach objektiv und eindeutig zu bestimmenden Merkmalsvarianten unterscheiden. Sie unterscheiden sich nicht nach der Stärke ihrer Ausprägung, sondern lassen sich in definierte Varianten einteilen. Sie geben in gewisser Weise einen Überblick über die Aufgabenstellung des Projektes. Die Varianten der absoluten Merkmale sind, wie sich zeigen wird, direkt vom Kontext des jeweiligen Unternehmens abhängig und müssen für jedes Unternehmen entsprechend angepasst werden.

Relative Merkmale Sind solche Merkmale, die Projekte im Verhältnis zu anderen Projekten bewerten und einordnen. Die Ausprägungen dieser Merkmale sind eher subjektiv zu bestimmen und lassen sich nicht in absoluten Werten messen. Die Bestimmung der Merkmalsausprägung kann, wie von Sapper (2007) dargelegt, mit quantitativen Gewichtigen durchgeführt werden. Festgelegte Indikatoren bzw. Attribute können helfen, die Bewertung der Merkmalsausprägung möglichst weitgehend zu objektivieren. Relative Merkmale sind zumeist allgemeiner anwendbar als absolute Merkmale. Das bedeutet, ihre Indikatoren und Attribute sind nicht so stark vom jeweiligen Unternehmen oder Produkt abhängig, wie es bei den absoluten Merkmalen der Fall ist.

Diese Unterscheidung ist für das Konzept dieser Arbeit wichtig, weil die Merkmale jeweils unterschiedlich auf die Prozesse in einem Projekt wirken, was dementsprechend unterschiedliche Funktionen für das Tailoring impliziert. Zunächst werden im Folgenden absolute und relative Merkmale für die Erstellung einer geeigneten Projektkategorisierungssystematik zusammengestellt. Zudem werden den relativen Merkmalen Indikatoren und den absoluten Merkmalen Varianten zugeordnet, die für deren Bestimmung im Energiesektor geeignet sind.

8.3.1 Absolute Projektmerkmale

In Tab. 8.1 ist eine Auswahl möglicher absoluter Projektmerkmale für Kraftwerksprojekte aufgeführt und beschrieben. Wie bereits erwähnt sind gerade die absoluten Merkmale sehr stark vom Kontext des Unternehmens abhängig. Allen voran die aufgeführten Ausprägungsvarianten sind deshalb nur als Beispiele zu betrachten, die für jedes Unternehmen entsprechend angepasst werden müssen.

8.3.2 Relative Merkmale

In Tab. 8.2 ist eine Auswahl relevanter relativer Merkmale für die Bewertung von Kraftwerksprojekten aufgeführt und beschrieben.

Tab. 8.1 Ausgewählte absolute Projektmerkmale

Absolutes Merkmal	Beschreibung	Varianten
Technologie/ Kraftwerkstyp	Dieses Merkmal beschreibt das Produkt bzw. die Technologie, um die sich die Aufgabenstellung des Projektes dreht. Je nach Unternehmen sind genau die Kraftwerkstypen auszuwählen oder zu ergänzen, die für das jeweilige Unternehmen in Frage kommen	Kohlekraftwerk GuD-Kraftwerk Biomassekaftwerk Onshore-Windpark Offshore-Windpark Solarkraftwerk (CSP) Sonstige
Projektart	Hierbei geht es um die Aufgabe des Projektes in Bezug auf das Produkt, also ob das Produkt den Bau einer neuen Anlage darstellt oder einen Umbau, eine Erweiterung, eine Änderung etc. einer bestehenden Anlage	Neubau Umbau Änderung Erweiterung Erneuerung Sonstige
Projektstandort	Dieses Merkmal beschreibt die Region bzw. das Land, in dem das Projekt realisiert wird. Dabei ist nicht der Sitz des Projektteams entscheidend, sondern der Ort an dem das Produkt errichtet wird	Kontinente Länder Regionen
Eigentums-verhältnisse/ Finanzierung	Dieses Merkmal beinhaltet die Fragen wer der Eigentümer des Projektes ist und wie dieses finanziert wird. Hier entscheidet sich also auch, wer welchen Einfluss auf das Projekt hat. Folglich spielt die unternehmensinterne Beauftragung ebenfalls eine Rolle, also wer der Kunde ist und wer die Finanzierung verantwortet	Konzerninterne Beauftragung (Wer ist der Kunde?) Bereichsinterne Beauftragung (Wer ist der Sponsor?) Finanzierung durch Auftraggeber Finanzierung durch Auftragnehmer
Vergabeart	Dieses Merkmal beschreibt die Beziehungen mit den Lieferanten des Projektes. Dabei steht im Energiesektor vor allem eine Entscheidung im Vordergrund: Wird die Produkterstellung an einen Generalunternehmer (GU) oder Los-Weise an mehrere Lieferanten vergeben. Ein Generalunternehmer betreut die Produkterstellung im Gesamten. Er übergibt das Produkt am Projektende „schlüsselfertig" und ist folglich auch für die Beauftragung und Betreuung der Sublieferanten verantwortlich. Für die Los-Weise Vergabe wird die Produkterstellung in verschiedene Gewerke unterteilt, die einzeln ausgeschrieben und vergeben werden können	GU-Vergabe Los-Vergabe

Tab. 8.2 Ausgewählte relative Projektmerkmale

Relatives Merkmal	Beschreibung	Varianten
Dringlichkeit	Das Merkmal Dringlichkeit beschreibt die Notwendigkeit, eine Handlung kurzfristig und möglichst schnell zu erledigen. Es bewertet die Geschwindigkeit und die zeitliche Priorität, mit der das Projekt umgesetzt werden muss, und wie kritisch die zeitlichen Ziele des Projektes sind. Projekte mit einer hohen Ausprägung dieses Merkmals stehen unter besonders hohem Zeitdruck	Projektzeitfenster Zeit ist ein kritisches Kriterium für den Projekterfolg Auswirkungen von Verspätungen schnelle Fertigstellung bringt Wettbewerbsvorteil Projekt steht im Unternehmensfokus
Technische Komplexität	Die technische Komplexität beschreibt die Anzahl und den Umfang der technischen Teilaufgaben/ Arbeitspakete für die Erstellung des Projektproduktes und bewertet zudem die Komplexität der Aufgabenstellung bzw. des zu erstellenden Produktes an sich. Projekte mit einer hohen Ausprägung der technischen Komplexität haben beispielsweise viele Arbeitspakete und beschäftigen sich mit einem technisch sehr komplexen Produkt	Anzahl der technischen Teilaufgaben/ Arbeitspakete Komplexität der Aufgabenstellung/ des Produktes
Koordinatorische Komplexität	Die koordinatorische Komplexität beschreibt den Koordinationsaufwand zwischen den beteiligten Parteien. Dazu gehören die Anzahl der beteiligten Unternehmens- und Fachbereiche sowie die Anzahl der involvierten Kontraktoren. Zudem fließen hier organisatorische Rahmenbedingungen, die den Koordinationsaufwand erhöhen können, wie die Distanz der Teammitglieder, die Projektsprache oder kulturelle Herausforderungen, ebenfalls in die Betrachtung mit ein	Anzahl der beteiligten Unternehmens- und Fachbereiche (Abstimmungsaufwand) Anzahl der Kontraktoren (Multi-Lot vs. Turn-Key) Organisatorische Rahmenbedingungen (Distanz der Projektmitglieder, Sprache, kulturelle Herausforderungen, Zeitzonen, etc.)
Innovationsgrad und Neuartigkeit	Dieses Merkmal beschreibt den Verwendungsgrad innovativer bzw. neuer Technologien. Das kann sich zum einen auf die Technologie des Produktes oder aber auf die Technologie des Herstellungsprozesses beziehen. Es beinhaltet damit auch den Grad der technologischen Unsicherheit. Es geht also darum wie hoch der Anteil neuer Technologien und Prozesse im Projekt ist. In Projekten mit einer hohen Ausprägung dieses Merkmals werden demnach fast ausschließlich neue Technologien genutzt oder entwickelt	Anteil innovativer Technologien interne und externe Erfahrung mit den eingesetzten Technologien

Tab. 8.2 (Fortsetzung)

Relatives Merkmal	Beschreibung	Varianten
Umfang (Budget)	Der Umfang beinhaltet die Menge der Ressourcen, die im Projekt für die Erfüllung der Aufgabenstellung benötigt werden. Im Mittelpunkt steht dabei das Projektbudget, da sich der Ressourcenverbrauch in der Regel darin widerspiegelt	Höhe des Projektbudgets Ressourceneinsatz Anteil des Projektbudgets am Unternehmensumsatz
Risiko	Risiko lässt sich allgemein als die Möglichkeit einer Zielabweichung definieren. Potenzielle positive Abweichungen können als „Chancen", potenzielle negative Abweichungen als „Gefahren" bezeichnet werden. Die Größe des Risikos ergibt sich aus der „Eintrittswahrscheinlichkeit", also der Wahrscheinlichkeit für den Eintritt eines Risikos, und der Tragweite, also der Auswirkung eines Risikoeintritts. Risiken können in allen Bereichen des Projektes auftreten. Es gilt möglichst alle Risiken zu identifizieren, zu bewerten und eine Strategie für den Umgang mit den Risiken zu erstellen. Die Bewertung des Merkmals kann auch über den Anteil des Risikos am Projektbudget/-wert erfolgen	Anzahl der Risiken Eintrittswahrscheinlichkeiten der Risiken Tragweiten der Risiken Anteil des Risikos am Projektbudget
Anzahl der Projektbeteiligten	Dieses Merkmal bewertet die Anzahl der im Projekt involvierten Personen. Projekte mit einer hohen Ausprägung dieses Merkmals haben eine hohe Anzahl von Projektbeteiligten und/oder einen erhöhten Koordinationsaufwand durch viele externe Mitarbeiter	Größe des Projektteams Organisationsform Anzahl der externen Projektmitarbeiter
Unternehmenspolitische Bedeutung	Dieses Merkmal beschreibt die Wichtigkeit eines Projektes für den (zukünftigen) Erfolg des Unternehmens und den Einfluss des Projektes auf dessen Zielerreichung. In dieses Merkmal fällt zudem der Grad des Interesses der Stakeholder. Also zum einen die Anzahl der Stakeholder und zum anderen deren Einfluss auf das Projekt und auf das Unternehmen. Ein Projekt mit einer hohen Ausprägung dieses Merkmals hat für das Unternehmen eine hohe strategische oder finanzielle Relevanz und/oder eine große Anzahl einflussreicher Stakeholder	Anteil des Projektbudgets am Gesamtumsatz des Unternehmens strategische Wichtigkeit für das Unternehmen Anzahl und Einfluss der Stakeholder

Tab. 8.3 Beschreibung der Gewichtungsstufen am Beispiel des Merkmals „Innovationsgrad und Neuartigkeit"

Innovationsgrad und Neuartigkeit	
Stufe	Beschreibung
5	Nutzung fast ausschließlich neuer Technologien, Entwicklung neuer Technologien
4	Überwiegende Nutzung neuer Technologien, z. T. Entwicklung neuer Technologien
3	Nutzung neuer Technologien (nicht mehr als 50 %), verstärkte Modifikation der Technologien
2	Nutzung fast ausschließlich bekannter Technologien, geringe Innnovation, geringe Modifikation
1	Bekannte Basistechnologien, keine neuen Technologien, keine Innovation, keine Modifikation

Die Gewichtungsstufen eines jeden Merkmales müssen für jedes Unternehmen individuell beschrieben und definiert werden. Die genannten Indikatoren können dabei als Orientierung dienen.

Für die Durchführung einer Kategorisierung mittels relativer Merkmale bedarf es des Weiteren der Festlegung einer Systematik für die Bewertung eines Projektes innerhalb der einzelnen Merkmale. Wie bereits beschrieben, sollte diese Systematik so gestaltet werden, dass sie eine weitestgehend objektive Bewertung ermöglicht. Hier bietet sich ein mehrstufiges Modell mit Werten von 1-5 an, bei dem jede einzelne Stufe für jedes Merkmal möglichst klar beschrieben wird. Diese Skala bietet einen guten Detaillierungsgrad und bleibt für den Nutzer dennoch übersichtlich.

Tabelle 8.3 zeigt beispielartig die Beschreibungen der fünf Gewichtungsstufen des relativen Merkmals „Innovationsgrad und Neuartigkeit".

8.3.3 Anwendungsbeispiel

Die absoluten und relativen Projektmerkmale eines laufenden Offshore-Windpark-Projekts wurden, entsprechend der oben vorgestellten Systematik, vom technischen Projektleiter zusammen mit Mitgliedern des Projektteams bestimmt. Zunächst sind die Ergebnisse für die absoluten Projektmerkmale in Tab. 8.4 aufgezeigt.

Die Bewertung der Ausprägungen der relativen Projektmerkmale sind in Abb. 8.2 dargestellt. Das Anwendungsbeispiel wird auch in den folgenden Abschnitten zur weiteren Verdeutlichung des Konzeptes herangezogen.

8.4 Entwicklung eines Tailoring-Konzeptes

„Tailoring" meint, wie bereits beschrieben, dass Projektmanagementstandards auf konkrete Projekte angepasst werden. Dabei steht die Anpassung von unternehmensinternen Projektmanagementstandards an die unterschiedlichen Anforderungen und Eigenschaften

Tab. 8.4 Absolute Projektmerkmale des Anwendungsbeispiels

Absolutes Merkmal	Variante
Technologie/Produkt	Offshore-Windpark
Projektart	Neubau
Projektstandort	Deutschland
Eigentumsverhältnisse/Finanzierung	Unternehmensinternes Projekt
Vergabeart	GU-Vergabe

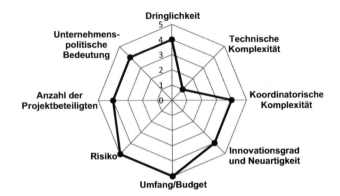

Abb. 8.2 Relative Projektmerkmale des Anwendungsbeispiels

von verschiedenen Projekttypen innerhalb eines Unternehmens im Mittelpunkt. Dazu geben die Projektmerkmale aus der Projektkategorisierung Aufschluss über die spezifischen Eigenschaften und den Kontext der Projekte. Daraus folgt: Je präziser die Projektmanagementstandards an die Merkmalsausprägungen eines Projektes angepasst werden, desto hilfreicher und nutzenbringender sind sie für das jeweilige Projekt.

8.4.1 Die Zusammenhänge zwischen Merkmalen und Prozessen

Bei genauer Betrachtung der Definitionen und Beschreibungen von Projektmanagement- und Kernprozessen auf der einen sowie von relativen und absoluten Projektmerkmalen auf der anderen Seite fallen die folgenden beiden Zusammenhänge auf:

- Absolute Projektmerkmale und Kernprozesse sind jeweils direkt vom Kontext des Unternehmens bzw. des Projektes abhängig. Absolute Merkmale geben einen Überblick über die inhaltliche Ausrichtung bzw. die Aufgabenstellung des Projektes (s. o.). Die Kernprozesse beschreiben die wertschöpfenden bzw. fachlichen Tätigkeiten zur Erfüllung der Aufgabenstellung innerhalb eines Projektes (vgl. DIN 69901-2 2009, S. 7).
- Relative Projektmerkmale und Projektmanagementprozesse sind beide auf das Management von Projekten ausgerichtet. Projektmanagementprozesse beinhalten alle für das Management einzelner Projekte relevanten Prozesse (vgl. DIN 69901-2 2009, S. 6). Die

8 Tailoring unternehmensinterner Projektmanagementstandards...

	PM-Prozess 1	PM-Prozess 2	...	PM-Prozess j
relatives P-Merkmal 1	z_{11}	z_{12}	...	z_{1j}
relatives P-Merkmal 2	z_{21}	...	...	...
....	...	...	...	...
relatives P-Merkmal i	z_{i1}	...	...	z_{ij}

	Kernprozess 1	Kernprozess 2	...	Kernprozess j
absolutes P-Merkmal 1	z_{11}	z_{12}	...	z_{1j}
relatives P-Merkmal 2	z_{21}	...	...	...
....	...	...	...	...
absolutes P-Merkmal i	z_{i1}	...	...	z_{ij}

Abb. 8.3 Schematische Korrelationsmatrizen

Art und Ausprägung dieser Managementtätigkeiten wird von verschiedenen relativen Merkmalen direkt beeinflusst (vgl. Shenhar und Dvir 1996).

Aus diesen Zusammenhängen lassen sich dementsprechend direkte Einflüsse der absoluten Merkmale auf die Kernprozesse und der relativen Projektmerkmale auf die Projektmanagementprozesse schließen.

8.4.2 Spezifizierung der Abhängigkeiten mit einer Korrelationsmatrix

Es bedarf nun einer Methodik zur Analyse der in ▶ Abschn. 8.4.1 gezeigten Einflüsse. Dafür werden die Merkmale den Prozessen jeweils gegenübergestellt.

In Anlehnung an Sapper (2007, S. 110) bietet sich die Bestimmung der Wechselwirkungen zwischen den Projektmerkmalen und den Projektprozessen mittels einer Einflussmatrix an. Diese Matrix wird im Folgenden als Korrelationsmatrix bezeichnet. Anders als bei Sapper wird in der nachfolgend vorgestellten Korrelationsmatrix nicht der Einfluss eines Merkmals auf ein anderes getestet, sondern, wie beschrieben, der Einfluss von Merkmalen auf Prozesse. In Abb. 8.3 sind die Korrelationsmatrizen schematisch in der Form dargestellt, in der sie für das vorgestellte Konzept angewendet werden. Die linke Matrix stellt entsprechend die Korrelation zwischen den relativen Projektmerkmalen und den Projektmanagementprozessen, die rechte die Korrelation zwischen den absoluten Projektmerkmalen und den Kernprozessen, dar.

Mit Hilfe der Korrelationsmatrizen kann nun der Einfluss der Merkmale 1 bis i auf die einzelnen Prozesse 1 bis j bewertet werden. Die Fragestellung lautet jeweils: Wenn sich das Merkmal $x \in \mu \{1,2,\ldots,i\}$ ändert, wie stark verändert sich dann der Projektprozess $y \in \mu \{1,2,\ldots,j\}$ (vgl. Sapper 2007, S. 111)? Die Änderungen können sich auf die Inhalte,

Tab. 8.5 Skala zur Beschreibung der Einflussstärke. In Anlehnung an Sapper 2007, S. 111

Einflussstärke	Beschreibung
0	Keinerlei Einfluss des Merkmals auf den Prozess
1	Geringer Einfluss des Merkmals auf Intensität, Inhalte, Methoden, Umfang des Prozesses
2	Starker Einfluss des Merkmals auf Intensität, Inhalte, Methoden, Umfang des Prozesses
3	Sehr starker Einfluss des Merkmals auf Intensität, Inhalte, Methoden, Umfang des Prozesses

Methoden und den Umfang des Prozesses, also auch auf die benötigte Prozessintensität[1] beziehen. Je größer die zu erwartenden Änderungen, desto größer ist der Einfluss des Merkmals auf den jeweiligen Prozess.

Bei Sapper (2007) hat sich eine Bewertung der Einflussstärke zwischen den Faktoren mit Werten zwischen 0 und 3 bewährt. Diese Skala wird für die Bewertung der Einflüsse in der Korrelationsmatrix übernommen. In Tab. 8.5 werden die einzelnen Werte jeweils durch eine kurze Beschreibung der Einflüsse der Merkmale auf den Prozess konkretisiert. Mit Hilfe dieser Beschreibungen können die Matrizen mit den Werten $z_{xy} \in \mu \{0,1,2,3\}$ für die Einflussstärke gefüllt werden. Es ergibt sich schließlich für jeden Prozess ein Überblick über seine Beeinflussung durch bestimmte Projektmerkmale. Zusätzlich geben die Zeilensummen Aufschluss über die Gesamtbeeinflussung eines Merkmals auf das Prozessmodell. Die Spaltensummen geben an, wie stark ein Prozess insgesamt durch die Merkmale beeinflusst wird.

Im Sinne der Standardisierung des Prozessmanagements ist die universelle Anwendbarkeit der Korrelationsmatrizen für alle Projekte innerhalb eines Prozessmodells anzustreben. Ob und wenn ja inwieweit dies möglich ist muss jedes Unternehmen für sein Prozessmodell bzw. seine Prozessmodelle prüfen. Darum ist die Durchführung eines Expertenworkshops mit erfahrenen Projektleitern und Projektmitarbeiter zu empfehlen. Im Rahmen dieses Workshops kann die Korrelationsmatrix ausgefüllt und deren Reichweite festgelegt werden. Ist eine allgemeine Anwendbarkeit auf das Prozessmodell nicht möglich, kann noch die Festlegung mehrerer Korrelationsmatrizen für verschiede Projektgruppen mit ähnlichen Projekte, z. B. für alle GuD-Projekte, geprüft werden. Eine auf Einzelprojekte bezogene Bewertung der Korrelationen ist ebenfalls möglich. In Tab. 8.6 und 8.7 sind die Korrelationsmatrizen für das Anwendungsbeispiel aus ▶ Abschn. 8.3.3 dargestellt.

---

[1] Unter „Prozessintensität" wird im Rahmen dieses Konzeptes der Aufwand verstanden, mit dem ein Prozess betrieben werden muss.

8 Tailoring unternehmensinterner Projektmanagementstandards...

Tab. 8.6 Beispielhafte Korrelationsmatrix für die PM-Prozesse des Anwendungsbeispiels

PM-Prozesse / *Relative Projektmerkmale*	Integration Management	Scope Management	Time Management	Cost Management	Risk Management	Project Quality Management	HR & Organisation Management	Communication Management	*Summe*
Dringlichkeit	1	1	3	3	2	2	2	2	*17*
Technische Komplexität	3	3	2	2	1	3	2	2	*21*
Koordinatorische Komplexität	2	1	3	3	3	2	1	3	*19*
Innovationsgrad und Neuartigkeit	3	2	3	2	3	3	3	2	*24*
Umfang (Budget)	2	2	3	3	3	3	2	1	*21*
Risiko	2	2	3	3	3	2	2	1	*20*
Anzahl der Projektbeteiligten	2	1	2	2	2	3	3	3	*19*
Unternehmenspolitische Bedeutung	2	2	3	3	3	2	1	1	*18*
Summe	*17*	*14*	*22*	*21*	*20*	*20*	*16*	*15*	

Tab. 8.7 Beispielhafte Korrelationsmatrix für die Kernprozesse des Anwendungsbeispiels

Kernprozesse *Absolute* *Projektmerkmale*	Engineering	Procurement & Contract Management	SHE Management	Site Management	Comissioning Management	Permitting and Regulation Management	*Summe*
Produkt/Technologie (Off-shore)	3	2	2	3	3	3	*16*
Projektart (Neubau)	3	3	1	1	3	3	*14*
Projektstandort (Deutschland)	1	2	3	3	2	3	*14*
Eigentumsverhältnisse/ Finanzierung (konzernintern)	1	2	1	2	1	2	*9*
Vergabeart (Los-Vergabe)	3	3	2	2	3	2	*15*
Summe	*11*	*12*	*9*	*11*	*12*	*13*	

8.5 Tailoring-Maßnahmen

Auf Basis der im Vorangegangenen vorgestellten Zusammenhänge werden an dieser Stelle mögliche Maßnahmen zum Tailoring von unternehmensinternen Projektmanagementstandards beschrieben. Es werden folglich Maßnahmen beschrieben, mit denen die Projektprozesse mittels der oben vorgestellten Korrelationsmatrizen und entsprechend den Projektmerkmalen angepasst werden können.

8.5.1 Anpassung der Projektmanagementprozesse

Mit der Bewertungssystematik für relative Projektmerkmale (▶ Abschn. 8.3.2) und der entwickelten Korrelationsmatrix (▶ Abschn. 8.4.2) können nun die einzelnen Projektmanagementprozesse bewertet werden.

Um die Einflüsse der Projektmerkmale auf die Projektmanagementprozesse in der Korrelationsmatrix vergleichen zu können, werden die Einflusswerte spaltenweise auf eins normiert. Dafür wird jeder Wert durch die Spaltensumme geteilt. Die Werte stellen nun Gewichte dar, die angeben, zu welchem Anteil ein Merkmal einen Projektmanagementprozess beeinflusst.

In Tab. 8.8[2] ist diese Normierung für die vorgestellte Korrelationsmatrix des Anwendungsbeispiels dargestellt.

Für ein konkretes Projekt kann nun jeder Projektmanagementprozess $y \in \mu \{1,2,\ldots,j\}$ in Abhängigkeit von den Projektmerkmalen bewertet werden. Die dafür notwendigen Ausprägungen der relativen Projektmerkmale ergeben sich aus der Projektkategorisierung (siehe ▶ Abschn. 1.3). Dafür werden die Merkmalsausprägungen [Merkmal x] der Merkmale $x \in \mu \{1,2,\ldots,i\}$ mit den normierten Werten $z_{xy} \in \mu [0,1]$ in der Korrelationsmatrix multipliziert und dann Spaltenweise aufaddiert. Daraus ergibt sich ein Wert, der Aufschluss über die Ausprägung des Projektmanagementprozesses gibt. Diese Werte werden im Folgenden als Prozessgewichte (PG) bezeichnet. Aufgrund der Normierung entspricht der Wertebereich der Prozessgewichte dem der Merkmalsausprägungen. Im Rahmen des hier vorgestellten Konzepts hat dieser den Wertebereich $PG \in \mu [1,5]$.

Für einen Projektprozess y lautet die Berechnungsformel für das Prozessgewicht (PG_y) folglich (Abb. 8.3):

PG_y (PM-Prozess y) = [Dringlichkeit]*z_{1y} + [Technische Komplexität]*z_{2y} + [Koordinatorische Komplexität]*z_{3y} + [Innovationsgrad und Neuartigkeit]*z_{4y} + [Umfang]*z_{5y} + [Risiko]*z_{6y} + [Anzahl der Projektbeteiligten]*z_{7y} + [Unternehmenspolitische Bedeutung]*z_{8y}

Das Prozessgewicht für den PM-Prozess Integration Management errechnet sich für das Beispiel aus Tab. 8.8 demnach wie folgt:

---

[2] Durch Rundungsfehler kann es sein, dass die Summe nicht ganz genau den Wert 1 ergibt.

Tab. 8.8 Normierte Korrelationsmatrix für das Anwendungsbeispiel

PM-Prozesse *Relative Projektmerkmale*	Integration Management	Scope Management	Time Management	Cost Management	Risk Management	Project Quality Management	HR & Organisation Management	Communication Management
Dringlichkeit	0,06	0,07	0,14	0,14	0,10	0,10	0,13	0,13
Technische Komplexität	0,18	0,21	0,09	0,10	0,05	0,15	0,13	0,13
Koordinatorische Komplexität	0,12	0,07	0,14	0,14	0,15	0,10	0,06	0,20
Innovationsgrad und Neuartigkeit	0,18	0,14	0,14	0,10	0,15	0,15	0,19	0,13
Umfang (Budget)	0,12	0,14	0,14	0,14	0,15	0,15	0,13	0,07
Risiko	0,12	0,14	0,14	0,14	0,15	0,10	0,13	0,07
Anzahl der Projektbeteiligten	0,12	0,07	0,09	0,10	0,10	0,15	0,19	0,20
Unternehmenspolitische Bedeutung	0,12	0,14	0,14	0,14	0,15	0,10	0,06	0,07

PG$_1$ (Integration Management) = [Dringlichkeit]*0,06 + [Technische Komplexität]*0,18 + [Koordinatorische Komplexität]*0,12 + [Innovationsgrad und Neuartigkeit]*0,18 + [Umfang]*0,12 + [Risiko]*0,12 + [Anzahl der Projektbeteiligten]*0,12 + [Unternehmenspolitische Bedeutung]*0,12

Führt man diese Berechnung für jeden einzelnen Projektmanagementprozess durch, so erhält man einen Überblick über die Gewichtung der Prozesse in Abhängigkeit von den Merkmalsausprägungen des jeweiligen Projekts. Prozesse mit einem hohen Prozessgewicht sind aufgrund der Projekteigenschaften entsprechend wichtig für die Projektabwicklung. Der Projektleiter kann aus der, Übersicht ablesen, welche Prozesse im Fokus des Projektmanagements stehen bzw. welche Prozesse besonderer Aufmerksamkeit bedürfen. Daher empfiehlt es sich die Auswertung grafisch darzustellen.

Des Weiteren kann eine Einteilung der einzelnen Prozesse in A-, B-, C- und D-Prozesse vorgenommen werden. Dieses Vorgehen spezifiziert die von vielen Unternehmen vorgenommene Unterteilung der Projekte in A-, B-, C- und D-Projekte. Diese Methode hat den Vorteil, dass innerhalb eines Projektes noch einmal die Priorität der Prozesse differenziert werden kann und damit eine präzisere Steuerung des Projekts entsprechend der Merkmalsausprägungen möglich ist. Jedes Unternehmen muss die Zuordnung der Prozessgewichte zu den Prozessvarianten individuell definieren. Es bietet sich jedoch eine lineare Zuordnung an.

Dieses Vorgehen wurde für das Anwendungsbeispiel durchgeführt. Dafür wurden die in ▶ Abschn. 8.3.3 in Abb. 8.2 vorgestellten Merkmalsausprägungen für die relativen Projektmerkmale herangezogen. In Tab. 8.9 sind die errechneten Prozessgewichte und die zugehörige Prozessvariante (bei linearer Zuordnung) aufgeführt.

In einem Prozessmodell (vgl. ▶ Abschn. 8.2.1) können nun für jeden Projektmanagementprozess vier unterschiedliche Prozessvarianten dokumentiert werden, wobei die A-Variante am umfangreichsten und aufwändigsten gestaltet ist. Die Prozessvarianten können sich in den hinterlegten Abläufen, Methoden, Vorschriften und Werkzeugen unterscheiden. Zudem können an Quality Gates unterschiedliche Anforderungen für den Phasenübergang definiert werden. So kann beispielsweise für ein Projekt mit einem geringen Prozessgewicht für den Prozess „Risikomanagement" (z. B. D-Variante) ein deutlich vereinfachter Prozess definiert werden, verglichen mit einem Projekt, für das eine A-Variante zum Umgang mit den Risiken notwendig ist.

Durch eine grafische Aufbereitung der Prozessgewichte, wie in Abb. 8.4 dargestellt, lassen sich noch einfacher Informationen über die Priorität der Prozesse ableiten.

8.5.2 Anpassung der Kernprozesse

Für die Kernprozesse kommt eine mathematische Gewichtung der Prozesse nicht in Frage. Zum einen sind die absoluten Merkmale mathematisch nicht darstellbar und zum anderen sind Kernprozesse inhaltlich sehr speziell auf das Projektprodukt und die Aufgabenstellung ausgerichtet, so dass die Prozessmodelle spezieller angepasst werden müssen.

Tab. 8.9 Prozessgewichte und Prozessvarianten für das Anwendungsbeispiel

	Integration Management	Scope Management	Time Management	Cost Management	Risk Management	Project Quality Management	HR & Organisation Management	Communication Management
Prozessgewicht	3,71	3,64	4,00	4,00	4,15	3,80	3,88	3,73
Prozessvariante	B	B	A	A	A	A	A	B

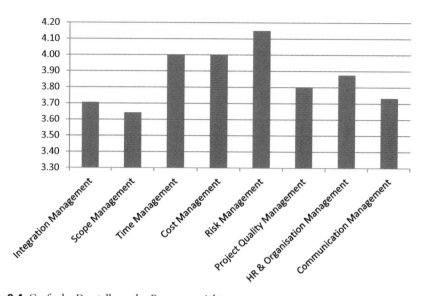

Abb. 8.4 Grafische Darstellung der Prozessgewichte

Dennoch liefern die Informationen aus der Korrelationsmatrix über die Abhängigkeiten zwischen absoluten Projektmerkmalen und den Kernprozessen Erkenntnisse für die Gestaltung des Prozessmodells. So können mittels der Zeilensummen der Korrelationsmatrix diejenigen absoluten Projektmerkmale identifiziert werden, die die Kernprozesse insgesamt am stärksten beeinflussen. Bei einer Expertenbefragung in der Untersuchungseinheit wiesen beispielsweise die Merkmale Vergabeart und Produkt/Technologie die höchsten Zeilensummen auf. Da diese beiden Merkmale damit den stärksten Einfluss auf die Kernprozesse haben und damit die Änderung eines dieser Merkmale die Kernprozesse insgesamt stark beeinflusst, können diese als Primärkategorien bezeichnet werden. Auf Basis der Primärkategorien können wiederum Referenzmodelle für die Kernprozesse, auf Basis bereits durchgeführter Projekte, erstellt werden.

Des Weiteren geben die in der Korrelationsmatrix erörterten Einflüsse Aufschluss darüber, wie stark sich die Änderung eines Merkmals auf einen Prozess auswirkt. Mit Hilfe dieser Information kann somit bei der Abweichung eines sekundären Projektmerkmals innerhalb des gewählten Referenzmodells geprüft werden, welche Prozesse angepasst werden müssen und wie umfangreich diese Anpassungen voraussichtlich sein werden. Damit kann die Analyse der Beziehung zwischen absoluten Projektmerkmalen einen Beitrag für eine einfachere und präzisere Übertragung und Anpassung von Wissen, Abläufen, Methoden, Erfahrungen etc. aus abgeschlossenen Projekten in ein neu beginnendes Projekt leisten. Folglich kann ein Transfer von vorhandenem Wissen in Projekte mit neuen Technologien ermöglicht werden. Voraussetzung dafür ist jedoch eine ausführliche Post-Projektauswertung von abgeschlossenen Projekten und eine genaue Zuordnung des abgeschlossenen Projektes zu den Projektmerkmalen.

Datenbankbasierte Software-Lösungen bieten gute technische Voraussetzungen für die Umsetzung einer solchen Systematik, da hier viele Referenzmodelle und Prozessvarianten verwaltet und gepflegt werden können (siehe ▶ Abschn. 8.2.1).

8.6 Fazit

Dieses Kapitel hat sich, vor dem Hintergrund sich wandelnder Anforderungen von Investitionsprojekten im Energiesektor an die Projektabwicklung, mit der möglichst präzisen Anpassung unternehmensinterner Projektmanagementstandards an die spezifischen Merkmale eines Projektes beschäftigt. Im Rahmen der Untersuchung wurde ein Vorgehensmodell entwickelt, mit dem Unternehmen im Energiesektor ihre Projekte genauer analysieren und basierend darauf ihre Projektmanagementstandards an die spezifischen Anforderungen der Projekte anpassen können. Den Unternehmen und den verantwortlichen Projektleitern wird damit eine Methode an die Hand gegeben, die es ihnen bereits in den frühen Phasen eines Projektes ermöglicht die spezifischen Merkmalsausprägungen ihrer Projekte zu analysieren und deren Einfluss auf die Projektprozesse zu erkennen.

Der Schwerpunkt der Untersuchungen lag auf der Analyse der Wechselwirkungen zwischen spezifischen Projektmerkmalen auf der einen und von Prozessmodellen unternehmensinterner Projektmanagementstandards auf der anderen Seite. Dabei konnte eine Weiterentwicklung im Bereich der Projektkategorisierung für den Energiesektor realisiert werden. Eine entscheidende Neuerung gegenüber bisher vorhandenen Konzepten ist die klare Trennung zwischen relativen und absoluten Projektmerkmalen. Diese erlaubt eine präzise Analyse der Projektmerkmale und ist vor allem für die Verknüpfung der Projektmerkmale mit den Projektprozessen von entscheidender Bedeutung.

Die Beeinflussungen der Projektprozesse durch die Projektmerkmale können durch Korrelationsmatrizen dargestellt werden. Dabei ist zu beachten, dass der Einfluss der Merkmale auf die Prozesse nicht mit der Ermittlung der Merkmalsausprägungen im Rahmen der Projektkategorisierung verwechselt wird.

Auf Basis dieser Wechselwirkungen wurden mögliche Maßnahmen und Vorgehensweisen für die spezifische Anpassung der Projektprozesse an die Bedürfnisse und Anforderungen der Projekte vorgestellt.

Die Systematik ist dazu geeignet vorhandene Vorgehensweisen aus bereits durchgeführten Projekten in neue Projekte zu überführen. Dadurch wurde auch ein Beitrag zum Wissenstransfer zwischen Projekten erarbeitet. Es können folglich auch Wissen und Erfahrungen aus klassischen Energieanlagenprojekten auf Projekte mit neuen Technologien übertragen werden. Es hat sich jedoch gezeigt, dass die Technologie nur eines von vielen Merkmalen eines Projektes ist, das es bei der Anpassung und Weitergabe von Vorgehensweisen zu berücksichtigen gilt.

Die Weiterentwicklung der Prozessmodelle im Sinne des vorgestellten Konzepts muss durch die Unternehmen erfolgen, die das vorgestellte Modell anwenden möchten. Die Unternehmen müssen die Beschreibungen und Indikatoren der Projektmerkmale noch einmal prüfen und an ihre Anforderungen anpassen. Für die weitere Verbesserung der Prozessmodelle kann die Verknüpfung des aufgezeigten Konzeptes mit Einsatz von Projektaudits und Post-Projektbewertungen untersucht werden. Zudem kann genauer geprüft werden welchen Beitrag die vorgestellte Methodik zur ständigen Verbesserung des Projektmanagements innerhalb eines Unternehmens leisten kann.

Literatur

Ahlemann, F., Teuteberg, F., & Vogelsang, K. (2009). Project management standards – Diffusion and application in Germany and Switzerland. *International Journal of Project Management, 27,* 292–303.

Bea, F. X., Scheurer, S., & Hesselmann, S. (2011). *Projektmanagement* (2. Aufl). Konstanz: UVK Verlagsgesellschaft.

BMU – Bundesministerium für Umwelt, Naturschutz und Reaktorsicherheit. (2011a). *Erneuerbare Energien – Innovationen für eine nachhaltige.* Berlin: Energiezukunft.

BMU – Bundesministerium für Umwelt, Naturschutz und Reaktorsicherheit. (2011b). *Erneuerbare Energien in Zahlen – Nationale und internationale Entwicklung.* Berlin.

Bredillet, C. N., Turner, J. R., & Anbari, F. T. (2007). From the Editor – Exploring Research in Project Management – Nine Schools of Project Management Research (Part 1). *Project Management Journal, 38*(2), 3–5.

Bredillet, C. N., Turner, J. R., & Anbari, F. T. (2008). From the Editor – Exploring Research in Project Management – Nine Schools of Project Management Research (Part 5). *Project Management Journal, 39*(2), 2–4.

Crawford, L., Hobbs, B., & Turner, J. R. (2005). *Project Categorization Systems – Aligning Capability with Strategy for Better Results.* Pennsylvania: Project Management Institute.

DIN Deutsches Institut für Normung e. V.. (2009). *DIN 69901-2: Projektmanagement – Projektmanagementsysteme -Teil 2: Prozesse, Prozessmodell.* Berlin: Beuth.

DIN Deutsches Institut für Normung e. V.. (2009). *DIN 69901-5: Projektmanagement – Projektmanagementsysteme – Teil 5: Begriffe.* Berlin: Beuth.

Geraldi, J. G. (2008). The balance between order and chaos in multi-project firms: A conceptual model. *International Journal of Project Management, 26*(4), 348–356.

Hällgren, M., Nilsson, A., Blomquist, T., & Söderholm, A. (2012). Relevance lost! A critical review of project management standardisation. *International Journal of Managing Projects in Business,* 5(3), 457–485

Patzak, G., & Rattay, G. (2004). *Projektmanagement – Leitfaden zum Management von Projekten, Projektportfolios und projektorientierten Unternehmen* (4. Aufl). Wien: Linde.

Project Management Institute. (2008). *A Guide to the Project Management Body of Knowledge (PMBOK Guide) – Fouth Edition.* Pennsylvania: Project Management Institute.

Sapper, R. (2007). Kriterien und Elemente zum spezifischen Projektmanagement von Investitionsprojekten im chemischen und pharmazeutischen Anlagenbau. In K. Spang (Hrsg.), *Schriftreihe Projektmanagement. Heft 3.* Kassel: kassel university press.

Schmelzer, H. J., & Sesselmann, W. (2008). *Geschäftsprozessmanagement in der Praxis, Kunden zufrieden stellen – Produktivität steigern – Wert erhöhen* (6. Aufl). München: Hanser.

Shenhar, A., & Dvir, D. (1996). Towards a typological theory of project management. *Research Policy.* Heft, 25, S. 607–632.

Shenhar, A. J., Dvir, D., Lechler, T., & Poli, M. (2002). One Size Does Not Fit All – True For Projects, True For Frameworks. *Proceedings of PMI Research Conference 2002.* S. 99–106.

Projektportfolioauswahl und -steuerung unter Engpassbedingungen

9

Werner Wetekamp

Kapital als restriktiver Faktor in der Energiewirtschaft

9.1 Einführung

Die Energiewirtschaft ist eine der anlagenintensivsten Industrien der Welt. Weiterhin ist sie in Europa gekennzeichnet durch einen bereits gesättigten Markt, der wenig Raum für organisches Wachstum lässt. Diese beiden Faktoren haben unabhängig voneinander großen Einfluss auf die Erhaltungs- beziehungsweise Wachstumsstrategie der Energiewirtschaft. Substanzerhaltungsprojekte im Netz oder im konventionellen Kraftwerkspark, neue Investitionen in die regenerativen Energien oder Merger & Acquisition Projekte bestimmen die Wachstums- und Investitionspolitik der großen Energieversorger im deutschen und europäischen Markt. Investitionsprojekte im Bereich von hunderten von Millionen und auch einigen Milliarden von Euro und Laufzeiten von 30–50 Jahren sind gang und gäbe.

Der Engpass für die Investitionsaktivität der Energiewirtschaft ist die Kapitalausstattung der Unternehmen. Gerade in der heutigen Zeit, in der die Ratingagenturen die Verschuldungssituation aller staatlichen und privaten Organisationen akribisch unter die Lupe nehmen, ist eine unbekümmerte Investitionsaktivität ohne Rücksicht auf Eigen- und Fremdkapitalstrukturen nicht möglich.

Im Rahmen der jeweiligen Investitionsstrategie ergeben sich vielfältige Investitionsmöglichkeiten für Energieversorgungsunternehmen. Der strategische beziehungsweise politische Filter schränkt das Projektportfolio bereits ein. Investitionen in Kernenergie sind in Deutschland nicht möglich und Investitionen in Kohlekraftwerke nur noch schwer

W. Wetekamp (✉)
Selm, Deutschland
E-Mail: Werner.Wetekamp@fh-dortmund.de

realisierbar. Dennoch bleibt eine Vielzahl von Investitionsmöglichkeiten übrig, die um die knappe Ressource „Kapital" konkurrieren. Die betriebswirtschaftliche Lehre im Umgang mit Engpässen legt deutlich dar, dass Gewinne so optimiert werden können, dass pro Einheit der Engpassressource der Gewinn maximiert werden muss. Somit ergibt sich für die Energiewirtschaft eine Fokussierung auf den internen Zinsfuß einer Investition (IRR, Internal Rate of Return), welcher anzeigt, wie viel Verzinsung auf eine im Projekt eingesetzte Einheit Kapital erzielt werden kann. Natürlich werden Investitionen nicht nur nach rein strukturiert logischen Gesichtspunkten frei- beziehungsweise aufgegeben. Kurzfristige Opportunitäten, Stakeholdereinflüsse, taktische Präferenzen und nicht zuletzt persönliche Einschätzungen der Unternehmenslenker spielen eine Rolle. Die Basis jeder Portfolio-/Projektentscheidung ist aber ein Business Case (BC) beziehungsweise ein Bündel von Business Cases, basierend auf der Kapitalwertmethode (oder auch Net Present Value (NPV) – Methode), welcher üblicherweise vom Bereich Finanzen/CFO/Controlling initiiert und durchgeführt wird. Der BC bildet dabei ein Projekt in seinen finanziellen Konsequenzen über seine Laufzeit ab und wird anschließend mittels der Kapitalwertmethode auf den Punkt gebracht, indem der Barwert bzw. der IRR ermittelt wird.

Dieser Beitrag zum Buch „Projektmanagement in der Energiewirtschaft" konzentriert sich auf die immense praktische Relevanz des Instruments Business Case und damit der Kapitalwertmethode. In den Folgekapiteln wird zum einen die Kapitalwertmethode lehrbuchmäßig vorgestellt. Daran anschließend wird ein Schlaglicht auf vier Themenbereiche der Nutzung eines BC gelenkt, welche seine praktische Bedeutung ausmacht. Diese Bereiche sind a) der Zwang zur Planung, b) die Kapitalwertmethode als Risikomanagementinstrument, c) die Möglichkeit, Sensitivitätsanalysen durchführen zu können und d) der BC als verbindliches Dokument für die Zusagen der beteiligten/verantworten Fachbereiche.

9.2 Die Kapitalwertmethode

Die Kapitalwertmethode basiert auf dem Opportunitätskosten-Prinzip. Von entscheidender Bedeutung ist also, dass sich eine verfügbare Kapitalsumme alternativ verwenden lässt. Das bezieht sich zum einen auf Investitionsalternativen. So kann zum Beispiel ein Betrag von 100 Mio. € sowohl in das Projekt A (Bau eines Blockheizkraftwerkes) als auch in das Projekt in B (Kauf der Unternehmensanteile eines Stadtwerkes) investiert werden. Die Kapitalwertmethode gibt dann Aufschluss, welche dieser Alternativen die Gewinnentwicklung des eigenen Unternehmens und damit auch den Unternehmenswert optimiert. Das Opportunitätskosten-Prinzip ist aber auch das Fundament der Kapitalwertmethode an sich und ermöglicht daher, auch Einzelprojekte zu beurteilen. Dieses erfolgt durch den Vergleich mit der theoretischen Möglichkeit, das Geld auch am Kapitalmarkt anzulegen. Die Finanzierungsanforderungen der Gesellschaft werden über den Kalkulationszinssatz innerhalb der Kapitalwertmethode abgebildet. Ist ein Projekt (zum Beispiel der Bau einer Windkraftanlage) erfolgsversprechender als die Erwartungen einer Geldanlage am Kapitalmarkt, so wird das in der Kapitalwertmethode an einem positiven Barwert deutlich.

9 Projektportfolioauswahl und -steuerung unter Engpassbedingungen

Die einfachste Form eines BC ist noch ohne die Kapitalwertmethode zu lösen, nämlich wenn zwei Alternativen zur Wahl stehen, die keine Auswirkung auf zukünftige Zahlungsströme haben. Steht zum Beispiel zur Entscheidung an, ob ein Transformator von der Firma A oder von der Firma B zu kaufen ist (beide Transformatoren seien qualitativ und funktional völlig identisch), dann vergleicht man einfach die Preise und kauft den billigeren. Ist aber nun der eine Transformator der Firma A mit 700.000 € um 30 % billiger als der andere, wobei der teurere der Firma B bis zum Ende seiner Lebensdauer von 10 Jahren wartungsfrei ist und der billigere 5 % des Kaufpreises an Wartungskosten pro Jahr über die 10 Jahre auslöst, so wird deutlich, dass eine Entscheidung nicht mehr einfach durch den Vergleich der Investitionssummen zu fällen ist. Addiert man nur die Prozentwerte auf mit dem Kaufpreis des Transformators B als Basis (= 100 %), dann liegt der Transformator A mit 105 % (= einmalig 70 % + 10 × 3,5 %) über dem Transformator B mit 100 %. Aber späte Zahlungen haben heute einen geringen Wert. Ohne eine Zinsberücksichtigung kann die Frage nicht beantwortet werden.

Der Kern der Kapitalwertmethode ist, dass Geldströme zu unterschiedlichen Zeitpunkten unterschiedliche Werte haben. Dadurch lassen sich Geldströme zu unterschiedlichen Zeitpunkten nicht unmittelbar vergleichen. Mit Hilfe der Kapitalwertmethode werden alle Zahlungsströme einer Investitionsalternative mit Hilfe des Kalkulationszinssatzes auf einen konkreten Zeitpunkt „t" auf- beziehungsweise ab diskontiert. Normalerweise ist dieser konkrete Zeitpunkt „das Heute" mit $t = 0$, um den Entscheidern eine möglichst einfache, aktuelle und realitätsnahe Kennziffer für die Entscheidung zu bieten. Mit einem leichten Beispiel nähern wir uns der notwendigen Formel. Eine Person bietet Ihnen a) 100 € heute an und alternativ b) 121 € in 2 Jahren. Der Kalkulationszinssatz sei 10 %. Ein einfacher Vergleich „121" mit „100" reicht nicht aus, weil das Geld zu unterschiedlichen Zeitpunkten gezahlt wird und man das Geld – z. B. die 100 € – für 2 Jahre für 10 % anlegen könnte (zwei mal Multiplikation mit 1,1) und somit nach 2 Jahren auf einen aufgezinsten Betrag von 121 € käme. Die beiden Zahlungsströme sind äquivalent, denn im Zeitpunkt $t = 2$ haben sie den gleichen Wert von 121 €. Damit haben Sie auch in jedem anderen Zeitpunkt den gleichen Wert. Man kann zur Entscheidungsfindung, welche Wahl zu treffen ist, auch die 121 € der zweiten Alternative zwei mal durch 1,1 teilen und erhält 100 € was identisch ist zur Alternative a). Diese Richtung der Zinsberechnung wird Abzinsung oder Diskontierung genannt. Will man wissen, wie hoch der Wert z. B. des folgenden Zahlungsstromes ist: 100 € in $t = 0$, 110 € in $t = 1$ und 121 € in $t = 2$, muss man alle Zahlungsströme auf einen Zeitpunkt auf- oder abzinsen. Es ist offensichtlich, dass der Wert in $t = 0$ genau 300 € beträgt. Die Formel für die Berechnung des Kapitalwertes (NPV) lautet allgemein wie folgt:

$$\text{NPV} = \sum_{t=0}^{N} \frac{C_t}{(1+r)^t}$$

Der Cash jeder Periode (C_t) wird abgezinst über die Anzahl der Jahre t. Das wird für alle Perioden durchgeführt und anschließend werden diese gleichnamigen Werte (alle liegen nun im Zeitpunkt 0) aufaddiert. Zieht man den hinteren Teil der Formel auseinander in den

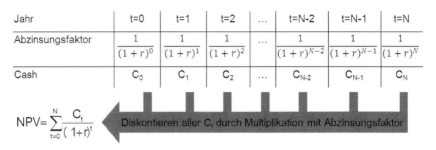

Abb. 9.1 Abzinsungsmethodik

Jahr	0	1	2	3
Abzinsungsfaktor	1	0,909	0,826	0,751
Cash	-1000000	500000	300000	300000
abgezinster Cash	-1000000	454545	247934	225394
NPV	-72126			

Abb. 9.2 NPV einer Wirkungsgradverbesserung

Cash der Periode und den sogenannten Abzinsungsfaktor (also $1/(1+r)^t$), dann wird die Formel leichter verständlich. Der Cash jeder Periode ergibt sich aus den Annahmen und Rahmenbedingungen des Projektes. Der Abzinsungsfaktor ist der finanzmathematische Teil, der die Cashwerte auf die Periode 0 abzinst.

Folgendes Bild veranschaulicht diese Methode (Abb. 9.1):

Ist der NPV (Barwert) größer als Null, so ist das Projekt positiv zu bewerten. Die Rückflüsse aus der Investition sind somit höher als eine Opportunitätsverzinsung am Kapitalmarkt. Ist der NPV = 0, ist die Investition genauso gut wie eine vergleichbare Geldanlage am Markt. Diese Situation des break even points NPV = 0 machen wir uns später noch bei der Berechnung des IRR zunutze. Ist der NPV kleiner null, sollte die Investition verworfen werden, weil man besser das Geld anlegen kann. An einem Beispiel ist diese Methode leichter veranschaulicht. Ein Gaskraftwerk wird in 3 Jahren außer Betrieb genommen. Mit einer Investition in Höhe von 1 Mio. € kann der Wirkungsgrad für diese verbleibenden 3 Jahre verbessert werden, was in den nächsten 3 Jahren einen Margenzuwachs abwirft mit C1 = 500.000 und C2 = 300.000 und C3 = 300.000 €. „r" sei gegeben mit 10 %(Abb. 9.2).

Es wird deutlich, dass es sich nicht mehr lohnt die 1 Mio. € zu investieren, weil der Rückfluss zu niedrig ist. Der NPV ist mit rund 72 Tsd. Euro negativ. Man verdient mehr dabei, das Geld für 10 % bei der anderweitig anzulegen.

Kommen wir nun zum Vergleich von zwei oder mehreren Projekten und somit auf die Frage zurück, wie man in einem Projektportfolio eine Auswahl trifft. In dem Zusammenhang beziehen wir uns nochmals auf das Beispiel von oben (Vergleich zweier Transformatoren). Der Transformator der Firma A kostet 700.000 € und verursacht 35.000 € jährliche Kosten über 10 Jahre. Der Transformator B kostet 1.000.000 € und ist wartungsfrei. Der Barwert (NPV) des Transformators B ist − 1.000.000 €, weil sein Kauf jetzt in t = 0 stattfindet und keine weiteren Zahlungen auslöst. Berechnet man mit r = 10 % den Barwert für die Alternative „Transformator A", so ergibt sich ein Wert von − 915.060 € als Barwert. Trotz der Wartungskosten ist die Alternative A um rund 85 Tsd. Euro billiger und somit der wartungsfreien Alternative B vorzuziehen.

An dem folgenden Beispiel wird deutlich, dass sich der Barwert als zusätzliche Wertgewinnung (Added Value) für das Unternehmen durch das Projekt interpretieren lässt. Gegeben sei für Ihr Unternehmen die Chance, ein kleines Stadtwerk zu kaufen. Nach langer Analyse und Ermittlung sämtlicher C_t (z. B. zukünftige Gewinne aus dem Zielobjekt, Synergien mit ihrem Unternehmen, Kosten der Transaktion...) wird nun über die Kapitalwertmethode der Barwert mit 12 Mio. € errechnet. Der Barwert ist in diesem Fall eine Bestimmung des maximalen Kaufpreises – es wird sozusagen C_0 ermittelt, mit dem der BC einen Barwert von null ergeben würde. In den Verhandlungen wird deutlich, dass der aktuelle Eigentümer nicht unter 14 Mio. € verkaufen will. Sie könnten mit einer Geldanlage von 14 Mio. € höhere Gewinne erzielen als dieses Stadtwerk zu kaufen, weil die zukünftigen Zahlungsströme eben nur 12 Mio. € wert sind. Würden Sie für 14 Mio. € dennoch kaufen, fügen Sie ihrem Unternehmen einen Wert von -2 Mio. € zu – Sie „verbrennen" also Geld. Können Sie nach zähen Verhandlungen sogar 10 Mio. € als Kaufpreis realisieren, kaufen Sie sehr günstig eine Zahlungsreihe, die 12 Mio. € wert ist. Sie generieren also 2 Mio. € Firmenwert.

Eine besondere Rolle bei der Kapitalwertmethode spielt der Kalkulationszinssatz „r". Er ergibt sich wie gesagt aus der Finanzierungopportunität des Unternehmens. Das Unternehmen braucht Eigenkapital (üblicherweise für die Anleger risikobehaftet und somit mit höherer Zinsanforderung ausgestattet) und nutzt zudem so viel wie möglich billigeres Fremdkapital. Die Fremdkapitalgeber erwarten einen bestimmten Eigenkapitalsockel im Unternehmen, sodass eine unlimitierte Erweiterung des Fremdkapitals nicht möglich ist. Somit wird „r" üblicherweise als gewichtetes Mittel der Eigen- und Fremdkapitalzinssätze des Unternehmens gebildet. Daneben werden oft Risikozuschläge für bestimmte Geschäfte zugeschlagen – auch Länderzuschläge (je nach Krisenfestigkeit des Landes) werden genutzt, so dass in der Realität die unternehmensweit häufig fest vorgegebenen Kalkulationszinssätze weit über einem Kreditzinssatz z. B. für Hypotheken liegt. „r" wird häufig sensitiviert (siehe Kap.6), um die Empfindlichkeit des Projektes auf Zinssatzänderungen festzustellen. „r" wird in Unternehmen auch anschaulich „hurdle rate" genannt – also „r" muss vom Projekt mindestens übersprungen werden, um sich zur Realisierung zu empfehlen.

Neben diesem Schlaglicht auf den Kalkulationszinssatz seien hier noch einige wenige Informationen zu Unternehmenssteuern angeführt. Alle Kostensteuern sind wie übliche Cashabflüsse in jedem Fall einzubeziehen (z. B. Verbrauchssteuern, Transaktionssteuern). Bei den einkommensabhängigen Steuern haben wir bisher den Steuersatz „0" unterstellt. Werden Kapitaleinkünfte und Unternehmensgewinne gleich besteuert, bedeutet das für den BC, dass sowohl der Kalkulationszinssatz „r" um die Steuer reduziert werden muss, als auch im BC bei der Berechnung der C_t-Werte die Steuern einbezogen werden müssen. Eine Auswirkung auf das Ergebnis ist dadurch nicht gegeben, wenn nicht andere Einflüsse

(z. B. Abschreibungen und Ihre Wirkung auf die Steuerzahlung) die BC-Alternativen unterschiedlich beeinflussen. Somit wird häufig in den Unternehmen für weniger komplexe BCs eine vereinfachte Rechnung komplett ohne Steuern bevorzugt. Liegen aber unterschiedliche Steuersätze z. B. für Körperschaftssteuer und Steuern auf Kapitaleinkünfte vor, so ist dieser Unterschied in den C_t und in „r" abzubilden. Das gleiche gilt für Investitionen im Ausland, welche immer auf Steuerauswirkungen geprüft werden sollten – manchmal ist es allein der Steuervorteil, der zur Projektinitiative geführt hat (Investitionen in Niedrigsteuerländer in Verbindung mit Doppelbesteuerungsabkommen).

Zur Lösung des Problems der Portfoliooptimierung unter Kapitalrestriktionen ist nun nur noch ein weiterer Schritt zu gehen. Wie oben gesagt, ist die Gewinnoptimierung unter Engpassbedingungen abhängig von dem Gewinn pro Engpasseinheit. Das Projekt mit dem höchsten spezifischen Gewinn pro Kapitaleinheit ist also zuerst zu realisieren, dann das Projekt mit dem zweithöchsten Gewinn usw. bis die Kapitalgrenze erreicht wird. Der Gewinn pro Kapitaleinheit ist dabei nichts anderes als der interne Zins, den ein Projekt abwirft. Wenn ein Projekt über die „hurdle rate" springt, dann ist es nahe liegend, dass der im Projekt erzielte Zinssatz über dem Kalkulationszinssatz „r" liegen muss. Für die genaue Berechnung ist für jedes Projekt der interne Zinssatz zu finden – im internationalen Geschäft auch als IRR (Internal Rate of Return) bezeichnet. Damit können sämtliche Projektalternativen im Kampf um das verfügbare Kapital durchgerechnet werden. Es leuchtet ein, dass alle Investitionen mit einem IRR der niedriger ist als „r", die also die hurdle rate nicht überspringen, per se aussortiert werden. Alle anderen Investitionen würden dem Unternehmen einen positiven Unternehmenswert in Höhe ihres Barwertes hinzufügen.

Üblicherweise liegen aber alle Projekte mit IRR > r in der Summierung ihrer Investitionsanforderungen höher, als die Kapitalausstattung des Unternehmens ist. Eine Optimierung des Unternehmenswertes kann dann dadurch erreicht werden, dass beginnend mit dem höchsten IRR absteigend die Projekte so lange zugelassen/genehmigt werden, bis mit Ihren Investitionsanforderungen die Kapitalgrenze erreicht wird. Das nächste Schaubild verdeutlicht diese Unternehmenswertoptimierung. Realisiert wird alles links von der Kapitalrestriktionslinie „verfügbares Kapital". Die Summe der Barwerte die realisiert werden bilden den Added Value dieses Projektportfolios ab (Abb. 9.3).

Mit Hilfe der Kapitalwertmethode kann der durch das Projektportfolio beeinflusste Unternehmenswert maximiert werden.

In der Realität stellt sich die Optimierung allerdings schwieriger dar – Investitionen sind oft nicht nur über ein Jahr zu tätigen, alte Investitionsverpflichtungen verdrängen ggf. neue Ideen, strategische Investitionen in neue Unternehmensbereiche werden oft auch mit niedrigem IRR der Realisierung zugeführt.

Die Sicherstellung der Gewinnoptimierung über das Projektportfolio des Unternehmens liegt im nächsten Schritt in den Händen der Projektteams, welche nun zur Realisierung ansetzen. Die weitere Nutzung des BCs bietet eine Fülle von Möglichkeiten, Projekte erfolgreich zu steuern. In den nächsten vier Kapiteln werden praxiserprobte Methoden vorgestellt, die dabei helfen, ein Projekt von der Initiative mit Hilfe des BCs auf sicheren Wegen hin zum definierten Projektziel zu lenken.

Abb. 9.3 Optimierung des Projektportfolios unter Kapitalrestriktionen

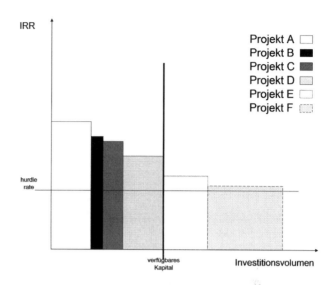

9.3 Fokus 1: Ein BC zwingt zum Planen

Die Phasen eines Projektes werden üblicherweise in Initiative, Planung, Durchführung und Abschluss eingeteilt. Übergreifend vom Beginn bis zum Ende wird noch das Controlling als die fünfte Phase beschrieben. Auf die ersten beiden Phasen wird hier in diesem Abschnitt der Schwerpunkt gesetzt. In der Initiativephase werden häufig von hoch in der Hierarchie angesiedelten Managern Ideen generiert, die anschließend von Projektteams zu realisieren sind. Ist dann ein Projektleiter ernannt, der dem Sponsor oft nahe steht, sieht dieser sein Wohl eher in der unkritischen Umsetzung der Wünsche seiner Vorgesetzten, als in der kritischen Auseinandersetzung mit der Frage, ob diese Idee oder jenes Kundenangebot wirklich zum gewünschten Erfolg führt oder nicht. Um dem unkritischen Folgeleisten Einhalt zu gebieten, werden in fast allen größeren Gesellschaften sogenannte Projekthandbücher oder Investitionsrichtlinien erlassen, die den BC als festen Bestandteil einer Entscheidungsvorlage für die Geschäftsleitung vorsieht. Weiterhin wird das Vier-Augen-Prinzip umgesetzt, indem der BC üblicherweise vom Controlling zu erstellen ist. Dabei wird ein BC in grober Form schon in der Initiativephase erstellt, aber der finale Startschuss für ein Projekt erfolgt nach der Planung und passend zur letzten Entscheidung vor dem Start der Durchführung bzw. vor der Vertragsunterschrift mit dem Kunden. Im Kundengeschäft wird dabei ungleich seltener auf eine tiefgehende Planung verzichtet. Gerade in internen Projekten ohne direkten zuordenbaren Verkaufspreis reicht dem Projektleiter und seinem Sponsor oft eine „gefühlte" finanzielle Planung und man fokussiert sich eher auf die konkrete Zeit- und Arbeitsschrittplanung im Projekt.

Ein obligatorischer BC zwingt alle Beteiligten, das Ziel nicht nur „technisch", „zeitlich", „designbezogen" oder „juristisch" zu erreichen, sondern auch alle geplanten Handlungen finanziell zu bewerten, mit Vorzeichen und Eurobeträgen zu versehen und in einer Gesamtrechnung über Cash-in- und Cash-out-Positionen zu vergleichen und bis zum Barwert zu kalkulieren. Das stellt die Steuerungsmöglichkeit des Unternehmenswertes bzw. der Unternehmensgewinne sicher.

9.4 Fokus 2: Die Kapitalwertmethode als Risikomanagementinstrument

Lässt man sich auf die Vorteile des BC mit Hilfe der Kapitalwertmethode ein, ohne die Nachteile (BC basierend auf Annahmen, die falsch sein können) aus den Augen zu verlieren, ergibt sich eine weitere Anwendung des BC und zwar als Instrument des Risikomanagements. Gerade die Nachteile, also die möglicherweise falschen Annahmen lassen sich in verbalen Auflistungen zwar qualitativ darstellen, aber eine konkrete quantitative Auswirkung ist nur schwer abbildbar, ohne die Kapitalwertmethode. Nehmen wir den möglichen Bau eines Kohlekraftwerkes, bei dem angenommen wird, dass ein Wirkungsgrad von 43 % erreicht werden kann. Bei diesem Wirkungsgrad sei der BC positiv. Die Ingenieure machen aber deutlich, dass die 43 % nur erreicht werden können, wenn sämtliche Einflussfaktoren (Kesselisolierung, Vorlaufwassertemperatur, Kohlebeschaffenheit, Zahl der An- und Abfahrten des Kessels usw.) optimal eingestellt werden können. Die Ingenieure gehen davon aus, dass im schlimmsten Fall nur 41,5 % erreicht werden können, was aber nur mit einer Wahrscheinlichkeit von 5 % zu erwarten ist. Mit Hilfe der Kapitalwertmethode kann nun ein zweiter BC durchgerechnet werden mit dem Wirkungsgrad von 41,5 %. Ist dieser BC noch immer positiv, wird deutlich, dass das Projekt selbst im schlimmsten Fall ohne finanzielle Risiken ist. Wäre der BC in diesem worst case aber negativ, liegt keine Eindeutigkeit vor. Hier lässt sich die Kapitalwertmethode derart nutzen, dass die Eintrittswahrscheinlichkeiten und die Ausprägungen des Wirkungsgrades in diesen einen BC eingebracht werden. Dazu wird nicht eine Annahme eingerechnet, sondern alle möglichen Varianten jeweils mit ihrer Eintrittswahrscheinlichkeit multipliziert. Es wird sich dann ein Barwert ergeben, der die Risiken eines reduzierten und gleichzeitig die Chancen eines hohen Wirkungsgrades berücksichtigt: z. B.

- 0,05 Eintrittswahrscheinlichkeit mit Wirkungsgrad 41,5 %;
- 0,25 Eintrittswahrscheinlichkeit mit Wirkungsgrad 42 %;
- 0,25 Eintrittswahrscheinlichkeit mit Wirkungsgrad 42,5 % und
- 0,45 Eintrittswahrscheinlichkeit mit Wirkungsgrad 43 %.

Diese Werte lassen sich ohne weiteres in einem BC verarbeiten.

In den Ausführungen zum Kalkulationszinssatz im Kap. 2 wurde bereits darauf hingewiesen, dass Risikozuschläge genutzt werden. Hier wird deutlich, dass über die Kapitalwertmethode auch Maßnahmen im Risikomanagement getroffen werden können. Eine erhöhte Renditeanforderung schafft Reserven für Projektfehlschläge – sie wirkt quasi wie eine interne Versicherung für Projektschadensfälle.

9.5 Fokus 3: Die Kapitalwertmethode ermöglicht Sensitivitätsanalysen

Wie im vorhergehenden Kapitel gezeigt wurde, erlaubt die Erstellung eines BC höhere Transparenz bei Risiken, die von Projektmitgliedern identifiziert wurden. Mittels so genannter Sensitivitätsrechnungen kann aber ein Projekt bzw. der BC auf diverse Risikofaktoren abgeklopft werden. Gegenüber dem o. g. Kapitel wird hiermit also ein Beitrag zur Risikoidentifizierung neuer bisher nicht erkannter Risiken geliefert. Eine Sensitivitätsanalyse wird durchgeführt, um zu schauen, wie der BC und damit das geplante Projekt auf Störungen reagiert. Liegt z. B. in einem Projekt ein eindeutiger Kalkulationszinssatz vor (oft gegeben durch die Investitionsrichtlinie des Konzerns), aber aufgrund der langen Laufzeit ist der Einfluss des Kalkulationszinssatzes hoch (hohe Zinsabhängigkeit der Abzinsungsfaktoren am Ende langer Laufzeiten), so bietet sich an zu prüfen, wie das Projekt auf Zinssatzänderungen reagiert, denn die Wahrscheinlichkeit einer real möglichen Änderung des Zinsniveaus im Rahmen der Projektlaufzeit ist hoch bei langen Laufzeiten. Um das zu erreichen, wird innerhalb des BC der Kalkulationszinssatz in 0,1-%-Schritten abgesenkt und angehoben und man erkennt leicht, wie der BC auf diesen Faktor reagiert. Hier kann nun ein Maßnahmenbündel ansetzen z. B. langfristige Finanzierungsverträge mit festen Konditionen abschließen.

Sensitivitätsanalysen werden häufig für Wechselkursrisiken oder Ölpreisschwankungen berechnet. Inflationsraten oder Personalkostenverläufe sind weiter Anwendungsgebiete für Sensitivitätsanalysen.

Es wird deutlich, dass der BC eine Hilfe bei der Identifizierung und Analyse der Risiken bieten kann. Ein BC lässt bekannte Risiken besser verstehen und er zeigt Anfälligkeiten auf. Ein BC ist aber nur ein Abbild von zukünftigen Handlungen und das konkrete Verändern der ex ante-Risikoarchitektur eines Projektes kann nur durch beherztes Eingreifen erfolgen. Auf die Motivation zum Eingreifen/Steuern gehen wir nun im folgenden Kapitel ein.

9.6 Fokus 4: Verbindlichkeit der Ansätze in BCs

Die Kapitalwertmethode hat der Autor als ein im Studium erlerntes Werkzeug erlebt, welches im betrieblichen Leben tatsächlich ausgiebig angewendet wird. Auch wenn es oft schwierig ist, verantwortliche Projektleiter und ihre Sponsoren von der Anwendungsnotwendigkeit zu überzeugen, so ist auf Ebene der Unternehmensleitung gerade für Großprojekte eine Entscheidung ohne BC fast nicht mehr denkbar. Dennoch wird der

BC auch missbraucht oder erst nach der faktischen Entscheidung „nachgeliefert", um eine Projektgenehmigung auch finanziell begründen zu können oder um formalen Vorgaben zu genügen. Gibt man einem Projektleiter die Verantwortung über ein Projekt und damit für die faktische Realisierung, reagiert er oft so, dass mit allen Mitteln versucht wird, das Projekt umzusetzen, und somit ein positiver BC (Barwert) angestrebt wird. Dieser BC unterstützt dann die Entscheidung zur Umsetzung, wird aber gerne bei der anschließenden Umsetzung aus den Augen verloren. Dazu ist es nicht unüblich, dass Annahmen – die Basis der Kalkulation – zu positiv angesetzt werden. Hier seien zwei Beispiele genannt, die das Problem veranschaulichen:

a. Der Marketingchef hat eine Werbekampagne für sein Produkt „Gas" erarbeitet, um im Haushaltskundengeschäft etwa 10 % mehr Kunden (etwa 15.000 Haushalte) zu generieren. Die Kampagne ist aber so teuer, dass der BC nur mit der Zusatzmarge von 18.000 neuen Kunden positiv ausgehen würde. Somit hebt er nun schnell die Schätzung um einige Tausend Kunden an – wohl wissend, dass die 10 %-Schätzung bereits aus dem Bauch heraus geschah und somit eine Erhöhung auf 12 % schwer anfechtbar ist. Die Werbekampagne wird auch nach Protesten der Controlling Abteilung umgesetzt.
b. Der lokal tätige Energieversorger XY für Strom und Gas wird im Rahmen der übergeordneten Konzernstrategie aufgefordert, seine IT-Abteilung auszugliedern und in die zentrale IT-Gesellschaft des Konzerns zu integrieren. Es werden Einsparungen und Synergien versprochen die in der Zentrale entstehen sollen und zu 50 % auch an den lokalen Energieversorger XY weitergegeben werden sollen. Somit ist der BC für den lokalen Versorger und für die zentrale IT-Gesellschaft per Definition positiv im Vergleich zum Status quo. Die IT-Abteilung wird daraufhin wie geplant umgehängt aber bereits im zweiten Jahr werden die IT-Kosten durch die Zentrale derart erhöht, dass die jetzt extern gesteuerten IT-Kosten die alten „stand alone"-Kosten der Gesellschaft XY weit übersteigen.

An diesen Beispielen lassen sich zwei eng an den BC anknüpfbare Instrumente ableiten, die bezüglich des verantwortungsvollen Umgangs mit einem BC und damit mit dem Geld der Gesellschaft förderlich wirken.

Im Fall a) kann die Bonusvergabe an die Erreichung der BC-Annahmen geknüpft werden. So kann also hier dem Marketingleiter vorab mitgeteilt werden, dass sein diesjähriger Jahresbonus an das Erreichen der zusätzlichen Gas-Haushaltskundenanzahl geknüpft wird. Wichtig ist es, ihm vorher zu sagen, dass die Anzahl der im BC angesetzten Zuwächse (z. B. 15.000 bzw. 18.000) seine Zielzahl für einen 100 %-Bonus sein wird – Abweichungen nach oben und unten werden prozentual im Bonus berücksichtig. Plötzlich wird man beobachten können, dass sich die Motivation einer Erhöhung der Annahme auf 18.000 Neukunden stark reduziert, er stattdessen beginnt, an Einsparungen z. B. in der Marketingkampagne zu arbeiten um den BC positiv zu gestalten. Dieses Beispiel kann auf fast alle Projekte übertragen werden, die einzeln identifizierbare Komponenten enthalten mit einer eindeutigen Verantwortlichkeitszuordnung zu Mitarbeitern. Diese identifizierten Komponenten können der Anknüpfung von Prämien dienen (Budgets für Komponenten, Großeinkäufe von Lieferanten, Softwarekosten...).

Im Fall b) kann man eine einfache Regel des Risikomanagements ansetzen: „alles was gesagt wird, kann auch aufgeschrieben werden". Hier würde sich anbieten, den Vertretern der IT-Zentrale vorab anzukündigen, dass für die Laufzeit des BC sämtliche Annahmen für den BC der XY-Gesellschaft innerhalb eines Vertrages 1:1 festgeschrieben werden. Damit hätte Gesellschaft XY neben Planungssicherheit auch die Gewissheit, dass es für sie real billiger wird. Hier ist parallel das o. g. Instrument der Verknüpfung mit variablen Vergütungen einzusetzen, sonst könnte die IT-Konzerngesellschaft zwar in Richtung Gesellschaft XY ihr Wort halten, aber faktische Kostensteigerungen im großen zentralen Budget verschwinden lassen.

Die unabdingbare Verbindlichkeit der Annahmen eines BCs kann auch als Instrument des Risikomanagements interpretiert werden. Unwägbarkeiten werden durch die verbindliche Festschreibung in Verträgen bzw. über Zielvereinbarungen auf vorteilhaft Weise fixiert. Dieses ist positiv für das Gesamtunternehmen, welches davon ausgehen kann, dass eine hohe Motivation besteht, dass Ziele für Einzelkomponenten (und damit für das Gesamtprojekt) im übererfüllt bzw. Annahmen im BC realistisch angesetzt werden.

9.7 Zusammenfassung

Die Lehre spricht von der Kapitalwertmethode, doch in der Praxis spricht man von einem Business Case und impliziert dabei die Nutzung der Kapitalwertmethode. BCs werden gerechnet, um für einen Strauß von Alternativen die besten Projekte für den Einsatz der knappen Ressource Kapital auszuwählen. In der Energiewirtschaft ist die Kapitalwertmethode neben dem allgemeinen strategischen Filter eines Unternehmens das wichtigste Auswahlkriterium für zukünftige Projekte. Innerhalb gegebener Kapitalgrenzen sollte das Portfolio von Projekten über die Reihenfolge des IRR ermittelt und festgelegt werden. Doch der BC dient nicht nur zur Projektentscheidung oder -auswahl. Er zwingt zu einer sorgfältigen Planung und bietet dabei die Basis für das laufende Controlling von Projekten. Der BC ermöglicht Risikobewertung und -identifikation durch Variantenrechnungen bzw. Sensitivitätsanalysen. Nutzt man den BC nicht nur als finanzmathematische Entscheidungsbasis, sondern hebt die Bedeutung auf das Niveau eines Steuerungswerkzeugs, um Zielvereinbarungen mit Projektbeteiligten daran anzuknüpfen oder Vertragstexte um die Inhalte im BC ranken zu lassen, so schließt sich der Kreis der Nutzung eines BC: Projektplanung – Risikomanangement – Auswahl von Projekten – Lenkungsinstrument zur Zielerreichung – das sind die Stichworte in einem umfassenden Zyklus des erfolgsorientierten Projektportfoliomanagements (Abb. 9.4).

Abb. 9.4 Steuerungskreis für Projektportfolios mit Hilfe der Kapitalwertmethode

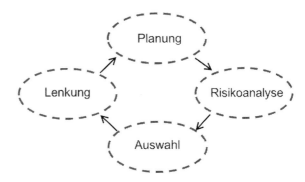

Literatur

Bösch, M. (2009). *Finanzwirtschaft*. München: Vahlen.
Enthofer, H., & Haas, P. (2011). *Handbuch Treasury*. Wien: Linde.
Hax, H., & Franke, G. (2009). *Finanzwirtschaft des Unternehmens und Kapitalmarkt*. Berlin: Springer.
Hens, T., & Rieger, M. O. (2010). *Financial economics*. Berlin: Springer.
Jacobs, J. (2012). *Frühwarnindikatoren und Krisenfrühaufklärung*. Wiesbaden: Gabler.
Kruschwitz, L. (2010). *Finanzierung und Investitionen*. München: Oldenbourg.
Kruschwitz, L. (2009). *Investitionsrechnung*. München: Oldenbourg.
PMBOK – A Guide to the Project Management Body of Knowledge, Project Management Institute, Pennsylvania, 2008.
Stöttner, R. (1998). *Investitions- und Finanzierungslehre*. Frankfurt: Campus.

Change Management in der Energiewirtschaft – Bericht aus einer Branche im Wandel

10

Jan Schneider

Der Artikel betrachtet das Management organisatorischer Veränderungen in der deutschen Energiewirtschaft. Welche Veränderungen beschäftigen die Projektmanager in den Unternehmen? Wie werden organisatorische Aufbau-, Abbau- und Umbauaktivitäten in der Projektarbeit angegangen? Welche Herausforderungen gibt es? Welche Erfahrungen wurden bereits gemacht? Welche Bedeutung haben die weichen, mitarbeiterorientierten Themen wie Kommunikation, Akzeptanzsicherung und Qualifizierung?

Der Artikel ist keine abschließende, umfassende Darstellung. Vielmehr verfolgt der Artikel das Ziel, den Austausch und die Weiterentwicklung der Managementpraxis zu fördern. In mehreren Experteninterviews wurden Praktiker und Führungskräfte aus Energieversorgungsunternehmen und Unternehmen der Solar und Windkraftbranche befragt. Über diese Beobachtungen und Rückmeldungen wird berichtet. Hierzu wird ein konzeptioneller Rahmen zur Integration von Projekt- und Change Management genutzt, um die Stärken und Schwächen der Arbeitspraxis zu benennen und Anregungen für zukünftige Weiterentwicklungen zu geben.

10.1 Organisationsprojekte in der deutschen Energiewirtschaft

Obwohl Unternehmen der Energiewirtschaft in ihren Tätigkeiten und Strukturen sehr vielfältig sind, ist ihnen spätestens seit der Energiewende im Frühjahr 2010 eines gemeinsam: ein immenser Anpassungsdruck, ausgelöst durch eine radikal veränderte politische, rechtliche und ökonomische Landschaft. In nahezu allen Bereichen der Energiewirtschaft

J. Schneider (✉)
Hermeskeiler Straße 7, 50935 Köln, Deutschland
E-Mail: Jan.schneider@c43p.de

haben sich die Rahmenbedingungen in den letzten fünf Jahren grundlegend verändert. Bereits die beginnende Finanzkrise im Jahr 2008 hatte vielen Investitionsprojekten ein Ende bereitet. Spätestens seit der Nuklearkatastrophe in Fukushima, und der darauf folgenden Energiewende in Deutschland ist für die Unternehmen nahezu nichts mehr wie es vorher war. Jedoch trifft der Wandel die Branchen der Energiewirtschaft sehr unterschiedlich. Chancen und Risiken liegen nahe bei einander.

„Bei uns hat das große Projektesterben eingesetzt. Jeder fragt sich, wie sicher ist mein Arbeitsplatz." Eine Projektmanagerin aus dem Kraftwerksbau eines Energieversorgungsunternehmens (EVU) bringt die Verunsicherung der Mitarbeiter zum Ausdruck. Der Geschäftsführer eines Shared Services Bereiches in einem EVU formuliert prägnant: „Das traditionelle Geschäftsmodell der Energieversorger funktioniert nicht mehr." Die Unternehmen haben einen fatalen Dreiklang aus Atomausstieg, Netzumbau und massiv gefallenen Gaspreisen zu bewältigen. Die ehemals an Stabilität und Versorgungssicherheit ausgerichteten Unternehmen müssen sich neu erfinden.

Für die Mitarbeiter sind die Antworten der großen Versorgungsunternehmen auf diese Herausforderungen wenig ermutigend: umfangreiche Projekte zur Restrukturierung wurden gestartet. Damit verbunden ist ein Mitarbeiterabbau im erheblichen Umfang. Etwa 25.000 Mitarbeiter sind bei RWE, EON und EnBw von dem Stellenabbau betroffen. Die Stimmung bei den Mitarbeitern ist nicht gut. Das Vertrauen in die vormals sicheren Arbeitsplätze ist dahin. Das liegt nicht nur an der traditionell an Stabilität und Berechenbarkeit ausgerichteten Unternehmenskultur. Im aktuellen Geschäftsjahr erwirtschaften zumindest EON und RWE unverändert Milliardengewinne. Vor diesem Hintergrund finden die schmerzhaften Umbauarbeiten bei den Mitarbeitern wenig Akzeptanz. Der Wandel wird als Bedrohung wahrgenommen. Wie wenig überzeugend die Vermittlung des Wandels bisher gelang, bringt ein Projektmanager auf den Punkt: „Change Management – diesen Job möchte doch keiner machen" (Frankfurter Allgemeine Zeitung vom 2012, 2013).

In einer anderen Situation befinden sich die Unternehmen aus der Solar- und Windkraftbranche. Auch diese Unternehmen stehen vor einem immensen Veränderungsdruck. Vor allem der wachsende Preiswettbewerb durch chinesische Hersteller und auch die sinkende Nachfrage infolge der veränderten Förderungen in Deutschland treiben den Wandel in der Branche.

„Die Branche ist eine echte Achterbahn", so die Einschätzung eines Personalleiters eines mittelständischen Produzenten von Windkraftanlagen. Die Jahre des starken Wachstums kamen 2008 abrupt zum Ende. Die Projektfinanzierungen über den Kapitalmarkt gingen massiv zurück. In den folgenden Jahren verlief das Wachstum auf deutlich geringerem Niveau. Eine Phase der Konsolidierung auch in den internen Strukturen war die Folge. Mittelfristig ebenso wichtig war, dass das verbleibende Wachstum zunehmend außerhalb Deutschlands stattfand. „Wir sind im Kern ein Handwerksunternehmen, das auf weltweit mehrere tausend Mitarbeiter gewachsen ist", sagt der Mitarbeiter des Windkraftunternehmens. Die internationale Ausrichtung der internen Prozesse und Strukturen ist die zentrale Herausforderung.

Eine andere Situation lässt sich in der Solarbranche beobachten. Auch dort hat der globale Wettbewerb mit aller Kraft zugeschlagen. Die Unternehmen trifft der Preiskampf in einer denkbaren schlechten Situation. In den letzten Jahren wurden erhebliche Überkapazitäten aufgebaut. Zugleich war die Innovationstätigkeit in den deutschen Unternehmen gering. Die fetten Jahre des subventionierten Wachstums haben dazu geführt, dass überdimensionierte Betriebe mit unterdurchschnittlicher Innovationstätigkeit entstanden sind. Den Preiswettbewerb haben die deutschen Unternehmen jedenfalls verloren. Die starke Nachfrage nach Solarkomponenten in Deutschland wird zunehmend von chinesischen Anbietern bedient. Das Gesetz für den Vorrang Erneuerbarer Energien (EEG) aus dem Jahr 2000 hat in Deutschland einen Nachfrageboom nach Solaranlagen ausgelöst. Die Anzahl der Beschäftigten in der Solarbranche stieg auf nahezu 130.000 im Jahr 2011. Organisationsprojekte bedeuteten neue Mitarbeiter einzustellen und Produktionskapazitäten hochzufahren. Damit ist es vorerst vorbei. Allein 2012 gingen die Anzahl der Beschäftigten in der Solarindustrie um mehr als 20 % zurück. 30.000 Arbeitsplätze gingen verloren. Bis zu 70 % der Unternehmen, so pessimistische Schätzungen, werden in den kommenden fünf Jahren vom Markt verschwunden sein. Organisationsprojekte heute? Das bedeutet Standortverlagerungen, Konsolidierung und Stellenabbau. (Handelsblatt 2012)

Die Jahre des Wachstums haben die Unternehmenskultur jedoch nachhaltig geprägt. Schon in der Vergangenheit waren die Organisationsstrukturen einem stetigen Wandel unterworfen. Veränderungen, so haben die Mitarbeiter und Führungskräfte gelernt, eröffnen auch neue Möglichkeiten. „Natürlich geht jeder von uns anders damit um. Doch wir sind unverändert eine innovative Branche und stellen uns dem internationalen Wettbewerb" so die chancenorientierte Selbsteinschätzung eines Projektleiters.

Eine Zukunft habe die deutsche Solarindustrie wohl nur, wenn es gelingt im globalen Wettbewerb zu bestehen. Die Unternehmen haben das erkannt und so wird die Internationalisierung konsequent vorangetrieben. Die Projektleiter beschäftigen sich mit dem Aufbau von Ländergesellschaften, der Integration in die Prozesse und zunehmend mit dem internationalen Großkundengeschäft. Für die überwiegend technisch orientierten Führungskräfte bringt diese interkulturelle Zusammenarbeit neue, teilweise unerwartete Herausforderungen.

10.2 Projektmanagement von Organisationsveränderungen

In der Energiebranche ist der Projektbegriff stark durch technische Projekte aus dem Anlagenbau und der Infrastrukturentwicklung geprägt. Mitarbeiterbezogene Aspekte und die Organisationsentwicklung verantworteten in der Vergangenheit die Fachabteilungen. Projekte und Projektmanagement hatten wenig mit „weichen" Faktoren wie Kommunikation, Qualifizierung und Akzeptanzsicherung zu tun. Das hat sich gewandelt. Der massive Umbau macht es notwendig, auch diese strukturellen Anpassungen mit den Instrumenten des Projektmanagements zu betrachten.

Organisatorische Veränderungen sind Projekte, d. h. zeitlich befristete Aufgaben mit klaren Zielen. Hohe Komplexität und Dynamik bergen ein entsprechendes Umsetzungsrisiko. Das moderne Projektmanagement stellt ein Instrumentarium bereit, um Umbauprozesse zu planen und zu steuern. Das PM-Fundament aus Methoden und Prozessen hat seine Wurzeln in technisch und funktional geprägten Großprojekten (Project Management Institute 2013). Eher wenig bietet das traditionelle PM-Instrumentarium, wenn es um die weichen Faktoren der Projektarbeit geht. Kommunikation, Mitarbeiterbeteiligung, Qualifizierung und Akzeptanzsicherung – bei Organisationsprojekten sind dies die Erfolgsfaktoren. Das Management der „people side of change" birgt eine Reihe von besonderen Herausforderungen, die mit dem Schlagwort „Change Management" bezeichnet werden.

Was ist das Besondere an dieser Aufgabe? Die gewachsenen Strukturen der Aufbau- und Ablauforganisationen sind immer eigendynamische und eigensinnige Verzahnungen aus gestalteten, gewachsenen und gewucherten Elementen. Rational oder gar logisch lässt sich ein solches soziales System bestenfalls an der Oberfläche „verstehen". Es ist das klassische Eisbergphänomen, dem der Change-Manager gegenüber steht. Der sichtbare, „offizielle" Teil der Organisation gibt nur einen kleinen Teil der Komplexität wider. Ein „Verstehen" und noch vielmehr ein Verändern eines solchen Systems erfordert, dass hinter die formale, offizielle Fassade geschaut wird.

Soziale Systeme ändern sich, wenn die Menschen sich ändern. Veränderungen bedeuten für die Mitarbeiter, dass sie bewährte und vertraute Routinen verlassen und Neues erlernen müssen. Das löst Emotionen aus. Unsicherheit, Überforderung und Angst können sich als Resignation und Widerstand gegen den Wandel äußern. Doch sind es nicht nur psychologische Phänomene, die den Change zur Herausforderung machen. Normen, Werte und Einstellungen prägen die soziale Identität des Unternehmens. Die Mitarbeiter orientieren sich hieran, wenn sie fragen, ob der Wandel fair, sinnvoll und notwendig ist. Diese sozialen Aspekte prägen die Fähigkeit einer Organisation sich zu verändern.

Die wenig rationale, eher emotionale „Psycho"-Logik ist für Projektmanager und Führungskräfte unbekanntes Terrain. Das klassische Projektmanagement von Zielen, Ergebnissen und Abhängigkeiten greift hier zu kurz. Es bedarf zusätzlicher Instrumente, um Organisationen erfolgreich zu verändern.

Change Management steht für die Begleitung von Organisationen, Teams und Personen in Veränderungsprozessen. Ziel dabei ist es, veränderte Strukturen und Prozesse sozial und emotional in der Organisation zu verankern. Hierfür steht ein Fundus aus Methoden, Prozessen und bewährten Erfolgsfaktoren bereit, der für die praktische Gestaltung und Steuerung von Veränderungsprojekten genutzt werden kann (Claßen 2008; Hiatt und Creasey 2003).

In den letzten Jahren hat das Change Management einen erheblichen Professionalisierungsschub erfahren. In Theorie und Praxis wurde daran gearbeitet, die empirische Überprüfbarkeit und auch die Reproduzierbarkeit der Change-Arbeit zu steigern. Heute weicht die ehemals von Glaubenssätzen geprägte Diskussion einer offenen, methode-

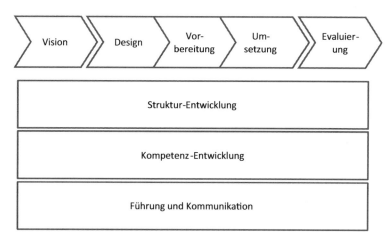

Abb. 10.1 CM Phasen und Ebenen

norientierten Auseinandersetzung über Erfolgsfaktoren und Vorgehensmodelle (Prosci 2012).

Im Folgenden wird der Status Quo der Change Management Praxis in der Energiewirtschaft diskutiert. Ziel dabei ist, Erfahrungen sichtbar zu machen, Handlungsbedarf zu erkennen und Anregungen für die weitere Entwicklung zu geben. Hierzu wird ein einfaches konzeptionelles Modell zur Integration von Projekt- und Change-Management (CM) skizziert, um die einzelnen Beobachtungen in einem Gesamtrahmen einzubetten und damit eine Systematisierung zu erleichtern.

Das Modell (Abb. 10.1) ist einfach gehalten und beschränkt sich auf zwei Ebenen der Integration: 1. der prozessualen Verzahnung von PM und CM und 2. der aufgabenbezogenen Gliederung in Aspekte der Führung, der Struktur- und Kompetenzentwicklung.

10.2.1 CM als Phasenablauf

Veränderungsprojekte folgen dem klassischen PM-Lebenszyklus aus Initialisierung, Planung, Durchführung und Abschluss. In diesem Rahmen aus Projektauftrag, Projektplan und Freigabe lassen sich die wesentlichen Managementaufgaben beschreiben. Allerdings verdecken die PM-Prozessschritte einige der Besonderheiten der Change-Aufgabe und es hat sich bewährt, zusätzlich ein Phasen-orientiertes Ablaufmodell für Veränderungsprojekte zu verwenden. (Stanford 2007; Abb. 10.1)

Ein wichtiger Unterschied zwischen dem Projektbegriff und dem Change-Begriff besteht darin, dass der Veränderungsimpuls nicht an den Projektgrenzen endet. Die Projektergebnisse wie Organigramme, Prozesse und Systeme entfalten erst nach Projektabschluss ihre Wirkung. Nicht nur zeitlich, sondern auch inhaltlich und sozial greift der Veränderungsimpuls über die Projektgrenzen hinaus. Ein Change-Phasenkonzept hilft dabei, diesen Projekt*k*ontext bzgl. Aufgaben, Verantwortlichkeiten und Abhängigkeiten im Auge zu behalten.

1. Vision – der Startpunkt einer Change-Initiative ist die Erarbeitung des Zielbildes. „Was wollen wir erreichen?". Sinnvollerweise ist diese Diskussion vor dem Projektstart zu führen. Eine Antwort wird in der Regel nicht im Projektkernteam oder im Steuerungsgremium gegeben. Die Zielbildarbeit koppelt den Organisationswandel an die Strategie des Unternehmens. Dies ist Aufgabe des Top-Managements. Aus der Phase „Vision" resultiert eine konkrete, greif- und überprüfbare Beschreibung der mittel- bis langfristigen Zielelandschaft für die Veränderung.
2. Design – „Wie wollen wir den Wandel gestalten?" Die konzeptionelle Vorarbeit für die Umsetzung ist Teil der Projektplanung. Nicht nur die strukturellen, eher hardfactorientierten Projektergebnisse sind zu planen. Auch die „weichen" Elemente wie Kommunikation, Qualifizierung und Beteiligung sollten in einer „Veränderungsarchitektur" ausgestaltet werden. Die Architektur beschreibt einen ganzheitlichen Rahmen für die Umsetzung der organisatorischen Veränderung.
3. Vorbereitung/ Umsetzung: Schulungsmaterial produzieren, Multiplikatoren vorbereiten und Führungskräfte informieren – dies sind einige der Aufgaben in der Vorbereitung. Für die Kommunikation hat es sich bewährt, den Tag des „Going Live" als klares Etappenziel zu planen und den Übergang in den Wirkbetrieb entsprechend zu gestalten.
4. Evaluierung – Die Evaluierung der Veränderung greift zeitlich über den Abschluss des Projektes hinaus. Natürlich sind bereits während der Projektumsetzung wiederkehrend „Checks" absolut notwendig, um den Projektfortschritt sichtbar zu machen und Handlungsbedarf zu erkennen. Jedoch lässt sich die beabsichtigte Verankerung von neuen Prozessen und Strukturen häufig erst nach Projektende beobachten. Die nachgelagerte Evaluierung stellt sicher, dass mittel- bis langfristig die Wirksamkeit überprüft wird. Sie stellt fest, ob das Unternehmen im Sinne des beabsichtigten Wandels vorangekommen und auf dem richtigen Weg in die Zukunft ist.

Das CM-Phasenkonzept folgt einem zyklisch-iterativen Grundmuster, in dem die „Reifungsprozesse" vorangetrieben und regelmäßig reflektiert werden. An den Phasenübergängen werden die erreichten Fortschritte bewertet und eine Entscheidung über den Eintritt in die nächste Projektphase getroffen. Ganz ähnlich wie in einem klassischen Stage-Gate-Modell erfordert dieses Phasenkonzept eine rollierende Wellenplanung, in der „auf Sicht" geplant und gesteuert wird. Damit lässt sich eine akzeptable Balance erreichen, zwischen der iterativen, entwicklungsorientierten Vorgehensweise und den Anforderungen des Managements an Planbarkeit und Transparenz.

10.2.2 CM Gestaltungsebenen

Die CM-Phasen beschreiben den groben Ablauf eines Change-Projektes. Die Frage: „Was ist zu tun?" lässt sich in Gestaltungsebenen gliedern, die jeweils eine besondere Planung und Steuerung erfordern (Abb. 10.1).

1. Struktur-Entwicklung – Organisatorische Veränderungen gehen einher mit Anpassungen der Aufbau- und Ablauforganisation. Mitbestimmungsthemen, Arbeitsrechtliche Aspekte und die betriebliche Infrastruktur werden als Arbeitspaket geplant und nachverfolgt.
2. Kompetenz-Entwicklung – Neue Rollen und Aufgaben fordern von den Mitarbeitern neue Fähigkeiten zu erlernen. Die Personalentwicklung identifiziert die notwenigen Maßnahmen und setzt diese um. Ob die Qualifizierung erfolgreich war, kann in der Regel erst nicht im Projektrahmen gemessen und bewertet werden. Die Planung greift zeitlich und organisatorisch über das Projekt hinaus.
3. Führung und Kultur – Veränderungen sind erfolgreich, wenn es gelingt, die Betroffenen zu überzeugen und die Neuerungen aus der „definierten Welt in die gelebte Welt" hineinzubringen. Akzeptanz benötigt mehr als nur Kompetenz (Wissen) und infrastrukturelle Rahmenbedingungen (Können). Entscheidend ist, dass die Betroffenen den anstehenden Wandel mittragen und unterstützen (Wollen). Die Vermittlung von Zielen und Begründungen ist eine Führungsaufgabe. In dieser Gestaltungsebene finden sich folglich die Aufgabe der Kommunikation und Führung. Die Planung folgt keiner Wenn-Dann Logik und der Kommunikationsprozess benötigt einen stark iterativen Ablauf.

Die vorgeschlagene Aufteilung in drei Ebenen ist pragmatsch begründet: Das vorgeschlagene Modell hat den Vorteil, dass es das Zusammenspiel von harten und weichen Faktoren verdeutlicht. Zusätzlich passen die Gestaltungsebenen in der Regel gut zu der betrieblichen Landschaft aus Akteuren und Betroffenen (Hochreiter 2006; Königswieser und Exner 2004).

10.3 Veränderungsprojekte initialisieren

Organisationsprojekte konkurrieren mit anderen Aufgaben nicht nur um Zeit und Geld. Aus Mitarbeitersicht ziehen diese Projekte auch Aufmerksamkeit und Energie an sich. Zu viel Wandel lähmt das Unternehmen und bringt den Geschäftsbetrieb zum Erliegen, denn die Mitarbeiter auf allen Hierarchieebenen beschäftigen sich mit Zukunftsfragen, statt im Tagesgeschäft produktiv zu sein. „Der angekündigte Personalabbau ist in die Arbeit hinein gerauscht. Danach hat die Projektarbeit keinen mehr interessiert", so lautet die Einschätzung eines Projektleiters aus einem EVU. Sofort begannen die Mitarbeiter, sich für den anstehenden Umbau zu positionieren. Das Tagesgeschäft wurde zur Nebensache und in der Führungsmannschaft machte sich eine Stimmung des Ausharrens und Aussitzens breit. Entscheidungen wurden gar nicht oder sehr risikoscheu getroffen.

Traditionell sind die EVU an Stabilität und Sicherheit als zentralen Werten der Unternehmenskultur ausgerichtet. Das hat sich in der Mentalität der Mitarbeiter und Führungskräfte niedergeschlagen. „Bei uns finden sie überwiegend Manager, die auf Beständigkeit und Perfektionismus ausgerichtet sind. In der Vergangenheit haben die Kollegen Initiative und Risiko eher vermieden." So die Einschätzung einer EVU Führungskraft. Die Entscheidungsprozesse sind entsprechend langsam und schwerfällig. Ein stark politisiertes Umfeld trägt dazu bei, dass bewahrt und verteidigt wird. Agilität und Flexibilität sind nicht die Stärken der Versorger.

Dies gilt nicht für die Unternehmen der Solar- und Windkraftbranche. Flache Hierarchien und schlanke Prozesse prägen die Organisation. Agilität und Chancenorientierung sind tief verwurzelt. Aus den Gründerjahren kennen die Angestellten den permanenten Wandel als Normalzustand.

Umso erstaunlicher ist, dass eine systematische Analyse von Chancen und Risiken in der Projekt-Vorbereitung die Ausnahme ist. Aus den Berichten der Führungskräfte wird deutlich, dass bspw. eine Stakeholder-Analyse, also die Identifikation und Bewertung der relevanten Akteure, nur selten durchgeführt wird. Somit hängt es stark von der Erfahrung des Projektleiters ab, ob diese Themen vorab betrachtet werden.

Stabilität ist in unruhigen Zeiten ein kostbares Gut. Die Unternehmen stehen vor der Herausforderung, den Wandel zu kanalisieren und die Arbeitsfähigkeit zu bewahren. Eine professionelle Change-Steuerung beginnt damit, dass Change-Bedarfe identifiziert und im Zusammenhang bewertet werden. Erst in dieser Portfoliosicht ist es möglich, aktiv zu steuern. „Starten wir die richtigen Projekte zum richtigen Zeitpunkt?", diese Frage wird zu selten vorab diskutiert. Nur so ist es möglich, Wichtiges und Dringendes im Kontext zu gewichten und den Veränderungsdruck koordiniert in die Mannschaft hinein zu gegeben.

Die Instrumente des Multiprojekt- und Projektportfolio-Managements helfen bei der Steuerung eines Change-Portfolios. Für die Priorisierung von Organisationsprojekten ist es zusätzlich sinnvoll, die Sicht der Betroffenen zu berücksichtigen. Dieser „Change Impact", also die erwarteten Auswirkungen, spiegelt die mit der Org.Veränderung verbundene Managementaufgabe wider. Die Gewichtung ist an psychologischen und sozialen Aspekten orientiert und fragt nach dem wahrgenommen Ausmaß der Veränderung (Change-Scope) und nach der Bereitschaft den Wandel mitzugehen (Change Readiness) (Hiatt und Creasey 2003).

Veränderungsausmaß (Change-Scope)

Das Ausmaß und die Reichweite des Umbaus lässt sich vermessen. Bei der Erhebung geht es um die Sichtweise der Betroffenen, also das wahrgenommene Ausmaß. Fragebögen, Interviews oder auch strukturierte Beobachtungsverfahren können mit geringem Aufwand zur Erhebung eingesetzt werden. Mögliche Fragen sind:

- Welche Reichweite hat der organisatorische Umbau? (Arbeitsgruppe, Abteilung, Bereich, Unternehmen)
- Wie viele Mitarbeiter sind betroffen? Welche Auswirkungen hat es für die Mitarbeiter?
- Sind die Mitarbeiter gleichermaßen betroffen oder gibt es wichtige Unterschiede?
- Was wird sich ändern? (Prozesse, Systeme, Organisation, Kompetenzen, Räumlichkeiten, Verträge, ...)
- Wie wird die Veränderung laufen? (inkrementell – radikal; kurzfristig – langfristig; getrieben-gesteuert)

Veränderungsbereitschaft (Change-Readiness)

Eine zweite Perspektive fragt nach der Bereitschaft, den Umbau mitzugehen. Hier geht es weniger um Widerstand und Ängste, sondern um die Selbstwahrnehmung der Organisation als soziales System hinsichtlich der Veränderungsbereitschaft. Mitarbeiter und Führungskräfte sollten gleichermaßen einbezogen werden, denn gerade in der mittleren Führungsebene größerer Organisationen existieren „Lähmschichten" des Bewahrens und Verharrens. Fragen, die gestellt werden, sind z. B.:

- Wie beurteilen Sie vergangene Veränderungen? (erfolgreich, gerecht, sinnvoll, ...)
- Wie gut ist es uns in der Vergangenheit gelungen, organisatorische Veränderungen umzusetzen? (Ergebnisse, Ressourcen, Freiräume, Anreize ...)
- Haben wir eine gesunde Balance von Stabilität und Wandel?
- Wie schätzen Sie die Einstellung der Kollegen zu neuen Ideen, Wandel und Entwicklung ein? (Bedrohung oder Chance?)
- Wie gut unterstützt das Unternehmen Sie dabei, Veränderungen umzusetzen?(Freiräume, Anreize ...)?

Eine Zusammenschau von Change-Scope und Change-Readiness erleichtert es, Kategorien von Change Projekten zu erkennen. Daraus ergibt sich Diskussion, welcher Management-Ansatz und auch welche Management-Priorität das Thema benötigt.

Eine mögliche Auswertung ist die Change-Impact Analyse, die in einer Vier-Feld-Matrix das Projektportfolio abbildet (Abb. 10.2). Kerngedanke ist, das CM immer wichtiger wird, je größer das Ausmaß und je geringer die Bereitschaft. Daraus ließe sich ableiten, dass die Change Aufgabe als eigenständiges Projekt oder als Teilprojekt einem größeren Programm aufgesetzt werden sollte. Auch für die Organisation und die benötigten Ressourcen des Change-Teams ergeben sich ggf. Konsequenzen.

Abb. 10.2 Change Impact

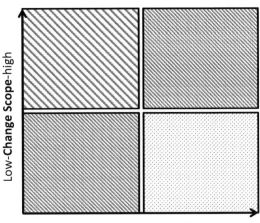

10.4 Veränderungsprojekte planen

Die Gestaltungsebenen Struktur, Kompetenz und Führung lassen sich nicht mit einem einheitlichen Planungsansatz abbilden. Zwar eignen sich die PM-Methoden gut, um die Strukturarbeiten zu vermessen und zu planen. Jedoch die „weichen" Elemente wie Kommunikation und Akzeptanzsicherung entziehen sich der Planung von überprüfbaren Ergebnissen, Aufwand und Abhängigkeiten. Die Herausforderung besteht darin sequentielle Ansätze mit eher iterativen Planungsmethoden zusammen zu bringen und den organisatorischen Wandel als „Reifungsprozess" abzubilden.

Die Projektpraxis in den Unternehmen besitzt an dieser Stelle einen blinden Fleck. Die aus der technischen Projektarbeit bewährten Methoden werden genutzt – Phasenkonzepte, Projektstrukturpläne und Kennzahlen kommen konsequent zum Einsatz -, doch die Planung bleibt hier häufig stehen. Zwar werden die strukturellen, messbaren Aufgaben wie Konzeptentwicklung, Training und Audits in den Projektplänen berücksichtigt, die weichen Faktoren werden jedoch bei der Planung ausblendet. So konnte keiner der befragten Projektleiter von einer formulierten und geplanten Kommunikationsstrategie im Projekt berichten. In der Praxis wird in der späteren Projektumsetzung unter dem Druck der Betroffenen reagiert und mühsam nachgebessert.

Wenig erstaunlich, dass so die beabsichtigte, nachhaltige Akzeptanz und Wirksamkeit nicht erreicht wird. Wie vermitteln wir die Veränderung? Wie entwickeln wir die Anwendungskompetenz? Wie stellen wir die dauerhafte Nutzung sicher? In den Vorgehensmodellen der befragten Unternehmen finden sich hierzu keine Vorgaben oder Hilfestellungen. Die Aufgaben der Kommunikation, Kompetenzentwicklung und Führung sind wenig vorgedacht und die Umsetzung bleibt der Erfahrung und dem Fingerspitzengefühl des Projektmanagers überlassen.

„Wie stellen wir sicher, dass nicht jeder was anderes erzählt?" fragt eine Projektleiterin und gibt dazu eine Antwort aus ihrer Arbeitspraxis. Die Teams investieren Zeit, um ein gemeinsames Verständnis über Chancen und Risiken zu erarbeiten. Daraus leiten sich Argumentationsketten ab, die in das Material für die Kommunikation und Training einfließen. Die Bereitschaft auch innovative, ungewohnte Wege zu gehen wächst. Nicht nur Projekt-Kickoffs und Newsletter werden genutzt, einzelne Projekte setzen auch Videos und Theaterelemente ein. Eine Herausforderung dabei ist die Rückkopplung und Reflexion mit den Betroffenen. „Wir wollen die Rückmeldungen der Fachexperten frühzeitig und möglichst ungefiltert hören". Bewährte Formate wie Projektkonferenzen, Markplätze und Expertennetzwerke haben sich im Laufe der Jahre abgenutzt und immer weniger Mitarbeiter nehmen teil. Neue Möglichkeiten des Web 2.0 wie Wikis, Blogs und Social Networks wachsen in diese Lücke hinein. Deutlich zu spüren ist das Bemühen der Change-Teams, sich im Ringen um die knappe Aufmerksamkeit der Mitarbeiter mit neuen Ideen zu behaupten.

Bei den Projektleitern wächst die Erkenntnis, dass die „weichen" Themen erfolgskritisch sind, denn die wachsende Zahl von Organisationsprojekten hat in dem Bereich Nachholbedarf gezeigt. Die großen Restrukturierungsprojekte in den EVU, so die Rückmeldungen, haben begonnen eigene Change-Strukturen aufzusetzen. Auch in der Ausbildung der Projektmanager sind Themen wie Führung und Kommunikation zunehmend verankert. Es bleibt abzuwarten, inwieweit diese Erfahrungen sich zukünftig in den PM-Vorgehensmodellen der Unternehmen niederschlagen.

In der Solar- & Windkraftbranche ist ein eher agiles, iteratives Projektmanagement zu finden. Die geringe Standardisierung der Kundenprojekte fordert von den Projektleitern eine hohe Flexibilität und Lernbereitschaft. Die Prozess-Vorgaben ließen eine relativ große Freiheit bei der Planung und Umsetzung zu. Im Gegenzug ist eine Kultur des Austausches und der kontinuierlichen Verbesserung in vielen Unternehmen fester Bestandteil der Projektarbeit. Immer häufiger kommen dabei auch „Lessons Learned" zur Mitarbeiter-Kommunikation und Beteiligung zum Vorschein. Die Change-Arbeit wird schrittweise in den Unternehmen verbessert.

Ein zentrales Planungsinstrument der Change-Arbeit ist die „Architektur der Veränderung". Die Architektur beschreibt als Gesamtbild den Wandel: was soll geschehen (Inhalt) und wie soll es geschehen (Prozess). (Hochreiter 2006; Königswieser und Exner 2004) Es wird ein Rahmen für die zeitliche, sachliche, soziale Gestaltung festgelegt. Die Architektur ist als Gesamtbild ein erstes Kommunikationsinstrument, in dem die Grundprinzipien der Veränderung sichtbar werden. (Abb. 10.3) Sie zeigt auf,

- welche Umbauphasen durchlaufen;
- welche Aktivitäten zur Entwicklung von Struktur, Kompetenz und Kultur gestartet;
- wie die Betroffenen in der Umsetzung beteiligt;
- wie der Veränderungsverlauf in der Umsetzung reflektiert und ggf. ausgerichtet; und
- wie das Alte verabschiedet und das Neue nachhaltig verankert werden.

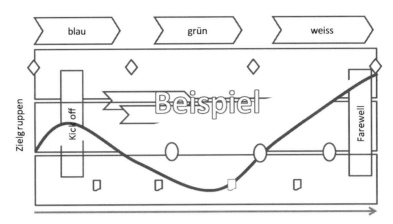

Abb. 10.3 Skizze Change Architektur

Die Change Architektur (Abb. 10.3) ist mehr als ein grafischer Kommunikationsplan. Die Architektur legt das Fundament, um die Arbeitsebenen der Führung, der Struktur, und der Kompetenzentwicklung im Projekt zu gestalten.

Eine wachsende Zahl von Organisationen nutzt den Ansatz des „Storytelling", um die Kommunikation anzureichern und als Erzählung zu gestalten. Der Gesamtverlauf des Projektes ist in eine „Story" gekleidet, die als Plattform in der Kommunikation dient. Eine gute Erzählung bettet die zentralen Aussagen eines Change-Vorhabens ein in eine Handlung mit Akteuren, Zeit, Ort, Rahmenelementen und natürlich einem Spannungsbogen. Die Story transportiert Antworten und macht so den Veränderungsbedarf konkret. Sie gibt Antworten auf die folgenden Fragen:

- Warum müssen wir uns verändern?
- Was wollen wir bewahren?
- Was bedeutet die Veränderung für mich?
- Wie kann ich beitragen?
- Wann und wie werden wir den Erfolg wahrnehmen können?

Die Change-Story legt den „roter Faden" für die Kommunikationsgestaltung. Die Change-Architektur setzt die Erzählung um und kombiniert dazu zentrale und dezentrale Medien ebenso wie symbolische und transaktionale Formate. Nicht nur Slogans und Logos stehen zur Verfügung, ebenso haben sich klassische Elemente aus Theater und Bühne bewährt, um eine „Erzählung" in der Organisation über längere Strecken zu gestalten. Die Kommunikation mit Hilfe von Bildern, Charakteren und Spannungsbögen ist überaus wirksam, wenn es gilt, schwierige und unangenehme Inhalte glaubwürdig und verständlich zu vermitteln (Herbst 2011).

10.5 Veränderungsprojekte organisieren

Mit dem Start der Umsetzung gehen auch die Change-Arbeiten in die Verantwortung des Teams über. Die Aufgaben sind als Arbeitspakete oder Teilprojekte organisiert und werden in der Projektsteuerung nachverfolgt. Eine Besonderheit von Change-Projekten liegt in ihrer Abgrenzung, denn die organisatorischen Auswirkungen enden nicht an den Projektgrenzen. Im Gegenteil, der Wandel muss aus dem Projekt hinaus in die permanente Organisation getragen und in der gelebten Arbeitspraxis verankert werden. Wie stellen die Projekte das „Hand-Over" heute sicher? Wie werden Verantwortlichkeiten und Rollen außerhalb der Projektorganisation gestaltet, so dass diese Kopplung gelingt und die Projektergebnisse in der Organisation ankommen?

„Aus Betroffenen Beteiligte machen" ist das Leitbild der Change-Arbeit. In den Unternehmen übernehmen die Projektteams die Verantwortung dafür die Mitarbeiterbeteiligung und -Kommunikation umzusetzen. Dazu werden Mitarbeiter aus den betroffenen Einheiten in den Teams eingesetzt. Dies geschieht zwar selten von Anfang an, doch spätestens im Projektabschluss sind Vertreter aus den Fachbereichen mit dabei. Sobald es um Kommunikation und Akzeptanzsicherung bei den Mitarbeitern geht, werden Führungskräfte der mittleren Ebenen, also Team- und Gruppenleiter, in die Pflicht genommen.

In wachsendem Umfang werden auch Change-Begleiter und Multiplikatoren eingesetzt, um als „Brückenköpfe" in der Fläche zu wirken. Allerdings ist diese Rolle nur unscharf beschrieben. Beispielsweise ist nicht immer klar definiert, welche Schlüsselaussagen vermittelt werden sollen oder wie mit Rückmeldungen in das Projektteam umgegangen werden soll. Zumindest aus Sicht der befragten Projektleiter gibt es kein einheitliches und abgestimmtes Verständnis über Aufgaben und Verantwortlichkeiten; auch hier entwickelt sich die CM-Kompetenz aus der konkreten Projektarbeit voran. Die Projektteams erstellen nach eigenem Ermessen Ansätze und Materialien. Unterstützung durch interne Experten-Netzwerke und Management-Communities zur Change-Arbeit sind aktuell noch Mangelware.

Insgesamt ergibt sich aus den Interviews der Eindruck, dass in den EVU unverändert eine „hard-fact"-orientierte Führungs- und Kommunikationskultur lebt. Beteiligung und Rückkopplung mit den Mitarbeitern ist die Ausnahme. Akzeptanzsicherung erfolgt erst in den späten Projektphasen und ist stark auf die reine Vermittlung von Informationen beschränkt. Das „management by objectives" also die Führung durch Zielvereinbarungen, ist der vorherrschende Ansatz. Da die „weichen" Change-Themen in den Projektaufträgen aber nur selten explizit vereinbart sind, ist die Aufmerksamkeit entsprechend gering. „The people side of change" hat aktuell nur wenig Gewicht auf der Management-Agenda.

In der Solarindustrie berichtet ein Bereichsleiter, dass die Linienführungskräfte insgesamt eine hohe Aufmerksamkeit auf die Kommunikation mit den Mitarbeitern legen. Einbinden und beteiligen seien Bestandteil der Unternehmenskultur. „Wer nicht kommunizieren kann, hat es sehr schwer, als Führungskraft bei uns zu bestehen." Schon bei der Auswahl der Führungskräfte sei dies ein wichtiges Kriterium. Der Karrierepfad als

Abb. 10.4 CM Rollen

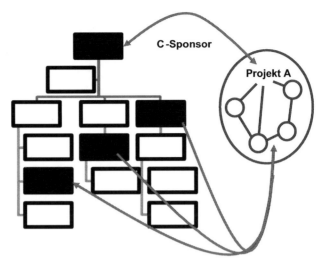

Führungskraft ist gekoppelt an eine schrittweise und umfassende Kompetenzentwicklung durch Trainings, Coachings und kollegiale Netzwerke.

Eine Besonderheit bei den Unternehmen der Solar- und Windkraft ist der anstehende Generationswechsel. Die Gründergeneration der 70'er und 80'er Jahre hat sich in einer Reihe von Unternehmen aus der operativen Arbeit zurückgezogen. Ihr folgen Manager nach, die aus der Mitarbeiterrolle erwachsen sind. Dieser Wandel bietet die Chance, das Führungsverständnis zu hinterfragen. Kommunikation und Mitarbeiter-Einbindung sind dabei Bausteine um die Organisationen auf die neuen Herausforderungen vorzubereiten.

Für die Kopplung von Projekt und permanenter Organisation haben sich in der Change-Arbeit zwei Rollenkonzepte bewährt: der Change Sponsor und der Change Agent (Abb. 10.4.) (Prosci 2012). Tatsächlich nutzen die Unternehmen diese Rollen mit recht unterschiedlichen Verantwortungen und Befugnissen. Der Kerngedanke jedoch ist stets ähnlich: die nachhaltige Verankerung von organisatorische Veränderungen muss in der permanenten Organisation, also außerhalb des Projektes verantwortet werden.

Der Sponsor ist eine Führungsrolle, die Ziele und Umsetzung des Wandels verkörpert. Warum müssen wir uns ändern? – die Antwort gibt der Sponsor. Je nach Reichweite und Ausmaß der Veränderung, wird diese Rolle auf einer entsprechenden Hierarchieebene besetzt werden müssen. Entscheidend für die Positionierung ist die Frage: Wer besitzt die Glaubwürdigkeit, die Sichtbarkeit und die Ausdauer den Veränderungsprozess als Gallionsfigur zu begleiten? Eine aktive und nachhaltige Unterstützung durch das Top-Management ist einer der zentralen Erfolgsfaktoren in der Change-Arbeit. Die Mitarbeiter wollen von der Veränderung überzeugt werden, dies ist die Aufgabe des Change Sponsors.

Ein häufiges Missverständnis liegt darin, die Rolle des Change Sponsor identisch mit der Rolle des Projektauftraggebers zu verstehen. Der Change Sponsor ist in erster Linie eine Führungsrolle, die in der Kommunikation wirkt. Nicht in jedem Fall ist der Projektauftraggeber hierfür in der geeigneten Position.

Das Change Sponsoring endet nicht mit dem Projektabschluss. Das „Going-Live" der neuen Strukturen oder Prozesse markiert nur ein Etappenziel, bei dem die Verantwortung an die permanente Organisation weitergereicht wird. Der Sponsor begleitet den Wandel auch in der Evaluierungsphase und steht für die nachhaltige Verankerung des Wandels.

Change Agents:

Die Kopplung von Projekt und permanenter Organisation ist vermutlich in allen Projekten eine Herausforderung. Jedoch kommt in der Change-Arbeit hinzu, dass die Organisationsveränderungen nicht auf der grünen Wiese gefordert sind, sondern ihre Wirkung erst in der permanenten Arbeit entfalten. Der Projekterfolg wird erst nach Projektabschluss geerntet! Eine solche Wirkung über das Projekt hinaus kann nur erreicht werden, wenn die Betroffenen in der Umsetzung aktiv eingebunden sind. Change Agents sind die Vertreter der Organisation im Projekt und zugleich sind sie Vertreter des Projektes in der Organisation.

Der Change Agent ist ein Brückenkopf, der Projekt und Linie miteinander verzahnt. Es gilt, die Projektergebnisse in die Linie zu tragen, aber auch die Rückmeldungen aus der Regelorganisation in das Projekt zurückzutragen. Die Führungskräfte der mittleren Ebenen sind gut geeignet, diese Rolle auszufüllen, da sie als direkte Vorgesetzte für die Mitarbeiter präsent und ansprechbar sind. Ein durchaus willkommener Nebeneffekt ist, dass die Führungskräfte sich sichtbar zum Wandel bekennen und damit ein klares „Commitment" abgeben.

Die Change Agents sind eine wertvolle, kostbare Ressource. Die Rollen-Inhaber müssen ein hohes Maß an sozialer und kommunikativer Kompetenz einbringen, um diese Aufgabe zu erledigen. Die Vermittlung gelingt nur, wenn die Change Agents das Vertrauen ihrer Kollegen haben. Gerade wenn es um schwierige und schmerzhafte Veränderungen in der Organisation geht, ist diese Glaubwürdigkeit und das Vertrauen eine flüchtige und knappe Ressource.

10.6 Veränderungsprojekte evaluieren

„What gets measured gets done" dieser Grundsatz der operativen Managementarbeit stößt bei organisatorischen Veränderungen an seine Grenzen – zählen, wiegen, messen lassen sich Phänomen wie Akzeptanz und Unterstützung nicht so einfach. Die Ergebnisse aus Kommunikation und Qualifizierung sind im etablierten Projekt-Monitoring und Controlling schwer zu überprüfen. Viele Projekt- und Change-Teams akzeptieren diese vermeintliche Einschränkung allzu leichtfertig und verzichten vollständig auf ein Change-Monitoring. Damit entzieht sich die Change-Arbeit der Überprüfbarkeit und dem „Freestyle Change Management" sind Tür und Tor geöffnet. Viel gravierender ist allerdings, dass ohne ein Reporting die angestoßenen Prozesse nicht mehr transparent sind.

Weder für das Management, noch für die Mitarbeiter ist der Status der Change-Maßnahme zu erkennen. Im Kampf um die Aufmerksamkeit von Mitarbeitern ist das keine gute Ausgangslage. Gleiches gilt für die Management-Diskussion um Prioritäten und Ressourcen. Change-Maßnahmen ohne Status verlieren rapide an Aufmerksamkeit, rutschen in der Prioritätenliste ab und werden zu Streichkandidaten.

Wie werden Organisationsprojekte in der Energiewirtschaft auf Fortschritt und Wirksamkeit überprüft? Die große, organisatorische Unruhe in den Unternehmen ist nicht ohne Effekt geblieben: In allen befragten Unternehmen ist die Projektlandschaft in einen Strudel von Kostenreduzierungen, Re-Priorisierungen und Neuplanungen geraten. Für die Change-Aufgaben ist das fatal. Die fehlende Planungssicht auf die weichen Faktoren rächt sich nun. Die nicht explizit geplanten Aufgaben, wie Kommunikation und Qualifikation werden in den Neu-Planungen ohne Kompensation gestrichen. Eine Projektleiterin berichtete, dass die ehemals zentrale Organisation von Trainingsangeboten aufgelöst wurde. Was zukünftig kommt, sei für die Mitarbeiter unklar. In den Projekten buchen die Mitarbeiter aktuell unkoordiniert in die (noch) verfügbaren Trainingsmaßnahmen, solange es noch geht. Die Managementaufmerksamkeit für diese Themen sei spürbar zurückgegangen. Stattdessen überwiege eine Zahlen-Daten-Fakten Kommunikation, die wenig Raum für die Einbindung und Beteiligung der Mitarbeiter lasse.

Die massiven Re-Priorisierungen und Kürzungen haben in allen befragten Unternehmen die Planungsgrundlage fundamental verschoben. Jedoch benötigen nicht nur Change-Projekte, sondern alle Projekte einen stabilen Planungsrahmen, um über Fortschritt und Handlungsbedarfe berichten zu können. Erschwerend kommt bei Change-Arbeiten hinzu, dass in den Projektaufträgen die Aufgaben zur Kompetenzentwicklung und Führungsarbeit häufig fehlen. Wirksames Controlling ist so unmöglich.

Ein bewährtes Konzept, um Kompetenzentwicklungen zu bewerten, sind die Stufenmodelle aus der pädagogischen Forschung (Hiatt 2006). Diese Modelle beschreiben Entwicklungsprozesse als Abfolge von aufeinander aufbauenden Reifephasen. Jede Reifungsstufe ist mit beobachtbaren Fähigkeiten bzw. Handlungen beschrieben und lässt sich in qualitativen Erhebungen beobachten. Ein einfaches Modell unterscheidet bspw. die Kompetenzstufen:

Abb. 10.5 Skizze Kompetenzstufen

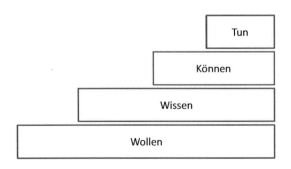

Für die Zielgruppen lässt sich im Rahmen des Monitorings der Status erheben und auf Basis des Reifungsmodells bewerten. Falls notwendig, kann eine tiefergehende Analyse von hemmenden und fördernden Einflussfaktoren dazu dienen, Barrieren zu identifizieren und Maßnahmen abzuleiten. Change Monitoring wird so zu einer handwerklich orientierten Steuerung von sozialen und psychologischen Veränderungsprozessen.

10.7 Change Management als Kernkompetenz entwickeln

Nichts ist beständiger als der Wandel – die deutsche Energiewirtschaft wird auch in den kommenden Jahren mit erheblichen Umbauprojekten beschäftigt sein. Eindeutig sind die Einschätzungen der Projektleiter und Führungskräfte: die Phase des Umbaus und der Neupositionierung ist nicht abgeschlossen. Der Veränderungsdruck wird auch in den kommenden Jahren hoch bleiben.

In diesem Umfeld ist eine Fähigkeit von besonderer Bedeutung: die Fähigkeit, das Unternehmen flexibel und schnell auf die veränderten Rahmenbedingungen auszurichten. Dazu bedarf es ohne Zweifel neuer Geschäftsmodelle, doch werden Produkt- und Prozessinnovationen alleine nicht ausreichen, um dauerhafte Wettbewerbsvorteile zu erzielen. Zusätzlich bedarf es der Fähigkeit, die Organisation zügig und effektiv neu auszurichten. Diese Wandlungsfähigkeit steht heute in Industrien wie Telekommunikation und Luftfahrt weit oben auf der Management-Agenda, denn die Jahre der Deregulierung und des wachsenden globalen Wettbewerbs haben auch in diesen Branchen eine enorme Dynamik ausgelöst.

In der deutschen Energiebranche wird diese Anpassungsfähigkeit in den kommenden Jahren ein zentraler Erfolgsfaktor sein. Unternehmen, die schnell und entschlossen ihre internen Strukturen auf veränderte Bedingungen anpassen können, sind aufgestellt die Chancen der Energiewende zu nutzen.

Wo stehen die Unternehmen heute? Die geführten Interviews mit Führungskräften und Projektleitern sind Fragmente, die nur Ausschnitte aus einer vielfältigen Branche widergeben. Auch sind die Einschätzungen subjektiv durch individuelle Erfahrungen geprägt und lassen keine objektive Gesamtbewertung zu. Trotzdem ergibt sich aus den Gesprächen ein Eindruck, den ich als Fazit in drei Thesen zusammenfassen möchte:

1. Der Umbau wird nur gelingen, wenn die Unternehmenskultur sich wandelt. Natürlich benötigen nahezu alle größeren Unternehmen der Branche neue Produkte, Märkte und Prozesse. Doch das wird nicht reichen. Während in den EVU die Tradition aus Stabilität und Bewahren den Neuanfang erschwert, verzetteln sich die Unternehmen der Solar-und Windkraftbranche beim Verteidigen der liebgewonnen Subventionen. Diese Einstellungen binden in den Unternehmen viel Aufmerksamkeit, die an anderer Stelle dringend benötigt wird.

2. Das Change-Handwerk ist der Schlüssel, um die Agilität der Unternehmen zu steigern. Beteiligung und Mitarbeiter-Orientierung werden in den Projekten heute nicht als kritische Erfolgsfaktoren behandelt. Im Vergleich mit anderen Branchen ist die CM-Kompetenz unterdurchschnittlich. Die Neupositionierung wird nur gelingen, wenn die Akzeptanz und das Engagement der Mitarbeiter sichergestellt sind.
3. Die Zeit drängt! Die aktuellen Umbau-und Abbauarbeiten bergen die Gefahr, die Mitarbeiter dauerhaft zu verunsichern. Fehlende Beteiligung oder einfach schlechte Mitarbeiterkommunikation werden in der Belegschaft sehr aufmerksam beobachtet. Diese Erfahrungen wirken langfristig: Ein verringertes Engagement und eine geschwächte Bindung an das Unternehmen schädigen die „Change Ability" dauerhaft.

Literatur

Claßen, M. (2008). *Change Management aktiv gestalten*. Köln: Luchterhand
Frankfurter Allgemeine Zeitung vom. (2012, 21. Dezember). „EnBW streicht 1.350 Stellen."
Frankfurter Allgemeine Zeitung vom 2013, 3. Januar „Die Solarindustrie in der Zwickmühle"
Handelsblatt, vom. (2012, 14. Dezember). „Vom Saulus zum Paulus".
Herbst, D. (2011). *Storytelling* (2. Aufl.). UVK Konstanz.
Hiat, J. (2006). *ADKAR a model for change in business, goverment and our community*. Loveland: Prosci Learning Center Publication.
Hiat, J., & Creasey, T. (2003). *Change Management – the people side of change*. Loveland: Prosci Learning Center Publication.
Hiatt, J. Creasey, T. (2012). *Best Practices in Change Management*. Loveland Colorado, Prosci.
Hochreiter, G. (2006). *Choreografien von komplexen Veränderungsprozessen*. Heidelberg: CarAuerVerlag.
Königswieser, R., & Exner, A. (2004). *Systemische Intervention*. Stuttgart: Klett-Cotta.
Project Management Institute, Inc. (2013). *A Guide to the Project Management Body of Knowledge (PMBOKSM Guide)* (5. Aufl.). Newtown Square: PMI.
Stanford, N. (2007). *Guide to organisation design*. London: The Economist.

Risikomanagement – das Beherrschen von Risiken als kritischer Faktor für den Projekterfolg

Claudia Degner

> Die Energiewirtschaft in Deutschland ist eine stark reglementierte Industriebranche. Gerade die jüngsten Ereignisse in Fukushima/Japan im März 2011 haben den Einfluss von Politik und Medien auf diesen Wirtschaftszweig verdeutlicht. Der Ausstieg aus der Kernenergie und die Verstärkung des Ausbaus der erneuerbaren Energie wurden innerhalb kurzer Zeit entschieden.
>
> Die Unternehmen wurden angehalten ihre Produkte zu priorisieren und somit ihre Produktportfolis neu zu strukturieren. Je nach Geschäftsbereich der Energieerzeugung haben die Unternehmen eine definierte Wachstums- bzw. Investitionsstrategie. Auf Grund großen Interesses an regenerativer Energie der Öffentlichkeit und der Politik, werden für ein strategisches Wachstum dieser Geschäftsbereiche die Investitionsbudgets engagierter zur Verfügung gestellt. Zudem sind die Investitionen hinsichtlich der Amortisationszeiten des investierten Budgets für die Unternehmen risikoärmer. Anders ist es im Bereich der konventionellen Energie und Kernenergie, in diesem die Projekte der Substanzerhaltung dienen. Das Risikomanagement, als Bestandteil des Projektmanagements, hat gerade in jenen Geschäftsbereichen, welche kein Wachstum in Deutschland zu erwarten haben und durch einen enormen Einfluss von außen geprägt sind, eine große Bedeutung und ist ein wesentlicher Faktor für den Projekterfolg. Dieser ist durch die Zielerreichung von Kosten, Qualität und Zeit definiert.
>
> Nach der Verabschiedung des Gesetzes zur Kontrolle und Transparenz (KonTraG) im Jahre 1998, erlangte das Risikomanagement in aktiennotierten Unternehmen eine wesentliche Bedeutung. Ziel ist es, den Fortbestand

C. Degner (✉)
München, Deutschland
E-Mail: PM_Energiebereich@web.de

des Unternehmens zu sichern. Dies beinhaltet ein geeignetes Kontrollsystem, sowie die Initiierung geeigneter Maßnahmen. Ein Instrument dafür ist ein systematisches Risikomanagement, welches wie ein Frühwarnsystem rechtzeitig vor Abweichungen oder Einflüssen im Projektumfeld warnt, die Hintergründe aufdeckt und Wege aufzeigt diese abzuwehren. Als eine der wesentlichen Schnittstellen dient das strategische Controlling. Für eine Bewertung der Risiken und deren Maßnahmen zur Verringerung oder Vermeidung der entstehenden Schadenskosten werden dort die notwendigen Daten erhoben.

Projektrisiken definieren sich laut ICB als „unsichere Ereignisse oder mögliche Situationen mit negativen Auswirkungen (Schäden) auf den Projekterfolg insgesamt, auf einzelne Projektziele, Ergebnisse oder Ereignisse. Sie werden bestimmt durch die Wahrscheinlichkeit des Risikoeintritts und des möglichen Schadens bei Eintreten des Risikos". Das Risikomanagement in Projekten beschreibt ICB als „im Rahmen der Risikoanalyse die Identifizierung, Klassifizierung und Bewertung von Projektrisiken aller Art sowie die Entwicklung und Durchführung von Maßnahmen zur Risikobewältigung. Die Risikoanalyse und –bewältigung sind ein systematischer und formaler Prozessansatz, im Gegensatz zur Intuition. Die Prozesse des Risikomanagements finden in allen Phasen des Projektlebensweges statt" (GPM 2005)

Bereits in der frühen Projektphase kann eine grobe Risikoanalyse die „Projektfreigabe" in Frage stellen. Ist die Umsetzung des Projektes beschlossen, zählt kontinuierliches Risikomanagement zu den wesentlichen Kontroll- und Frühwarnsystemen im Projekt und beinhaltet die systematische Risikoidentifikation, deren Analyse und Bewertung, die Analyse und Bewertung von Maßnahmen, die Risikodokumentation und die regelmäßige Berichterstattung. Somit ist das Managen von Risiken zu keiner Zeit reaktiv, sondern immer proaktiv.

11.1 Risikoarten

In der Literatur sind eine Vielzahl von Risikoarten bzw. Risikofaktoren beschrieben, wobei diese zur besseren Übersicht in Gruppen eingeordnet werden können, siehe Tab. 11.1.

Je nach Unternehmenskultur und -strategie können die Risikoarten unterschiedlich gewichtet werden, wobei im Wesentlichen den terminlichen, wirtschaftlichen und technischen Risiken die größte Bedeutung zugetragen wird. Die unterschiedliche Gewichtung der Risikoarten ist ein essenzieller Bestandteil der Risikobewertung und ist eine unternehmensstrategische Entscheidung.

Zudem sind die Abhängigkeiten zwischen den einzelnen Risikoarten nicht außer Acht zu lassen. Einige Risikoarten bedingen sich gegenseitig: zum Beispiel können personelle Risiken schnell auch terminlichen und auch wirtschaftlichen Risiken nach sich ziehen. Oder ein technisches Risiko kann zusätzliche Kosten verursachen und somit ein wirtschaftliches Risiko entstehen lassen.

Tab. 11.1 Risikoarten nach Risikogruppen

Risikogruppe	Risikoart
Risiken innerhalb der Projektabwicklung	Wirtschaftliche Risiken
	Terminliche Risiken
	Technische Risiken
	Technologische Risiken
	Risiken durch Lieferanten und Partner
	Projektumfang und -ziele
	Reststoffbearbeitung
	Entsorgung
Projektphasenabhängige Risiken	Risiken in der Planungsphase
	Risiken in der Analyse- und Konzeptphase
	Risiken in der Projektrealisierung
	Risiken zum Projektabschluss
	Risiken in der Nachprojektphase (Wartungsrisiken)
Risiken in der Projektunterstützung	Kommunikation
	Personelle Risiken
Risiken im Projektumfeld	Stakeholder und Öffentlichkeit
	Unternehmenskultur
	Risiken durch unternehmensinterne strategische Vorgaben
	Vertragliche Risiken
	Landesspezifisch und Politisch
	Arbeitssicherheit und Umwelt
	Höhere Gewalt
	Rechtlich
	Regulatorisch
	Marktbedingungen
	Betrieb

11.2 Risikomanagement im Unternehmen

Eine wesentliche Managementaufgabe ist die Definition des Umfangs des zu praktizierenden Risikomanagements im Unternehmen und stellt den Rahmen des im Projekt durchgeführten Risikomanagements dar. Dabei sind die Unternehmensziele einzubeziehen.

Die Projektpraxis bestätigt, dass es nicht ausreicht Projektrisiken einmal zu Beginn eines Projektes zu ermitteln, da im Laufe der Projektabwicklung zwischen den Risi-

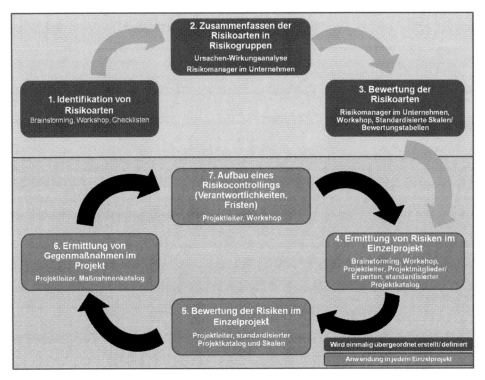

Abb. 11.1 Prozess im Risikomanagementprozess im Unternehmen

ken bzw. Risikoarten Dynamik herrscht.(Steeger 2003) Dies zieht ein kontinuierliches Risikomanagement durch alle Projektphasen nach sich.

Die folgende Abb. 11.1 zeigt die notwendigen Schritte im Risikomanagementprozess.

In den Schritten eins bis drei der Abb. 11.1 legt das übergeordnete Management den Rahmen des Risikomanagements fest. Es werden die Risikoarten definiert und diese in Gruppen zusammengefasst. Der bedeutsamste Schritt ist die Bewertung bzw. die Gewichtung der einzelnen Risikoarten, ausgerichtet an den unternehmensstrategischen Zielen. Dieser Rahmen ist die Basis der Risikoanalyse in den Einzelprojekten und ist bei Änderungen in der Unternehmung anzupassen. Die Ermittlung der Risiken im Einzelprojekt bis zum Aufbau und der Durchführung eines Risikocontrollings muss für jedes Einzelprojekt individuell durchgeführt werden. Zudem müssen diese Schritte innerhalb des Projektlebenszyklus in einem regelmäßigen Turnus, aber besonders bei Änderungen der Projektgegebenheiten/-ziele und des Projektumfangs wiederholt werden.

11.2.1 Methoden der Risikoidentifizierung

Neben der umfangreichen Checkliste, haben sich weitere Methoden und Techniken zur Identifizierung von Projektrisiken als sinnvoll gezeigt. Einige werden folgend beschrieben.

1. Brainstorming
   Die Brainstorming-Sitzung sollte als erste Methode zur Risikoidentifizierung genutzt werden. Ihre Anwendung ist gerade in der frühen Projektphase sinnvoll, da in kurzer Zeit wesentlichen Risiken mit Hilfe der Gruppe identifiziert werden können. Die folgenden Methoden können zur Ergänzung der im Brainstorming ermittelten Risiken genutzt werden.
   Brainstorming ist der Klassiker unter den Kreativitätsmethode zur Entwicklung von Ideen zur Lösung unterschiedlichster Fragestellungen. Ein wesentliches Merkmal ist die wertfreie und kritiklose Sammlung von möglichst vielen Lösungen. Dabei ist die gegenseitige Anregung der Teilnehmer der große Vorteil. Ein sich daraus ergebender Nachteil ist gegebenenfalls die Fokussierung auf einen Ansatz.
2. Studium ähnlicher Projekte
   Ein Review abgeschlossener Projekte mit ähnlichem Projektziel kann eine hilfreiche Methode zur Risikoidentifizierung gerade in der frühen Projektphase sein. Dabei sollte neben dem Interview beteiligter Projektmitglieder auch die Risikoanalysen und Risikolisten der vergangenen Projekte geprüft werden.
3. Vor Ort Aufnahmen
   Bei großen Anlagenprojekten ist eine Besichtigung vor Ort unabdingbar. Nur so ist es möglich, sich mit den lokalen Bedingungen vertraut zu machen
4. Stakeholderanalyse
   Mit der Analyse des Umfeldes lassen sich Risiken ermitteln, welche sich aus dem Aspekt der Kunden- und Lieferantenorganisation, aber auch aus dem unternehmensinternen Umfeld ergeben können.
5. Dokumentationsanalyse
   Bei dieser Methodik werden alle Dokumente, welche im Zusammenhang mit dem Projekt stehen, auf eventuelle Risiken analysiert.
   Das Ergebnis dieser beschriebenen Methoden zur Risikoidentifizierung ist eine umfassende Risikoliste. Folgend müssen die Risiken analysiert und bewertet werden.

11.2.2 Analyse und Bewertung von Risiken

Die Analyse und die Bewertung der identifizierten Projektrisiken sollten hinreichend und objektiv sein. Dieses gewährleisten standardisierte Kataloge und Skalen.
   Grundsätzlich gibt es zwei Ansätze zur Risikoanalyse und –bewertung:

- Der **qualitative** Ansatz (z. B. Brainstorming)
- Der **quantitative** Ansatz (z. B. Kennzahlen, Kostenermittlung)

Tab. 11.2 Bespiel für die Analyse von Projektrisiken

Risikoursache	Risikoereignis	Risikoauswirkung
Die Zeichnung einer einzubauenden Komponente in einer Maschinenanlage hat eine veraltete Revision.	Die gefertigte Komponente passt nicht in die Maschinenanlage hinein.	Terminlicher Verzug im Projekt, die Maschine kann nicht wie geplant in Betrieb gesetzt werden, Zusätzliche Kosten entstehen durch Ausfallzeiten und der Fertigung einer neuen Komponente.
Änderung von Gesetzesvorlagen	Für den Einbau von Komponenten in eine Maschinenanlage müssen zusätzliche Nachweise erbracht werden.	Terminlicher Verzug und Zusatzkosten durch Nachforderungen seitens der Gesetzegebung.
Stellenabbau im Unternehmen	Experten stehen dem Projekt nicht mehr zur Verfügung.	Problemstellungen können nicht mehr optimal gelöst werden, Zusatzkosten entstehen durch Alternativlösungen.

Welcher Ansatz im Projekt verfolgt werden soll, legt das Management vorab bei der Definition des Umfangs des zu praktizierenden Risikomanagements im Unternehmen fest. Dabei spielen wesentliche Aspekte wie Unternehmensziele, Komplexität der Projekte, Projektbudgets etc. eine wichtige Rolle.

Bei der Analyse von Risiken sind drei Fragestellungen zu betrachten:

1. Was ist das auslösende Ereignis, welche zum Eintreffen des Risikos führt: Welche Ursache hat das Risiko?
2. Welches Ereignis beschreibt das Risiko beim Eintreffen?
3. Was sind die Auswirkungen, wenn das Ereignis eingetroffen ist?

Die Tab. 11.2 zeigt Beispiele zur Analyse von Risiken anhand der Beschreibung von „Ursache", „Ereignis" und „Auswirkung".

Die Risikoursache beschreibt einen Umstand, welcher ein Risiko bewirken kann. Dies bedeutet nicht, dass das Risiko eintreffen muss. Es kann auch ausbleiben. Weiterhin ist ein Risiko von einem Problem zu unterscheiden. Wenn aus der Ursache die Auswirkung direkt hervorgeht, dann wird von einem Problem gesprochen, das dementsprechend gelöst werden muss.

Das Risikoereignis beschreibt die Begebenheit die dazu führt, dass das Risiko eintritt. Für die Überwachung von Risiken und die Einleitung von Gegenmaßnahmen ist es wichtig, so früh wie möglich das Risikoereignis zu erkennen und nicht erst zu reagieren wenn es eingetroffen ist, demzufolge nicht erst beim sichtbar werden der Auswirkungen. Das ist eine proaktive Vorgehensweise.

Für die Beschreibung der Risikoauswirkung ist es unabdingbar, die Projektziele und den Projektumfang zu kennen. Dies bildet die Grundlage für die Bewertung des Risikos und die Planung der Gegenmaßnahmen. Die Risikoauswirkung beschreibt die Auswirkungen auf das Projekt hinsichtlich Kosten, Termine und Qualität beim Eintreffen des Risikos, wenn vorab keine Gegenmaßnahmen getroffen wurden. Dabei ist es nicht zwangsläufig so, dass sich der Projektplan ändert. Dem einzelnen Arbeitspaket kann beispielsweise mehr Zeit eingeräumt werden oder der Umfang kann verändert werden.

Die Bewertung der Projektrisiken erfolgt hinsichtlich der Wahrscheinlichkeit ihres Eintreffens und deren Tragweite. Zudem kann eine Priorisieren bezüglich ihrer Auswirkungen erfolgen. Als Input in diesen Prozess kommen die identifizierten Risiken und der Risikomanagement-Plan, als Rahmen des Risikomanagements in den Einzelprojekten. In ihm sind die Risikogruppen, -arten, deren Ursachen-Wirkungsbeziehungen und Einstufung bzw. Gewichtung beschrieben und in standardisierten Bewertungsskalen und Tools zusammen gefasst.

Die Kriterien zur Einschätzung der Eintrittswahrscheinlichkeit können vielseitig beschrieben werden, z. B:

- hoch – mittel – niedrig
- sehr hoch – Hoch – mittel – niedrig – sehr niedrig
- hoch – normal – kritisch
- Prozentwerte

Je nach Projektgröße, -komplexität oder Projektumfeld ist eine quantitative oder qualitative Beschreibung der Eintrittswahrscheinlichkeiten zu wählen bzw. ist durch den Projektmanagement-Plan vorgeschrieben. In der Praxis erfolgt die Einstufung bei kleineren Projekten meist qualitativ nach „hoch mittel – niedrig" und bei komplexeren Projekten in einem prägnanten Umfeld oder mit einem hohen Projektbudget mittels der Einschätzung durch Prozentwerte. Eine pragmatische Vorgehensweise wäre auch im Zuge der „Projekt-Vorphase" eine qualitative Einschätzung vorzunehmen und die Eintrittswahrscheinlichkeiten im Laufe des fortgeschrittenen Projektverlaufs, sowie nach der Priorisierung der Risiken für die hoch priorisierten Risiken durch Prozentwerte anzugeben. Generell ist zu beachten, dass die Angaben der Eintrittswahrscheinlichkeit subjektiv sind und je nach Einstellung zum Risiko (risikophob/risikophil) der Bewertenden die Einschätzungen unterschiedlich ausfallen können. Somit ist die Einbeziehung von Projektmitgliedern und Experten zu empfehlen, bzw. können Erfahrungen aus vorangegangenen ähnlichen Projekten herangezogen werden um zu fundierten Ergebnissen zu kommen. Dabei ist die „Delphi-Methode"[1] eine bewährte Vorgehensweise.

---

[1] Die „Delphi-Methode" ist eine langfristige Prognose durch strukturierte Befragung von Experten verschiedener Fachbereiche. (GPM 2005)

Neben der Beurteilung der Eintrittswahrscheinlichkeit ist die Bewertung der Tragweite vorzunehmen. Gerade bei sicherheitswichtigen Projekten bspw. an Flughäfen oder in Kraftwerken müssen auch Risiken mit einer geringen Eintrittswahrscheinlichkeit beachtet werden, denn die Auswirkungen bei einem Eintreffen des Risikoereignisses können fatal sein. Die Tragweite, wie auch die Eintrittswahrscheinlichkeit, wird für ein bestimmtes Risiko geschätzt und bezeichnet den bewerteten Schaden auf die Projektziele im Falle einen Eintreffens des Risikos. Meist wird dies in Währung (€) ausgedrückt. Die Ermittlung der Tragweite, also die Kalkulation der Auswirkungen eines Projektrisikos, ist unter drei Gesichtspunkten zu sehen: Termine – Qualität – Kosten.

Mit den Werten „Eintrittswahrscheinlichkeit" und „Tragweite" kann der „Risikowert"[2] ermittelt werden.

$$\textit{Eintrittswahrscheinlichkeit in \% } \times \textit{ Tragweite in € } = \textit{Risikowert in €} \qquad (11.1)$$

> **Beispiel**
>
> Projektumfeld ist ein Kraftwerk mit einem geschätzten Umsatz von 1,0 Mio. € am Tag. Im Laufe des jährlichen Revisionszeitraums werden die Instandhaltungsprojekte umgesetzt. Das Team eines Projektes hat bei einem Risiko mit der Auswirkung eines Terminverzugs um 3 Tage eine Eintrittswahrscheinlichkeit von 40 % geschätzt. Der Risikowert beträgt somit für das Projekt 1,2 Mio. € (40 % × (3 × 1,0 Mio. €) 40 % × (3 × 1,0 Mio. €)). Aufgrund der erheblichen Mehrkosten bei Terminverzug sollten umgehend Maßnahmen eingeleitet oder ein Entscheidungsgremium einberufen werden.

Im letzten Schritt zur Risikobewertung erfolgt die Risikopriorisierung. Die Definition der Priorisierung ist im Risikomanagement-Plan erfolgt und orientiert sich am Unternehmensumfeld und den Unternehmenszielen. Die Priorisierung kann erfolgen in: niedrig, mittel oder hoch. Je nach dem sind der weitere Umgang mit den Risiken und die Zuständigkeiten definiert.

- Niedrig eingestufte Risiken:
  Die Verfolgung und/oder Abarbeitung kann von den Teilprojektleitern oder Arbeitspaketverantwortlichen erfolgen. Gegenmaßnahmen müssen nicht sofort umgesetzt werden, es reicht eine Reaktion beim tatsächlichen Eintreffen des Risikos aus.
- Mittel eingestufte Risiken:
  Für die Verfolgung und/oder Behebung des Risikos ist der Projektleiter verantwortlich. Umsetzung von Gegenmaßnahmen zur Risikominderung bzw. -meidung sind notwendig. Diese Risiken müssen mittels Risikocontrolling verfolgt und gesteuert werden.

---

[2] Risikopotenzial = Risikowert = Risikofaktor: Bewertung eines Risikos nach Schadenshöhe (Tragweite) und Eintrittswahrscheinlichkeit im Ernstfall (GPM 2005)

- Hoch eingestufte Risiken:
  Die Verfolgung und/oder Abarbeitung verantwortet der Projektleiter. Weiterhin werden diese Risiken dem Entscheidungsgremium (z. B. Projekt-Lenkungsausschuss) vorgestellt und regelmäßig berichtet. Risiken mit einer hoch eingestuften Priorität hinterlassen meist beim Eintreffen einen großen Schaden, daher sind Maßnahmen zur Schadenminderung bzw. -meidung sofort umzusetzen. Weiterhin müssen diese Risiken und Maßnahmen im Risikocontrolling verfolgt werden.

11.2.3 Umgang mit Projektrisiken

11.2.3.1 Strategien zum Umgang mit Projektrisiken

Grundsätzlich dienen die Strategien zum Umgang mit Projektrisiken der Risikovorsorge. Es gibt eine Vielzahl von Vorsorgestrategien. Im Wesentlichen wird von der Risikomeidung, Risikominderung, Risikoverlagerung und Risikoakzeptanz gesprochen.

1. Risikomeidung
   Bei der Risikomeidung wird ein genereller Ausschluss für eine Risikoentstehung angestrebt. Dies kann durch unterschiedliche Maßnahmen in den einzelnen Schritten eines Projektlebenszyklus gewährleistet werden. Dabei ist darauf zu achten, dass ein prinzipieller Ausschluss von Risiken für das Projekt innerhalb der Budgetplanung ein wesentlicher Faktor zur Budgeterhöhung sein kann.
2. Risikominderung/-begrenzung
   Die Risikominderung schließt einen Risikoeintritt nicht grundsätzlich aus. Durch identifizierte Maßnahmen soll das Eintreffen eines Risikos, ebenso aber auch die Kosten bei der Risikoentstehung gemindert werden.
3. Risikoverlagerung
   Eine Möglichkeit zur Risikoverlagerung bietet die Absicherung über z. B. Versicherungen, Lieferanten, Unterauftragnehmer oder andere Organisationseinheiten im Unternehmen. Die Folgen beim Risikoeintritt können so vom Projekt fern gehalten bzw. übertragen werden. Weiterhin kann die Verlagerung eines Risikos auf den Auftraggeber erfolgen. In welchem Rahmen die Risikoverlagerung umsetzbar ist, hängt nicht unwesentlich von der Position des Projektleiters bzw. Auftragnehmers ab.
4. Risikoakzeptanz
   Risiken, bei deren Eintreffen keine wesentliche Auswirkungen auf die Unternehmensziele oder Projektziele entstehen und die das Projekt in seinem weiteren Fortbestand nicht schaden, können von der Projektleitung akzeptiert werden. Ins besondere wenn die Kosten der Maßnahmen den Nutzen nicht rechtfertigen.

11.2.3.2 Maßnahmenplanung zum Umgang mit Projektrisiken

Nach der Risikoidentifikation und -analyse, sowie -bewertung stellt die Maßnahmenplanung sicher, dass diese Risiken adressiert werden. Dabei ist zu beachten, dass die

Maßnahmenplanung direkten Einfluss auf das Projektergebnis hinsichtlich Kosten, Zeit und Qualität hat. Somit ist es wichtig folgende Aspekte bei der Maßnahmenplanung zu beachten:

- Auswahl der am effektivsten wirkenden Maßnahme;
- Beachtung des Kosten-Nutzen-Aspektes (die Kosten der Maßnahme muss im angemessenen Verhältnis zu den Kosten des Risikos bei Eintritt sein);
- Die Ressourcen zur Umsetzung der gewählten Maßnahme müssen vorhanden sein;
- Jede Maßnahmen benötigt einen Verantwortlichen;
- Gegebenenfalls sind Auftraggeber und Management bei der Maßnahmenplanung einzubeziehen.

Da es eine Fülle von Maßnahmen zur Risikomeidung oder –minderung gibt, ist es unmöglich in diesen Kontext alle Maßnahmen aufzuzeigen. Mit Hilfe des Projektteams und ggf. aus dem Fundus von Erfahrungen anderer Projektleiter sind geeignete Maßnahmen zu identifizieren. Dabei ist die Unterscheidung in präventiv und reaktiv sinnvoll. Welche Maßnahme ist also zur Risikovermeidung anzuwenden (präventiv) und welche Maßnahme kann ich wählen, wenn das Risiko eingetroffen ist (reaktiv).

Die aufgeführte Auflistung zeigt einen Überblick über gängige Maßnahmen im Projekt:

- Erfahrene und qualifizierte Mitarbeiter im Projekt
- Teambildungsveranstaltungen für ein gutes Teamklima
- Hinzuziehen des Vertragswesens für fundierte Vertragsgestaltung mit Lieferanten
- Einholung von Beurteilungen zu Lieferanten und Unterlieferanten
- Zeitnahes hinzuziehen der Materialwirtschaft für eine angemessene Auswahl möglicher Lieferanten
- Abschluss von Versicherungen zur Risikoübernahme
- Definition von projektspezifischen Prozessen und Abnahme dieser durch das Projektteam und dem Auftraggeber (Erstellen eines Projekthandbuches)
- Definition, Initiierung und Etablierung eines Qualitätsmanagements (Qualitätsmanagement-Plan)
- Projekt-Reviews
- Durchführung von Vorprojekten und Erstellung einer Machbarkeitsstudie
- Einbau von Terminpuffern
- Definition von Verantwortlichkeiten und Befugnissen im Projekt (Erarbeitung von Arbeitspaketen)
- Lesson Learned – Wissenstransfer von anderen Projekten
- Durchführung von Statusmeetings mit den wesentlichen am Projekt beteiligten Mitglieder (interne Mitarbeiter und Lieferanten).

Bereits zu Projektstart ist es notwendig eine Risikoanalyse durchzuführen. Diese kann auf Grund mangelnder Daten grob sein. Wenn aber das Ergebnis dieser Risikoanalyse ist, dass für die entstehende Risiken keine angemessenen Maßnahmen zur Meidung oder Minderung identifizieren werden können, dann sollte es in Betracht gezogen werden, dieses Projekt nicht umzusetzen bzw. abzulehnen. Daher ist das Praktizieren einer Risikoanalyse gerade zu Projektbeginn substanziell, denn wenn erst einmal der Vergabeprozess an Lieferanten abgeschlossen ist, dann ist die Kündigung dieser Verträge nur oft mit hohen finanziellen Kosten verbunden.

11.2.4 Risiken und Chancen gemeinsam managen

Bei der Betrachtung der Risiken sind meist nur die Gefahren im Fokus. Für ein vollumfängliches Risikomanagement sollten aber auch die Chancen betrachtet und gemanagt werden.

Jedes Projekt hat mit einer Vielzahl von Unsicherheitsfaktoren zu tun. Diese können Risiken, also Verluste und Gefahren zur Folge haben, oder aber Chancen beinhalten. Diese gilt es dann aufzunehmen und zu steuern. Das bedeutet, dass die Chancen identifiziert und daraufhin forciert werden müssen, wogegen beim Risiko die Meidungsstrategie bzw. Minderungsstrategie verfolgt wird. Dies hat zur Folge, dass der durch das Eintreffen eines Risikos entstandene Schaden teilweise oder vollkommen kompensiert werden kann oder sich im besten Fall das Projektergebnis verbessert.

Grundsätzlich muss im Unternehmen kommuniziert werden, ob es für das Managen von Risiken und Chancen unterschiedliche Prozesse geben muss, oder ob durch eine Erweiterung des Risikomanagementprozesses das Chancenmanagement einbezogen werden kann.

Generell kann aber die SWOT-Analyse[3] ein erster Schritt für die gemeinsame Betrachtung von Chancen und Risiken sein.

Es kann davon ausgegangen werden, dass sich bei der Risikoplanung und -definition keine Änderungen im Prozess ergeben. Lediglich die im Risikomanagement-Plan beschriebenen Prozesse müssen die Chancen berücksichtigen. Die Methode zur Risikomeidung, -minderung und -weitergabe muss um die Chancennutzung, -erhöhung und -beteiligung ersetzt werden. So kann bei der Identifikation und Analyse von Chancen die gleiche Vorgehensweise wie bei der von Risiken genutzt werden. Daraufhin muss der Prozess um die weitere Verwendung der Chancen angepasst werden, bzw. die Möglichkeiten zur Forcierung und Nutzung der Chancen aufgezeigt werden.

---

[3] Die SWOT-Analyse ist ein strategisches Planungsinstrument in Unternehmen und dient deren Positionsbestimmung und Strategieentwicklung. SWOT ist ein englisches Akronym für Strengths (Stärken), Weaknesses (Schwächen), Opportunities (Chancen) und Threats (Risiken).(Heribert et al. 2008)

11.3 Risikomanagement in der Energiewirtschaft an einem praktischen Beispiel

In energiewirtschaftlichen Anlagen wird in der Regel einmal im Jahr eine Revision durchgeführt. Das bedeutet, dass in dieser Zeit unter anderem eine Vielzahl von Systemen und Komponenten eines Kraftwerks geprüft und gewartet sowie Generatoren mit Ersatzteilen versorgt werden. In dieser Phase ist es unabdingbar, dass jeder Handgriff sitzt, jedes Teilprojekt perfekt abgestimmt ist und jeder Einzelschritt geprüft wird.

Zur genauen Prüfung der Arbeiten befinden sich neben den zahlreichen Spezialisten auch Sachverständige bzw. Gutachter vor Ort in den Kraftwerken. Neben der Prüfung der Arbeiten, unterziehen sie auch die Dokumentation des Projektteams einer genauen Prüfung. Neben den Arbeiten zu den Revisionszyklen finden auch Wartungsarbeiten außerhalb anhand der Dokumentationen statt, bei denen ebenfalls größte Sorgfalt gefragt ist.

Aufgrund der detailliert beschriebenen Anforderungen an die Arbeiten in einer energietechnischen Anlage und den streng geregelten Rechtsgrundlagen stellt jede Anlagenänderung für die Betreiber ein eigenes Projekt dar, das detailliert geplant wird. Vor diesem Hintergrund ist innerhalb eines definierten Projektmanagementprozesses ein systematisches Risikomanagement unabdingbar.

Im Kontext der Energiebranche sind die Projekte oftmals besonderen Rahmenbedingungen ausgesetzt. Diese müssen bei der Gestaltung der Risikomanagementsystems einbezogen werden.

Um eine einheitliche Durchführung des Risikomanagements im Einzelprojekt zu gewährleisten, werden den Projektleitern oftmals standardisierte Werkzeuge zur Verfügung gestellt. In diesem sind die definierten Vorgaben zum Risikomanagement zusammengefasst und abgebildet.

11.3.1 Projektvorstellung

In einer energietechnischen Anlage sollen Komponenten auf ihre Zukunftssicherheit geprüft werden. Dabei wird ein Projektteam mit der Instandhaltung von Rohrleitungen und Halterungen ausgewählter sicherheitswichtiger Systeme beauftragt. Die Initiierung dieser Maßnahme erfolgt durch einen unabhängigen Gutachter, der von der zuständigen Behörde beauftragt wird. Somit stellt sich für den Betreiber der Anlage nicht die Frage nach der Wirtschaftlichkeit des Projektes.

Ziel dieses Projektes ist die Prüfung der sicherheitstechnisch wichtigen Systeme im Kraftwerk auf ihre Zukunftssicherheit. Dies beinhaltet umfangreiche Berechnungen einzelner Systeme. Ergibt sich aus den Berechnungen, dass eine Halterung oder eine Rohrleitung in naher Zukunft Verschleißerscheinungen zeigen könnte, wird sie vorsorglich erneuert.

Dem Projektteam wird für die Durchführung der Risikoanalyse ein unternehmensweites, standardisiertes Tool, sowie einen „Standard Risikokatalog" [4] als Checkliste im Rahmen des Projektmanagements zur Verfügung gestellt. In diesem werden die Risikoarten aufgezeigt und mögliche Risiken beschrieben. Im Tool zur Risikoanalyse sind die Projektarten zur Auswahl hinterlegt.

11.3.2 Praktische Anwendung am Projektbeispiel

Das den Projektleitern zur Verfügung gestellte standardisierte Tool beinhaltet die Möglichkeit zur Aufnahme, Beschreibung und Bewertung der Projektrisiken. Zudem sind die Bewertungsgrundlagen von Risiken in Bezug auf Eintrittswahrscheinlichkeit und Auswirkung, sowie die Risikoberichterstattung eingebunden.

Im ersten Schritt werden die identifizierten Risiken im Tool aufgenommen, analysiert und bewertet. Dem folgt der Umgang mit den Risiken durch die Beschreibung der Gegenmaßnahmen. Für das Risikocontrolling sind Auswertungen in einem Risikobericht abgebildet. Zum Abschluss eines Risikos erfolgt dessen Archivierung.

Die Aufnahme, Analyse und Bewertung der Risiken erfolgt mit Hilfe der im Abschn. 11.2.1 beschrieben Methoden. Diese werden einer Risikoart zugewiesen, Verantwortlichkeiten und den frühestmöglichen Eintrittstermin festgelegt, sowie den Status des Risikos aufgezeigt. Folgende Merkmale sind bei der Beschreibung eines Risikos zu überlegen:

- Risiko-Nr.:
  Die Nummer eines Risikos ist einmal zu vergeben und begleitet das Risiko bis zur Archivierung.
- Risikotitel:
  Der Risikotitel beschreibt kurz das Risiko
- Beschreibung von Risiko und Ursache:
  Mit der Beschreibung des Risikos und deren Ursache, soll der Zusammenhang zur Wirkung verdeutlicht werden. Daher ist diese Beschreibung von großer Bedeutung für die Ursachen-Wirkungs-Analyse.
- Risikoart:
  Die Risikoart beschreibt den Bereich, woher ein Risiko herkommen kann (siehe Tab. 11.1).
- Verantwortlichkeit für Risikobearbeitung:
  Verantwortlich für die Bearbeitung eines Risikos können der Projektleiter, Teil-Projektleiter oder Projektmitarbeiter sein. Hierbei ist zu beachten, dass die Zuweisung zur Bearbeitung eines Risikos eindeutig ist.

---

[4] Ein Beispiel für einen „Standard Risikokatalog" ist im Anhang abgebildet.

- Risikostatus:
  Der Status eines Risikos beschreibt dessen Zustand. Ist das Risiko lediglich identifiziert (Grobeinschätzung), aktiv (detailliert analysiert) oder bereits abgeschlossen und kann nicht mehr auftreten?
- Frühestmöglicher Eintrittstermin:
  Dieser Termin zeigt den Zeitpunkt, zudem das Risiko das erste Mal eintreffen kann.

Die Abb. 11.6 im Anhang zeigt die Beschreibung einer Auswahl identifizierten Risiken im Einzelprojekt. Der Ermittlung und Beschreibung der Projektrisiken folgt die Analyse und Bewertung hinsichtlich der Eintrittswahrscheinlichkeit und Tragweite, d. h. deren Auswirkung auf die Projektziele bezüglich Kosten, Qualität (Projektumfang) und Termine, dieser. Die Abb. 11.6 im Anhang verdeutlicht auch beispielhaft die Vorgehensweise an den beschriebenen Risiken. Die Analyse und Bewertung erfolgt an einer durch das Management vorgegebenen Bewertungsmatrix, in die die Unternehmensziele eingebunden sind. Sie gilt als Basis für die Bewertung der Risiken aller Projekte. Die Tab. 11.3 zeigt ein Beispiel einer Bewertungsmatrix.

Mit einer durch das Management vorgegebenen Bewertungsmatrix haben alle Projektmitglieder das gleiche Verständnis über die Bewertung von Auswirkung und Eintrittswahrscheinlichkeit des Risikos auf das Projekt. Am Ende der Analyse der Risiken steht der Risikowert. Je nach Unternehmensstrategie bzw. dem „KonTraG"[5] muss dieser bzw. das Risiko gemeldet werden um ggf. monetäre Mittel dafür in die Budgetplanung vorzuhalten.

Zudem sind für die Analyse der Risiken vor Gegenmaßnahmen die Auswirkung des Risikos zu beschreiben und deren Auswirkungskategorie (Budget, Termine, Projektumgang, Projektziel) anzugeben. Die Auswirkungskategorie ist für die Bestimmung des Risikowertes gemäß Matrix von wesentlicher Bedeutung. (siehe Abb. 11.6 im Anhang)

Mit der Hilfe von erfahrenen Projektmitgliedern, Experten oder anderen Projektleitern müssen nun Gegenmaßnahmen, welche den Schaden und die Gefahren für das Projekt möglichst gering halten, zu den identifizierten Risiken evaluiert werden. Diese müssen hinsichtlich ihres Nutzens und ihrer Wirtschaftlichkeit bewertet werden. Weiterhin muss der Projektleiter angeben, ob die Kosten für die Gegenmaßnahmen im Projektbudget enthalten sind. Wenn dies nicht der Fall ist, dann muss das Unternehmenscontrolling bei einem entsprechenden Risikowert Mittel zurück halten. Eine weitere notwendige Angabe ist die Eindeutige Benennung eines Verantwortlichen für die Gegenmaßnahme. Nur so kann der Projektleiter oder das Projektsteuergremium personenscharf über den Fortschritt der Gegenmaßnahme den Status einholen. Das Enddatum der Gegenmaßnahme zeigt an, wie lange die Gegenmaßnahme das Projekt gegen das bestehende Risiko schützt.

---

[5] KonTraG: Gesetz zur Kontrolle und Transparenz im Unternehmensbereich, zum 01.05.1998 in Kraft getreten. Dieses Gesetz verpflichtet Aktiengesellschaften „geeignete Maßnahmen zu treffen, insbesondere ein Überwachungssystem einzurichten, damit den Fortbestand der Gesellschaft gefährdende Entwicklungen früh erkannt werden."

Tab. 11.3 Bewertungsmatrix hinsichtlich Eintrittswahrscheinlichkeit und Auswirkung

						Eintrittswahrscheinlichkeit				
						1- sehr gering	2- gering	3- mittel	4- hoch	5- sehr hoch
		Terminverzug	Budgetüberschreitung in %	Projektumfang	Projektziel	0% - 10%	11% - 20%	21% - 50%	51% - 80%	81% - 100%
Auswirkung	5- sehr hoch	> 3 Tage	> 20%	Projektumfang ändert sich stark signifikant	keine Zielerreichung	5	10	15	20	25
	4- hoch	< 2 Tage	< 20%	Projektumfang ändert sich signifikant	Ziel so gut wie nicht erreicht	4	8	12	16	20
	3- mittel	1 Tag	< 10%	Projektumfang ändert sich merklich	Ziel nur mit starken Abweichungen erreicht	3	6	9	12	15
	2- gering	< 1 Tage	< 5%	Projektumfang ändert sich kaum	Ziel mit geringen Abweichungen erreicht	2	4	6	8	10
	1- sehr gering	< 0,5 Tag	< 1%	Projektumfang bleibt unverändert	Ziel erreicht	1	2	3	4	5

Nach der Identifikation, Beschreibung und Bewertung der Gegenmaßnahme ist das Risiko neu zu bewerten. Es erfolgt eine „Risikobewertung nach Gegenmaßnahme", d. h. die Gegenmaßnahmen wurden erfolgreich angewendet. Die Bewertung erfolgt analog der vor dem Anwenden der Gegenmaßnahme. Der Risikowert wird neu ermittelt und stellt einen Netto-Risikowert dar (siehe Abb. 11.6 im Anhang).

Je nach Entscheidungskompetenz des Projektleiters und Unternehmensstrategie muss entschieden werden, welche Strategie im Umgang mit dem Risiko angewendet wird (siehe dazu Abschn. 11.2.3.1).

Die Berichterstattung der Risiken und deren Archivierung erfolgt nach unternehmensspezifischen Standards und enthalten Informationen zum Zeitraum, dem Budget und der Qualität.

Eine mögliche Auswertung kann anhand der Risikoart und dem Risikowert erfolgen (Abb. 11.2).

Mit Hilfe des Netzes wird auf einer Skala von 0–25 der maximale Risikowert zur jeweiligen Risikoart dargestellt. Sind mehrere Risiken in einer Risikoart enthalten, wird

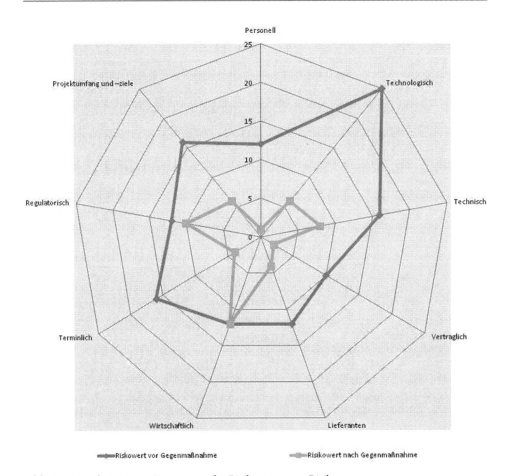

Abb. 11.2 Risikospinne – Auswertung des Risikowertes zur Risikoart

der maximale Wert in der Berichterstattung verwendet. Zudem wird die Situation des Risikowertes vor und nach Gegenmaßnahmen visualisiert.

Eine weitere Darstellung kann die Abb. 11.3 der TOP-x-Risiken im Projekt vor Gegenmaßnahmen sein. In der folgenden Abbildung werden beispielhaft die TOP-5-Risiken mit allen wesentlichen Informationen zu den Risiken dargestellt (siehe Tabelle im Anhang).

Um die Entwicklung der Risiken gemäß derer Auswirkungen (sehr gering – gering – mittel – hoch – sehr hoch) anhand der Auswirkungskategorie darzustellen, dient die Abb. 11.4.

Sie zeigt die Anzahl der Risiken und deren Bewertung vor und nach Gegenmaßnahmen. Der Projektleiter kann so die Entwicklung der Risiken im Hinblick auf die Wirkungsweise der Gegenmaßnahmen veranschaulichen.

Für einen Überblick der monetären Entwicklung der Risiken über die Laufzeit unter Beachtung der Wirksamkeit der Gegenmaßnahmen zeigt die folgende Abb. 11.5

11 Risikomanagement – das Beherrschen von Risiken... 193

Risikobeschreibung					Risikoanalyse vor Gegenmaßnahmen				
Risiko Nr.	Risikotitel	Beschreibung von Risiko und Ursache	Risikoart	Verantwortlich für Risikobearbeitung	Risikostatus	Frühest möglicher Eintrittstermin	Auswirkung	Auswirkungskategorie (Kosten, Zeit, Ergebnis, ...)	Eintrittswahrscheinlichkeit	Auswirkung gem. Matrix	Risikowert vor Gegenmaßnahme
R3.1	Lastnachweis	Aus heutiger Sicht ist der Nachweis für die Lasten im Festpunkt unklar. Die baulichen Veränderungen sind noch nicht klar.	Technisch	Projektleiter	aktiv	01.06.2013	Wie geplant kann nicht umgesetzt werden.	Budget	4-hoch (51%-80%)	4-hoch	16
R6.2	Mehraufwand durch Gutachter-forderungen	Kurzfristige Forderungen seitens Gutachter auf Berechnungen und Berichte.	Wirtschaftlich	Projektleiter	identifiziert	31.12.2013	Fehlende Freigaben vom Gutachter verhindern den Projektfortschritt	Termin	4-hoch (51%-80%)	3-mittel	12
R7.1	Qualifizierung von Verbrauchsmaterialien	Für einen 1 zu 1 Tausch sind benötigte Materialien und Komponente auf dem Markt nicht mehr erhältlich. Ersatzmaterialien müssen für einen Einsatz qualifiziert werden.	Terminlich	Qualitätsmanager	identifiziert	31.12.2013	Mehraufwendungen bei Lieferanten. Verzögerungen durch Wartezeiten	Budget	4-hoch (51%-80%)	4-hoch	16
R8.1	Anforderungen durch Regelwerk	Erhöhte Anforderungen aus dem aktuellen Regelwerk.	Regulatorisch	Qualitätsmanager	aktiv	30.03.2012	Verzögerungen im Projektfortschritt durch fehlende Freigaben.	Termin	4-hoch (51%-80%)	3-mittel	12
R9.1	Änderungen im Projektumfang	Die zu erbringenden Leistungen können im vollen Umfang erst nach einer umfassenden Analyse erfolgen. Diese Analyse muss sich aus den Forderungen der Behörde ableiten lassen. Ferner ist es wichtig, sich über die Projektinhalte im Klaren zu sein.	Projektumfang und -ziele	Projektleiter	identifiziert	31.12.2013	Die Fertigstellung der Ausführungsplanung verschiebt sich im Zeitplan, die Umsetzung kann erst verspätet beginnen	Termin	4-hoch (51%-80%)	4-hoch	16

Abb. 11.3 Auswertung der Top 5 Risiken im Projekt

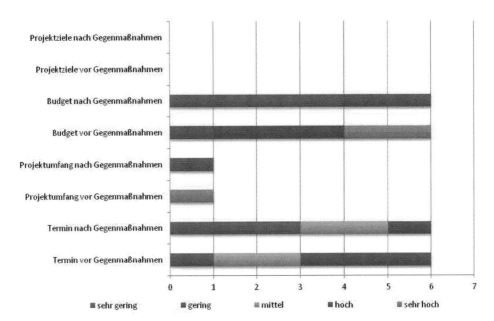

Abb. 11.4 Auswirkung der Risiken anhand der Auswirkungskategorien vor und nach Gegenmaßnahmen

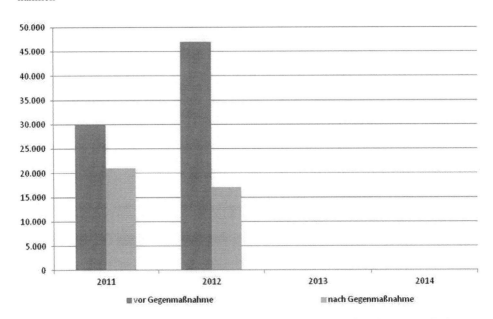

Abb. 11.5 Monetäre Entwicklung der Risiken über die Laufzeit vor und nach Gegenmaßnahmen

In dieser Abbildung wurden die Jahresscheiben betrachtet. Doch ist es auch möglich, die Betrachtungszeiträume anders zu wählen, z. B. entsprechend dem Berichtszeitraum.

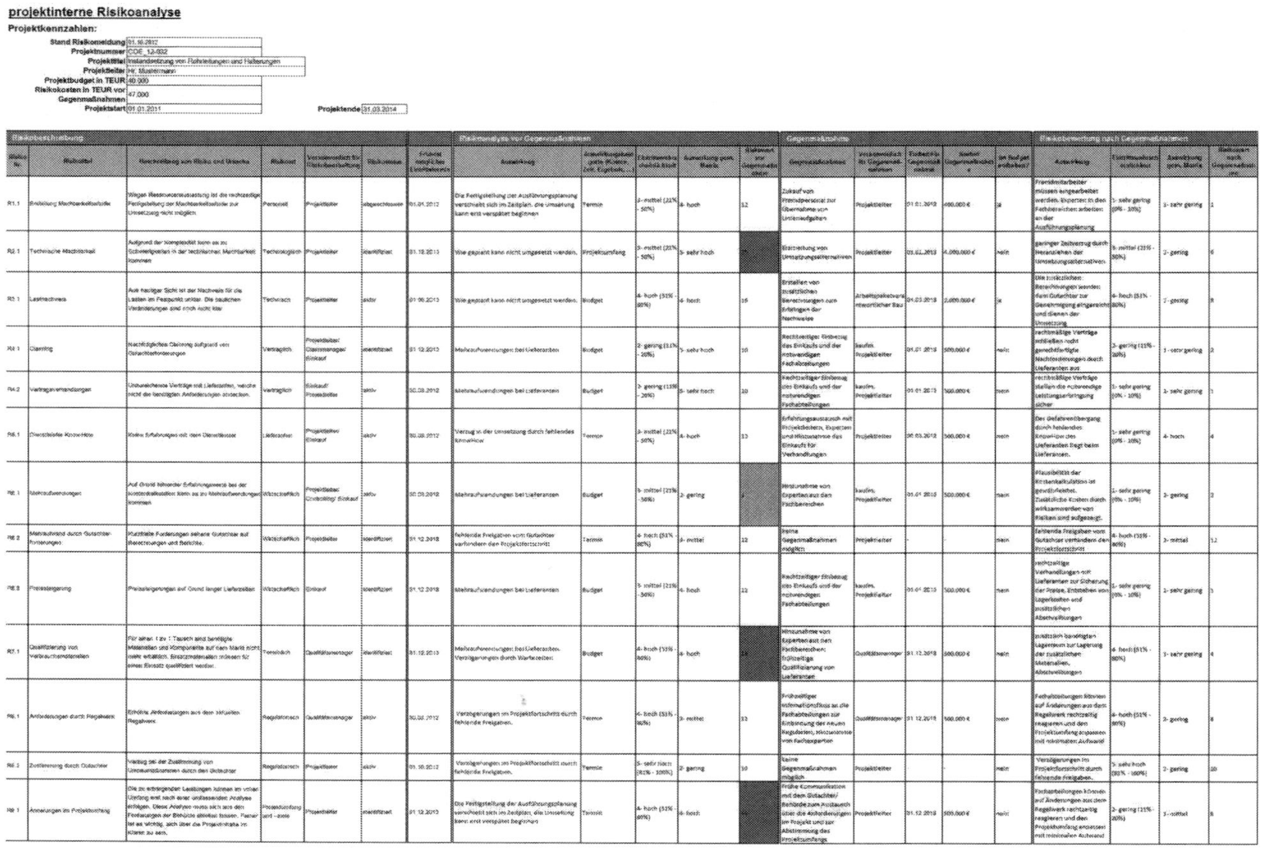

11 Risikomanagement – das Beherrschen von Risiken . . .

Abb. 11.6 Beispielhafte Vorgehensweise einer Risikoanalyse – Ermittlung, Beschreibung, Analyse und Bewertung von Risiken

Die Risikoanalyse und deren Berichterstattung sollten regelmäßig in einem definierten Berichtszeitraum erfolgen. Bevor der Projektleiter mit dem Projektteam die Risikoanalyse aktualisiert ist es anzuraten, die vorhergegangene zu archivieren. Dies kann schon nur mit der Speicherung der Datei unter einer definierten Archivierungs-Version erfolgen, oder das zur Verfügung gestellte Tool hat eine programmierte Funktion dafür. Mit Hilfe der Archivierung kann eine historische Betrachtung der Risikoanalyse erfolgen (Tab. 11.4).

11.4 Anhang

Praktisches Beispiel zur projektinternen Risikoanalyse:

Tab. 11.4 Standard Risikokatalog

Risikogruppe	
Risikoart und beispielhaft mögliche Risiken	Geprüft
Risiken im Projektumfeld	
Höhere Gewalt	
Wetter (über die vertraglichen Vereinbarungen hinaus)	
Naturereignisse: Erdbeben, Vulkanausbruch, Überflutung, Starkregen, Großbrand, Pandemie, Hurrikan/Tornado, Schneesturm, Trockenheit, Kälteeinbruch	
Krieg, Revolution, Terrorismus, Geiselnahme	
Streik und Aussperrung	
Landesspezifisch und Politisch	
Handelsbarrieren bei der Produktion außerhalb der EU	
Gesetzesänderung	
Enteignung, Verstaatlichung	
Makroökonomische Schocks (Bankenkrise, Inflation)	
Politische/militärische/rechtliche Instabilität	
Zollschranken	
Arbeitssicherheit und Umwelt	
Gesundheit/Krankheit	
Arbeitssicherheit/Einhaltung von Normen und Richtlinien	
Umweltverschmutzung	
Stakeholder und Öffentlichkeit	
Beschädigung des öffentlichen Ansehens (lokal, überregional) - > politischer Druck	
Wechsel in der Geschäftsführung	
Marktbedingungen	
Entwicklung der Rohstoffpreise für den Bau und für Komponenten	
Knappheit auf dem Zuliefermarkt	

Tab. 11.4 (Fortsetzung)

Risikogruppe	
Risikoart und beispielhaft mögliche Risiken	Geprüft
Preisänderung von Baustoffen	
Währungsverluste	
Vertragliche Risiken	
Vertragliche Fehler/Unsicherheiten	
Strafen	
Forderungen	
Haftung/Gewährleistung/Mängel	
Rechtliche Risiken	
Zeitlicher Verzug bei dem Erhalt von Lizenzen/Genehmigungen	
Fehler im rechtlichen Ablauf (Vergabeverfahren, Genehmigungsverfahren)	
Laufende und absehbare Rechtsfolgen	
Änderungen der rechtlichen Gegebenheiten	
Unerwartet neue Auflagen	
Zusätzliche Preise, Sanktionen, Mauten	
(zusätzliche) regulatorische Anforderungen	
Betrieb	
Operationelle Risiken	
Knappheit und Verfügung von Betriebsmitteln (Kühlmittel, Komponenten, etc.)	
Endlagerung	
Preisänderung am Absatzmarkt	
Verringerung der zugeteilten Menge an Emissionszertifikaten	
Erhöhung der Steuern	
Regulatorische Risiken	
Änderung der Gesetzesgebung	
Emissionszertifikate	
Änderungen der strategischen Ausrichtung in der Energiewirtschaft	
Risiken in der Projektunterstützung	
Personelle Risiken	
Verfügbarkeit von Personal (Urlaub, Krankheit, Vertretung, etc.)	
Kontinuierliche Abweichung von der Planung (Mangel/Überhang)	
Abhängigkeit von Spezialisten	
Fluktuation, Verlust von Know-How	
Aufwand bei der Einarbeitung von zusätzlich benötigten Personal auf Grund von Mangel	
Qualifizierung/Training von Personal	
Motivationsverlust	
Fehlverhalten bei Mitarbeitern, Verletzung des Verhaltenskodex	
Fehlende Anpassung an interne Reorganisation	

Tab. 11.4 (Fortsetzung)

Risikogruppe	
Risikoart und beispielhaft mögliche Risiken	Geprüft
Mangelnde Infrastruktur beim Auftraggeber	
Kommunikation	
Mangelhaftigkeit der Infrastruktur für Kommunikation, Netzstabilität, Netzwerke	
Datenverlust, Datendiebstahl, Datenmanipulation	
Generelle Erreichbarkeit von Entscheidungsträgern, Unterbrechung des Kommunikationsflusses, keine Vertreterregelung	
Risiken innerhalb der Projektabwicklung	
Projektumfang und –ziele	
Infrastruktur, Anpassung der Baustelle	
Sicherheit der Baustelle	
Änderungen/Fehler in Berechnungen, Spezifikationen, Plänen, Bauordnung, Verfahrensanweisungen	
Änderung der Menge von Baustoffen (Zement, Kies, Stahl, Abschirmung, Reinigungsmittel, Büromaschinen, Leitungsmaterialien	
Änderungen der Anforderungen an das Ziel durch den Auftraggeber	
Fehlende Abnahme von Projektergebnissen, Meilensteinen, etc.	
Terminliche Risiken	
Terminplanüberschreitungen, Verzögerungen des Lieferanten, interne Verzögerungen (Später Start der Aktivitäten, etc.)	
Technologische Risiken	
Technologische Veränderungen (Verlust der Marktführerschaft, etc.)	
Patente	
Veraltete Prozesse	
Einführung einer neuen Technologie/Methodik	
Unerwartete Folgen neuer Technologie	
Wirtschaftliche Risiken	
Veränderung der Marktpreise für Rohstoffe	
Währungsschwankungen	
Konjunkturabschwung	
Staatsverschuldung	
Unternehmensverschuldung	
Finanzierungskosten (Kreditkosten)	
Claimmanagement des Lieferanten/Nachforderungen seitens Lieferant	
Risiken durch Lieferanten und Partner	
Monopol beim Lieferanten	
Fehlende Qualifizierung des Lieferanten für die Anforderungen der Branche	
Know-How-Abfluss beim Lieferanten	
Entsorgung	

Tab. 11.4 (Fortsetzung)

Risikogruppe	
Risikoart und beispielhaft mögliche Risiken	Geprüft
Kosten bei der Entsorgung von Baumaterialien/Komponenten	
Fehlende Behälter zur Entsorgung	
Entsorgungstransporte	
Projektphasenabhängige Risiken	
Risiken in der Analyse- und Konzeptphase	
Zeitdruck und Kostendruck bei der Erstellung der Machbarkeitsstudie	
Auswahl der Umsetzungsvariante	
Sicherheit bei den Analyseparametern	
Unsicherheit bei den Zukunftserwartungen	
Risiken in der Planungsphase	
Sicherheit bei der Planungsparametern	
Unsicherheit bei den Zukunftserwartungen	
Vollständigkeit der Planung	
Risiken in der Realisierungsphase	
Fehlende Erfahrungswerte mit der neuen Technologie	
Hohe Projektkomplexität	
Viele Schnittstellen im Projekt	
Ständige Änderung der Rahmenbedingungen	
Risiken zum Projektabschluss	
Mangelnde Übergabe der neuen Technologie in die Linien	
Keine Akzeptanz des Projektergebnisses	
Fehlende Projektnachbereitung/kein Know-How-Transfer/kein Projektabschluss	
Mangelndes Claimmanagement	
Risiken in der Nachprojektphase	
Mangelnder Wartungsvertrag mit den Lieferanten	
Übergabe des Projektergebnisses in die Linien - > Mangelndes Know How der Linie; Ergebnis kann nicht genutzt werden	

Literatur

GPM Deutsche Gesellschaft für Projektmanagement e. V. (2005) in Verbindung mit In H. Schelle, R. Ottermann, A. Pfeiffer (Hrsg.), *ProjektManager* (2. Aufl). GPM Deutsche Gesellschaft für Projektmanagement, Nürnberg.

Steeger, O. (2003) Trotz „Quantensprung" noch viele Einsparungspotenziale. PM-Benchmarking-Studie nimmt Finanzdienstleister unter die Lupe. In Projektmanagment aktuell 4, (S. 11–13, hier S. 12), und Kalthoff, Ch., Kunz, S. (2004) Projektmanagement bei der Entwicklung kritischer Softwaresysteme. Frauenhofer-Institut (ITB) gibt Umfrageergebnisse bekannt. In Projektmanagement aktuell 2, (S. 33–37, hier S. 36).

Heribert, M., Christoph, B., Manfred, K. (2008) *Marketing*. (10. Aufl., S. 236) Wiesbaden: Gabler.

Kommunikation und Kultur in Projekten

12

Sylvia Swonke und Carsten Schneider

12.1 Einleitung

Nach einer jahrzehntelangen Dominanz oligopolistischer Strukturen in der deutschen Energiewirtschaft befindet sich diese seit mehr als 15 Jahren im Umbruch. Der technologische Fortschritt, gesellschaftliche Entwicklungen, wie das steigende Umweltbewusstsein, sowie die Liberalisierung und Internationalisierung der Strommärkte sind nur einige Triebfedern für die Veränderung der Rahmenbedingungen der Branche. Der Begriff „Energiewende" steht aktuell für den Aufbruch in das Zeitalter der erneuerbaren Energien und der Energieeffizienz.

Das Energiekonzept vom 28. September 2010 und die Beschlüsse zur Beschleunigung der Energiewende vom Sommer 2011 beschreiben den Weg in dieses neue Energiezeitalter.

Diese neuen Rahmenbedingungen stellen auch die energiewirtschaftliche Projektlandschaft vor neue Herausforderungen. Investitionsintensive und insbesondere erzeugungsorientierte Projekte werden immer seltener. Der Trend und somit die unternehmerischen Investitionen gehen zu Forschungsprojekten, dezentraler Energieversorgung und Energieeffizienz-Projekten. Bei den immer seltener werdenden Kraftwerks-Großprojekten setzen die Unternehmen auf Joint Ventures, vor allem im Ausland, um die Investitionsrisiken aufzuteilen. Daraus resultiert, dass Projektteams aus mehr als einem Unternehmen und immer häufiger mit Mitgliedern aus verschiedenen Nationen zusammengesetzt werden. Diese sehr heterogenen Projektteams arbeiten dabei in einem internationalen und immer kurzlebigeren Umfeld, häufig virtuell und nicht räumlich vereint und müssen fle-

S. Swonke (✉)
Hannover, Deutschland
E-Mail: sylvia.swonke@eon.com

C. Schneider
Dortmund, Deutschland
E-Mail: carsten.schneider@tu-dortmund

xibel und zielgerichtet nach kurzer Zeit zu einer Gemeinschaft zusammengeführt werden, um schnellstmöglich die höchste Performance zu erreichen.

Welche Kommunikationsvoraussetzungen sind zu schaffen und welche Rolle spielt der Einfluss der unterschiedlichen Kulturen: individuell/geschlechtsspezifisch, Nationalität, Unternehmen und Projektkultur?

Wie sollten Projektteams optimal zusammengesetzt sein und wie kann man die Teambildungsprozesse positiv beeinflussen und Konflikte managen?

Wie können interkulturelle/virtuelle Teams ihre Vielseitigkeit als besondere Stärke nutzen und dadurch schnell außergewöhnliche Arbeitsergebnisse erbringen?

Diese Fragen soll der folgende Beitrag betrachten und beantworten. Nach einer Grundlagenbeschreibung werden praxisnahe Beispiele und Lösungsansätze gegeben.

12.2 Grundlagen zu Projektteams und Kommunikation

12.2.1 Projektorganisationsformen und ihre Besonderheiten

In der Projektarbeit über alle Branchen hinweg wird immer wieder diskutiert, welche Organisationsform die beste ist, um Projekte – und somit auch die beauftragende Organisation – zum Erfolg zu führen.

Die Vorteile reiner Projektorganisationen liegen auf der Hand. Die Weisungsbefugnisse sind klar, der Mitarbeiter hat nur einen Vorgesetzten und arbeitet mit vollem Einsatz für ein Projekt. Der große Nachteil von Projektorganisationen ist jedoch, dass immer nur der Blick auf das jeweilige Projektziel gerichtet ist und das „Rad immer neu erfunden" wird. Synergieeffekte, lessons learned und die Möglichkeiten des Erfahrungsaustauschs mit Experten desselben Wissensgebietes werden selten oder gar nicht genutzt. Zudem ist in Zeiten knapper Personalressourcen der Einsatz von Mitarbeitern in nur einem Projekt selten geworden und ist teilweise sogar nicht realisierbar. Zum Beispiel stehen im Normalfall nicht mehrere gleichwertig qualifizierte Terminplaner oder Risikomanager zur Verfügung, um alle laufenden Projekte abzudecken. Zudem ist je nach Projektgröße und Dauer der Personaleinsatz der jeweiligen Rolle nicht über die ganze Projektdauer und häufig auch nicht mit einer kompletten Ressource erforderlich.

In einer Matrix-Organisation hat der Mitarbeiter eine „Heimat", seine Linienorganisation. Somit weiß er nach Beendigung des Projektes immer, wohin er zurückgeht und dass sein Aufgabengebiet dort weiterhin besteht. Der ständige Austausch mit den Kollegen der Linienorganisation ist ebenfalls von hohem Wert für die Projektarbeit. Neueste Richtlinien, Standards, Forschungsergebnisse und Erkenntnisse werden gesammelt und ausgetauscht. Die Kollegen berichten über Erfahrungen und Fehler aus den jeweiligen Projekten und stellen somit sicher, dass für jedes Projekt die bestmögliche, aktuelle Vorgehensweise eingehalten wird und sich derselbe Fehler nicht im nächsten Projekt wiederholt. Dies führt u. a. zu einer erheblichen Risikominimierung bei der Projektabwicklung. Im Gegenzug werden die Projekterkenntnisse in die Linie zurückgespiegelt, um somit als kontinuierlicher Verbesserungsprozess die Linienanweisungen und Prozeduren zu überprüfen und bei Bedarf anzupassen. Die Qualitäts- und Projektmanagement Systeme werden aktuell und praxisnah gehalten; somit ist der Kreislauf einer lernenden Organisation optimal erfüllt. Die vorhandenen Ressourcen werden in einer Matrix-Organisation effizient ausgenutzt. Ein Mitarbeiter kann die gleiche Rolle in mehreren Projekten und auch mehr als eine Rolle in einem Projekt wahrnehmen. Der Terminplaner kann gleichzeitig der Risikomanager im Projekt sein, vorausgesetzt er erfüllt die Anforderungen an diese Rolle. Mit seinen Erfahrungen aus anderen Projekten gibt er wichtige, teilweise sogar neue Impulse für die Projektarbeit. Die Mitarbeiter sind ausgelastet und arbeiten in jedem Projekt auf der gleichen Basis von Vorschriften, Richtlinien und Erkenntnissen.

Als Nachteile der Matrix-Organisation werden häufig die Anforderungen von zwei Seiten, somit auch von zwei Vorgesetzten empfunden. Der Mitarbeiter will seinen Linienaufgaben gerecht werden und ebenfalls den Projektanforderungen. Das Setzen von Prioritäten und die ständige Abstimmung mit beiden Seiten sind extrem wichtig und notwendig. Durch Wahrnehmen der Rolle in mehreren Projekten ist das Zugehörigkeitsgefühl zu und die Identifikation mit den einzelnen Projekten erschwert. Dem Mitarbeiter fällt es schwer, sich als Teil des Teams zu fühlen und er hat eher eine Abseits-Position. Die Erbringung seines Fach- und Expertenwissen erfolgt – aber auch nicht mehr. Kreative, gemeinsam mit dem Team entwickelte Lösungsstrategien, gar ein ganzheitliches, ergebnisoffenes Denken, werden unter diesen Voraussetzungen nicht gefördert. Durch die fehlende, ständige Abstimmung im Team kann das Gesamtergebnis leiden, da nur eine einseitige Sicht auf die Dinge eingebracht wird, ohne den Gesamtkontext des Projektes im Auge zu haben und zu berücksichtigen. Das führt nicht selten zwischen den Projekten zu einem „Tauziehen" um die besten Fachkräfte. Hinzu kommen noch die Interessen der Linienvorgesetzten, die ihre Zielvorgaben von der Geschäftsleitung erhalten. Somit versuchen mehrere Seiten das Wissen, die Zeit und die Arbeitsergebnisse des Mitarbeiters zu nutzen und bauen Druck auf. Der Mitarbeiter versucht die Gratwanderung zwischen Projekt/en und Linie bestmöglich zu bewältigen, wird aber dadurch leicht überfordert, worunter die Arbeitsergebnisse, die Motivation und die Gesundheit leiden können. Ein Machtkampf zwischen den Interessengruppen ist schlussendlich kontraproduktiv. Es ist unbedingt zu vermeiden, dass sich der Mitarbeiter unwohl und überfordert fühlt und unter ständigem Druck steht. Hauptaufgabe der Führungskräfte ist somit, ein für den Mitarbeiter gutes Arbeitsumfeld zu schaffen.

12.2.2 Kommunikation ist der Schlüssel einem produktiven Arbeitsumfeld

Ein solches positives Arbeitsumfeld wird vor allem durch die Kommunikation untereinander geschaffen – zwischen Linienführungskraft und den Projektleitern, zwischen Projektleitern und auch zwischen Mitarbeitern und ihren Vorgesetzten aus Projekt und Linie. Eine Abstimmung der Linienziele mit den Projektzielen steht dabei an oberster Stelle. Ressourcenpläne müssen gemeinsam entwickelt werden, Urlaubssituationen abgeklärt und die fachliche und persönliche Weiterentwicklung des Mitarbeiters muss besprochen werden. Diese Abstimmungen sollten nicht nur einmal jährlich sondern fortlaufend erfolgen, auch gemeinsam mit dem Mitarbeiter. Die Integration jedes einzelnen Mitarbeiters in das Projektteam ist Aufgabe des Projektleiters. Der Linienmanager hat dafür zu sorgen, dass der Kontakt zur Linie nicht verloren geht. Eine vertrauensvolle Zusammenarbeit in alle Richtungen ist der übergeordnete Rahmen. In einem Umfeld von klaren Vorgaben, Prioritäten, Aufgabenpaketen und Terminplänen, die mit Verfügbarkeitsmatrizen verbunden sind, kann Höchstleistung und nicht nur Standard erzielt werden. Für jedes Projekt wird individuell der beste Beitrag geleistet, ohne jedoch den hohen Basisstandard zu vernachlässigen. Die Ziele des Projekts auf der einen und der Gesamtüberblick auf der anderen Seite werden in der Arbeit berücksichtigt. Der Mitarbeiter hat Rückendeckung, Vertrauen und Sicherheit auf allen Ebenen, fühlt sich wohl und respektiert und kann somit beste Arbeitsergebnisse erzielen. Zielkonflikte werden von seinen Vorgesetzten gelöst, sodass er klare Vorgaben erhält. Er wird sowohl in seiner persönlichen Entwicklung gefördert, als auch auf fachlicher Ebene und bleibt das wichtigste Kapital seiner Organisation: der hochqualifizierte, motivierte, teamfähige und gesunde Mitarbeiter.

12.3 Der Mitarbeiter als Schlüsselfaktor

12.3.1 Projektziel

Die Definition von Inhalt und Umfangs, dem „Scope", ist eine der wichtigsten Festlegungen zum Start eines Projektes. Im Mittelpunkt hierbei steht die Definition des Projektziels und der Aktivitäten, die zur Erreichung des Ziels notwendig sind. Dabei ist neben dem Produkt-Umfang, also den Anforderungen an ein herzustellendes Endprodukt, der Projekt-Umfang, also die Aufteilung und Strukturierung der Projektarbeit ebenso wichtig. Planen, Koordinieren und Managen der Projektabwicklung sind die Voraussetzungen, um ein Ergebnis zu erzielen, das allen Anforderungen des Kunden gerecht wird. Schon bei der Entstehung der im Folgenden genannten Dokumente sind die Projekt-Mitarbeiter aktiv mit einzubeziehen, um Transparenz zu schaffen und die Identifikation mit dem Projekt herzustellen. Ein Bestandteil des Projekmanagementplans ist der Projektbasisplan (Scope Baseline), der aus dem Pflichtenheft (Scope Statement), dem Projektstrukturplan (Work Breakdown Structure, WBS) und der Arbeitspaketbeschreibung (WBS Dictionary) besteht. Das Pflichtenheft (Scope Statement) beinhaltet die Definitionen von Produktumfang, Projektumfang, Lieferumfang, Produkt Akzeptanz Kriterien und der Beschränkungen und Chancen des Projekts. Ebenso wird kurz beschrieben, was nicht Teil des Projekts ist. Abgeleitet aus dem Pflichtenheft wird der Projektstrukturplan. Hier wird in einer hierarchischen Darstellung abgeleitet, welche Arbeitspakete erforderlich sind, um den Projektauftrag zu erfüllen. Dabei bilden die übergeordneten Ziele die oberste Ebene und werden von dort ausgehend immer weiter detailliert.

12.3.2 Projektstrukturplan-Erstellung als Teambildungs-Aktion

Der Entwicklung des Projektstrukturplans wird im besten Fall vom gesamten Projektteam inklusive der wesentlichen Stakeholder vorgenommen. Diese Vorgehensweise hat den Effekt, dass sich sowohl das Team als auch die Stakeholder mit dem Ergebnis identifizieren. Dies führt letztendlich zu einer höheren Leistung. Das Team versteht von Anfang an, was notwendig ist, um die Projektziele zu erreichen und definiert die zu erledigenden Aufgaben gemeinsam. Der gesamte Projektablauf wird in der Theorie durchgespielt und der Projektplan geprüft. Die Abwicklung wird klarer, strukturierter und die Risiken werden reduziert. Durch den hierarchischen Aufbau, der von den übergeordneten Anforderungen ausgeht und immer feiner heruntergebrochen wird, ist es auch einfacher, die Beziehungen und Abhängigkeiten der Arbeitspakete untereinander zu verstehen. Eine reine Aufgabenliste kann diese immensen Vorteile eines Projektstrukturplans nicht annähernd erfüllen.

Die Arbeitspakete auf den untersten hierarchischen Ebenen müssen so genau definiert sein, das sie leicht zu planen, zu organisieren, zu koordinieren und zu überprüfen sind. Es ist daher leichter zu messen, ob und zu wieviel Prozent diese Arbeitspakete abgearbeitet wurden. Der Projektstrukturplan enthält dabei nicht nur die Kundenanforderungen, sondern ebenso die Arbeitsschritte die notwendig sind, um die Kundenanforderungen zu erfüllen, wie beispielsweise Berichts-Strukturen, Planung von Meetings und die Abwicklung des Risikomanagements. Mit Hilfe des Strukturplans wird sichergestellt, dass alle notwendigen Arbeitspakete erfasst werden. Der Prozess „Strukturplan-Erstellung" ist somit ein wichtiges Kommunikations- und Teambildungs-Werkzeug. Es fördert die Kommunikation und das Verständnis zwischen den verschiedenen Projektdisziplinen und das Team bekommt einen hervorragenden Überblick über das Gesamtprojekt mit den wesentlichen Schnittstellen. Größere Änderungen des Inhalts- und Umfangs während der Projektabwicklung werden mit der detaillierten Arbeitspaket Erstellung von vorneherein vermieden. Der Projektstrukturplan bildet zusätzlich eine Basis für die Kostenplanung, Ressourcenplanung und den Terminplan. Denn aus dem Projektstrukturplan lässt sich leicht eine Aktivitäten Liste erstellen (Terminplanung: Aktivitäten definieren), die für einen realistischen Terminplan zwingend notwendig ist. Dies ist in Abb. 12.1 dargestellt.

12.3.3 Kommunikation zwischen Auftragnehmer und Kunden

Durch die Erstellung von Arbeitspaketbeschreibungen (WBS Dictionary) werden alle Details für das jeweilige Arbeitspaket festgelegt.

Diese Arbeitspaketbeschreibungen definieren für jedes einzelne Arbeitspaket: Verantwortlichkeit, Beschreibung, Akzeptanzkriterien, Annahmen, Risiken, notwendige

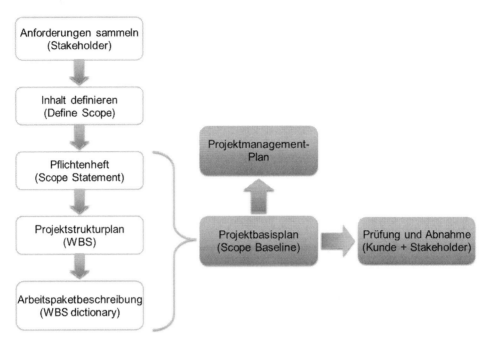

Abb. 12.1 Strukturplan-Erstellung nach PMI in Anlehnung an Mulcahy (2011)

Ressourcen (Personal und Material), Dauer, Meilensteine, Kosten, Abgabedatum und die Schnittstellen zu anderen Arbeitspaketen (Vorgänger/Nachfolger). Über den Prozess „Inhalt und Umfang validieren (Validate Scope)" wird der Projektbasisplan (Scope Baseline) offiziell vom Kunden abgenommen und akzeptiert, ebenso wie der Projektmanagementplan. Das garantiert Sicherheit in der Beziehung zwischen Kunde und Auftragnehmer und ermöglicht zu jeder Zeit die Kontrolle, ob die gemeinsam abgestimmten Ziele innerhalb der vereinbarten Randbedingungen erreicht werden. Somit ist die Kommunikation zwischen Kunde und Auftragnehmer für die Projektabwicklung auf einer soliden Basis und die Gefahr von Missverständnissen oder nicht erfüllten Kundenwünschen auf ein Minimum reduziert. Der Projektbasisplan und der Projektmanagementplan sind wichtige Kommunikations-Werkzeuge und bilden gemeinsam die Kommunikationsbasis des Projekts.

12.3.4 Personalressourcen zuordnen

Der nächste Schritt der im Prozess Terminplanung erfolgt, ist die aus dem Projektstrukturplan abgeleiteten Aktivitäten zu definieren, zu sequenzieren und die Ressourcen dafür festzulegen. Wir konzentrieren uns in diesem Artikel auf die Personalressourcen, nicht auf das Material. Über eine aus dem Projektstrukturplan (WBS) abgeleiteten Personalstrukturplan (Ressource Breakdown Structure, RBS) werden die benötigten Ressourcen definiert und nach Typ kategorisiert. Danach wird geschätzt, wie lange es dauern wird, bis eine Aktivität beendet, also abgearbeitet ist. Dies wird mit Hilfe von verschiedenen Methoden analysiert, um zu einem validen, realistischen Ergebnis zu gelangen. Nachdem jeder Aktivität die Dauer zugeordnet ist, wird der Terminplan entwickelt. All diese Informationen dienen zur genauen Planung, wann wie viele Ressourcen benötigt werden. Die Genauigkeit der Arbeitspaket-Beschreibungen und der Aktivitäten-Liste bilden die Basis, um zu definieren, welche Rollen im Projekt benötigt werden. Über die Rollenbeschreibung kann dann mit Hilfe z. B. einer Kompetenzdatenbank oder ähnlichem und eines Ressourcen-Verfügbarkeits-Kalenders die richtige Person für jede Rolle gefunden werden. Folgende Fragen können sicher beantwortet werden: wann ist welcher Mitarbeiter mit welchen Fähigkeiten verfügbar, passt er in die Rollenbeschreibung, kann er also bestmöglich die Arbeit abwickeln um das Ziel zu erreichen?

12.3.5 Rollen und Verantwortlichkeiten

Der Aufbau der Projektorganisation wird über standardisierte Rollenbeschreibungen und Vorlagen für Organigramme aufgebaut und hat mit der genannten Vorarbeit die besten Voraussetzungen, um das Projektziel zu erreichen. Die Verhandlungen und damit die Kommunikation mit den Linienführungskräften sind für den Projektleiter erheblich einfacher, wenn exakt definierte Arbeitspakete, die Dauer und die zur Aufgabenerledigung erforderlichen Fähigkeiten des Mitarbeiters bestimmt werden können. Der Linienvorgesetzte bekommt Planungssicherheit, wie lange und wofür sein Mitarbeiter im Projekt eingesetzt wird. Auf dieser Basis ist auch leicht zu ermitteln, welche Fähigkeiten das neue Projektteam-Mitglied bereits hat und welche Entwicklungsmaßnahmen notwendig sind, um die Aufgaben über den ganzen Zeitraum seines Einsatzes im Projekt abzuwickeln.

Vordefinierte Rollen und Verantwortlichkeiten müssen frühzeitig festgelegt werden, wenn möglich sollte auf Rollendefinitionen und Standardorganigramme aus dem jeweiligen Projektmanagement- System des Unternehmens zurückgegriffen werden.

Die Definition der Rollen ist eine wesentliche Aufgabe des Projektleiters. Auch die Rollen der Stakeholder müssen beschrieben werden, ebenso wie ihre Verantwortlichkeiten. Die Stakeholder haben einen großen Einfluss auf das Projekt und tragen maßgeblich zu dessen Erfolg oder Scheitern bei. Eine klare Rollendefinition dient nicht nur dazu Aufgabenpakete zuzuweisen, sondern ebenso um Einflüssen auf das Projekt strukturiert zu begegnen und hereinkommende Änderungen effizient zu bearbeiten. Der jeweilige Änderungsantrag sollte vom dafür Verantwortlichen bearbeitet werden. Risiken und Konflikte können dadurch minimiert werden.

Nach Zuordnung aller Ressourcen zu ihren Rollen und der damit verbundenen Festlegung der Verantwortlichkeiten wird eine Kick-off Veranstaltung geplant und durchgeführt. Das Kick-off spielt eine wesentliche Rolle für die weitere Projektabwicklung.

12.3.6 Projekt Kick-off

Vor dem Kickoff sollte mit allen Team-Mitgliedern gesprochen und sichergestellt werden, das alle – auch der Sponsor und die wesentlichen Stakeholder – anwesend sind. Das Meeting muss gut organisiert und durchgeplant werden und Freiraum für Diskussionen enthalten.

Idealerweise übernimmt der Sponsor die Eröffnung und geht auf die Bedeutung des Projekts für das Unternehmen ein. Wenn er mit Zeit und Engagement bei der Sache ist, wird die Bedeutung des Projekts unterstrichen. Die Hauptaufgabe des Projektleiters ist es, das Team davon zu überzeugen, dass es sich seiner Führung anvertrauen kann. Dabei hilft es, eine klare Struktur aufzuzeigen und authentisch zu bleiben. Wenn der Projektleiter mit sich selbst und der Aufgabe übereinstimmt und dies mit Prägnanz, Präsenz, Menschlichkeit und Herzlichkeit kombiniert, wird das Team es leicht haben, ihm auf seinem Kurs zu folgen. Eine gute Portion Humor ist das Tüpfelchen auf dem i. Persönlichkeitskompetenz und Kommunikation/Umgang mit Menschen machen jeweils 35 % des Stellenwertes der Führungskompetenz eines Projektleiters aus. Die Methodenkompetenz als dritte wichtige Kompetenz macht 30 % aus.

Im Kick-off Meeting sollte das Team keine reine Zuschauerrolle haben, sondern eine aktive und mit gestaltende Rolle. Die wichtigsten Ziele des Kick-offs sind Grundlagen für die Teambildung und -bindung zu erreichen und die Teilnehmer zu motivieren und ihnen aufzuzeigen, das sie einen Beitrag für die Zukunft des Unternehmens durch die erfolgreichen Projektabwicklung leisten können. Am Ende des Kick-offs werden alle regelmäßigen Meeting-Termine gemeinsam festgelegt und ein Protokoll erstellt. Die entstandene Energie und der aufkeimende Teamgeist können auch sehr gut im Anschluss für die erste Arbeitssitzung genutzt werden.

12.3.7 Ein Team entsteht

Der Projektleiter ist der Hauptverantwortliche für die Projektmitarbeiter und deren Entwicklung zu einem Projektteam.

Jedes neue Team durchläuft fünf Phasen nach Tuckman (Tuckman 1973) von denen jede durchlaufen und keine ausgelassen werden sollte. Teambildung ist sowohl eine Haltung als auch eine Aktion, man könnte sagen es ist eine Wissenschaft für sich. Gemeinsam essen gehen ist schön, reicht bei Weitem jedoch nicht aus, um ein neu zusammengestelltes Team über mehrere Jahre hinweg zusammenzufügen. Das Team soll eine in sich geschlossene, verbundene Gruppe werden, um im besten Interesse des Projekts effiziente Leistung zu erbringen. Team-Bildung ist keine ein- oder zweimalige Sache, sondern spielt fortlaufend das ganze Projekt über eine große Rolle. Daher muss der Projektleiter seine Aufmerksamkeit und seine Bemühungen kontinuierlich diesem Thema widmen. Hier sind vor allem seine Sozialkompetenz mit den weichen Faktoren, beispielsweise. Empathie, Kommunikationsfähigkeit und Beratungskompetenz gefragt. Eine effiziente, offene und ehrliche Kommunikation bildet die Basis in der Team Zusammenarbeit. Vertrauensbildung mit jedem Teammitglied und ebenso mit den Stakeholdern ist zu etablieren. In der engen Teamzusammenarbeit werden Entscheidungen gemeinsam getroffen, die Lösung von Problemen gemeinsam gefunden oder zumindest die generelle, gegenseitige Zustimmung eingeholt.

12.3.8 Grundregeln – die Team Verfassung

Jede Gemeinschaft braucht eine Verfassung – für die Zusammenarbeit ist sie zu definieren und festzuschreiben. Ziel aller Anstrengungen ist es, neben den verschiedenen, individuellen Kulturen und Persönlichkeiten, eine gemeinsame Teamkultur wachsen zu lassen, so dass sich alle mit dem Projekt identifizieren und sich aufeinander verlassen können. Stimmen die persönlichen Ziele mit den Projektzielen sogar teilweise überein, ist dies eine ideale Ausgangsbasis für eine hohe Leistung.

Praxisbeispiel aus einem internationalen Projekt
Präambel: Die Zusammenarbeit von verschiedenen Nationalitäten und Kulturen wird in unserem Projekt als Bereicherung für die Zusammenarbeit der Team-Mitglieder untereinander und mit den externen Partnern angesehen. Wir verständigen uns gemeinsam auf folgende Regelungen:

I. Respekt und Projektkultur
  1. Wir sind offen für andere Meinungen, Ziele, Ansichten und Kommunikations-Arten
  2. Wir respektieren getroffene Entscheidungen
  3. Wir sind zur richtigen Zeit kreativ
  4. Wir erwarten eine konstruktive und aufnahmebereite Haltung von jedem Team-Mitglied
II. Kommunikation
  1. Wir wollen offen und ehrlich kommunizieren
  2. Wir bringen Probleme auf den Tisch
  3. Wir hören zu und unterbrechen andere nicht
  4. Wir geben und akzeptieren konstruktives Feedback
  5. Wir sorgen für eine angenehme Arbeits-Atmosphäre
  6. Wir bevorzugen persönlichen Kontakt (face to face, Telefon) und senden Mails nur wenn notwendig
  7. Die Kommunikationswege zu den Stakeholdern (intern/extern) sind klar geregelt (z. B. wer berichtet an den Sponsor, Kunden)
III. Teamwork
  1. Wir erwarten, das alle Team-Mitglieder am wöchentlichen PM-Meeting teilnehmen
  2. In den Meetings werden detailliert die Aufgaben und Prioritäten festgelegt und wir unterbrechen uns nicht

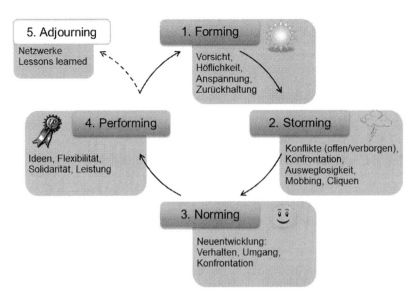

Abb. 12.2 Teambildungsphasen nach PMI in Anlehnung nach Tuckman (1973)

    3. Wir erwarten eine hohes Maß an Vertrauen und Offenheit innerhalb des Teams
    4. Wir leben das Prinzip der „lessons learned"(z. B. Fehler, Erfahrungen)
IV. Regeln
    1. Wir definieren Rollen und Verantwortlichkeiten und respektieren sie
    2. Wir erwarten, das Meetings gut vorbereitet sind und eine Tagesordnung haben

Ohne gemeinsam vereinbarte und akzeptierte Grundregeln wird es immer wieder zu Störungen in der Kommunikation kommen, die zu Konflikten führen können und den Arbeitsfortschritt beeinträchtigen können. Ein Team, das sich gemeinsam auf solche Grundregeln geeinigt hat, durchläuft die 5 Teambildungsphasen nach Tuckman (Tuckman 1973) schneller und hat im Laufe des Projektlebenszyklus weniger Reibungsverluste. Die Prozesse zeigt Abb. 12.2.

Zwingend erforderlich ist es, dass sich alle Beteiligten auf das ZIEL verständigen, also die Frage nach dem „Wozu" beantworten können. Durch die Ausrichtung und das Fokussieren auf ein gemeinsames Ziel entsteht eine tragfähige Projektkultur.

Während der 4 Phasen nach Tuckman muss der Projektleiter engen Kontakt zum Team halten. Er muss nicht nur eine Führungsperson sein, sondern auch Verhandlungsgeschick beweisen, die Zusammenarbeit mit anderen Organisationen pflegen, beobachten was im Team passiert, ein Aufzeichnung von Störfaktoren (Issue Log) führen, Entscheidungen treffen, die Stakeholder beeinflussen und bei Konflikten unterstützen und vermitteln.

12.3.9 Abschlussphase

Die letzte der 5 Phasen, die sogenannte „Auflösungsphase" (Adjourning) sollte immer mit beachtet werden. Die gemeinsam gemachten Erfahrungen müssen aufbereitet und ein lessons learned Bericht erstellt werden, idealerweise auch über die Zusammenarbeit. Eine Projekt-Abschlussveranstaltung bildet den Schlusspunkt und bleibt noch lange in Erinnerung. In einer Matrix-Organisation ist es sehr wahrscheinlich, dass sich einige Kollegen im nächsten Projekt wiedersehen. Die gemeinsam gemachten Erfahrungen bilden dann eine gute Basis für die Zusammenarbeit im neuen Team. Zum Abschluss der Zusammenarbeit sollte der Projektleiter die firmeninterne Kompetenzdatenbank und die Personalakte gemeinsam mit dem Mitarbeiter um die nintensiv in die Arbeitsweise deseu erworbenen Fähigkeiten und Erfahrungen ergänzen. Optimal ist es, wenn das erworbene Netzwerk weitergepflegt wird und ein laufender Informations- und Erfahrungsaustausch bestehen bleibt. Dadurch werden Projekterfahrungen nachhaltig und stellen ein wichtiges Kapital des Unternehmens dar.

12.4 Methoden der Teamführung

Sich blind zu verstehen und sich zu ergänzen, wie eine Fußballmannschaft oder so gut abgestimmt zu sein, wie Ruderer, soll Projektmitarbeiter erfolgreich machen. Der Begriff Team ist nicht nur in Projekten allgegenwärtig. Arbeitgeber aller Branchen fordern von ihren Mitarbeitern Teamfähigkeit. Abteilungen sehen sich als Team und Teamsport wird als Möglichkeit gesehen frühzeitig die nötigen Sozialkompetenzen zu entwickeln. Schon in der Schule werden wir an Gruppenarbeit herangeführt, aus der viele eine Assoziation mit überflüssiger Diskussion und ineffizienter Arbeit mitnehmen. Warum aber ist das Team ein so bedeutender Faktor in Unternehmen und insbesondere Projekten? Im Folgenden werden typische Teamentwicklungen dargestellt, erörtert wie eine Personengruppe zum Team wird und was Teams wirklich produktiv macht.

12.4.1 Teamfindung – eine Gruppe findet das Team in ihr

Wenn man von Teambesetzungen spricht, wird oft an Teambuilding gedacht. Dadurch soll die Gruppe zueinanderfinden und zu einem Team zusammenwachsen. Denkt man nun an die klassische Teamentwicklung mit den zuvor beschriebenen Phasen „Forming, Storming, Norming, Peforming und Adjourning", so ist das Teambuilding klar der ersten Phase „Forming" zuzuordnen. Da es hier in erster Linie aber darum geht, dass jede Person ihren Platz in der Gruppe mit entsprechenden Aufgaben und Verhaltensweisen findet und die Gruppe als Kollektiv die eigenen Werte und Umgangsformen findet, ist der Begriff Teamfindung angebrachter. Die Gruppe findet also das Team in ihr. Die folgenden Aspekte sind unbedingt nötig um die Teamfindung und damit die Phase des Formings erfolgreich zu durchlaufen.

1. Motivation des Einzelnen fördern
   Eine positive Grundstimmung in der Gruppe ist Voraussetzung für die Motivation des Einzelnen, sich mit der Thematik zu beschäftigen und sich auf eine engere Kooperation einzulassen. Führungspersonen und Moderatoren von Trainings müssen Aufbruchsstimmung und Motivation vermitteln.
2. Erwartungen zu Beginn abklären
   Die Schaffung eines Teams greift intensiv in die Arbeitsweise des einzelnen Mitarbeiters ein. Damit dieser den Eingriff zulässt, muss er sich mit der Veränderung identifizieren. Wir identifizieren uns stark mit Dingen, zu denen wir eine Verbindung haben, beziehungsweise die etwas von uns enthalten. Um das zu erreichen müssen vor dem Beginn der Zusammenarbeit die Erwartungen und Wünsche, aber auch Abneigungen der Mitarbeiter eingeholt werden. In einem Training oder Workshop zur Teamfindung kann das als erster Agendapunkt umgesetzt werden und die Gesamtagenda daran anknüpfend angepasst werden.
3. Vertrauen schaffen
   Eine Selbstverpflichtung aller Gruppenmitglieder auf Grundwerte und Regeln der Zusammenarbeit bietet dem einzelnen Mitglied Sicherheit, sich auf die Gruppe einzulassen. Diese Werte und Regeln müssen gemeinsam erarbeitet werden und können sowohl auf offenen Austausch und intensive Kommunikation als auch das Gewähren von individuellen Freiräumen hinauslaufen. Hier gibt es keinen Königsweg, denn entscheidend ist, dass die Teammitglieder zufrieden mit der Art und Weise des Teams sind.

12.4.2 Man kann keine Motivation schaffen, aber den Rahmen dafür

Eine zentrale Aufgabe der Teamführung ist, Motivation zu fördern. Ein häufiges Missverständnis ist, dass Motivation direkt geschaffen werden könne. Wenn auch einige Mechanismen oft Erfolg bringen, nimmt sich jeder Mensch doch aus unterschiedlichen Quellen Motivation. Man könnte also sagen, dass dafür gesorgt werden muss, dass die wichtigsten Quellen nicht versiegen. Ob sie nachgefragt werden hängt von jedem einzelnen Teammitglied ab. Das bedeutet natürlich auch, dass selbst mit der besten Führung nicht zwangsläufig jede Person im Team Motivation aufbauen kann. Sollte ein Mitglied die Teamarbeit ablehnen, muss das direkte Gespräch gesucht werden. Entweder finden sich Möglichkeiten die Situation zu ändern oder die Person muss sich fragen, ob dieses Team der richtige Arbeitsplatz für sie ist. Das weitere Vorgehen stellt eher eine Aufgabe der Linienführung dar und soll hier nicht weiter erläutert werden. Wichtig ist, dass ein Team keine Einbahnstraße ist und die gute Arbeitsatmosphäre für leistungsbereite und motivierte Mitglieder stets an erster Stelle steht. Folgend sollen Motivationsquellen, die im

Allgemeinen für eine motivierende Grundstimmung im Team sorgen, sowie ihre Nutzung erläutert werden.

12.4.3 Wie passen Workload, Anspruch der Aufgaben und Motivationskurve zusammen?

Diese drei Begriffe sind Standardbegriffe beim Thema Motivation. Die Motivationskurve stellt die Motivation Einzelner oder von Gruppen über die Zeit dar. Sie kann in Workshops oder Feedbackrunden evaluiert werden. Oft bemerken Führungspersonen mit einem guten Draht zum Team aber auch Änderungen der Motivation schnell. Der Workload und der Anspruch der Aufgaben wirken sich stark darauf aus. Sind sie ständig unverändert, lässt die Motivation automatisch nach. Sowohl die Quantität als auch die Qualität der Herausforderungen muss sich also ändern, sonst entsteht Routine. Dafür kann schon bei der Teambesetzung die Qualifikation und persönliche Weiterentwicklung des einzelnen Teammitgliedes besprochen werden. Neben der Identifizierung mit den Aufgaben ist die Identifizierung mit dem Team wichtig.

12.4.4 Von „Toll Ein Anderer Macht's" zu „Together Everyone Achieves More"

Wie zu Beginn dieses Kapitels angesprochen, haben viele Mitarbeiter schlechte Erfahrungen mit Teamarbeit gemacht, was die Motivation im Team gefährden kann. Der Unterschied zwischen den beiden Ansichten „Toll Ein Anderer Macht's und „Together Everyone Achieves More" als Ausformulierung der Abkürzung TEAM ist eine effektive Arbeitsteilung. Letztere Schreibweise zeigt dass die Arbeitsverteilung im Worst Case ungleichmäßig und unfair sein kann. Wer aber einmal in einem gut funktionierenden Team gearbeitet hat, weiß welche Vorteile dieses bringt und wird es wieder anstreben. Die Vorteile im jeweiligen Team müssen aktiv von der Führung sichtbar gemacht werden, damit die Mitglieder sich stärker mit dem Team identifizieren. Im Teamsport ist dieser Aspekt sehr stark ausgeprägt, da gleich sichtbar wird, wenn das Team nicht gut zusammenspielt. Wie kann man nun in einem Projektteam die Konsequenzen durch gute und schlechte Zusammenarbeit veranschaulichen?

Zum einen können Belastungsspitzen durch das Team abgefangen werden. Ist ein Teammitglied stark ausgelastet, kann die Führung mit einer Aufforderung wie „Da müssen wir XY jetzt alle unterstützen" das Gefühl der Zusammengehörigkeit stärken und Arbeitspakete verteilen. Wichtig ist, dass hier nicht das ausgelastete Mitglied delegiert, denn das hieße, die Verantwortung zu übertragen. Werden solche Maßnahmen fair besprochen und eingeleitet, genießen sie hohe Akzeptanz, weil jeder Mitarbeiter ein starkes Team hinter sich weiß, wenn es darauf ankommt. Auf der anderen Seite ist der betroffene Mitarbeiter zukünftig in der Bringschuld dem restlichen Team gegenüber.

Ein weiterer Schritt ist es, die Erfolge, die durch effiziente Kommunikation oder Arbeitsteilung generiert wurden auch zu besprechen und aktiv aufzufordern diese Stärken weiter auszubauen. Kritische Themen und Probleme müssen ebenfalls im Team besprochen werden um Vertrauen zu schaffen. Führungspersonen sollten in einem westlich geprägten Team, in dem der Individualismus eine wichtige Rolle spielt, auch Entscheidungen mit dem Team besprechen, die hierarchisch getroffen werden könnten. So zeigen sie, dass die Teammitglieder im Team mehr Gewicht haben als allein und dass sie den Vorgesetzten auch informell stützen und unterstützen.

12.4.5 Jede Beziehung muss gepflegt werden

Auch gut funktionierende Teams können in ihrer Entwicklung stagnieren. Das kann unterschiedliche Gründe haben, die individuell angegangen werden müssen. Auf Dauer lässt in einem gleichbleibenden Team mit gleichen Aufgaben die Motivation nach. Hier muss im Rahmen der Teamentwicklung dafür gesorgt werden, dass neue Mehrwerte und Herausforderungen die Motivation des Einzelnen fördern. Sollten sich wichtige Rahmenbedingungen, wie die Teamkonstellation oder Anforderungen an die Arbeitsweise, ändern muss besonders darauf geachtet werden, wie das Team reagiert und die Entwicklung gesteuert werden.

12.5 Gruppendynamik steuern und nutzen

Wenn in Projektteams Experten aus den verschiedensten Linienbereichen zusammenkommen, bringen Sie immer einen vollgepackten Rucksack mit. Er beinhaltet: Expertenwissen und die damit einhergehende Rolle, Linienvorgehensweisen, persönlichen, geschlechtsspezifischen und länderkulturellen Background und auch die eigene Firmenkultur. Die gemeinsame Projektkultur entwickelt sich erst im Laufe des Projektlebenszyklus.

12.5.1 Konfliktursachen

Persönliche und kulturelle Unterschiede werden meist als Ursache von Konflikten angesehen. Konflikte werden jedoch erst dann persönlich, wenn die Wurzel des zugrunde liegenden Problems nicht gelöst wurde. Die Top 4 Gründe für Konflikte in Projekten sind nach Rita Mulcahy folgende (2011):

- Zeitpläne
- Projektprioritäten
- Ressourcen-Verfügbarkeits-Kalender
- Unterschiedliche Fachmeinung

12 Kommunikation und Kultur in Projekten

Konflikte können am besten mit denen gelöst werden, die mit in den Konflikt einbezogen sind. Der Verantwortliche hierfür ist in erster Linie der Projektleiter, der auch vom Projektauftraggeber und vom Linienmanager unterstützt werden kann. Falls jedoch Rechtsbrüche, Verletzung von ethischen Regeln oder die Missachtung von Anweisungen die Gründe für einen Konflikt sind, muss der Projektleiter über die Köpfe der Beteiligten hinweg handeln.

Generell kann man sagen, dass Konflikte innerhalb von Projektteams unvermeidbar sind. Gründe hierfür sind:

- Natur eines Projektes ist es, sich den Anforderungen und Bedürfnisse von vielen Stakeholdern zu widmen;
- begrenzte Macht des Projektleiters (Matrix);
- Notwendigkeit, Ressourcen von den Linienmanagern zu beschaffen.

Der Projektleiter hat die Verantwortung alles zu tun, um das Konfliktpotential zu reduzieren. Eine gut geplante und umgesetzte Kommunikationsstrategie, die das Projektteam über die entscheidenden Ereignisse im Projektablauf informiert, ist dafür einer der Schlüssel. Alle Projektbeteiligten sollten zu jedem Zeitpunkt den aktuellen Stand folgender Aspekte kennen:

- Projektstatus
- Grenzen und Ziele des Projekts
- Inhalt des Projektauftrags
- Wesentliche Entscheidungen während des Projektverlaufs
- Wesentliche Änderungen
- Klare Zuweisung von Arbeitsaktivitäten mit klaren Zuständigkeiten

Eine offene Fehlerkultur und offenes Konfliktmanagement sind wesentlich für den Projekterfolg. Konflikte sind eine unvermeidbare Konsequenz, weil sie aus der organisierten Interaktion von Menschen entstehen und stellen keine Führungsschwäche dar. Letztendlich können Konflikte auch sehr wertschöpfend sein und offen bearbeitet zu einer besseren Zusammenarbeit beitragen.

Bei der jeweiligen Konfliktlösungsstrategie sollte immer mit beachtet werden, welche Lösung des Problems am ehesten den Kundeninteressen dient. Man kann dabei die Konflikte entsprechend der Matrix in Abb. 12.3 einordnen.

1. Konfrontation (Confronting)
   Das Problem wird durch Konfrontation wirklich gelöst und endet in einer win-win Situation.
2. Kompromissfindung (Compromising)
   Eine Kompromisslösung führt zu einer partiellen Befriedigung beider Konfliktparteien. Es entsteht ein lose-lose Situation, da beide Parteien nicht das bekommen, was sie wollten. Nach der Konfrontation ist es jedoch die zweitbeste Wahl.

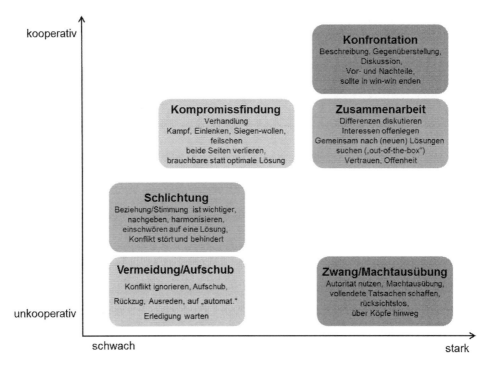

Abb. 12.3 Konfliktmatrix nach PMI in Anlehnung an Mulcahy (2011)

3. Vermeidung/Aufschub (Avoidance)
   Hier wird das Problem nur vertagt. Dies ist erforderlich, wenn z. B. nicht alle notwendigen Informationen zur Lösung vorliegen. Es sollte jedoch nur dann angewendet und zeitnah wieder aufgegriffen werden (Führen eines Issue Logs).
4. Schlichtung/Entgegenkommen (Smoothing/Accomodating)
   Der Konflikt wird nicht gelöst, die Parteien werden jedoch auf eine Lösung eingeschworen.
5. Zusammenarbeit (Collaborating)
   Verschiedene Meinungen und Standpunkte werden betrachtet, abgewogen und zu einem gemeinsamen Konsens gebracht.
6. Zwang (Forcing)
   Eine Lösung wird erzwungen, ohne Diskussionen und ohne Betrachtung der verschiedenen Standpunkte. Derjenige mit der größeren Autorität bzw. Macht, trifft die Entscheidung. Dies sollte vermieden werden, kann jedoch als letztes Mittel in Betracht gezogen werden.

Eine offen gelebte Fehlerkultur und das Auflisten von Konflikten und der jeweils angewendeten Lösungsstrategie stellen ein großes Verbesserungspotenzial für das laufende Projekt dar. Wird dieses Potenzial in den lessons learned Bericht integriert, können weitere Projekte ebenso davon profitieren, indem sie sich diese Erfahrungen zunutze machen. So entsteht im Rahmen der lernenden Organisation eine gemeinsame, firmenweite Projektkultur.

12.6 Stakeholder und Team Umwelt

12.6.1 Stakeholder im Projektzentrum

Einer der Schlüsselfaktoren für den Projekterfolg ist die Art und Weise, wie das Projektteam mit den Stakeholdern verfährt. Dafür müssen diese zuerst einmal identifiziert und ihre Anforderungen aufgenommen werden. Ihre Interessen und Erwartungen sowie ihre Macht das Projekt zu beeinflussen, sollten ebenso ermittelt werden. Ganz entscheidend ist es, die Kommunikation zu den Stakeholdern zu planen und nach festgelegten Regeln (wer, wann, wie) durchzuführen. Während des ganzen Projekts dürfen die Erwartungen und Einflussmöglichkeiten der Stakeholder niemals außer Acht gelassen werden. Stakeholder sind je nach ihrer Macht in der Lage, ein Projekt zum Scheitern zu bringen, zu behindern oder durch ihre Unterstützung zum Erfolg zu führen. Stakeholder sollten als Experten angesehen werden, von ihrem Wissen, Urteilsvermögen und ihren Fähigkeiten kann das Projekt extrem profitieren. Sie können aktiv beispielsweise in den Prozess des Änderungsmanagement (Change Management) – Aufnahme, Bewertung und Beschlussfassung zur Umsetzung von Änderungen und deren Freigabe – mit einbezogen werden. Auch bei der Erfassung von Risiken und der Erstellung der lessons learned leisten sie mit ihrer Übersicht einen großen Beitrag.

Je größer das Projekt, desto mehr Stakeholder sind involviert. Um ihre teilweise unterschiedlichen Erwartungen zu managen, bedarf es einer klaren Strategie. Jeder muss einzeln beurteilt werden. Sie können individuell oder auch gruppiert bearbeitet werden. Einige müssen sehr häufig kontaktiert werden, einige selten oder einmalig. Ohne diese Beurteilung und Einteilung ist es zeitmäßig sonst kaum zu schaffen, sie angemessen zu behandeln. Die Stakeholder Management Strategie ist Teil des Kommunikationsplans im Projekt. Der Umgang mit allen vom Projekt betroffenen Akteuren, mit ihren Erwartungen und Bedenken, führt im besten Falle zu strategischen Allianzen, die wesentlich zum Projekterfolg beitragen und die Risiken minimieren können. Durch Kooperation innerhalb des Unternehmens und auch außerhalb des Projektes mit Sub-Unternehmern, Behörden und Organisationen, kann sich das Projekt auf die Kernaufgaben konzentrieren und bestimmte Aufgaben den Kooperationspartnern überlassen.

All das kann nur durch Akzeptanz der unterschiedlichen Kulturen, Ziele und Interessen funktionieren, wobei eine gut geplante Kommunikationsstrategie und deren Umsetzung Voraussetzung ist.

Zusammenfassend lässt sich sagen, das das magische Dreieck der Projektabwicklung: Zeit, Kosten und Qualität in der heute veränderten Projektumwelt dringend erweitert

Abb. 12.4 Das erweiterte magische Dreieck des Projektmanagements

werden muss. Die Stakeholder, dazu gehört natürlich auch das Projektteam selbst, stehen im Mittelpunkt. Mit ihnen steht und fällt der Projekterfolg. Zusammenarbeit, Projektkultur und gemeinsame Ziele müssen entwickelt, berücksichtigt und gefördert werden. Allumfassende Voraussetzung hierfür ist die Kommunikation untereinander.

Das neue, magische Dreieck zum nachhaltigen Projekterfolg stellt dies in Abb. 12.4 dar.

12.7 Interkulturelle Teams

Nach dem World Energy Outlook 2011 der Internationalen Energie-Agentur (IEA) sollen zwischen 2010 und 2035 90 % des weltweiten Wachstums des Energieverbrauchs auf Nicht-OECD-Länder entfallen. Eine solche Verteilung der Wachstumsmärkte zwingt große Energieversorgungsunternehmen, sich globaler auszurichten. Erfolgreich können auf einem globalen Markt aber nur Unternehmen sein, die anpassungsfähig sind und sich mit regionalen Gegebenheiten konstruktiv und proaktiv auseinandersetzen. Regionale Partner sind unerlässlich, um in neuen Märkten Fuß zu fassen und müssen beispielsweise beim Kraftwerksbau stark eingebunden werden. Das ist jedoch nur ein Grund für die zunehmende Anzahl internationaler und damit interkultureller Projektteams. Auch die flexiblere Arbeitsweise und geringere Standortabhängigkeit virtueller, also dezentral arbeitender, Teams gilt als Triebfeder interkultureller Teams. Welche Besonderheiten zu beachten sind und wie vorgegangen werden kann, wenn ein interkulturelles, virtuelles Team schnell und nachhaltig funktionieren soll, wird im Folgenden beschrieben.

12.7.1 Kultur ist nicht beeinflussbar, aber Ihre Auswirkung schon

Bei genauerer Betrachtung unterschiedlicher Kulturen und ihrer Auswirkung auf die Arbeitsweise wird schnell deutlich, dass sich in jeder Kultur Stärken und Schwächen ausmachen lassen. Wer interkulturelle Zusammenarbeit anstrebt hat die Möglichkeit, dies zu nutzen.

12.7.2 Unternehmens- vs. Länderkultur: Manche sind international einfach besser

Die meisten Methoden und Standards zum Managen von Unternehmen und Projekten sind in westlichen Kulturkreisen entstanden. So kommt beispielsweise der international weit verbreitete Projektmanagement-Standard des PMI (Project Management Institute) aus den USA und verfolgt auch Führungsmethoden, die westlichen Kulturen entsprechen. Wer aber beispielsweise in Russland Management by Objectives, also Anreizsysteme durch Zielvereinbarungen, praktizieren möchte, wird damit wenig Erfolg haben. Das liegt an der dort tendenziell hohen Machtdistanz und einer Orientierung an Vorteilen und Mehrwerten für das Kollektiv. Dadurch wird man die Entlohnung anhand der Leistungen Einzelner nicht nachvollziehen können. Teams mit ausgeprägter Kollektivität sind deshalb empfänglicher für Ziele, die sich auf die Leistung der gesamten Gruppe beziehen und die am Wohl der Gruppe orientiert sind. Durch solche Ziele kann gleichzeitig der Grundstein für die Identifikation mit dem Team gelegt werden. Westliche Kulturen bringen dagegen die Schwierigkeit mit sich, dass Einzelne sich weniger stark mit einer Gruppe identifizieren, da der Individualismus stärker ausgeprägt ist. Auf ähnliche Art und Weise wirken sich in jeder Kultur Charakteristika auf das Management und insbesondere Teamentwicklungen aus.

Kulturen mit einer offenen Haltung gegenüber Neuem fällt das Bewegen in einem interkulturellen Umfeld logischerweise leichter. Aber unabhängig von der Länderkultur kann eine Organisation eine eigene Kultur schaffen, die diese offene Haltung und Stärken im interkulturellen Umfeld fördert und verankert und gleichzeitig mit der Länderkultur verbindet. Am wichtigsten sind hierfür die Kernwerte des Unternehmens, an denen sich das Handeln orientiert. Diese können schon in der Unternehmensstrategie verankert werden. Die kontinuierliche Förderung der konkreten Umsetzung dieser Kernwerte führt zu interkultureller Kompetenz.

12.7.3 Interkulturelle Kompetenz fängt mit Wissen an und endet mit Erfolg

Ein entscheidender Faktor bei der erfolgreichen Tätigkeit im interkulturellen Umfeld ist die Offenheit und Anpassungsfähigkeit einer Organisation. Hier spielt die interkulturelle Kompetenz einer Organisation an sich, sowie der involvierten Mitarbeiter eine große Rolle.

Während für Organisationen die Offenheit der Strukturen entscheidend ist, sind die folgenden Schritte für die Schaffung interkultureller Kompetenz, als Erweiterung der sozialen Kompetenz einer Person gesehen, zu durchlaufen. Diese Schritte sind vor Projektstart mit möglichst allen Teammitglieder zu durchlaufen.

12.7.3.1   Erster Schritt: Wissen um die eigene und fremde Kultur

Kultur äußert sich durch Verhaltensweisen wie Gestik, Mimik, Sprache und Reaktionen in verschiedensten Situationen. Wir sind von ihr so tiefgehend geprägt, dass uns ihre Allgegenwärtigkeit nicht auffällt und wir die Auswirkungen, die Sie auf unser Handeln hat nicht hinterfragen. Die Verhaltensweise ist aber nach dem bekannten Eisbergmodell nur die sichtbare Spitze des Eisbergs Kultur. Sie basiert auf Emotionen, Motivation, Wünschen und Werten, die fest in uns verankert sind. Sich davon frei zu machen ist nicht möglich und auch nicht das Ziel bei der Schaffung interkultureller Kompetenz. Kultur ist nicht nur eine „mentale Programmierung des Geistes", wie sie Hofstede beschreibt, sondern auch ein Übereinkommen, ein gesellschaftlicher Konsens für das Miteinander. Wenn unterschiedliche Kulturen interagieren, besteht dieser Konsens vorerst nicht. Daher müssen neue Interaktionswege gefunden werden. In einem interkulturellen Team kann die Projektleitung z. B. zu Beginn eine Evaluation der Werte, Erwartungen und Einstellungen der Teammitglieder durchführen. So kann die tatsächliche Situation erfasst werden und die Art der Teamkooperation abzuleiten. Kulturmodelle wie die von Hall oder Hofstede helfen bei der Einordnung der Kulturdimensionen.

12.7.3.2   Zweiter Schritt: Interpretation von Handlungen

Wichtig ist, sich selbst die Möglichkeit zu schaffen, das eigene Handeln zu hinterfragen. Dafür ist das Wissen um die eigene Kultur und deren Werte und Charakteristika nötig. Erst dann kann mit dem Wissen um andere Kulturen die eigene Kultur interpretiert werden. So kann verstanden werden, wie die in Deutschland typische Begrüßung mit herzlichem Handschlag und Augenkontakt beispielsweise auf Japaner wirkt. Die unterschiedlichen Wertesysteme, Emotionen und Interpretationen von Handlungen sind also entscheidend. Oder aber welche Auswirkungen es auf die weitere Zusammenarbeit hat, wenn ich eine Einzelleistung eines Mitarbeiters eines östlichen Kulturkreises vor allen Mitarbeitern bewerte.

12.7.3.3   Dritter Schritt: Anpassung der Arbeitsweise und Kommunikation

Wer die Mechanismen der Kultur kennt und weiß, welche Kulturen im Team vertreten sind, kann darauf reagieren und sie so nutzen, dass sie zu mehr Effizienz und Motivation führen. Hier ist entscheidend, Kulturelle Interferenzen in einem Team als Stärke aufzufassen und diese Einstellung in das Team zu transportieren. Ein möglicher Bereich für Anpassungen ist das Delegieren. In westlichen Kulturen stellt es meist das Übergeben von Verantwortung dar, während in vielen anderen Kulturen Vorgesetzte kaum Verantwortung abgeben. Hier ist wesentlich mehr Top-Down Information aber auch Reporting und Kontrolle nötig. Genau so können Feedback, Entlohnungssysteme und Konferenzen an kulturelle Bedingungen angepasst werden. Ziel ist es, einen Konsens im Team zu finden, der allen Mitgliedern gute Arbeitsbedingungen bietet und den Rahmen für Motivation schafft.

12.7.4 Virtuelle Teams: die Königsdisziplin

Kultur und Persönlichkeit äußern sich wie zuvor beschrieben durch Verhaltensweisen und Handlungen und können mit dem entsprechenden Wissen und Sozialkompetenz situativ gedeutet werden. Was aber, wenn diese Sichtbaren Symptome nicht sichtbar sind, weil sich die Mitarbeiter nie oder nur selten persönlich begegnen? Diese Teams werden virtuelle Teams genannt und stellen gerade im interkulturellen Umfeld eine Herausforderung dar. Aber die virtuelle Kooperation birgt auch einige Chancen.

Weder eine einheitliche National- noch Unternehmenskultur kann bei virtuellen Teams vorausgesetzt werden. Daher muss gerade hier – beispielsweise durch ein dreistufiges Vorgehen wie zuvor beschrieben – ein gemeinsamer Konsens gefunden werden. Ein Problem bei der Findung dieses Konsens und der Teamfindung selbst ist bei virtuellen Teams die fehlende soziale Präsenz. Wenn die geografische Distanz es zulässt, sollte zumindest zu Beginn des Projektes ein Teamtreffen stattfinden. Im Projektverlauf kann der fehlenden sozialen Präsenz dann durch die bewusste Wahl der Kommunikationsmedien entgegengewirkt werden. Kommunikation via E-Mail ist in Teilen unerlässlich, sollte aber stark reduziert werden. Sie verstärkt die fehlende soziale Präsenz der Teammitglieder dadurch, dass sie nur verzögertes Feedback erhalten und meist nicht das ganze Team adressiert wird. Abhilfe verschafft das Mikroblogging, das eine Anwendung von Messenger-Systemen, ähnlich wie Twitter, für Unternehmen darstellt. Heute sind Datensicherheit und Rechtemanagement problemlos und leicht umzusetzen. Jedes Teammitglied hat fast permanent den Messenger auf seinem PC aktiviert und erhält Nachrichten des Teams oder schreibt Fragen oder Mitteilungen über Ergebnisse. So kann das gesamte Team sofort und transparent informiert sein und ohne Verzögerung Feedback geben. Gleichzeitig wird die Arbeit anderer für das einzelne Mitglied sichtbar gemacht, was zur Motivation und Identifikation beitragen kann. Dabei gilt immer, wer intensive Kommunikation ermöglicht, deckt Konflikte auf und ermöglicht den Konsens. Diese Kommunikation bedarf aber einer Vertrauenskultur als Unternehmenskultur. Sonst fällt es dem einzelnen Mitarbeiter schwer, sich mit einem virtuellen Team zu identifizieren.

Hier schließt sich der Kreis zur interkulturellen Kompetenz, die im Zentrum der interkulturellen Kooperation steht. Unternehmen, die langfristig eine weltoffene Teamkultur pflegen und interkulturelle Kompetenz strukturell durch Trainings fördern und bei der Projektbesetzung fordern, haben in interkulturellen und virtuellen Teams mehr Erfolg.

Die Stärken virtueller Teams liegen auf der Hand. Sie reduzieren die Standortabhängigkeit, gerade wenn besondere Experten für ein Projekt benötigt werden. Sie sind flexibler und – richtig geführt – effizienter als konventionelle Teams. Schafft man es also die sozialen

Teamprozesse zu fördern und das Performing mit einem virtuellen Team zu ermöglichen, bieten sich einige Chancen.

Literatur

Mulcahy, R. (2011). PMP Exam Prep, 7th edition: Rita's Course in a book for passing the PMP exam RMC Publications, Inc.

Tuckman, Bruce W. (1973). Developmental sequence in small groups. 63. Jg.

Teil III

Einzelprojektmanagement

Einführung einer Projektmanagement Laufbahn: Voraussetzungen und Erfolgsfaktoren

Eva Katharina Scherer, Timm Eichenberg und Annette Rudat

13.1 Auslöser der Einführung von Projektmanagement-Laufbahnen in Unternehmen der Energiewirtschaft

Einer Studie der Hay-Group aus dem Jahr 2006 zufolge ist der Aspekt „Karrieremöglichkeiten" durch persönliche Entwicklung und Weiterbildung der meistgenannte Grund, warum Mitarbeiter in einem Unternehmen bleiben, „Faire Vergütung und Benefits" hingegen landete auf Platz zehn.[1] Unternehmen, die ihren Mitarbeitern als Karrieremöglichkeit einzig die Führungslaufbahn bieten, laufen somit Gefahr, gute Fachkräfte zu verlieren. Diesen Mitarbeitern müssen deshalb alternative Karrieremöglichkeiten geboten werden.

Vor diesem Hintergrund führen viele Unternehmen neben der klassischen Führungslaufbahn sukzessive weitere, parallele Laufbahnen ein. Insbesondere die Projektmanagement-Laufbahn rückt in den Fokus von Unternehmensleitungen und Personalverantwortlichen, da Projekte als temporäre Organisationsform eine Bedeutungszunahme in fast allen Branchen erfahren. Für „projektlastige" Geschäftsfelder wie z. B. IT und Beratung wird eine Projektmanagement-Karriere ohnehin zum „Muss", wenn ein

---

[1] Vgl. Krämer (2006), Hay Group Newsletter 3/2006.

T. Eichenberg (✉)
Hannover, Deutschland
E-Mail: eichenberg@hsw-hameln.de

E. K. Scherer
Berlin, Deutschland

A. Rudat
Hannover, Deutschland

Unternehmen im Wettbewerb um Talente erfolgreich sein will und in der Lage sein muss, Projekte professionell zu steuern.

13.2 Darstellung theoretischer Grundlagen von Karrieremodellen

Eine Gleichwertigkeit der verschiedenen Karrieremodelle durch formelle und informelle Kriterien der Anerkennung herbeizuführen, ist für eine erfolgreiche Umsetzung mehrerer paralleler Laufbahnmodelle unumgänglich.[2]

Mögliche Alternativen zur Management- oder Führungslaufbahn sind:

1. Die Projektleiter-Laufbahn
2. Die Expertenlaufbahn (oft auch Fach- oder Spezialistenlaufbahn genannt)

Diese Laufbahnen sollen nicht isoliert nebeneinander stehen. Eine zielführende Gesamtkonzeption sollte eine Vergleichbarkeit der Laufbahnen aufweisen sowie einen Wechsel zwischen den verschiedenen Laufbahnstrukturen grundsätzlich ermöglichen. Die Grenzen und Möglichkeiten für einen solchen Wechsel sind jedoch im Hinblick auf die betriebliche Situation und das individuell vorhandene Potential zu prüfen.[3] Abbildung 13.1 verdeutlicht eine Laufbahnkonzeption schematisch.

Festzustellen ist, dass in der Praxis einer hohen mitarbeiterseitigen Nachfrage nach Laufbahnentwicklung bisher nur ein knappes Angebot für Projektmanager oder Fachkräfte gegenübersteht. Dieses Angebot könnte erheblich gesteigert werden, wenn die Formen zusätzlicher Laufbahnmodelle von Unternehmen unter Personalentwicklungsgesichtspunkten strategisch ausgebaut würden.[4]

13.2.1 Führungslaufbahn

Nach Rosenstiel wird Führung „... als zielorientierte Einflussnahme auf Menschen verstanden und in Organisationen durch Strukturen (Führungssubstitute) und Personen (Vorgesetzte) ausgeübt."[5]

Das traditionelle Verständnis der Führungskarriere meint einen vertikalen, hierarchischen Aufstieg innerhalb eines Unternehmens, wobei der Umfang an Personalverantwortung und/oder Budgetverantwortung stetig wächst. Die Hierarchie dient dabei als Strukturprinzip und schafft eine systematische Beziehung im Sinne von Über- und Unterordnungen. Sie verdeutlicht so die Entscheidungsstrukturen des Unternehmens und ist gleichzeitig der berufliche Orientierungsrahmen für die Mitarbeiter.[6]

---

[2] Vgl. Domsch und Ladwig (2011, S. 15 f.).
[3] Vgl. Domsch und Ladwig (2011, S. 18).
[4] Vgl. ebenda, S. 18.
[5] Rosenstiel (2001, S. 318 f.).
[6] Vgl. Kölbl (2008, S. 27).

Abb. 13.1 Generische Übersicht alternativer Laufbahnstrukturen, in Anlehnung an Kolb (2010), S. 504

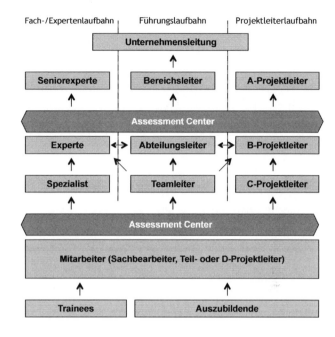

Die Personalentwicklung hat in diesem Zusammenhang laut Wunderer nicht nur die Aufgabe, die Führungskräfte zu fördern und zu entwickeln, sondern auch, „... das Führungspotential des Unternehmens kontinuierlich den aktuellen Veränderungen und Anforderungen anzupassen, zu verbessern und vorausschauend strategisch zu entwickeln...".[7]

13.2.2 Expertenlaufbahn

Eine Expertenlaufbahn stellt ein hierarchisches Positionsgefüge für hochqualifizierte Fachexperten dar. Sie sieht Rangstufen parallel zu verschiedenen Leitungsebenen mit spezifischen Bezeichnungen und Anreizen vor. Charakteristisch für Positionen in der Expertenlaufbahn sind ein hoher Anteil an Fachaufgaben und ein geringer Umfang an Personalführungs- und Verwaltungsaufgaben. Synonym für eine Expertenlaufbahn werden oft Bezeichnungen wie Spezialisten- oder Fachlaufbahn gebraucht.[8]

Ziel einer Expertenlaufbahn ist die Förderung, Erhaltung und Belohnung besonderer fachlicher Leistungen. Sie soll für Experten mit geringerer oder ohne Personalverantwortung ein transparentes System von zusätzlichen Aufstiegsmöglichkeiten schaffen. Der Aufstieg innerhalb dieser Hierarchie beruht primär auf nachgewiesener fachli-

---

[7] Wunderer (2009, S. 430).
[8] Vgl. ebenda, S. 9.

cher Kompetenz und nicht auf einem Zuwachs an (Personal-)Managementaufgaben.[9] Durch eine solche Expertenlaufbahn soll die Fluktuation von Experten verringert werden.[10]

Grundsätzlich sind Expertenlaufbahnen für alle Unternehmensbereiche geeignet, besonders aber in Bereichen der Forschung und Entwicklung oder in Rechtsabteilungen. Damit eine Expertenlaufbahn in der Praxis zu einem effizienten Personalentwicklungsinstrument wird und als Motivations- und Anreizinstrument wahrgenommen wird, sind einige wichtige Aspekte wie das Design der Expertenlaufbahn, die Einführung und die Weiterentwicklung zu beachten.

Eine inflationäre Nutzung der Expertenlaufbahn birgt Risiken für dieses Personalentwicklungskonzept: Begriffe wie „Elefantenfriedhof" oder „Abstellgleis", die häufig in diesem Zusammenhang genannt werden, machen deutlich, dass dieser alternative Karriereweg dazu verführen kann, ehemalige Führungskräfte zu „degradieren" oder „ruhigzustellen". Bei den hochqualifizierten Experten kann so der Eindruck entstehen, sie seien für Führungsaufgaben ungeeignet und befänden sich in einer zweitklassigen Entwicklungslinie.[11]

Die Personalentwicklung setzt aus diesem Grund gerade bei der Einführung von Expertenlaufbahnen Gleichrangigkeit zur klassischen Führungskarriere voraus. Die Erkenntnis, dass Experten mit ihrem Wissen den Unternehmenserfolg beeinflussen und dementsprechend Entlohnung und Status erhalten, sollte durch die Unternehmenskultur gestützt werden. Eine wesentliche Voraussetzung dafür stellt in diesem Zusammenhang die Gleichwertigkeit in Bezug auf Gehalt und Status mit der Führungslaufbahn dar. Dazu bedarf es u. a. Beurteilungssysteme, die eine Erfassung und Einstufung des Fortschritts in fachlichen Expertisen ermöglichen.[12]

Im Rahmen der Einführung von Expertenlaufbahnen praktiziert ein Großteil der Unternehmen das „On Top-Modell", in dem Fachlaufbahnen als Karrierealternative für wenige Top-Spezialisten angeboten werden. Laut der Studie „Etablierung Fachlaufbahnen" aus dem Jahr 2009, praktizieren dieses Modell etwa 75 % der Unternehmen, die eine Fachlaufbahn etabliert haben. Nur etwa 5 % der Mitarbeiter besetzen in diesen Unternehmen Expertenpositionen.[13] Alternativ gibt es das „Breitenmodell", bei dem die Laufbahn bereits auf der Sachbearbeiterebene beginnt. Etwa 25 % der Unternehmen mit etablierter Expertenlaufbahn fassen eine solche als umfassende Strukturierungsmethode auf. Die Anzahl der Experten ist hier im Mittel achtmal so groß wie die der Führungskräfte.[14]

---

[9] Vgl. Kunz (2005, S. 31 ff.).
[10] Vgl. Berblinger (2009, S. 14).
[11] Vgl. Domsch (1994, S. 157).
[12] Vgl. ebenda, S. 102.
[13] Vgl. Stockhausen und Deuter (2009, S. 3).
[14] Vgl. ebenda, S. 3.

13.2.3 Projektleiter-Laufbahn

Viele Unternehmensbereiche weisen ganz oder teilweise projektorientierte Organisationsstrukturen auf. D. h., ergänzend zu dem bestehenden, hierarchisch aufgebauten Organisationsgefüge wird in vielen Unternehmen zunehmend projektbezogen gearbeitet.[15] Ein Projekt ist – im Gegensatz zu einer regulären Aufgabe in der Linie – ein einmaliges Vorhaben mit einem definierten Beginn und einem definierten Ende. Neben diesem Charakteristikum zeichnet es sich durch eine relative Neuartigkeit aus, d. h., die Wege zur Lösung des Projektgegenstandes sind oft zu Projektbeginn noch nicht vollständig bekannt.[16]

Aufgrund der steigenden Anzahl an Projekten entwickelt sich in projektorientierten Unternehmen meist neben den hierarchisch orientierten Karrieremodellen eine eher horizontale Karrierestruktur. In der Projektkarriere erfolgt der Aufstieg über ein erweitertes fachliches Engagement und steigende Verantwortung in unterschiedlichen Projekten im Rahmen einer Projekthierarchie.[17]

Eine Projektleiter-Laufbahn fokussiert dabei nicht auf die bereits bestehende Mitarbeit in vorhandenen Projekten oder deren Leitung, sondern um eine systematische Einbindung von Projektarbeit in ein Personalentwicklungskonzept.[18] Eine Projektleiter-Laufbahn schafft so nicht nur zusätzliche Möglichkeiten, die Karrieren eines ausgewählten Personenkreises durch Alternativen der Laufbahnentwicklung zu ermöglichen. Der zeitlich begrenzte Einsatz eines Mitarbeiters als z. B. Projektleiter kann vom Management auch als eine Art „reales" Assessment Center genutzt werden, das zur Identifikation und Förderung von Führungspotential beiträgt.

13.3 Voraussetzungen zur Einführung einer Projektmanagement-Laufbahn

Um eine Projektmanagement-Laufbahn als Instrument der Personalentwicklung wirksam einführen zu können, sollten im Vorfeld einige wesentliche Voraussetzungen im Unternehmen geschaffen werden. Zu diesen Voraussetzungen gehören vor allem:

- Zieldefinition und Aufstellen von Kennzahlen
- Kenntnis über Stakeholder-Erwartungen
- Vorhandensein einer einheitlichen Projektkategorisierung
- Einheitliches Verständnis von Projektmanagement sowie Projektmanagement-Kompetenzen
- Verständigung auf das Prinzip der Laufbahndurchlässigkeit

---

[15] Vgl. Domsch und Ladwig (2011, S. 22).
[16] Vgl. Schreyögg (2003, S. 192).
[17] Vgl. Domsch (1994, S. 7).
[18] Vgl. Friedli (2002, S. 57 ff.).

13.3.1 Zieldefinition und Aufstellen von Kennzahlen

Die Einführung einer Projektmanagement-Laufbahn sollte nicht aus „wohlgemeintem Personaler-Interesse" heraus erfolgen. Es bedarf eines konkreten unternehmerischen Ziels im Sinne eines Beitrags zur Strategieumsetzung. Im Idealfall wird sogar ein Business Case erstellt, welcher Grundlage für die Einführung der Laufbahn wird (z. B. Kosteneinsparung bei Ersatz externer Projektleiter durch zielgerichtete Selektion und Qualifizierung interner Projektleiter). Empfohlen wird auch, vor der Einführung Kennzahlen (KPIs) zu definieren, mit Hilfe derer die Wirksamkeit der Laufbahneinführung später gegenüber der Unternehmensleitung nachgewiesen werden kann.

13.3.2 Kenntnis über Stakeholder-Erwartungen

Um die Entscheidungsträger im Unternehmen von der Notwendigkeit der Einführung einer Projektmanagement-Laufbahn überzeugen zu können und im Rahmen der Umsetzung eine effektive Kommunikation zu gewährleisten, ist die Kenntnis der Erwartungen wesentlicher Stakeholder an die Projektmanagement-Laufbahn erfolgskritisch. Exemplarische Erwartungen können sein:

Top Management

- Kosteneinsparungen bei der Abwicklung von Projekten, z. B. durch Reduktion des Anteils externer Projektleiter
- Projektmanagementwissen und Fachwissen zum Projektgegenstand bleibt im Unternehmen, geringere Fluktuation von Projektmanagern und -mitarbeitern
- Erfolg der „Top 20"-Projekte im Sinne von Time, Quality, Budget wird erhöht
- Unternehmen wird als attraktiver Arbeitgeber wahrgenommen

Mittleres Management

- Projekte können leichter und besser mit qualifizierten Projektleitern, Teilprojektleitern oder Projektmitarbeitern besetzt werden
- Verkürzte Startphase von Projekten, da mehr interne Projektleiter als Externe vorhanden sind
- Eigene Mitarbeiter (Projektleiter) können besser motiviert, qualifiziert und im Unternehmen gehalten werden
- Einfache, transparente und faire Zuordnung der Projektleiter in die Laufbahn

13.3.3 Vorhandensein einer einheitlichen Projektkategorisierung

In der klassischen Führungskarriere sind hierarchische Positionen typischerweise transparent vergleichbar: So führen Faktoren wie Anzahl der unterstellten Mitarbeiter, verantwortetes Budget, Entscheidungskompetenzen und Positionierung in den

Hierarchieebenen zu einer klar erkennbaren Einstufung von Positionen. Um eine Gleichwertigkeit von Führungs- und Projektlaufbahnen herbeizuführen, bedarf es einer äquivalenten Vergleichbarkeit von Projektleitungspositionen. Dies wird üblicherweise über die Implementierung einer unternehmenseinheitlichen Projektkategorisierung anhand ähnlicher Kriterien erreicht.

13.3.4 Einheitliches Verständnis von Projektmanagement und Projektmanagement-Kompetenzen

Um die oben dargestellten Projektkategorien verbindlich festlegen und einführen zu können, bedarf es im Unternehmen weiterhin eines einheitlichen Verständnisses von Projektmanagement im Sinne einer gemeinsamen „Methodensprache" und der Anwendung standardisierter Projektmanagement-Instrumente. Im Idealfall existiert im Unternehmen ein verbindlicher Projektmanagement-Standard. Darüber hinaus können pro Projektkategorie Kompetenzen definiert werden, welche ein geeigneter Projektleiter typischerweise aufweisen soll. Diese Projektmanagement-Kompetenzen bilden dann auch die Basis für die Auswahl von Projektleitern sowie deren kategorienbezogene Qualifizierung.

13.3.5 Verständigung auf das Prinzip der Laufbahndurchlässigkeit

Ein im Unternehmen akzeptiertes Laufbahnkonzept beruht auch auf dem Prinzip der Laufbahndurchlässigkeit. Dies bedeutet, dass sich kein Mitarbeiter mit der Zugehörigkeit zu der einen oder anderen Laufbahn für den weiteren Karriereweg im Hinblick auf seinen Tätigkeitsschwerpunkt dauerhaft festlegt. Ein Wechsel der Laufbahnen sollte jederzeit möglich und auch erwünscht sein. Dieser kann durch einen Positions- oder Rollenwechsel ausgelöst werden. Insbesondere für Projektleiter sollte die Möglichkeit bestehen, ihre im Rahmen von Projekten erworbenen Führungskompetenzen auch im Rahmen einer Linienfunktion einsetzen zu können. Umgekehrt sollte die Möglichkeit bestehen, dass erfahrene und in der Organisation akzeptierte Linienmanager für einen begrenzten Zeitraum die Leitung wichtiger Projekte übernehmen zu können – mit anschließender „Rückkehroption".

13.4 Einführung einer Projektmanagement-Laufbahn am Beispiel der E.ON IT GmbH

Nachfolgend wird die Einführung einer Projektleiter-Laufbahn bei der E.ON IT beschrieben, welche die Autoren verantworteten. Die E.ON IT GmbH ist die IT-Funktion der E.ON AG, eines der weltweit größten privaten Strom- und Gasunternehmen. E.ON IT steuert alle IT-Belange des E.ON-Konzerns. Das Unternehmen hat seinen Hauptsitz in

Der Prozess der Projektkategorisierung

Abb. 13.2 Einheitliche Projektkategorien im E.ON-Konzern

Hannover und ist europaweit mit acht Tochtergesellschaften in Großbritannien, Italien, den Niederlanden, Rumänien, Schweden, der Slowakei, Tschechien und Ungarn vertreten.

13.4.1 Vorhandensein einer einheitlichen Projektkategorisierung

Die Einführung einer Projektmanagement-Laufbahn setzt voraus, dass Projekte in unterschiedliche Kategorien eingeteilt werden und so die Anforderungen an die Projektleiter transparent sind. Im E.ON-Konzern und somit auch bei der E.ON IT werden (IT-)Projekte einheitlich in vier Kategorien unterteilt: TOP-, A-, B- und C-Projekte. Die Kategorisierung von IT-Projekten erfolgt auf Grundlage von einheitlichen Bewertungskriterien mit Hilfe eines sogenannten PKE- (Projekt Klassen Ermittlungs-)Tools. Generell zählt ein Vorhaben ab 70.000 € als Projekt, niedrigere Vorhaben werden als Maßnahmen behandelt. Wesentliche Kriterien zur Ermittlung der Projektklasse sind die Anzahl der in das Projekt eingebundenen Mitarbeiter, die Projektkomplexität, der Innovationscharakter des Projektes, das Projektrisiko und das zu verantwortende Budget. Aus der ermittelten Projektklasse leiten sich die Anforderungen an die Projektorganisation und den Projektleiter ab. Es ergibt sich entsprechend der Projektklasse die nötige Stufe des Projektleiters zur Leitung des Projektes. Abbildung 13.2 zeigt den Zusammenhang zwischen Klassifizierungskriterien, Projektkategorien und der Ableitung weiterer Anforderungen auf.

13.4.2 Definition der Zielgruppe für die Projektleiter-Laufbahn

Die Projektleiter-Laufbahn bei der E.ON IT stellt eine Alternative zur Führungslaufbahn dar und richtet sich an Beschäftigte,

- die primär in Projekten tätig sind und das Potential zur Übernahme von Teilprojektleitungen, Projektleitungen oder PMO-Funktionen haben,
- die als Teilprojektleiter tätig sind und/oder das Potential zur Übernahme größerer/komplexerer Projekte haben,
- als Projektleiter tätig sind und/oder das Potential zur Übernahme größerer/komplexerer Projekte haben,
- große Projekte leiten und auch zukünftig im Projektumfeld tätig sein werden.

13.4.3 Einführung eines Nachwuchs-Qualifizierungsprogrammes für Projektmanager

Die Gleichwertigkeit der Laufbahnmodelle kann nur erzielt werden, wenn diese auch im Bereich der Nachwuchsförderung gewährleistet ist. Der erste Schritt zur Etablierung der Projektleiter-Laufbahn war daher die Einführung eines Nachwuchs-Qualifizierungsprogrammes für Projekt Management Potentials. Die Nominierung für dieses Programm erfolgt durch die Führungskräfte im Rahmen des jährlichen Mitarbeitergesprächs. Führungskräfte nominieren diejenigen Mitarbeiter, die sie als potentielle Projektmanager einstufen. Die Nominierung erfolgt anhand festgelegter Kriterien, die sich an einem konzernweiten Kompetenzmodell orientieren. Um an dem Nachwuchsprogramm teilnehmen zu können, muss äquivalent zum vorhandenen Führungskräftenachwuchsprogramm zuvor ein Assessment Center bestanden werden.

Das Nachwuchsprogramm ist modular aufgebaut und deckt alle Bereiche der sozialen, methodischen und fachlichen Kompetenzen ab. Die Teilnehmer lernen nicht nur die Grundlagen des Projektmanagements bei der E.ON IT, sondern werden auch im Bereich Konfliktmanagement, Interkulturelle Kompetenzen, Change Management und Business Basics geschult. Parallel zu diesen Trainingsmodulen leitet jeder Teilnehmer im Rahmen des Programms ein (Teil-)Projekt, um die gelernten Techniken und Fähigkeiten auch on-the-Job zu erproben. Nach Durchlaufen des 15-monatigen Programmes sind die Teilnehmer in der Lage, Projekte mit entsprechenden Anforderungen zu leiten. Die Etablierung dieses Programmes war der erste Schritt zur Einführung einer übergreifenden Projektleiter-Laufbahn bei der E.ON IT.[19]

13.4.4 Entwicklung von Zuordnungsprozess und -kriterien sowie Pilot

Die geplante Einführung der Laufbahn bei der E.ON IT machte deutlich, dass die totale Anzahl der Mitarbeiter im Unternehmen, die derzeit Projekte leiten oder die Kompetenzen und Fähigkeiten zur Leitung von Projekten einer bestimmten Projektkategorie haben, nicht bekannt ist. Ziel war es somit diese nicht bekannte Anzahl

---

[19] Vgl. Eichenberg und Scherer (2012, S. 366 ff.).

von Projektleitern im Unternehmen den entsprechenden Projektleiterkategorien TOP, A, B und C zuzuordnen. Für diese Zuordnung sind entsprechende Voraussetzungskriterien für jede Projektleiterkategorie sowie ein Zuordnungsprozess konzipiert worden. Dieser Zuordnungsprozess und die zugrunde liegenden Zuordnungskriterien sind im Rahmen einer gemeinsamen Arbeitsgruppe mit den Mitbestimmungsgremien diskutiert worden.

Der Zuordnungsprozess sieht eine Zuordnung der entsprechenden Personen im Unternehmen durch die jeweilige Führungskraft mit Hilfe der zugrundeliegenden Kriterien der jeweiligen Projektkategorie vor. Die Kriterien decken unterschiedliche Kompetenzen im Bereich der sozialen und methodischen Fähigkeiten sowie die Projektleitererfahrung, Sprachkenntnisse und eventuelle Zertifizierungen und Zusatzqualifikationen ab. Anhand dieser festgelegten Kriterien ordnet die Führungskraft ihren Mitarbeiter, der für die Laufbahn in Frage kommt, der entsprechenden Projektleiterkategorie zu. Um den definierten Prozess zur Zuordnung der entsprechenden Mitarbeiter zu testen und nach erfolgreichem Erstdurchlauf eventuell zu korrigieren, wurde in ausgewählten Abteilungen ein Pilot durchgeführt. Neben dem Test des Prozesses ging es bei dem Piloten auch darum eine Schätzung der totalen Anzahl von Mitarbeitern zu bekommen, die die Zielgruppe für diese Laufbahn darstellen. Abbildung 13.3 stellt das Verfahren übersichtsartig dar.

Für den Piloten wurden repräsentative Abteilungen des Unternehmens ausgewählt. Der Zuordnungsprozess sieht vor, dass der Führende die zur Zielgruppe gehörenden Mitarbeiter seiner Abteilung entsprechend der definierten Kriterien in eine der vorgegebenen Projektleiterstufen zuordnet. Dabei hat er die Möglichkeit, den Mitarbeiter als Potential zuzuordnen. Der Zuordnungsvorschlag wird anschließend validiert, dabei wird die Projektleitererfahrung des Einzelnen überprüft. Sollten Unstimmigkeiten bei der Zuordnung auftreten, wird zunächst gemeinsam mit der Führungskraft versucht diese zu klären. Sollte dies nicht möglich sein, wird in einer zweiten Eskalationsstufe die Mitbestimmung hinzugezogen. Nach Abschluss der Validierung wird das Zuordnungsergebnis den entsprechend zugeordneten Mitarbeitern und ihrer Führungskraft mitgeteilt.

Die Führenden haben zusätzlich die Möglichkeit ihre Mitarbeiter als Potentialträger zu melden (auf der Grafik als Dreiecke dargestellt). Die Zuordnung als Potentialträger bedeutet, dass der Mitarbeiter die Kriterien für nächste Projektleiterstufe innerhalb von 24 Monaten erfüllen kann. Darüber hinaus hat er Zugang zu zusätzlichen Qualifikationen, die ihn optimal auf die nächste Stufe vorbereiten.

13.4.5 Vollständiger Roll-Out

Nach dem Abschluss des Piloten zur Einführung der Projektmanagement-Laufbahn und nach Auswertung der Lessons Learned wurde der Zuordnungsprozess auf alle noch verbleibenden Abteilungen in Deutschland sowie auf die neun Landesgesellschaften ausgeweitet.

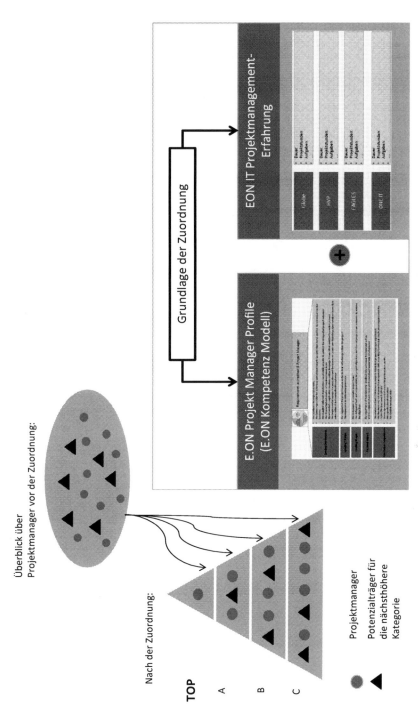

Abb. 13.3 Zuordnungsprozess und -kriterien bei der Laufbahneinführung

Damit startete der unternehmensweite Roll-Out der Projektmanagement-Laufbahn als Karrierealternative zur Führungslaufbahn.

13.4.6 Begleitende Kommunikation

Begleitet wurde die Einführung der Projektmanagement-Laufbahn von einer Kommunikationsoffensive, die auf einem detaillierten Kommunikationsplan beruht und verschiedene Kanäle bedient. Ziel der Kommunikationsaktivitäten war es auf der einen Seite die neuen Perspektiven und Möglichkeiten aufzuzeigen sowie auf das begleitende Qualifizierungsangebot aufmerksam zu machen, auf der anderen Seite aber auch deutlich zu machen, was nach einer Zuordnung zu erwarten oder nicht zu erwarten ist. So wurden neben Veröffentlichungen im Intranet auch Sharepoints eingerichtet sowie Telepräsenzen, WebEx-Meetings und Präsenzmeetings genutzt, um die Mitarbeiter und Führungskräfte über die neue Karrierealternative zu informieren.

13.4.7 Nutzen der Zuordnung aus Sicht der Mitarbeiter

In erster Linie werden die der Laufbahn zugeordneten Mitarbeiter sichtbar, im Sinne ihrer Kompetenzen und Fähigkeiten Projekte einer bestimmten Projektkategorie zu leiten. Damit wird auch der Besetzungsprozess für Projekte vereinfacht, da eine Transparenz über die Kompetenzen im Unternehmen besteht. Kosteneinsparungen durch die Reduzierung externer Projektleiter stellen eine positive Konsequenz dieser Transparenz dar. Auch eine abteilungsübergreifende Besetzung von Projekten wird so vereinfacht und gefördert.

Durch das zielgruppenspezifische Qualifizierungsangebot werden die Projektmanager der E.ON IT bei ihrer individuellen Weiterentwicklung unterstützt und auf das Erreichen der nächsten Projektleiterstufe vorbereitet. Damit wird den Mitarbeitern eine Möglichkeit und Perspektive geboten, sich im Projektumfeld in ihrer Karriere weiter zu entwickeln.

Durch das oben beschriebene Konzept der Laufbahndurchlässigkeit wird ein Wechsel zwischen Projekt- und Führungslaufbahn ermöglicht und so die individuelle Karriereplanung der Mitarbeiter unterstützt.

Monetär hat die Zuordnung zunächst keine Auswirkungen, da die Vergütung sowie die arbeitsvertraglichen Regelungen der Mitarbeiter nicht berührt werden. Es gibt somit keinen Automatismus zwischen der Zuordnung zu einer bestimmten Projektleiterstufe und der gehaltlichen Entwicklung des Mitarbeiters. Diese wird unabhängig in dem dafür vorgesehenen Prozess geregelt.

Die Entwicklung innerhalb der Projektleiter-Laufbahn ist neben der geforderten Projektleitererfahrung und dem Erfüllen definierter Kriterien auch an verschiedene diagnostische Eignungsüberprüfungen gekoppelt. Das Qualifizierungskonzept unterstützt die Mitarbeiter in Vorbereitung auf die Eignungsüberprüfungen und bereitet sie so auf die nächste Projektleiterkategorie vor.

13.4.8 Die Projektleiter-Laufbahn in der Balanced Scorecard

Im Rahmen der Einführung der Projektleiter-Laufbahn wurde die vorhandene Balanced Scorecard des Unternehmens um eine weitere Kennzahl ergänzt. Die Kennzahl zeigt die Anzahl extern gemanagter Projekte im Vergleich zu intern gemangten Projekten. Ziel der Einführung der Laufbahn ist es, einen signifikanten Anstieg der intern gemanagten Projekte verzeichnen zu können. Sollte sich dies zeigen, ist die Laufbahn nicht nur für die Mitarbeiter ein Erfolg, die eine weitere Entwicklungsperspektive bekommen, sondern auch für das Unternehmen, das dann signifikante Kostenreduzierungen generieren kann.

13.5 Fazit: Erfolgsfaktoren für die Einführung von Projektmanagement-Laufbahnen

Die Einführung einer Projektmanagement-Laufbahn im Unternehmen ist keine Aufgabe, die „nebenbei" erfolgen kann. Unternehmensleitung, Personalabteilung und Projektmanagement-Verantwortlichen sollten sich darüber bewusst sein, dass ein erfolgreicher Start nur dann gelingen kann, wenn die Einführung der Laufbahn ebenfalls als Projekt gesteuert wird und für dieses Projekt entsprechende personelle und finanzielle Ressourcen für das Vorhaben bereit gestellt werden. Ebenfalls ist zu betonen, dass die Einführung eines weiteren, gleichwertigen Karriereweges ein organisationaler Veränderungsprozess ist, der nur durch geeignete Kommunikations- und Change Management-Unterstützung gelingen kann.

Vor dem Hintergrund der dargestellten Laufbahn-Einführung können abschließend sechs Erfolgsfaktoren identifiziert werden:

1. Aufstellen eines Business Cases schafft Commitment des Top-Managements
2. Enge Stakeholdereinbindung beschleunigt die Einführung und schafft Akzeptanz
3. Angebot von Qualifizierungsprogrammen, die mit der Führungslaufbahn vergleichbar sind, steigert den Nutzen für Mitarbeiter
4. Messung der Laufbahneinführung mittels KPI in Balanced Scorecard unterstreicht die Ernsthaftigkeit des Vorhabens
5. Einrichten von „Kümmerer"-Rollen: „Laufbahnmanager" (konzeptionell) und Staffing Manager (zur Vermittlung von Projektleitern in Projekte)
6. Sicherstellung der Datenhaltung und Aktualität

Insbesondere die beiden letztgenannten Erfolgsfaktoren sind für die nachhaltige Etablierung und Akzeptanz der Laufbahn von hoher Bedeutung und verlangen nach Ausdauer.

Literatur

Berblinger, Sebastian/Knörzer, Michael (2009)
Studie: Karrieremodelle 2010 – Einflüsse, Entwicklungen und Erfolgsfaktoren, http://www.apriori.de/downloads/publikationen/APRIORI_Studie_Karrieremodelle.pdf, Aschaffenburg, 2009.

Domsch, Michael E. (1994)
Fachlaufbahnen, Heidelberg, 1. Auflage, 1994.

Domsch, Michel E./Ladwig, Désirée H. (Hrsg.) (2011)
Fachlaufbahnen – Alternative Karrierewege für Spezialisten schaffen, Köln, 1. Auflage, 2011.

Friedli, Vera (2002)
Die betriebliche Karriereplanung, Bern, 1. Auflage, 2002.

Eichenberg, Timm/Scherer, Eva Katharina (2012) Einführung einer Projektleiter Laufbahn; in: Schwochow, Karlheinz/Gutmann, Joachim (Hrsg.), Personalentwichlung 2013: Themen, Trends, Bestpractices, Freiburg/München, S. 363–372

Krämer, Alexandra (2006)
Neue Waffe im War of Talent, in: Hay Group Newsletter 3/2006, http://newsweaver.ie/haygroupgmbh/e_article000676415.cfm, Frankfurt, 2006.

Kolb, Meinulf (2010) Personalmanagement Grundlagen und Praxis des Human Resources Managements, 2. Auflage, Wiesbaden

Kölbl, Selma (2008)
Entwicklung eines Konzeptes für das Management hoch qualifizierter Humanressourcen, Kassel, 1. Auflage, 2008.

Kunz, Gunnar C. (2005)
Fachkarriere oder Führungsposition, Frankfurt am Main, 1. Auflage, 2005.

Rosenstiel, Lutz von (2001), In: Schuler, Heinz (Hrsg.) (2001)
Führung, Göttingen, 1. Auflage, 2001.

Schreyögg, Georg (2003)
Strategische Prozesse und Pfade, Wiesbaden, 1. Auflage, 2003.

Stockhausen, Anton/Deuter, Armin (2009)
Fachlaufbahnen zeigen Wirkung, in: Personalwirtschaft Ausgabe 11/2009, Köln, 1. Auflage, 2009.

Wunderer, Rolf (2009)
Führung und Zusammenarbeit: eine unternehmerische Führungslehre, München, 8. Auflage, 2009.

Steigende Bedeutung und Rolle der Logistik und des Projektmanagements in Offshore-Windprojekten

14

Carsten Lau

Zusammenfassung

Die Bundesregierung hat Leitlinien für eine umweltschonende, zuverlässige sowie bezahlbare Energieversorgung beschrieben und dadurch die erneuerbaren Energien als zentralen Pfeiler der zukünftigen Energieversorgung definiert. Der Offshore-Windenergie fällt hierbei eine besondere Rolle zu. Allerdings befindet sich der Offshore Markt in Europa gerade in einer sehr kritischen Phase. Während in Deutschland die Situation durch den Netzanschluss und -ausbau unsicher ist, ändert sich in Großbritannien die Investitionslandschaft und löst so ebenfalls Unsicherheit aus. Ein erfolgreicher Ausbau kann nur dann erreicht werden, wenn die derzeitigen Kosten für die Planung und Implementierung deutlich gesenkt werden können. Gerade die Logistik- und insbesondere die Porjektmanagementkosten können hierbei mit geschätzten 20 % an den Kapitalkosten eine besonders wichtige Rolle übernehmen. Allerdings zeigt sich, dass in den derzeitigen Offshore-Windpark-Projekten keine wirkliche Transparenz der Projekt- und Logistikkosten gegeben ist. Neben dem Aufbau eines tragfähigen, strategischen und operativ unterstützenden Controllings, müssen im Offshorebereich vorhandene Logistik- und Projektmanagementkonzeptionen – gerade aus anderen Industrien – adaptiert und angewendet werden. Dieser Beitrag gibt einen Überblick über die relevanten Offshore-Logistikprozesse und die damit verbundenen Querschnittsaktivitäten. So sollen für diese relativ junge Branche Möglichkeiten zur Harmonisierung und Stabilisierung ihrer Prozesse und zur Kostenreduktion aufgezeigt werden.

C. Lau (✉)
SRH Hochschule, Platz der Deutschen Einheit 1, 59065 Hamm, Deutschland
E-Mail: carsten.lau@fh-hamm.srh.de

14.1 Grundsätzliches

Die Bundesregierung hat Leitlinien für eine umweltschonende, zuverlässige sowie bezahlbare Energieversorgung beschrieben und dadurch die erneuerbaren Energien als zentralen Pfeiler der zukünftigen Energieversorgung definiert. Der Offshore-Windenergie fällt hierbei eine besondere Rolle zu. Allerdings befindet sich der Offshore Markt in Europa gerade in einer sehr kritischen Phase. Während in Deutschland die Situation durch den Netzanschluss und -ausbau unsicher ist, ändert sich in Großbritannien die Investitionslandschaft und löst so ebenfalls Unsicherheit aus. Ein erfolgreicher Ausbau kann nur dann erreicht werden, wenn die derzeitigen Kosten für die Planung und Implementierung deutlich gesenkt werden können. Gerade die Logistik- und insbesondere die Porjektmanagementkosten können hierbei mit geschätzten 20 % an den Kapitalkosten eine besonders wichtige Rolle übernehmen. Allerdings zeigt sich, dass in den derzeitigen Offshore-Windpark-Projekten keine wirkliche Transparenz der Projekt- und Logistikkosten gegeben ist. Neben dem Aufbau eines tragfähigen, strategischen und operativ unterstützenden Controllings, müssen im Offshorebereich vorhandene Logistik- und Projektmanagementkonzeptionen – gerade aus anderen Industrien – adaptiert und angewendet werden. Dieser Beitrag gibt einen Überblick über die relevanten Offshore-Logistikprozesse und die damit verbundenen Querschnittsaktivitäten. So sollen für diese relativ junge Branche Möglichkeiten zur Harmonisierung und Stabilisierung ihrer Prozesse und zur Kostenreduktion aufgezeigt werden.

14.2 Marktüberblick

In den ersten sechs Monaten des Jahres 2012 gingen in europäischen Gewässern 523,2 MW verteilt auf insgesamt 132 neue Windenergieanlagen ans Netz. Kumuliert beträgt die installierte Leistung nun 4 336 MW gegenüber 3 294 MW Ende Juni 2011. Die Abb. 14.1 zeigt die Entwicklung der Offshore-Windparks seit 1991 mit der ersten Fertigstellung bis zum Jahr 2011.

Die größten Aktivitäten in Bezug auf die Errichtung von Offshore-Windkraftanlagen sind gegenwärtig in Großbritannien, Dänemark und Deutschland festzustellen. In den Niederlanden stagniert der weitere Ausbau der Offshore-Windindustrie nach ersten Erfahrungen infolge von komplexen Ausschreibungsverfahren und einem nachteilig geänderten Vergütungssystem. Zukünftig wird jedoch auch Frankreich, nachdem man sich lange bedeckt gehalten hat, in diesen Markt einsteigen. Bisher gibt es noch keine Offshore-Windanlagen vor der französischen Küste. Versorgungsunternehmen wie E.ON werden zukünftig aufgrund der Kosten für Windpark-Projekte in den skandinavischen Ländern investieren. Insgesamt beabsichtigt E.ON den Bau von neun Windparks in Norwegen mit einer Leistung von 1500 MW. Zudem erwartet man, dass in Skandinavien größere Projekte bessere Chancen haben als im restlichen Europa. So will zum Beispiel Norwegen 2020 67,5 % seiner Energienachfrage durch Erneuerbare Energien decken. Ein

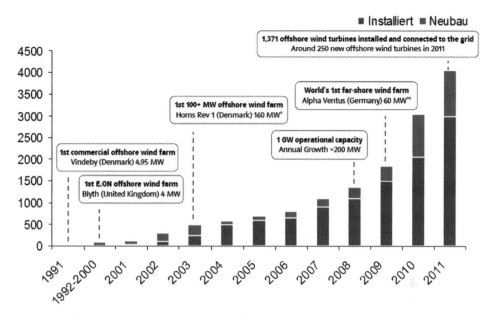

Abb. 14.1 Installierte Leistung. (Quelle: EoN Climate und Renewables)

weiteres Beispiel liefert der Offshore-Windpark in Schwedens Soedra Midsjoebanken. Der Windpark mit einer geplanten Kapazität von 700 Megawatt soll Strom vor der Küste Schwedens produzieren und anschließend nach Polen und Deutschland exportieren. Abbildung 14.2 gibt einen Überblick über die Offshore Windindustrie in der EU.

Zusammengefasst lässt sich die derzeitige europäische Situation wie folgt beschreiben:

- Über 95 % der globalen Offshore-Windinstallationen liegen in europäischen Gewässern
- Über 55 % der Installationen in der EU sind im Vereinigten Königreich realisiert worden
- Ca 40 % der Installationen erfolgten in Dänemark, Deutschland, Belgien und Schweden
- In 2011 wurden 886 MW der Offshore-Kapazität durch das Vereinigte Königreich und durch Deutschland erbracht
- Versorgungsunternehmen haben über 90 % der EU-Offshore-Projekte durchgeführt
- Die ersten Offshore-Windparks außerhalb von Europa wurden 2010 in Japan und in China errichtet
- Frankreich wird erst in den nächsten Jahren vollständig in den Markt eintreten
- Zukünftiger Trend besagt, dass es immer Far-Offshore Windparks geben wird (> 70 km vom Festland entfernt)
- Größte Wachstumschancen innerhalb der EU wird es in den skandinavischen Ländern geben

Nach einem eher gemächlichen Wachstum ist für die nächsten Jahre ein signifikanter Anstieg bis 2020 geplant. So sehen ehrgeizige Pläne bis zu diesem Jahr eine installierte/geplante

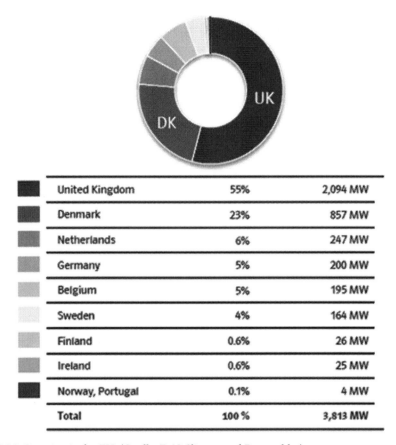

Abb. 14.2 Situation in der EU. (Quelle: EoN Climate und Renewables)

Leistung von bis zu 40.000 MW vor (siehe Abb. 14.3). Diesen Plänen stehen trotz der ehrgeizigen Ziele für den Ausbau erneuerbarer Energien, die knapper werdenden Windpark-Standorte gegenüber. Aber immer mehr Länder signalisieren, dass sie einen kurz- bis mittelfristigen Einstieg planen (z. B. Polen und Estland). Zum Abschluss zeigt die Abb. 14.4 die globale Perspektive von Offshore-Windparks. Erstmalig werden solche Vorhaben auch in Nordamerika und Südkorea geplant. Wie bereits beschrieben, stiegen Japan und China erst vor Kurzem in den Markt ein.

Die globale Perspektive lässt sich nach dem heutigen Stand wie folgt zusammenfassen:

- Entwicklung von Offshore derzeit hauptsächlich in Europa
- Mit 40.000 MW wird Europa auch in der Zukunft die Führungsposition innehaben

14 Steigende Bedeutung und Rolle der Logistik und des Projektmanagements... 243

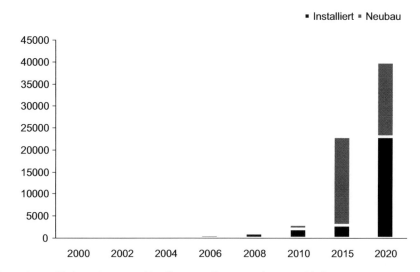

Abb. 14.3 Ausblick EU bis 2020. (Quelle: EoN Climate und Renewables)

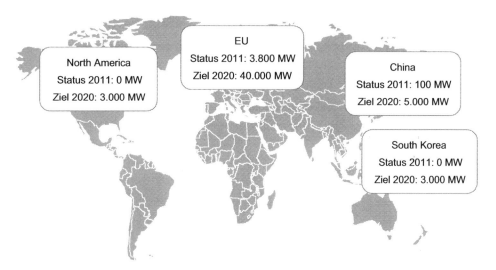

Abb. 14.4 Globale Perspektive von Offshore Windenergie. (Quelle: EoN Climate und Renewables)

Europa hat derzeit einen großen technologischen Vorsprung gegenüber den anderen Regionen. Um diesen Vorteil aber auch langfristig nutzen zu können, bedarf es in der Zukunft nachhaltiger und zukunftsweisender technologischer Konzepte. Im Folgenden sollen zwei dieser Themen, die eine technologische Führerschaft forcieren könnten, näher betrachtet werden.

Abb. 14.5 Unterschiede Onshore- und Offshore-Windparks. (Quelle: EoN Climate und Renewables)

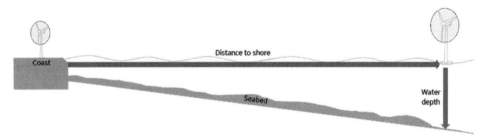

Abb. 14.6 Offshore mehr als Onshore im Wasser? (Quelle: EoN Climate und Renewables)

14.3 Logistik und Projektmanagement im Fokus der Offshore-Windpark Projekte

Grundsätzlich bietet der Bau von Offshore-Windparks eine deutlich bessere Perspektive als der Bau von Onshore-Windparks. Abbildung 14.5 zeigt die wesentlichen Unterschiede, die es zwischen diesen beiden Bauvorhaben gibt.

Aus heutiger Sicht ist es gerade die Einzigartigkeit von Offshore-Bauvorhaben, die die signifikanten Herausforderungen darstellen. Meeresgegebenheiten, Fels- oder Sanduntergrunde oder differierende Windpotentiale lösen die Unterschiedlichkeit hervor. Dadurch muss man sich verschiedenen Bauweisen widmen, die die Komplexität weiter erhöhen. So prägt E.ON Climate & Renewables den Merksatz „Offshore ist mehr als Onshore im Wasser" (siehe Abb. 14.6).

Abb. 14.7 Offshore Kosten

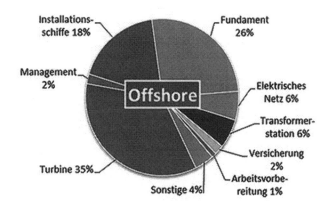

So stehen drei wichtige Perspektiven im Vordergrund:

- Jedes Offshore Wind Projekt hat seine individuellen Charakteristika:
- Projektentwickler wählen das Fundament und die Windturbinen entsprechend der Windbedingungen, Beschaffenheit des Bodens und der Wassertiefe
- die Entfernung zum Festland (Far-shore Projekte) definiert Kosten und Einnahmen

Diese Thesen bestätigen nochmals die zukünftig herausragende Rolle der Logistik, des Projektmanagements und der Wartung, die die Schlüsselfaktoren solcher zukünftiger Projekte sind. Das Thema Wartung wird im Rahmen dieses Artikels nicht näher betrachtet. Abbildung 14.7 zeigt die Kostenverteilung bei einem Offshore Windprojekt.

Kostentreiber stellen bei Offshore-Windprojekten die Installationsschiffe und das Legen der Fundamente dar, die es in dieser Form natürlich im Onshorebereich nicht gibt. Wartungskosten, die auch einen großen Anteil ausmachen werden, sind in dieser Grafik von Skiba und Reimers (Abb. 14.7) noch nicht berücksichtigt. Im Folgenden soll ein typischer Projektverlauf eines Offshore Projektes betrachtet werden. Ein solches Projekt ist dabei in der Regel in 4 Phasen unterteilt (vgl. Harting 1994).

1. Origination
   - Vorauswahl der Standorte
   - Evaluierung See- und Wind-bedingungen
   - Rechtevergabe
   - Zulassung
2. Entwicklung
   - Durchführung von Wind Assessments
   - Technische Planung der Anlagen
   - Sicherstellung der Grid Verbindung
   - Baugenehmigung
3. Konstruktion
   - Verträge (Komponenten)

Abb. 14.8 Wertkette nach Porter. (s. Porter 1985)

- Installierung der „Foundation" und der Windtrurbinen
- Verbindung Festland
- Inbetriebnahme und Start Operation
4. Operation
   - Reguläre Überprüfung und Wartung
   - Reparaturen
   - Repowering

Tatsächlich kann die Dauer eines solchen Offshore-Windpark-Projektes in der Praxis bis zu 10 Jahren dauern. Auf die Rolle eines effizienten und effektiven Projektmanagements gehe im letzten Drittel des Artikels ein.

14.4 Wertkettenorientierte Logistikbetrachtung

Die Wertkette bzw. Wertschöpfungskette (Value Chain) stellt eine geordnete Reihung von Tätigkeiten dar (vgl. Vojdani 2011). Diese Tätigkeiten schaffen Werte, verbrauchen Ressourcen und sind in Prozessen miteinander verbunden. „Jedes Unternehmen ist eine Ansammlung von Tätigkeiten, durch die sein Produkt entworfen, hergestellt, vertrieben, ausgeliefert und unterstützt wird. All diese Tätigkeiten lassen sich in einer Wertkette darstellen." Dieses beschreibt Michael E. Porter 1985 in seinem Werk Competitive Advantage. D. Harting beschreibt die ‚Wertkette' als „die Stufen des Transformationsprozesses, die ein Produkt oder eine Dienstleistung durchläuft, vom Ausgangsmaterial bis zur endlichen Verwendung". Abbildung 14.7 zeigt das Grundmodell der Wertkette nach Porter (Abb. 14.8).

Nina Vojdani hat in ihrem Beitrag „Logistik für Offshore-Windparks – eine wertkettenorientierte Betrachtung" diese Wertketten auf relevante Logistikprozesse adaptiert. Mit dieser Betrachtungsweise gelingt ihr es, die wichtigen Logistikprozesse für diesen Typ von Projekten analytisch abzuleiten. Dabei unterteilt sie die Logistikprozesse in 7 Subprozesse:

Beschaffungslogistik In der Beschaffungslogistik werden vor allem die Themen Lieferantenmanagement, Bestandsmanagement, Bestellmanagement, eProcurement und Zollabwicklung behandelt.

Produktionslogistik Hier spielen Themen wie Auftragsmanagement, Produktionsversorgung und produktionsnahe Dienstleistungen die Hauptrolle. Gerade die aktuellen und durch führende Industrien (Automobil- und Luftfahrtindustrie), ständig optimierten Konzepte der Produktionsversorgung, die ihre Ursprünge im Lean Management finden, bieten eine breite Basis bei der Konzipierung und Implementierung dieser Prozesse. Exemplarisch werden hier KANBAN, Just in Time/Just in Sequence, die Materialbereitstellung und die Vormontage genannt.

Transportlogistik Dieser Prozess bezieht sich sowohl auf Onshore als auch auf Offshore Aktivitäten, sodass in der Zukunft hier verstärkt Synergieeffekte genutzt werden können. Im Mittelpunkt dieser Aktivitäten stehen die Transportplanung, die Routenplanung und die Transportdurchführung (Schwerlasttransport).

Hafenlogistik Hierbei spielt die Definition der erforderlichen Infrastruktur innerhalb des Hafens die maßgebliche Hauptrolle. Vormontage- und Versorgungsstandorte, Lagerflächen, Zufahrtsstraßen und die Kai-Kapazität gilt es, in die Planung einzubeziehen. Ein weiterer Schwerpunkt bildet die Definition der erforderlichen Suprastruktur. Vojdani stellt dabei Themen wie die Handhabungstechnik, die Fördertechnik und die Lagertechnik vor. Natürlich müssen die Vormontagetätigkeiten im Hafengebiet geplant, durchgeführt und kontrolliert werden.

Maritime Logistik In dem Subprozessschritt „Maritime Logistik" finden wir Elemente der Transportlogistik wieder. Die Transportplanung stellt sich aber wesentlicher komplexer als an Land dar. Transportmittel, Transporthilfsmittel, Ladungssicherung, Personal und Logistikdienstleister müssen verplant werden. Aufgrund des skizzierten Trends zum Far Offshore-Windpark erlangen diese Prozesse innerhalb der Planung eine immer bedeutsamere Rolle. Auch Themengebiete wie Wetterprognosen, Transportdurchführung und die tatsächliche Durchführung der Offshore-Installationsprozesse fallen in diesen Wertschöpfungsprozess.

Ersatzteillogistik Aufgrund der besonderen Lage der zu installierenden Windkraftanlagen erfährt die Ersatzteillogistik eine besondere Bedeutung. Jahreszeiten und damit verbundene Nicht-Zugänglichkeit zu den Windkraftanlagen erhöhen die Bedeutung dieses Subprozessschrittes deutlich. Neben dem reinen Ersatzteilmanagement fallen Themen wie

Lageroperationen, Schadensmanagement, Austauschmanagement, Entsorgungsmanagement, Vorfallmanagement und die Planung und Disposition von Installationsschiffen & Personal in diese Kategorie.

Entsorgungslogistik Die Entsorgungslogistik wird gerade in der Zukunft eine bedeutsame Rolle spielen. Der Rückbau oder Repowering wird bei Lebensdauern von ca. 20 Jahren der Offshore-Windkraftanlagen schon bald eine wichtige Rolle spielen. Das Austauschmanagement, die Organisation der Repowering-Prozesse und die Auswahl von Entsorgungs- und Demontagestandorten sind hier zu nennen.

Mit dieser Kategorisierung gelingt es Vojdani einen hervorragenden Überblick über Teilprozesse der Logistik zu geben, die zukünftig über die Machbarkeit und Wirtschaftlichkeit von Offshore-Projekten entscheiden. Es gilt Synergieeffekte auf der Landseite zu anderen Projekten zu nutzen und außerdem den Erfahrungsschatz von anderen Industrien zu nutzen, die aufgrund des langjährigen Betreibens ihrer Geschäftsfelder einen jahrzehntelangen Vorsprung nutzen können. Die Logistik hat gerade in Deutschland in den letzten Jahren eine herausragende und führende Rolle eingenommen in diesen Industrien eingenommen. Die dringend gebotene Verknüpfung zu Querschnittsthemen skizziert Vojdani zudem. Hierbei sind vor allem folgende Themenschwerpunkte oder Querschnittsaktivitäten gemeint:

- Controlling
- IT-Integration
- Dokumentation
- KVP
- Kontraktmanagement
- Personalwesen
- Qualitätskontrolle
- Zertifizierung
- Flottenmanagement

Um alle diese logistischen Wertketten und alle Querschnittsthemen steuern zu können, kommt einem Thema jedoch eine besondere Bedeutung zu. Dem Projektmanagement. Der folgende Abschnitt widmet sich der dringend benötigten Steuerungsfunktion, die all die genannten Themen terminlich, qualitativ und unter Kostengesichtspunkten steuert.

14.5 Projektmanagement als Unterstützer und Steuerer von Offshore-Windprojekten

Im gleichen Maße wie sich der Energiebereich verändert und die Anforderungen an Versorgungsunternehmen zunehmen, steigen auch die Anforderungen an da das Projektmanagement bei Bau von Offshore-Windanlagen. Eine zunehmend heterogener werdende Energielandschaft erwartet in immer kürzeren Zyklen passende Versorgungslösungen. Die

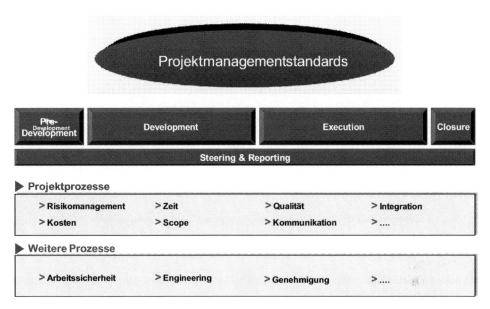

Abb. 14.9 Projektmanagementhaus. (Quelle: EON New Build & Technology)

Versorgungsunternehmen sind erstmalig im globalen Wettbewerb gefordert, sich einer permanenten Optimierungssituation zu stellen. Das magische Dreieck des Projektmanagement hält auch in dieser Branche Einzug. Immer geringere Budgets stehen für die Erzielung der Projektziele zur Verfügung. Damit wird der Handlungsspielraum für die Erbringung von Effizienz und Effektivität deutlich eingeschränkt.

Dennoch ist das Potenzial gewaltig. In einer Branche, die bisher ihre Produkte anstatt einer Vermarktung verteilen konnte, hat der Rationalisierungsdruck gerade erst begonnen. In anderen Branchen, die sich mit ähnlichen Veränderungsszenarien konfrontiert sahen, gab es durch zahllose Initiativen gewaltige Effizienzsteigerungen. Es ist daher nicht verwunderlich, dass die Methoden des Projektmanagements im Energiebereich oder hier im speziellen im Offshorebereich schon frühzeitig nutzbar gemacht werden müssen. Derzeitige Aussagen von Offshore-Planern über nicht transparente Projektkosten machen diesen Umstand deutlich. Voraussetzung für ein professionelles Planen, Durchführen und Kontrollieren der im letzten Kapitel aufgezeigten Offshoreaktivitäten ist – neben einer projektorientierten Kultur mit einer Qualifizierung der Projektbeteiligten und der starken Position des Projektleiters – vor allem eine standardisierte Vorgehensweise durch alle relevanten Projektphasen.

So geben definierte Projektphasen, Aktivitäten inner halb dieser Phasen vor und beschreiben zwingend zu erreichende Meilensteine am Ende einer jeden Phase. Standardisierte internationale Regelwerke wie PMI oder Prince 2 bilden das benötigte Framework. Abbildung 14.9 zeigt ein nach PMI ausgerichtetes Projekthaus von E.ON, das diesen Anforderungen genügt.

Neben diesen dringend benötigten Standards spielt die Qualifikation der Projektbeteiligten eine große Rolle. In einer Branche, die zunehmend mit Fremdarbeitskräften arbeitet, erlangt dieser Umstand eine besondere Rolle. So ergeben sich besondere Anforderungen an die Projektmitarbeiter und –leiter:

- Generell: Englische Sprachkenntnisse durchmultinationale Teams
- Hohes Qualitätsbewusstsein
- Hohe Zuverlässigkeit des Produktes
- Hohe technische Kompetenz
- Hohe betriebswirtschaftliche Kompetenz
- Interdisziplinäres Denken

Speziell im Offshorebereich werden folgende Attribute immer wichtiger:

- Multinationale Teams
- Maritime Affinität
- Teamgeist (auf engstem Raum), Disziplin
- Qualitätsbewusstsein: Do it right the first time
- SH&E-Bewusstsein (Gefährdungspotential)
- Entscheidungsfähigkeit

Für die Mitarbeiter bedeuten diese Punkte einen vermehrten Qualifikationsbedarf und somit in diesem interdisziplinären Umfeld permanentes Lernen. So nimmt der Austausch von Wissen sicherlich weiterhin an Bedeutung zu und muss auch von den beteiligten Unternehmen weiter forciert werden.

14.6 Fazit und Ausblick

Der Windenergiesektor gewinnt zunehmend an Bedeutung. Trotz zahlreicher ungewisser Randbedingungen bildet er eine Hauptrolle bei den erneuerbaren Energien. In dieser relativ neuen Branche kommt der Logistik und dem Projektmanagement eine zentrale Funktion zu. Logistikprozesse bestimmen das Hauptaugenmerk solcher Offshorevorhaben. Um die Inhalte steuern zu können und um auch rechtzeitig die Rationalisierungsnotwendigkeiten beobachten zu können, bedarf es eines professionellen Projektmanagements, welches nach internationalen gültigen Standards erfolgen muss. Die weitere dringend benötigte Notwendigkeit leitet sich aus dem Qualifikationsbedarf der Projektbeteiligten ab. Auch hier spielen Standards und somit anerkannte Frameworks für diese Branche eine wichtige Rolle. Ferner muss der Offshorebereich sich in anderen Industrien umschauen (vgl. Schulte 2013). Professionelle Logistik und Projektmanagementlösungen wird er gerade im Automobil- oder im Luftfahrtbereich finden. Dieser Bereich hat mich ähnlichen Fragestellungen schon vor Jahren zu kämpfen gehabt.

Literatur

Skibba, M., & Reimers, B. (2012). Offshore-Windkraftwerke – Marktentwicklung und Herausforderungen. *Zeitschrift für Energiewirtschaft* (Jahresspezial 2012)

Vojdani N. (2011). *Logistik für Offsore-Windparks – eine wertkettenorientierte Betrachtung, in 11. Rostocker Logistik Forum 2011*

EWEA. *Press Release,* 18.7.2012.

E.ON Climate & Renewables. (2012) Unternehmenspräsentation

Porter M. E. (1985) *Competitive advantage*

Harting D. Wertschöpfung auf neuen Wegen in: ‚Beschaffung aktuell 7/1994'

E.ON New Build & Technology. *Project management portal*

Schulte C. (2013). *Logistik; Wege zur Optimierung der Supply Chain*

Projektmanagement unter unsicheren Randbedingungen am Beispiel des Steinkohlekraftwerks Datteln 4

15

Andreas Willeke

Die sorgfältige Planung eines Projektes gilt als Schlüsselfaktor für seine erfolgreiche Realisierung. Gerade bei Großprojekten mit einem Investitionsvolumen von mehreren 100 Mio. € und einer Laufzeit von mehreren Jahren sind sich die Projektbeteiligten aber beim Start des Projektes des grundsätzlichen Risikos bewusst, dass sich Randbedingungen während der Projektrealisierung ändern können. Oder anders ausgedrückt: Bei jedem Großprojekt ist klar, dass es Probleme geben wird – Unsicherheit besteht darüber, welche dies sein werden. Typische Herausforderungen für das Projektmanagement in Großprojekten sind daher der systematische und effektive Umgang mit Unsicherheiten sowie termingerechte Entscheidungen bei Schwierigkeiten.

In dem vorliegenden Beitrag werden Erfahrungen aus der Realisierung eines Großprojektes beschrieben, welches durch eine besonders tiefgreifende Änderung der Randbedingungen geprägt ist. Beim Neubau eines 1100-MW-Steinkohlekraftwerks am Standort Datteln in Nordrhein-Westfalen wurde 31 Monate nach Beginn der Bauarbeiten im September 2009 der für das Vorhaben aufgestellte Bebauungsplan der Gemeinde von einem Oberverwaltungsgericht für unwirksam erklärt. Als Konsequenz traten erhebliche Störungen des Bauablaufs inklusive eines behördlich angeordneten mehrjährigen Teilbaustopps auf.

Die Steuerung eines Projektes unter diesen Randbedingungen stellt besondere Anforderungen an die Projektleitung. Ungeachtet der speziellen Verhältnisse beim Projekt Datteln 4 lassen sich viele grundsätzliche Erkenntnisse aus dem bisherigen Projektverlauf auch auf andere Großprojekte und insbesondere große Infrastrukturvorhaben übertragen.

A. Willeke (✉)
Hannover, Deutschland
E-Mail: PM_Energiebereich@web.de

15.1 Projektbeschreibung

Der E.ON-Konzern hat im Jahr 2005 nach eingehender Analyse der energiewirtschaftlichen Situation sowie der örtlichen Randbedingungen den Beschluss zum Neubau eines Steinkohlekraftwerks mit einer elektrischen Bruttoleistung von 1.100 MW in Datteln gefasst. Mit dem neuen Block 4 am Kraftwerksstandort Datteln sollen die seit den 1960er Jahren in Datteln betriebenen Blöcke 1–3 sowie weitere Kohlekraftwerke im Ruhrgebiet ersetzt werden.

Das Vorhaben stellt nicht nur wegen seiner für Steinkohlekraftwerke bislang ungewöhnlichen Leistungsklasse, sondern auch wegen weiterer technischer Merkmale einen wesentlichen Fortschritt bei der Entwicklung von kohlebefeuerten Erzeugungsanlagen dar (Willeke 2012). Der Block Datteln 4 soll neben der Versorgung des öffentlichen Stromnetzes nicht nur die bislang von den Blöcken 1–3 produzierte Bahnstromlieferung mit einer Leistung von ca. 300 MW und der Frequenz von 16,7 Hz übernehmen, sondern auch die Fernwärmeversorgung der Stadt Datteln von bis zu 70 MW sowie die Fernwärmeversorgung des mittleren Ruhrgebiets. Insgesamt ist Datteln 4 auf die Erzeugung von bis zu 380 MW Nutzwärme mittels Kraft-Wärme-Kopplung sowie 413 MW Bahnstrom ausgelegt. Die übrige elektrische Leistung wird in das 380-kV-Höchstspannungsnetz der öffentlichen Versorgung eingespeist. Der überwiegende Teil der produzierten Nutzwärme soll über eine parallel zum Kraftwerksbau zu errichtende 13 km lange Leitung nach Recklinghausen transportiert und dort in das Fernwärmenetz der E.ON Fernwärme GmbH eingespeist werden.

Für die Erzeugung des Bahnstroms ist der Einsatz elektrostatischer Umrichter vorgesehen. Während im bestehenden Kraftwerk Datteln 1–3 insgesamt 5 Turbogeneratoren mit einer Drehzahl von 1000 U/min bis zu 303 MW Bahnstrom produzieren, erfolgt die Stromproduktion in Datteln 4 über einen einwelligen Turbosatz mit einem zweipoligen Generator bei einer Drehzahl von 3000 U/min als 50 Hz-Strom. Ein Teil des in den Maschinentransformatoren auf 380 kV hochgespannten 50 Hz-Strom wird über eine Umrichteranlage in Bahnstrom mit einer Frequenz von 16,7 Hz und einer Spannung von 110 kV umgewandelt.

Der Standort Datteln ist aufgrund der Topologie des deutschen Bahnstromnetzes als Kreuzung von 4 Bahnstromleitungen für die Einspeisung hoher Bahnstromleistung prädestiniert. Die bestehende Kraftwerksanlage Datteln 1–3 ist bereits heute eine der wichtigsten Produktionsstätten für Bahnstrom. Mit dem neuen Block Datteln 4 soll die Einspeiseleistung in das Bahnstromnetz am Standort Datteln auf 413 MW erhöht werden. Elektrostatische Umrichter sind in Europa zwar schon an verschiedenen Stellen in Betrieb, die am Standort Datteln vorgesehene Umrichterleistung von 413 MW stellt allerdings die weltweit leistungsstärkste Bahnstromumrichteranlage dar (Maibach et al. 2011).

Einen Eindruck des Anlagenkonzeptes vermittelt die Illustration in Abb. 15.1.

Weitere Gründe für Datteln als geeignetem Standort eines neuen Steinkohlekraftwerks sind die vorhandene Fernwärmeinfrastruktur sowie die logistischen Vorteile am größten Kanalknotenpunkt der Welt. Die Kreuzung von vier Kanälen ermöglicht eine effiziente

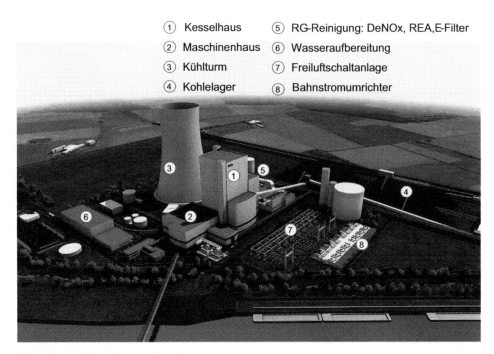

Abb. 15.1 Anlagenkonzept Datteln 4

Kohle- und Reststofflogistik per Schiff sowie gute Anlieferungsmöglichkeiten für die zu montierenden Schwerkomponenten. Darüber hinaus liegt der Standort direkt an der Güterverkehrsstrecke Hamm – Osterfeld.

Wesentliche technische Eckdaten des Neubauprojektes sind in Tab. 15.1 zusammengefasst. Das technische Konzept der Anlage wurde konsequent auf einen möglichst hohen Wirkungsgrad ausgerichtet. Die Dampfparameter der Anlage sind durch die höchsten derzeit in kommerziellen Anlagen erreichbaren Werte gekennzeichnet, während gleichzeitig das Kondensatorvakuum mit Hilfe eines 178 m hohen Naturzugkühlturms auf möglichst niedrige Werte gesenkt wird. Unter Einbeziehung der produzierten Nutzwärme zur Fernwärmeversorgung können je nach Betriebszustand bis zu 60 % der eingesetzten Brennstoffenergie in Nutzenergie umgewandelt werden. Bei reinem Kondensationsbetrieb wird ein elektrischer Nettowirkungsgrad über 45 % erreicht.

Das gesamte Projekt wird als sogenanntes Multi-Los-Projekt realisiert; d. h. anstelle der Beauftragung eines Generalunternehmers mit der schlüsselfertigen Erstellung der Anlage wird die Gesamtanlage von E.ON geplant und Komponenten und Systeme werden einzeln ausgeschrieben und bestellt. Die Koordination während der Realisierungsphase und damit insbesondere die Schnittstellenkoordination auf der Baustelle erfolgt durch die E.ON New Build & Technology GmbH.

Die Festlegung der einzelnen Losumfänge ist dabei Ergebnis einer intensiven Optimierung. Eine höhere Anzahl von Losen mit entsprechend geringerem Bestellumfang führt im

Tab. 15.1 Daten des Neubauprojektes Datteln 4

Elektrische Bruttoleistung	1.100	MW
Genehmigte Feuerungswärmeleistung	2.400	MW
Maximale Fernwärmeleistung	380	MW
Maximale Bahnstromleistung (110 kV, 16,7 Hz)	413	MW
Frischdampfdruck	285	bar
Frischdampftemperatur	600	°C
Zwischenüberhitzungstemperatur	620	°C

Allgemeinen zu mehr Anbietern und damit über stärkeren Wettbewerbsdruck zu günstigeren Beschaffungspreisen. Andererseits erhöht jedes Los den Aufwand für die Koordination der Schnittstellen sowohl in der Planungs- als auch in der Bauphase.

Im Projekt Datteln 4 wurde das Investitionsvolumen von mehr als einer Milliarde Euro letztendlich auf ungefähr 70 Einzellose verteilt. Dies bedeutet, dass 70 Hauptauftragnehmer zu koordinieren sind, wobei diese ihrerseits zahlreiche Nachunternehmer mit Teilen ihres Leistungsumfangs beauftragen. Darüber hinaus wurden von den Hauptauftragnehmern weltweit mehrere hundert Unterlieferanten mit ihren weltweit verteilten Fertigungsstätten für die Fertigung von Bauteilen oder Baugruppen beauftragt. Die Gesamtheit aller Verträge im Projekt Datteln 4 umfasst bislang mehr als 9500 Bestellpositionen.

Die bezüglich des Auftragswertes 15 größten Lose des Projektes sind:

- Hauptdampferzeuger
- Turbosatz mit Generator
- Bahnstromumrichteranlage
- Rauchgasentschwefelungsanlage
- Hochdruckrohrleitungen
- Mittel- und Niederdruckrohrleitungen
- Druckbehälter und Wärmetauscher
- Leittechniksystem
- Elektroinstallation
- Bauvorbereitende Maßnahmen
- Bautechnik für die Blockanlagen
- Bautechnik für die Nebenanlagen
- Technische Gebäudeausrüstung
- Bekohlung und Bandtransport
- Silotechnik und Entaschung.

Zum aktuellen Zeitpunkt (Anfang 2013) sind ca. 80 % der Montagearbeiten abgeschlossen (Abb. 15.2).

Der weitere Montagefortschritt und die Inbetriebsetzung sind aufgrund ausstehender Genehmigungen verzögert.

15 Projektmanagement unter unsicheren Randbedingungen...

Abb. 15.2 Luftbild der Baustelle im Oktober 2012

15.2 Historie und aktuelle Situation des Projektes

Das Genehmigungsverfahren des Projektes nach dem Bundesimmissionsschutzgesetz (BImSchG) wurde als gestuftes Verfahren bestehend aus einem Vorbescheid und insgesamt sieben Teilgenehmigungen (TG) konzipiert. Dabei umfasst die erste TG die bauvorbereitenden Maßnahmen und die Herstellung des Bauplanums. In der letzten TG soll der dauerhafte Betrieb der Anlage zugelassen werden. Die einzelnen TG werden dem Baufortschritt entsprechend sukzessive beantragt. Um vor Baubeginn Gewissheit über den zu erwartenden positiven Ausgang des Genehmigungsverfahrens zu erhalten, wurde von E.ON ein immissionsschutzrechtlicher Vorbescheid gemäß § 9 BImSchG beantragt. Der Vorbescheid, welcher die grundsätzliche Genehmigungsfähigkeit des Vorhabens bestätigte, wurde im Januar 2007, die erste TG im Februar 2007 erteilt. Die Baumaßnahmen starteten unmittelbar nach Erteilung der 1. TG am 9. Februar 2007.

Als Voraussetzung für das immissionsschutzrechtliche Genehmigungsverfahren war zuvor von der Stadt Datteln ein Bebauungsplan für die Vorhabensfläche entwickelt und vom Rat der Stadt im Januar 2007 beschlossen worden. Zudem erfolgt eine Änderung des den Standort umfassenden Regionalplans. Das Bebauungsplanverfahren, welches insgesamt 22 Monate dauerte, wurde dabei parallel zum immissionsschutzrechtlichen

Vorbescheidsverfahren geführt. Verfahrensführer für das immissionsschutzrechtliche Verfahren ist die Bezirksregierung Münster, für das Bauleitplanverfahren die Stadt Datteln.

Für den Vorbescheid und die TG wurden von der Genehmigungsbehörde die sofortige Vollziehung angeordnet. Dies bedeutet, dass die Genehmigungen auch bei Einreichung von Klagen bis zu einer gerichtlichen Entscheidung ausgenutzt werden können. Dieses Vorgehen ist heute bei großen, insbesondere dem öffentlichen Interesse dienenden, Großprojekten üblich, um nach Baubeginn keine unzumutbaren Verzögerungen durch Einreichung von Klagen entstehen zu lassen, solange über diese nicht entschieden wurde. In diesem Zusammenhang ist zu berücksichtigen, dass bis zu einer gerichtlichen Entscheidung häufig mehrere Jahre vergehen, so dass bei einem Vorhaben mit Teilgenehmigungsverfahren die Verfahrenszeiten insgesamt leicht ein Vielfaches der eigentlichen Bauzeit betragen können.

Neben den Klagen gegen die immissionsschutzrechtlichen und wasserrechtlichen Genehmigungen wurde im Oktober 2007, acht Monate nach Baubeginn, von einem Landwirt aus der benachbarten Gemeinde Waltrop ein Normenkontrollantrag gegen den von der Stadt Datteln beschlossenen Bebauungsplan eingereicht. Nach einer Bearbeitungszeit von ungefähr zwei Jahren verkündete das Oberverwaltungsgericht Münster am 3. September 2009, also 31 Monate nach Baubeginn, seine Entscheidung: der Bebauungsplan Nr. 105 „E.ON-Kraftwerk" der Stadt Datteln wurde für unwirksam erklärt und gleichzeitig auch die erfolgte Regionalplanänderung für unzulässig erachtet. Da eine Revision gegen das Urteil nicht zugelassen wurde, legten die Stadt Datteln und E.ON Nichtzulassungsbeschwerde ein, welche durch das Bundesverwaltungsgericht jedoch im März 2010 abgelehnt wurden. Damit erlangte das Urteil des OVG vom 3. September 2009 Rechtskraft.

Als Konsequenz wurde der Sofortvollzug für die vierte und fünfte Teilgenehmigung aufgehoben, die zweite und dritte Teilgenehmigung waren inzwischen bestandskräftig geworden. Faktisch herrscht seitdem auf der Baustelle ein Baustopp mit Ausnahme der in der zweiten und dritten Teilgenehmigung zugelassenen Arbeiten. Dementsprechend können die Bau- und Montagetätigkeiten an den Hauptanlagen, also unter anderem Hauptdampferzeuger, Maschinenhaus, Rauchgasreinigungsanlagen, zwar komplett zu Ende geführt werden, aber die Arbeiten an Hilfs- und Nebenanlagen wie Wasseraufbereitung, Kohlelogistik, Rohrbrücken, Transformatoren und Schaltanlagen außerhalb der Blockgebäude sowie Werkstatt und Bürogebäude mussten seit dem 17. März 2010 eingestellt werden.

Das Urteil des OVG vom 03.09.2009 stellt auf 100 Seiten mehrere Mängel bei der Bauleitplanung fest. Wesentliche Begründungen des Gerichts für die Unwirksamkeit des Bebauungsplans waren:

- fehlende Konsistenz zwischen der nordrhein-westfälischen Landesplanung einerseits und der Bauleitplanung sowie der übergeordneten Regionalplanung andererseits;
- eine Verlagerung der planerischen Konfliktbewältigung durch die Stadt in das parallel laufende immissionsschutzrechtliche Genehmigungsverfahren;
- Abwägungsdefizite bei Naturschutzbelangen und beim Störfallschutz.

Tab. 15.2 Meilensteine zu Plan- und Genehmigungsverfahren

Beschluss des Bebauungsplans	01/2007
Vorbescheid	01/2007
1. Teilgenehmigung	02/2007
Baubeginn	02/2007
Normenkontrollantrag zum Bebauungsplan	10/2007
Urteil des Oberverwaltungsgerichts	09/2009
Einleitungsbeschluss für eine neue Bauleitplanung	03/2010
Erarbeitungsbeschluss für Regionalplanänderung	12/2010

Allerdings enthält das Urteil keine Feststellungen, welche die grundsätzliche Genehmigungsfähigkeit des Kraftwerksvorhabens am jetzt vorgesehenen Standort verneinen. Vielmehr können in einem erneuten Bebauungsplanverfahren und einer Änderung des Regionalplans die vom Gericht festgestellten Mängel behoben werden. Dies setzt den Willen der zuständigen politischen Gremien, nämlich des Rates der Stadt Datteln für den Bebauungsplan und der Verbandsversammlung des Regionalverbandes Ruhr für den Regionalplan voraus. Die Beschlüsse für die Einleitung der entsprechenden Verfahren wurden im März 2010 vom Stadtrat und im Dezember 2010 von der Verbandsversammlung des RVR gefasst. Die wichtigsten Meilensteine zu den Plan- und Genehmigungsverfahren sind in Tab. 15.2 zusammengefasst.

15.3 Wiederherstellung der planerischen Basis

Die Schaffung eines neuen Bebauungsplans nach den Vorgaben des Oberverwaltungsgerichts sowie die notwendige Regionalplanänderung können durch Abwägungsentscheidungen in den hierfür zuständigen Gremien Stadtrat und Verbandsversammlung erfolgen. Hierin besteht der grundsätzliche Unterschied zwischen Planungs- und Genehmigungsverfahren. Während im immissionsschutzrechtlichen Genehmigungsverfahren die Behörde auf Antrag des Vorhabensträgers auf Basis der in Verordnungen und Vorschriften fixierten quantitativen und objektiven Kriterien entscheidet, sind in den Planungsverfahren Vor- und Nachteile verschiedener Konzepte abzuwägen.

Etwas vereinfacht ausgedrückt: Wenn im Genehmigungsverfahren alle quantitativen Anforderungen, wie sie typischerweise in Verordnungen und Gesetzen festgeschrieben sind, eingehalten werden, muss eine Genehmigung erteilt werden. Demgegenüber haben die Planungsträger je nach Konkretisierungsstand des Vorhabens dessen erkennbare Auswirkungen zu bewerten, haben jedoch aufgrund ihrer Planungshoheit ein erheblich höheres Maß an Gestaltungsspielraum. Die Einhaltung gesetzlicher Grenzwerte kann, muss aber nicht zwangsläufig ein hinreichendes Kriterium für eine Entscheidung sein. Vielmehr muss der Planungsträger anhand übergeordneter Plansätze und ggf. seines selbst definierten Zielsystems die Zulässigkeit des Vorhabens in seinen einzelnen Aspekten bewerten. Darüber hinaus gibt es für die Planungsverfahren im Gegensatz zu den Genehmigungsverfahren keine Vorgaben für Fristen, innerhalb derer eine Entscheidung zu fällen ist.

Neben der Bauleit- und Regionalplanung ist für das Projekt Datteln 4 die Landesplanung von entscheidender Bedeutung. Bei der vom OVG festgestellten fehlenden Konsistenz zwischen Landesplanung auf der einen Seite und Regional- und Bauleitplanung auf der anderen Seite geht es u. a. um

- die Abweichung vom landesplanerischen Ziels eines vorrangigen Einsatzes heimischer Energieträger,
- die nicht erfolgte Berücksichtigung eines im Landesentwicklungsplans NRW ausgewiesenen Standortes in den Waltroper Rieselfeldern in ca. 5 km Entfernung vom Vorhabensstandort.

Die Ursachen für die Abweichung von den historisch übernommenen, vor Jahrzehnten in die NRW-Landesplanung aufgenommenen Vorgaben sind unmittelbar nachvollziehbar:

- Ab dem Jahr 2018 werden aufgrund des beschlossenen Subventionsabbaus nach derzeitiger Gesetzeslage alle deutschen Steinkohlezechen geschlossen sein; damit wird der Einsatz dieses heimischen Energieträgers in keinem Steinkohlekraftwerk in NRW mehr möglich sein.
- Der ursprünglich in der 1970er Jahren in den NRW-Landesentwicklungsplan eingezeichnete Standort für mehrere Kraftwerksblöcke,u. a. mehrere Kernreaktoren, hat keine praktische Bedeutung, da der Standort inzwischen planerisch für ein Gewerbegebiet vorgesehen wurde und außerdem unmittelbar an ein später ausgewiesenes Naturschutzgebiet grenzt. Dies galt umso mehr, als bis zum OVG-Urteil im September 2009 die Darstellungen von Kraftwerksstandorten im Landesentwicklungsplan von der Planungspraxis stets als Angebotsplanung, nicht jedoch als verbindliche Vorgabe aufgefasst wurden.

Eine Abweichung von Zielen der Landesplanung ist grundsätzlich möglich, allerdings bedarf es hierzu eines formellen und zeitaufwendigen Verfahrens bei der Landesplanungsbehörde, in deren Verlauf auch die fachlich zuständigen Landesministerien sowie der für die Landesplanung zuständige Ausschuss des Landtags zu beteiligen sind. Die vom OVG gerügten Abweichungen bezüglich Energieträger und Standort haben über das Projekt Datteln hinaus bei Wirtschaft und Politik für Überraschung gesorgt. Dies ist gut nachvollziehbar, da die weit überwiegende Zahl der in Betrieb und Bau befindlichen Kohlekraftwerke in NRW Importkohle einsetzen und die meisten Kraftwerke auf Standorten stehen, welche nicht im NRW-Landesentwicklungsplan eingezeichnet sind.

Im Hinblick auf die Planungsverfahren für Projekt Datteln 4 ist beachtenswert, dass ungeachtet des weit voran geschrittenen Montagezustandes der Anlage und des bereits getätigten Investitionsvolumens die Planungsprozesse von dem Konzept einer „grünen Wiese" ausgehen und sich erst im Planungsprozess die technischen Merkmale des Projektes konkretisieren.

Für den Investor bestehen also im Hinblick auf die Planungsverfahren mehrere Risiken:

- die Ungewissheit der zeitlichen Dauer der Entscheidungsfindung;
- das Risiko einer ablehnenden Entscheidung der Planungsträger;
- die inhaltlichen Festsetzungen für den neuen Bebauungsplan, welche zusätzliche Anforderungen oder Änderungen des technischen Gesamtkonzeptes der Anlage enthalten können.

Die planungs- und genehmigungsrechtliche Gesamtsituation ist also einerseits durch die begründete Aussicht geprägt, dass die planerische und genehmigungsrechtliche Basis des Projektes wieder hergestellt werden kann, andererseits sind aber noch deutliche Unsicherheiten zur Dauer und dem Ergebnis der Planungsverfahren gegeben.

Zur Vorbereitung der Abwägungsentscheidungen wird eine Vielzahl von Gutachten erstellt, an deren Diskussion auch die Öffentlichkeit umfassend beteiligt wird. Bei der Bauleitplanung werden z. B. neben diversen Rechtsexpertisen umfangreiche Fachgutachten u. a. zu folgenden Themengebieten erstellt:

- Immissionsprognosen für Luftschadstoffe,
- umwelttoxikologische Bewertungen,
- Schallbelastung durch Bau, Betrieb, Verkehr,
- Auswirkungen auf das Landschaftsbild,
- Verkehrsuntersuchungen,
- naturschutzfachliche Untersuchungen,
- geologische und hydrologische Situation,
- artenschutzrechtlicher Fachbeitrag,
- agrarstruktureller Fachbeitrag,
- lokalklimatische Auswirkungen,
- Auswirkungen des Kühlturmbetriebs.

Besonders intensiv diskutiert werden in den Planungs- und Genehmigungsverfahren die Untersuchungen zu den Auswirkungen des Kraftwerksbetriebs auf FFH-Gebiete. Dabei handelt es sich um spezielle Schutzgebiete, die nach der europäischen Fauna-Flora-Habitat-Richtlinie festgelegt wurden. Seit einem Urteil des BVerwG vom Januar 2007 zur „Westumfahrung Halle" hat die Rechtsprechung auf diesem Gebiet eine rasante Entwicklung vollzogen, die auch zu einer zunehmenden Konkretisierung und Erhöhung der Anforderungen an die Verträglichkeitsuntersuchungen bei Infrastruktur- und Kraftwerksprojekten geführt hat.

Um alle für die Fertigstellung und den Betrieb des Kraftwerks Datteln 4 notwendigen Genehmigungen zu erhalten, müssen zunächst die Regional- und die Bauleitplanung abgeschlossen werden. Dabei bildet eine erfolgreich durchgeführte Regionalplanänderung eine notwendige Voraussetzung für den Beschluss des Dattelner Stadtrates über einen neuen Bebauungsplan. Dieser neue Bebauungsplan ermöglicht es dann, bei der Genehmigungsbehörde die fehlenden Teile der immissionsschutzrechtlichen Genehmigung zu beantragen. Sind diese erteilt, können die unterbrochenen Arbeiten zu Ende geführt werden, eventuell planerisch auferlegte Änderungen umgesetzt und die Anlage in Betrieb genommen werden. Die Unsicherheiten über die notwendige Zeit bis zum Erreichen dieses Punktes liegen im Wesentlichen in der Dauer und den Ergebnissen der Planungsverfahren.

15.4 Öffentliche Akzeptanz

Der Erfolg von Infrastrukturprojekten hängt im hohen Maße von der Akzeptanz der Öffentlichkeit ab. Auch im Projekt Datteln 4 wurde deshalb vor der finalen unternehmensinternen Investitionsentscheidung neben der Konsultation der Planungsträger und Genehmigungsbehörden das Meinungsbild der Bevölkerung in der Region sowie die Erwartungshaltung der politischen Entscheidungsträger erfasst. Erst nachdem deutlich war, dass der Neubau eines großen Steinkohlekraftwerkes am Standort Datteln von einer breiten Mehrheit begrüßt wird, wurde von E.ON die Entscheidung zum Start des Projektes gefällt.

Dabei wurde auch als Standortvorteil bewertet, dass die Bevölkerung in der Region seit Jahrzehnten mit der Stromerzeugung aus fossilen Energieträgern vertraut ist und eine hohe Affinität zum Ruhrgebiet als Energiestandort existiert. Darüber hinaus bestehen seit den 1960er Jahren langjährige Erfahrungen der örtlichen Bevölkerung mit E.ON bzw. seinen Vorgängerunternehmen als Kraftwerksbetreiber, Arbeitgeber und Wirtschaftspartner vor Ort. Diese tendenziell eher aufgeschlossene Haltung der Bevölkerung am Standort Datteln und in den Nachbarstädten gegenüber der Energieerzeugung aus Kohle bedeutet aber natürlich nicht, dass der Bau eines 1100-MW-Kraftwerkes keine Kritik hervorruft. Bei den im Vorfeld der Genehmigung durchgeführten Öffentlichkeitsbeteiligungen, insbesondere beim mehrtägigen Erörterungstermin im Rahmen des immissionsschutzrechtlichen Verfahrens, wurden in mehreren Veranstaltungen zahlreiche Stellungnahmen, Einwendungen und Anmerkungen diskutiert.

Bereits zu diesem Zeitpunkt, im Jahr 2006, handelte es sich bei den meisten der kritisch eingestellten Akteure um Mitglieder von Naturschutzverbänden und Anti-Kraftwerksgruppierungen, in der Region oder Nachbarschaft des Projektes wohnende Bürger oder Mitglieder politischer Parteien.

Die Gründe einer ablehnenden Haltung gegen das Projekt sind insgesamt weit gefächert. Im Wesentlichen werden aber folgende Hauptargumente angeführt:

- Kohlendioxid- und Schadstoffemissionen durch die Verbrennung von Kohle,
- Beeinträchtigungen durch Geräusche, Verkehr und Verschattungswirkungen,

Minderung des Wohn- und Nutzwertes durch Beeinträchtigung des Landschaftsbildes.

Insbesondere nach dem OVG-Urteil vom September 2009 hat sich darüber hinaus in Teilen der Öffentlichkeit die Meinung verfestigt, dass der gewählte Standort nicht zulässig wäre. Dies war auch Anlass, dass sich vor Ort eine Interessensgemeinschaft gebildet hat, welche sich allerdings bewusst nicht als Bürgerinitiative bezeichnet, und deren Protest sich ausdrücklich nicht gegen Kohlekraftwerke generell, sondern gegen die ihrer Meinung nach ungeeignete Standortwahl richtet. Die Motive eines Bürgerprotestes können im individuellen Fall sehr unterschiedlich sein. Gesellschaftliche Grundströmungen wie sie auch bei anderen Projekten unter dem Begriff des „Wutbürgers" charakterisiert wurden, sind aber auch am Standort Datteln unschwer zu erkennen (Kurbjuweit 2010).

Wichtigstes Ziel beim Umgang mit Kritikern und Skeptikern ist die Schaffung von maximaler Transparenz und Information. Zu diesem Zweck wurde von E.ON parallel zur Projektumsetzung und bereits lange vor dem OVG-Urteil im September 2009 eine Reihe von Maßnahmen ergriffen.

Hierzu gehören

- die Errichtung eines Informationszentrums mit ca. 10.000 Besuchern pro Jahr,
- Baustellenbesichtigungen in Form von geführten Bustouren und Begehungen für einzelne Besuchergruppen,
- moderierte Diskussionsforen mit heterogener Zusammensetzung der Teilnehmer,
- öffentliche Informationsveranstaltungen zu aktuellen Themen rund um das Projekt,
- Broschüren, Internetseite mit Baustellen-Webcam,
- Informationsstände in der Fußgängerzone für direkte Bürgergespräche.

Der wesentliche Nutzen der Kommunikationsarbeit ist einerseits die Vermittlung objektiver Daten und Fakten, auch um der Entwicklung von Gerüchten auf Basis falscher Informationen entgegen zu wirken. Andererseits ermöglicht das persönliche Gespräch dem Projektteam eine gute Einschätzung der für die Bürger vor Ort tatsächlich wichtigen Aspekte und Themen.

Für die Meinungsbildung vor Ort besitzt die Berichterstattung in den lokalen und regionalen Medien einen erheblichen Einfluss. Neben Fernsehen und Hörfunk ist insbesondere die Lokalpresse von enormer Bedeutung. Seit Beginn des Projektes pflegt E.ON einen intensiven Kontakt zur lokalen, aber natürlich auch zur überregionalen Presse. Dabei geht es in regelmäßigen Gesprächen weniger um die Adressierung von Botschaften als um die Erläuterung von Zusammenhängen. Gerade komplexe Situationen bergen das Risiko, dass der leichteren Kommunikation zuliebe auf die Darstellung schwieriger, aber für die Bewertung der Lage notwendiger Sachverhalte verzichtet wird. Deshalb besteht ein originäres Interesse des Vorhabensträgers daran, Journalisten kontinuierlich über aktuelle Entwicklungen zu den Gerichts-, Genehmigungs- und Planungsverfahren zu informieren.

Wichtiges Prinzip der Medienarbeit bei E.ON ist dabei, dass für die Kommunikation mit Journalisten – sei es in öffentlichen Statements oder Hintergrundgesprächen –

nicht nur Mitarbeiter der Öffentlichkeitsarbeit, sondern auch Projektmanager direkt als Ansprechpartner zur Verfügung stehen.

15.5 Vertragsbeziehungen

Mit den Lieferanten der verschiedenen Lose wurden bei Auftragsvergabe umfangreiche Verträge geschlossen, welche grundsätzlich auch Vorgehensweisen bei Verzögerungen des Projektablaufs festlegen. Die beim Projekt Datteln 4 durch den mehrjährigen Teilbaustopp und die Notwendigkeit einer erneuten Bauleitplanung hervorgerufenen Auswirkungen auf die Realisierung der einzelnen Gewerke erfordern aber in der Regel für jeden einzelnen Vertrag eine individuelle Anpassung, welche zwischen den Vertragspartnern zu verhandeln ist. Hierzu müssen bei jedem einzelnen Los die Auswirkungen der Projektunterbrechung bewertet und eine für beide Vertragspartner akzeptable Lösung zum weiteren Vorgehen gefunden werden.

Keine oder geringe Auswirkungen treten für die Gewerke auf, welche komplett abgeschlossen werden konnten – beispielsweise die Bauarbeiten zur Herstellung des Bauplanums – oder welche noch gar nicht begonnen wurden wie z. B. Rechnersysteme für die Lebensdauerüberwachung von Komponenten oder zum Stoffstrommanagement. Für die Mehrheit der Losaufträge bedeutet die Unterbrechung aber, dass entweder die Bau- und Montagearbeiten mitten in der Errichtungsphase unterbrochen werden mussten oder die Montage zwar abgeschlossen werden kann, eine Inbetriebsetzung aber aufgrund der fehlenden Betriebsgenehmigung oder der Unverfügbarkeit von notwendigen Hilfssystemen oder Starkstrom nicht erfolgen kann.

Von einer Unterbrechung der Errichtungsarbeiten in unterschiedlichem Stadium sind insbesondere die in der fünften Teilgenehmigung zugelassenen Montagearbeiten betroffen. Beispielsweise können die Silobauwerke und das Bürogebäude nicht fertiggestellt werden und die Montage der Wasseraufbereitung, der Transformatoren und Generatorableitung, der Kohlelogistik und der Hilfskessel musste unterbrochen werden. Hingegen können die in der zweiten und dritten Teilgenehmigung zugelassenen Montagearbeiten am Dampferzeuger, Turbosatz mit Wasser-Dampf-Kreislauf und Rauchgasreinigungsanlagen ebenso wie am Kühlturm abgeschlossen werden, ohne aber die Systeme mit Medium unter Druck und Temperatur in Betrieb nehmen zu können.

Entsprechend den unterschiedlichen Leistungsumfängen und Montagezuständen der einzelnen Lose müssen mit den jeweiligen Auftragnehmern typischerweise Vereinbarungen zu folgenden Themen getroffen werden:

- Anpassung von Vertragsterminen in Abhängigkeit von dem bislang noch nicht konkret bestimmbaren Zeitpunkt der Wiederherstellung der genehmigungsrechtlichen Voraussetzungen;

- Leistungsumfang und Zuständigkeit für die Konservierung bereits montierter oder noch nicht ausgelieferter Maschinen und Komponenten;
- Festlegung der Risikotragung für Schäden während des Baustopps;
- Abnahme von teilweise in Betrieb genommenen Systemabschnitten ohne Probebetrieb des Gesamtsystems;
- Anpassungen von Preisen, Zahlungsplänen und Bürgschaften;
- Verlängerung von Gewährleistungsfristen.

Insbesondere die Entscheidungen über eventuelle Verlängerungen von Gewährleistungsfristen müssen komponentenbezogen getroffen werden. Hierbei ist neben dem vom Auftragnehmer angebotenen Preis für eine Verlängerung einzuschätzen, für welche Zeitdauer die Gewährleistungsverlängerung benötigt wird, wie hoch das Risiko eines Komponentenausfalls bei sachgerechter Konservierung ist und welche Folgekosten bei einem Komponentenausfall zu erwarten sind. Darüber hinaus ist bei vielen Komponenten zu entscheiden, ob die Lagerung beim Hersteller oder auf der Baustelle unter Berücksichtigung der potenziellen Schadenmechanismen und Folgekosten die vorteilhaftere Variante darstellt.

Neben den speziellen technischen Gegebenheiten bei den verschiedenen Gewerken spielt die Kooperationsbereitschaft der Vertragspartner im Umgang mit der außergewöhnlichen Situation eine entscheidende Rolle bei der Entwicklung vertraglicher Anpassungsregelungen. Hier zeigen sich durchaus unterschiedliche Unternehmensstrategien. Während einzelne Lieferanten die Situation des durch fehlende Genehmigung gestörten Bauablaufs als Anlass und Grundlage für ein aggressives Claimmanagement im Sinne einer Gewinnmaximierung nutzen wollen, werden von anderen Lieferanten in partnerschaftlichem Umgang gemeinsam mit dem Auftraggeber Abwicklungsmodelle entwickelt, welche unter Nutzung der bei den Vertragspartnern vorliegenden Erfahrungen auf Minimierung des Schadens ausgerichtet sind. Auch wenn Claimmanagement inzwischen zu den Standarddisziplinen des internationalen Anlagenbaus gehört, zeigt die große Bandbreite der Verhaltensmuster und Verhandlungstaktiken der betroffenen Auftragnehmer, dass durch die Unternehmensleitung unterschiedliche Ziele vorgegeben werden, welche sich durch die Extrempositionen kurzfristige Einnahmenmaximierung oder langfristige Kundenbindung beschreiben lassen.

Verhandlungen mit den auf kurzfristige Profitmaximierung ausgerichteten Vertragspartnern sind naturgemäß erheblich schwieriger. Als letzte Möglichkeit bei Vertragskonflikten ist in allen Verträgen die Entscheidung durch ein Schiedsgericht vorgesehen. Allerdings versuchen die Vertragsparteien im Allgemeinen diesen Schritt möglichst zu vermeiden, da er mit erheblichen Kosten für die juristische Unterstützung und großem Zeitaufwand verbunden ist. Darüber hinaus ist insbesondere bei komplexen Situationen die potenzielle Entscheidung eines Schiedsgerichtes für beide Parteien mit starken Unsicherheiten behaftet. Sofern auf dem Verhandlungsweg eine direkte Lösung nicht erzielt werden kann, sollten andere Verfahren der Streitlösung versucht werden.

Methoden für alternative Streitbeilegungsverfahren sind beispielsweise:

- Mediation
- Schlichtung
- (Schieds-)Gutachten
- Adjudication
- Dispute Resolution Board.

Im Rahmen des Projektes Datteln 4 wurden in Fällen divergierender Auslegung der vertraglichen Regelungen gute Erfahrungen mit einer vereinfachten Form einer Adjudication gemacht. Dabei wird der zu klärende Streitpunkt zunächst in Form einer geschlossenen Fragestellung formuliert. Diese Frage wird einem von beiden Vertragsparteien akzeptierten Fachjuristen zusammen mit dem Vertrag zur Entscheidung vorgelegt. Beide Vertragsparteien erläutern ihre Interpretation und Position in einem Schriftsatz, welcher jeweils der anderen Partei auch zu Kenntnis gegeben wird. Binnen einer vorher festgelegten Zeitspanne (z. B. 3 Wochen) haben beide Parteien einmal die Gelegenheit, den Schriftsatz der anderen Vertragspartei zu kommentieren und diese Replik ebenfalls dem ausgewählten „Schiedsrichter" zur Kenntnis zu geben. Dieser fällt dann innerhalb einer vorgegeben Zeit (typischerweise zwei Wochen) seine Entscheidung und gibt diese beiden Parteien zur Kenntnis. Es findet weder eine mündliche Verhandlung noch ein ausufernder Schriftverkehr zwischen den Parteien statt. Die Erfahrungen im Projekt Datteln 4 zeigen, dass dieses Verfahren kostengünstig, effizient und schnell zu einem von beiden Parteien akzeptierten Ergebnis führt. Voraussetzung ist allerdings, dass beide Vertragspartner an einer schnellen Einigung interessiert und zum konstruktiven Dialog fähig sind; andernfalls wäre ggf. ein Mediationsprozess vorzuschalten.

Das Projekt Datteln 4 erfordert den angemessenen Umgang mit unterschiedlichen Arten von Claimverhalten zahlreicher Unternehmen. Diese Erfahrungen werden im Rahmen der internen Lieferantenbewertung systematisch erfasst, um auch bei anderen Projekten als Entscheidungshilfe benutzt werden zu können. Letztendlich stellt sich immer wieder heraus, dass bei Vergabeentscheidungen im Anlagenbau der angebotene Preis stets in Zusammenhang mit dem zu erwartenden Verhalten des Vertragspartners bei der Umsetzung und insbesondere bei Auftreten unvorhergesehener Störungen zu bewerten ist.

15.6 Herausforderungen bei der technischen Realisierung

Kraftwerksneubauprojekte sind immer zu einem großen Teil technische „Einzelanfertigungen", welche auf die speziellen Anforderungen des Investors und die Gegebenheiten des Standorts angepasst sind. Technische Umsetzungsrisiken sind zum Beispiel durch folgende Faktoren begründet:

- Fähigkeiten und Erfahrung des bei Planung, Montage und Inbetriebsetzung eingesetzten Personals des Auftragnehmers und seiner Nachunternehmer;

- Wirksamkeit des von Auftragnehmer eingesetzten Qualitätsmanagementsystems, insbesondere bei der Qualitätssicherung in der Herstellung und Montage;
- Eignung der verwendeten Materialien und Betriebsbewährung der eingesetzten Anlagenkomponenten;
- Qualität und Detailtiefe der Planung und Steuerung des Gesamtprojektes durch den Auftraggeber.

Das Streben nach Kostensenkung führt dazu, dass die Leistungen innerhalb eines Loses vom Hauptauftragnehmer häufig auf zahlreiche Nachunternehmer verteilt werden, welche ihrerseits Leistungspakete an mitunter regional weit verstreute Firmen weiter vergeben. Die Erfahrungen im Projekt Datteln 4 zeigen, dass eine höhere Anzahl an Nachunternehmern tendenziell zu geringerer Qualität führt.

Dies gilt nicht nur für die technische Qualität der zu errichtenden Anlagenteile, sondern auch für das Arbeitssicherheitsniveau bei der Ausführung auf der Baustelle. Wenngleich nicht für jeden Einzelfall zutreffend, sind Verstöße gegen Arbeitssicherheitsregeln umso häufiger zu verzeichnen, je länger die Nachunternehmerkette vom Hauptauftragnehmer und dem ausführenden Unternehmen ausgebildet ist. Ein Beleg für die tiefe Staffelung der Auftragnehmerstruktur in der Montage ist die hohe Anzahl von insgesamt ca. 1000 Firmen mit mehr als 16.000 Personen, die seit Baubeginn im Februar 2007 ca. 11 Mio. Arbeitsstunden auf der Baustelle geleistet haben. Es ist leicht nachvollziehbar, dass eine hohe Zahl von Firmen und starke Fluktuation von Monteuren besondere Herausforderungen an die Schaffung einer einheitlichen und nachhaltigen Sicherheitskultur stellt.

Offensichtlich führt die vertragliche Delegation von Unternehmerpflichten in Bezug auf Qualitätssicherung und Arbeitssicherheit dazu, dass der Hauptauftragnehmer Einfluss auf das abgelieferte Produkt verliert. Insofern muss eine komplexe Nachunternehmerstruktur als Indiz für ein erhöhtes Risiko von Qualitätsmängeln gewertet werden – es sei denn, dass hinreichend positive Erfahrungen mit den Nachunternehmern bestehen.

Im Projekt Datteln 4 wurde ein erheblicher Teil von Qualitätsmängeln an angelieferten Bauteilen erst auf der Baustelle durch die von E.ON eingeschalteten Qualitätssicherungsüberwachungsfirmen festgestellt. Dabei handelt es sich erstaunlicherweise häufig um Mängel, welche bereits durch rein visuelle Inspektion, teilweise durchaus auch für Laien, erkennbar sind. Dies betrifft z. B. typische Schweißfehler wie Nahtdickenunterschreitungen, Rissbildung und Poren sowie offensichtliche Maßabweichungen der gelieferten Bauteile.

Dies führte dazu, dass das für Qualitätssicherung geplante Budget deutlich erweitert werden musste, um die laut Vertrag den Auftragnehmern obliegenden Prüfungen vorzunehmen. Dabei ist das Problem den Herstellern durchaus bewusst und es besteht Konsens, dass Qualitätssicherungsüberwachung im Idealfall in der Fertigungsstätte und nicht erst auf der Baustelle erfolgen sollte. Allerdings führt eine feine Aufteilung der Fertigung auf viele regional verstreute Werkstätten dazu, dass es aus Kostengründen kaum möglich ist, an allen wesentlichen Fertigungsstätten stationäre QS-Überwacher des Auftraggebers zu stationieren. Bei üblichen Stahlbauteilen kann glücklicherweise vor der Montage eine Behebung von

Fertigungsfehlern ohne Qualitätseinbuße durch Reparaturschweißung auf der Baustelle vorgenommen werden; allerdings sind hierdurch Terminprobleme vorprogrammiert.

Bezüglich der Qualität der verwendeten Anlagenkomponenten und der Auswahl der Materialien bildet der Wunsch nach neuestem Stand der Technik auf der einen Seite und nach Betriebsbewährung auf der anderen Seite ein typisches Spannungsfeld für das Anlagendesign. Dass auch bei dem hohen Entwicklungsstand der Kraftwerkstechnik noch Überraschungen mit neuen Werkstoffen auftreten, zeigt das Beispiel des auch im Dampferzeuger der Anlage Datteln 4 eingesetzten Kesselstahls 7CrMoVTiB10-10 mit der Kurzbezeichnung T24. Dieser Werkstoff wurde speziell für den Einsatz in Hochleistungsdampferzeugern entwickelt und bei der weit überwiegenden Zahl der aktuell in Bau oder in der Inbetriebsetzung befindlichen Anlagen eingesetzt.

Im März 2010 zeigten sich bei der heißen Inbetriebnahme des Kessels in dem Neubauprojekt Walsum 10 zahlreiche Risse an Verbindungsschweißnähten der Rohre in der Verdampfermembranwand, welche auch durch Reparaturschweißungen nicht dauerhaft behoben werden konnten. Auch im Neubauprojekt Boxberg R musste die Inbetriebsetzung des Dampferzeugers im Oktober 2010 aus gleichem Grund unterbrochen werden. In intensiven Untersuchungen von Forschungsinstituten, Herstellern und Betreibern wurde schließlich als Schadensmechanismus wasserstoffinduzierte Spannungsrisskorrosion identifiziert, welche bei bestimmten Betriebszuständen und insbesondere beim erstmaligen Anfahren des Dampferzeugers zu erwarten ist. Inzwischen konnten die Dampferzeuger der Neubaublöcke Neurath F und G mit diesem Dampferzeugerwerkstoff nach Durchführung einer besonderen Art der Wärmebehandlung in Betrieb genommen werden (Nowack et al. 2011). Es verdichten also die Belege dafür, mit welchen Maßnahmen ein Kesselschaden bei Rohren aus T24 vermieden werden kann. Allerdings handelt es sich um ein erst seit relativ kurzer Zeit erforschtes Phänomen, so dass keine Langzeiterfahrungen vorliegen können.

Für das Projekt Datteln 4 bedeutet in diesem Zusammenhang die durch die Genehmigungssituation verursachte Terminverzögerung, dass das Risiko eines technischen Ausfalls durch Probleme mit dem Kesselstahl T24 durch den stetig wachsenden Erfahrungsrückfluss aus anderen Projekten signifikant gesenkt werden kann.

15.7 Projektsteuerung unter unsicheren Randbedingungen

In den vorangegangenen Kapiteln wurde deutlich, dass neben den typischen technischen Unsicherheiten eines Neubauvorhabens das Projekt Datteln 4 in erheblichem Maße durch genehmigungsrechtliche Unsicherheiten geprägt ist. Umso mehr ist ein effizientes Risikomanagement bei der Projektrealisierung notwendig. Sowohl für die Terminsteuerung als auch für die Kostenhochrechnung sind Methoden erforderlich, welche die quantitative Beurteilung unterschiedlicher Entwicklungspfade berücksichtigen.

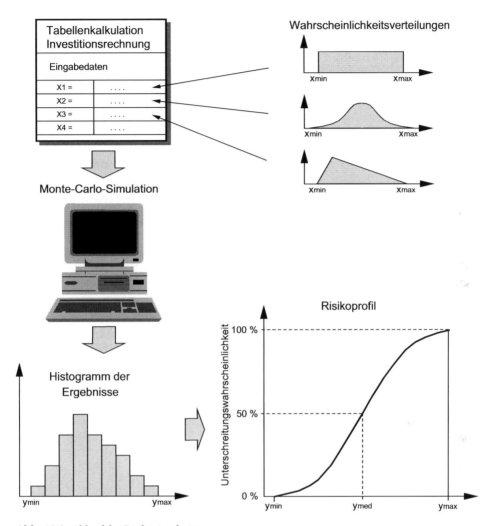

Abb. 15.3 Ablauf der Risikosimulation

Als ein Instrument bei der Projektsteuerung wurde im Projekt Datteln 4 eine Risikoanalyse mit Hilfe der Monte-Carlo-Simulation eingeführt (Willeke 1989). Das Verfahren gliedert sind in folgende Schritte:

- Aufstellung eines deterministischen Berechnungsmodells,
- Identifikation potenzieller Projektrisiken,
- Quantifizierung der Einzelrisiken,
- Ermittlung der Risikoauswirkungen mittels einer Monte-Carlo-Simulation,
- Auswertung und Interpretation mittels Risikoprofil (Abb. 15.3).

Das praktische Vorgehen soll nachfolgend am Beispiel der Prognose der Projektgesamtkosten erläutert werden:

Die insgesamt erwarteten Ausgaben für das Projekt hängen von einer Vielzahl von Parametern ab. Hierzu zählen die Preise für die Beschaffung von Lieferungen und Leistungen, im Projektablauf entstehende Mehrkosten z. B. aufgrund von Schnittstellenproblemen, die Dauer des Projektes insgesamt sowie der in dem Projekt zu realisierende Umfang technischer Anlagen. Insbesondere der letzte Punkt ist eine Besonderheit des Projektes Datteln 4, denn üblicherweise sollte bei Projektbeginn der technische Umfang exakt definiert sein. Aufgrund der Möglichkeit von Änderungen des Anlagenkonzeptes im Rahmen der erneuten Bauleitplanung stellt der technische Umfang der Anlage Datteln 4 jedoch eine Unsicherheitsgröße dar.

Um die Gesamtkosten zu ermitteln, wird zunächst ein einfaches deterministisches Berechnungsmodell aufgebaut. Im einfachsten Fall errechnen sich die Gesamtkosten aus einer Addition der Kosten für die einzelnen Bestandteile der Anlage, z. B. den Vertragspreisen für die einzelnen Lose. Hinzu kommen zeitabhängige Bestandteile wie beispielsweise Personalkosten und Kosten für die Baustelleneinrichtung.

In Interviews mit den Mitgliedern des Projektteams in den Bereichen technische Planung, kaufmännische Abwicklung, Bauleitung und Genehmigungsverfahren wird erarbeitet, welche der Eingangsgrößen für die Kostenhochrechnung als bekannt und welche als relativ unsicher anzusehen sind. Im Rahmen des Projektes Datteln 4 erfolgt diese Abfrage sowohl im Rahmen der monatlichen Projektberichterstattung als auch in speziellen Risikoworkshops, in welchen alle potenziellen Risiken des Projektes in strukturierter Form erfasst werden.

Für unsichere Einflussgrößen, welche einen hohen Einfluss auf das Gesamtergebnis (hier: Gesamtkosten) haben, wird der mögliche Wertebereich quantitativ in einem Wahrscheinlichkeitsdichteprofil festgelegt. Bei dem einfachen und häufigen Fall einer Dreiecksverteilung bedeutet dies, dass der mindestens zu erwartende Wert, der maximal denkbare Wert und der aktuell als am wahrscheinlichsten angesehene Wert erfasst werden. Bei den Parametern kann es z. B. um Beschaffungspreise, Verhandlungsergebnisse von Claims oder Zeitdauern von Vorgängen handeln. Neben Dreiecksverteilungen können auch komplexere Verteilungen, die auf statistischen Auswertungen beruhen oder einfachere Verteilungen, welche z. B. nur diskrete Wahrscheinlichkeiten für ein binäres Ergebnis („tritt ein"/„tritt nicht ein") abbilden, zum Einsatz kommen.

Mittels einer Monte-Carlo-Simulation werden anschließend Hunderttausende von Kombinationsmöglichkeiten der unsicheren Eingangsparameter durchgerechnet, wobei der Zufallsgenerator so gesteuert wird, dass die vorgegebenen Wahrscheinlichkeitsdichtefunktionen abgebildet werden. Als Ergebnis erhält man eine Häufigkeitsverteilung für die gesuchte Zielgröße (hier: Gesamtkosten des Projektes). Die integrale Form der Häufigkeitsverteilung stellt das sogenannte Risikoprofil dar. In diesem Profil ist die Wahrscheinlichkeit abzulesen, mit der ein bestimmter Wert der Gesamtkosten nicht überschritten wird.

In dem konzerninternen Berichtswesen wird der Erwartungswert des Risikoprofils (Integral der Gesamtwahrscheinlichkeitsdichte) berichtet, wobei die 10 %- und 90 %-Fraktile zur Quantifizierung der zu erwartenden Schwankungsbreiten mit genannt werden. Mit zunehmendem Fortschritt des Projektes verringert sich die Bandbreite des Risikoprofils, da zuvor mitkalkulierte Risiken in einer bestimmten Höhe realisiert werden. Darüber hinaus werden monatlich die Einzelrisiken in Form einer Pareto-Analyse berichtet, so dass stets ein Überblick besteht, welches die größten Risiken in dem Projekt sind. Für die Steuerung des Projektes wird die Festlegung von Gegenmaßnahmen der Höhe der Einzelrisiken entsprechend priorisiert.

Diese Methode der Kostenhochrechnung mittels Monte-Carlo-Simulation wurde in dem Projekt Datteln 4 bereits in einer sehr frühen Phase eingeführt und ist mittlerweile im E.ON-Konzern zu einem Berichtsstandard geworden. Die in einer fortgeschrittenen Phase des Projektes nun aufgetretene enorme Erhöhung der Unsicherheiten aufgrund der genehmigungsrechtlichen Situation bestätigt die Vorteile der probabilistischen Kostenermittlung.

Gerade in der aktuellen komplexen Situation mit Abhängigkeiten zwischen technischen, kommerziellen, genehmigungsrechtlichen und politischen Einflussfaktoren ermöglicht ein geschlossenes mathematisches Modell die quantitative Bewertung der Risiken. Zwar ist es mit der Monte-Carlo-Simulation natürlich nicht möglich, den weiteren Fortgang des Projektes vorherzusagen, es kann aber zu jedem Zeitpunkt das wirtschaftliche Risiko ausgewiesen werden, d. h. die Wahrscheinlichkeit dafür, dass eine bestimmte Kostengrenze überschritten wird.

15.8 Zusammenfassung

Das Neubauprojekt Datteln 4 ist durch eine Reihe konzeptioneller Besonderheiten geprägt, welche es energiewirtschaftlich attraktiv und zugleich technisch anspruchsvoll machen.

Aufgrund eines Gerichtsurteils zur Bauleitplanung ist das Projekt in eine schwierige genehmigungsrechtliche Situation geraten, in welcher es in hohem Maße von externen Einflussfaktoren abhängig geworden ist. Die lange Dauer für die Wiederherstellung der planerischen Basis erfordert zahlreiche Verhandlungen mit Auftragnehmern, welche unterschiedliche Verhaltensmuster zeigen. Darüber hinaus existieren die auch aus anderen Neubauprojekten bekannten technischen Herausforderungen beim Umgang mit neuen Materialien und der Qualitätssicherung in tief verzweigten Nachunternehmerstrukturen.

Insgesamt macht das Projekt Datteln 4 in besonders ausgeprägter Form deutlich, dass die Steuerung von Großprojekten zu einem großen Teil Entscheidungen unter unsicheren Randbedingungen erfordert. Diesen Anforderungen entsprechend müssen neue risikoorientierte Instrumente des Projektmanagements installiert werden. Ein Beispiel ist die kontinuierliche und quantitative Risikoanalyse mit Hilfe der Monte-Carlo-Simulation.

Bibliografie

Kurbjuweit, D. (2010). Der Wutbürger. *Der Spiegel, 41,* 26–27.

Maibach, P., Umbricht, N., & Wrede, H. (2011). Leistungsstärkste Bahnstromumrichteranlage in Datteln. *Elektrische Bahnen, 6,* 282–290.

Nowack, R., Götte, C., & Heckmann, S. (2011). Qualitätsmanagement bei RWE am Beispiel des Kesselwerkstoffs T24. *VGB Power Tech, 11,* 1–5.

Willeke, A. (2012). Abenteuer Neubau – Erfahrungen mit Politik, Recht und Technik, Vortrag auf dem VGB-Kongress Kraftwerke 2012, Mannheim.

Willeke, A. (1989). Risikoanalyse in der Energiewirtschaft. *Schmalenbachs Zeitschrift für betriebswirtschaftliche Forschung, 12,* 1146–1164.

Erneuerbare-Energien-Projekte: Beispiel Biogasprojekte

Carsten Wolff

16.1 Projektlebenszyklus bei Biogasprojekten

Der Bau und Betrieb von Biogasanlagen gehört zu den mittelgroßen Erneuerbare-Energien-Projekten. Übliche Biogasanlagen haben ein Investitionsvolumen von 1–3 Mio. € und einen Umsatz über den Lebenszyklus von 10–30 Mio. €. Die Bauzeiten betragen 1–2 Jahre. Die Betriebsphasen sind durch die Förderdauer des Erneuerbare-Energien-Gesetzes (EEG) (Gesetz für den Vorrang Erneuerbarer Energien 2012) üblicherweise auf 20 Jahre kalkuliert (Bayerische Landesanstalt für Landwirtschaft 2011). Der Bau einer solchen Anlage ist mit einem mittleren Bauprojekt vergleichbar, der Betrieb ähnelt einem kleinen bzw. mittelständischen Unternehmen (KMU).

Der Ausbau der Biogasanlagen ist im Prinzip mit der Verabschiedung des EEG 2004 (Gesetz für den Vorrang Erneuerbarer Energien 2004) mit seinen festen Vergütungssätzen signifikant gestartet und mit dem EEG 2009 (Erneuerbare-Energien-Gesetz 2009) verstärkt worden. Deutschland repräsentiert etwa 80 % des Weltmarkts in diesem Segment. Ende 2011 wurden in Deutschland ca. 7000 Biogasanlagen mit einer Gesamtleistung (elektrisch) von ca. 2800 MW betrieben, die durchschnittliche Anlage hat also eine Leistung von 400 kW (elektrisch) (Fachverband Biogas 2011a). Die typischen Anlagen sind zum einen die sogenannten Hofanlagen mit 150–250 kW el. Leistung, die sogenannten landwirtschaftlichen Biogasanlagen mit ca. 500 kW el. Leistung, sowie die energiewirtschaftlichen Großanlagen mit 2–5 MW el. Leistung. Seit 2008 wurden pro Jahr ca. 1000 neue Biogasanlagen errichtet, es ist mit einer Fortsetzung dieses Trends zu rechnen, zudem mit einem Re-Powering (Ausbau) von Altanlagen. Der Biogasanlagenmarkt erzielt ca. 1,5 Mrd. €

C. Wolff (✉)
Fachbereich Informatik, Fachhochschule Dortmund,
Emil-Figge-Str. 42, 44227 Dortmund, Deutschland
E-Mail: carsten.wolff@fh-dortmund.de

Abb. 16.1 Projektlebenszyklus bei Biogasanlagen

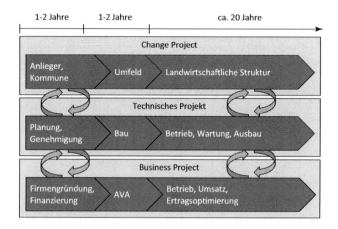

Neuinvestitionen pro Jahr und ca. 5–6 Mrd. € Umsatz der Betreiber pro Jahr. Der ganz überwiegende Teil der Biogasanlagen entsteht im ländlichen Raum.

Ein Biogasanlagenprojekt weist drei wesentliche Phasen auf, die prinzipiell anderen Investitions- oder Bauprojekten ähneln. Einer Planungs- und Konzeptionsphase folgt eine Bauphase, daran schließt sich die Betriebsphase an. Alle drei Phasen sind durch eine hohe gesetzliche Regulierungsdichte gekennzeichnet. Im Prinzip werden die Regulierungsansätze des Energiebereichs, insbesondere der Erneuerbaren Energien, mit dem Regulierungsbereich der Landwirtschaft kombiniert. Es sind somit Gesetze und Verordnungen aus mehreren z. T. im Gegensatz stehenden Gesetzesbereichen zu beachten. Behörden und Organisationen von der europäischen bis hinab zur kommunalen Ebene sind zu beteiligen. Hieraus entsteht eine nicht unerhebliche Komplexität, ein gut aufgesetztes Projektmanagement ist also notwendig.

Ein Biogasprojekt in seiner Gesamtheit kann prinzipiell als die parallele und stark verknüpfte Abarbeitung eines technischen Projekts, eines Business Development Projects und eines Change Projects abstrahiert werden. Insbesondere das Change Project wird häufig unterschätzt und vernachlässigt, so dass Projekte z. B. am Widerstand von Stakeholder-Gruppen scheitern. Für alle drei Teilaspekte und auch für die einzelnen Projektphasen ist unterschiedliche Expertise notwendig. In der Konzeptions- und Planungsphase steht durchaus das Change Project im Vordergrund, die Bauphase ähnelt einem typischen Bauprojekt im Anlagenbau, während die Betriebsphase eher landwirtschaftlich geprägt ist. Keiner der Aspekte tritt allerdings während des Projektlebenszyklus komplett in den Hintergrund (Abb. 16.1).

Die Produktion von Biogas erfolgt durch die anaerobische Vergärung von biologischen Stoffen. Bei der Stoffauswahl sind kaum Grenzen gesetzt. Am Gärprozess sind unter anderem methanbildende Bakterien beteiligt, so dass ein Gasgemisch mit einem Methananteil von 50–60 % entsteht Bayerische Landesanstalt fur Landwirtschaft (LfL). (2009b). Der Gärprozess findet in einem oder mehreren großen Gärbehältern statt, solche Fermenter haben Volumen von 1000–3000 cbm. Die Fermenter werden auf 35–55 °C beheizt (je nach Präferenz des Gärprozesses) und durch Rührwerke regelmäßig durchmischt (Abb. 16.2). Die zu vergärenden biologischen Stoffe (sog. Substrate) werden

Abb. 16.2 Prinzipbild einer Biogasanlage

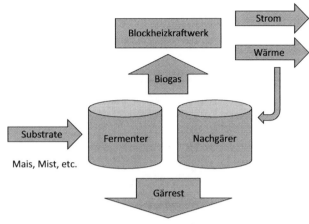

kontinuierlich oder in Schüben zugeführt, üblicherweise werden 20–50 Tonnen Substrate pro Tag eingebracht. Neben dem Biogas, das in einem Gasspeicher aufgefangen wird, bleibt ein flüssiger Gärrest zurück, der u. a. als hochwertiger landwirtschaftlicher Dünger genutzt werden kann. Grundsätzlich unterscheiden die gesetzlichen Regelungen bei den zu vergärenden Substraten zwischen landwirtschaftlichen (nachwachsenden) Rohstoffen und Abfallstoffen. Der größere Anteil der Biogasanlagen verwendet ausschließlich nachwachsende Rohstoffe (NAWARO, wie z. B. Silomais, Gras, Getreide, Rüben, Mist oder Gülle) Bayerische Landesanstalt für Landwirtschaft (LfL). (2009a). Diese Anlagen werden gesetzlich meist als landwirtschaftliche Anlagen behandelt (Gesetz für den Vorrang Erneuerbarer Energien 2012; Baugesetzbuch der Bundesrepublik Deutschland 2004).

Das Biogas kann direkt zu Heizwecken verwendet werden. Außerdem kann eine Aufbereitung auf Erdgasqualität durch Erhöhung des Methangehalts erfolgen, das Gas kann dann z. B. in das Gasnetz eingespeist werden. Durch die Stromsubventionierung des Erneuerbare-Energien-Gesetzes (EEG) und den Einspeisevorrang für Strom mit einer auf 20 Jahre gesicherten Abnahmegarantie verwenden die meisten Biogasanlagen das Gas jedoch zur Verstromung durch Kraft-Wärme-Kopplung (KWK).

Biogasanlagen erfordern also erhebliche Bauwerke, eine landwirtschaftliche Produktion mit größeren Transporten und einen täglichen Betriebsaufwand. Neben einem geeigneten Geschäftsmodell sind ein komplexes technisches Projekt und eine durchdachte Einbettung in das gesellschaftliche, ökologische und ökonomische Umfeld notwendig.

16.2 Grundkonzept von Biogasanlagen

16.2.1 Stromerzeugung

Den dominierenden Anteil zur Wirtschaftlichkeit von Biogasanlagen stellt der Stromverkauf dar. In den drei relevanten Novellierungen des Erneuerbare-Energien-Gesetzes (EEG

2004 (Gesetz für den Vorrang Erneuerbarer Energien 2004), EEG 2009, EEG 2012 (Gesetz für den Vorrang Erneuerbarer Energien 2012) wird dem Betreiber einer Biogasanlage die Abnahme des gesamten produzierten Stroms für 20 Jahre zu einem festgelegten Preis pro Einheit/kWh zugesagt. Der Stromverkaufspreis pro kWh berechnet sich dabei aus einem der Anlagengröße angepassten Grundbetrag (ca. 8–11 ct/kWh) und verschiedenen anlagenspezifischen Boni (bis zu 10 ct/kWh). Biogasanlagen verkaufen daher den produzierten Strom für 18–23 ct/kWh an einen Energieversorger, während marktübliche Verkaufspreise ab Kraftwerk im Bereich von 4–6 ct/kWh liegen. Der Umsatz einer Biogasanlage wird mit z. T. über 90 % vom Stromverkauf dominiert. Es besteht ein Interesse des Betreibers, die Stromproduktion zu maximieren.

Die Stromerzeugung mit Biogas erfolgt in Blockheizkraftwerken (BHKW) (ASUE 2010). Solche BHKW bestehen aus einem mit Biogas betriebenen Motor und einem dadurch angetrieben Generator. Durch die Abwärme des Motors stehen erhebliche Wärmemengen zur Verfügung. Die Anteile der Energieumsetzung in Strom und Wärme sind durch die Wahl einer entsprechenden BHKW-Technik in gewissen Grenzen festlegbar.

Der Verkauf des Stroms erfolgt an den lokalen Netzbetreiber bzw. Versorger, der aufgrund des Einspeiseprivilegs für erneuerbare Energien einen Anschluss bereitstellen muss. Mit dem Versorger wird ein Einspeisevertrag geschlossen, die Bezahlung des eingespeisten Stroms erfolgt monatlich auf Basis der tatsächlich erzeugten Mengen.

Grundsätzlich ist Biogasstrom ein teurer Strom. Im Gegensatz zu Photovoltaik und Windkraftanlagen sind Biogasanlagen jedoch grundlastfähig, d. h. sie produzieren vorhersagbar und kontinuierlich Strom. Wesentlich interessanter ist allerdings die Produktion von Spitzenlaststrom oder Regelenergie. Spitzenlaststrom wird dann erzeugt, wenn besonders viel Strom benötigt wird und Grundlastkraftwerke diesen nicht liefern können. Regelenergie wird benötigt, wenn Wind- und Sonnenstrom ausfallen. In beiden Fällen muss die Stromerzeugung nach Bedarf zugeschaltet oder abgeschaltet werden. Biogasanlagen können beide Formen von Energie bereitstellen, da das Biogas gespeichert und bedarfsgerecht in Strom umgesetzt werden kann. Speicherkapazitäten im Umfang einer Tagesproduktion sind üblicherweise vorhanden. Jedoch wird diese Art der Energiebereitstellung erst mit dem EEG 2012 signifikant gefördert, die entsprechenden Konzepte stecken noch in den Kinderschuhen (Regenerative Energien erfordern Novellierung des EEG mit Augenmaß 2011). Für die teure Erzeugung von Strom aus Biogas ergibt sich damit aber eine sinnvolle Perspektive.

16.2.2 Wärmekonzept

Die vom Blockheizkraftwerk (BHKW) erzeugte Wärme wird z. T. benötigt, um die Fermenter zu beheizen. Die überschüssige Wärme kann durch Tischkühler in die Umgebung abgegeben werden. Die Wärme ist aber auch ein wertvolles Wirtschaftsgut, wenn damit sinnvolle Wärmenutzungen umgesetzt werden. Attraktiv ist regelmäßig ein Ersatz von anderen Energieträgern in der Wärmeerzeugung, z. B. der Ersatz einer Ölheizung durch die Wärmeproduktion eines BHKWs. Wenn ein solches Wärmekonzept umgesetzt wird, wird zudem ein zusätzlicher Bonus auf die gleichzeitig erzeugte Strommenge gezahlt, d. h. proportional zur genutzten Wärmemenge wird der Strom um 2–3 ct höher vergütet. Ein sinnvolles Wärmenutzungskonzept ist daher für die Wirtschaftlichkeit einer Biogasanlage von großer Bedeutung. Es können 10–20 % zusätzliche Umsätze erwirtschaftet werden, denen jedoch auch Investitionen in die Wärmetechnik gegenüber stehen.

Ein entscheidender Einflussfaktor für ein Wärmekonzept (Bayerisches Landesamt für Umwelt 2007) liegt darin, dass der Bedarf an Wärme üblicherweise nicht gut zum Bedarf bzw. zur Produktion von Strom passt. Da Strom und Wärme aber immer gleichzeitig erzeugt werden, müssen Wärmekonzepte gefunden werden, bei denen der Wärmebedarfsverlauf zum Stromproduktionsverlauf passt. Wärmespeicher sind nur in geringem Umfang wirtschaftlich nutzbar. Dabei besteht grundsätzlich die Wahl, das Blockheizkraftwerk am Wärmebedarf orientiert wärmegeführt zu betreiben oder am Strombedarf stromgeführt. Allerdings wird heute der überwiegende Ertragsanteil von Biogasanlagen durch den Stromverkauf generiert, so dass ein wärmegeführter Betrieb unüblich ist. Tatsächlich wird überwiegend konstant mit Maximalleistung Strom erzeugt, so dass erhebliche Mengen der anfallenden Wärme nicht genutzt werden können.

Ein weiteres Problem liegt im Wärmetransport, da an den Standorten von Biogasanlagen im ländlichen Bereich oft nur begrenzte Wärmebedarfe existieren. Hier dominieren Trocknungen und Nutzungen in landwirtschaftlichen Betrieben. Teilweise erfolgt auch eine oft nicht besonders effiziente Nachverstromung der Wärme, da ansonsten keine Nutzung verfügbar ist.

Eine aktuelle Entwicklung sind Bioenergiekonzepte oder Bioenergiedörfer, bei denen die Wärmeversorgung ganzer Orte oder Ortsteile auf regenerative Energien umgestellt wird. Dabei wird die Wärme eines Biogas-BHKWs als Grundlast im Wärmenetz eingesetzt, zusätzlich werden z. B. Pellet- oder Hackschnitzelkessel für die Mittel- und Spitzenlast eingesetzt. Durch die preisgünstige Grundlastwärme im Wärmenetz entstehen für die Wärmebezieher ein insgesamt attraktiver Wärmepreis und eine teilweise Abkopplung von den Preissteigerungen bei fossilen Energieträgern. Bioenergiedörfer stellen eine eigene Form von Energieprojekten dar, eine übliche Organisationsform sind Energiegenossenschaften der Wärmebezieher (Fachagentur Nachwachsende Rohstoffe 2011). Damit gewinnt in diesem Bereich der Aspekt des Change Projects besondere Bedeutung, da eine neue Form bürgerlicher Gemeinschaftsprojekte entsteht.

16.2.3 Gaseinspeisung

Neben der Nutzung des Biogases zur direkten Umsetzung in Strom und Wärme kann das Gas prinzipiell auch in ein Gasnetz eingespeist werden und an anderen Orten bedarfsgerecht eingesetzt werden (Fachagentur Nachwachsende Rohstoffe 2009; Kap. 7). Dieser Aspekt ist aktuell besonders in der Diskussion, da das deutsche Gasnetz zur Speicherung großer Gasmengen und damit als Puffer für erneuerbare Energien genutzt werden kann. Vor allem aber kann Wärme und Strom damit an den Orten produziert werden, an denen die Energie tatsächlich gebraucht wird. Die Aufstellung von BHKWs an den ländlichen Standorten der Biogasanlagen erfüllt dieses Kriterium oft nicht.

Die Anzahl der Gaseinspeiseprojekte ist trotzdem gering (< 100). Grund sind die bisher hohen Kosten der Aufbereitung des Biogases auf die im Gasnetz übliche Erdgasqualität. Dazu muss vor allem das CO_2 im Biogas abgeschieden werden. Verfügbare Anlagentechnik rechnet sich nur für recht große Biogasanlagen. Ein weiterer Grund liegt in den gegenüber der Stromproduktion unattraktiveren Konditionen im EEG. Trotzdem wird mit einer steigenden Zahl von Gaseinspeiseanlagen in der Zukunft gerechnet, diese Option sollte also in einem Biogasprojekt betrachtet werden.

16.2.4 Standortwahl

Die Wahl des Standorts einer Biogasanlage ist ein zentraler Teil der Konzeptions- und Planungsphase. Der Standort beeinflusst das technische und logistische Konzept, die Wirtschaftlichkeit und vor allem auch die Akzeptanz durch Behörden, Bevölkerung und andere Stakeholder. Grundsätzlich ist dabei auch zwischen landwirtschaftlichen Anlagen (privilegiertes Bauen im Außenbereich, Baugesetzbuch der Bundesrepublik Deutschland 2004) und industriellen Anlagen zu unterscheiden.

Kriterien für eine Standortwahl können sein:

- Verfügbarkeit von ausreichend großen landwirtschaftlichen Flächen in der Nähe der Biogasanlage (üblicherweise einige hundert Hektar im Umkreis von 5–10 km)
- Gute Transportanbindung für die Lieferungen von Substrat und den Abtransport des Gärrests (einige tausend Tonnen pro Jahr)
- Anschlussmöglichkeit an die Mittelspannungsebene des Stromnetzes
- Verfügbarkeit von Wärmenutzungen in der Nähe oder direkt am Standort
- Genehmigungsrechtliche Randbedingungen (Landschaftsschutz, Immissionsschutz)
- Nähe zu bzw. Akzeptanz durch Anwohner
- Hinreichend großes Baugrundstück (> 10.000 qm)

Ein interessanter Aspekt liegt in der Trennung von BHKW-Standort und Gasproduktion. Idealerweise findet die Vergärung der Substrate und damit die Biogasproduktion inmitten von landwirtschaftlichen Flächen und möglichst weit von Ansiedlungen entfernt statt. So werden kurze Transportwege und geringe Beeinträchtigungen von Anwohnern erreicht. An solchen „einsamen" Standorten liegt allerdings meist weder ein Strom- noch ein Wärmebedarf vor. Vor allem die Wärme lässt sich nicht energie- oder kosteneffizient transportieren. Es kann daher sinnvoll sein, zumindest ein BHKW (Satelliten-BHKW Andreas Lahme 2010) in die Nähe einer Wärmenutzung zu bringen und das Biogas mit einer Mikrogasleitung dorthin zu transportieren. Üblicherweise verbleibt aber auch zumindest ein kleines BHKW am Anlagenstandort, um die Fermenter zu heizen. Mikrogasleitungen sind auch über mehrere Kilometer Entfernung wirtschaftlich zu betreiben. Durch nötige Wegerechte ist die Verlegung aber nicht unkompliziert.

16.2.5 Erneuerbare Energien Gesetz (EEG)

Der wesentliche Faktor für die Wirtschaftlichkeit von Biogasanlagen ist das Erneuerbare-Energien-Gesetz (EEG). Es garantiert die Abnahme des gesamten produzierten Stroms und es garantiert einen festen und konstanten Preis für den Verkauf. Damit entsteht auf der Einnahmeseite eine weitgehend sichere Kalkulationsbasis für Biogasprojekte.

Das EEG bestimmt aber neben den wirtschaftlichen Randbedingungen des Projekts auch ganz wesentlich die technischen und ökologischen Randbedingungen. Die Stromvergütung hängt von der Anlagengröße und Anlagenkonfiguration, den eingesetzten Substraten/Inputstoffen, der Einhaltung aller relevanten Rechtsverordnungen und dem Umfang der Wärmenutzung ab. Die Erfüllung dieser Kriterien muss jährlich durch Gutachter nachgewiesen werden. Wird ein Kriterium nicht erfüllt, entfällt rückwirkend für ein Jahr der Vergütungsanspruch. In einem solchen Fall geht die Biogasanlage üblicherweise in Insolvenz.

Das EEG hat bisher drei wesentliche Novellierungen erfahren:

- Die EEG-Novelle 2004 (Gesetz für den Vorrang Erneuerbarer Energien 2004) war gewissermaßen der Startschuss für den rapiden Ausbau der Biogasanlagen. Der Bau mittelgroßer Biogasanlagen wurde wirtschaftlich attraktiv.
- Die EEG-Novelle 2009 (Erneuerbare-Energien-Gesetz 2009) hat die Vergütungsstruktur nur leicht modifiziert, aber insgesamt die Stromvergütung noch einmal gesteigert. Zusätzlich wurden die zu erfüllenden Randbedingungen deutlich verschärft, zudem wurden bau- und immissionsschutzrechtliche Bedingungen parallel angepasst. Die Baukosten einer Biogasanlage haben sich von 2004 bis 2009 tendenziell mehr als verdoppelt. Trotzdem hat die EEG-Novelle 2009 zu einem erheblichen Zubau von Biogasanlagen geführt (Fachverband Biogas 2011a). In diesem Kontext hat sich dann auch die Diskussion über die Konkurrenz zu anderen landwirtschaftlichen Nutzungen bzw. zur Produktion von Nahrungsmitteln entwickelt (Fachverband Biogas 2011b).
- Die EEG-Novelle 2012 (Gesetz für den Vorrang Erneuerbarer Energien 2012) hat die Vergütungshöhe im Wesentlichen beibehalten, aber die Randbedingungen nochmals verschärft. Vor allem wurde versucht, effiziente Wärmenutzungen einzufordern und den Einsatz von Silomais zu beschränken. Außerdem wurden erste Anreize für eine bedarfsgerechte Stromproduktion bzw. die Bereitstellung von Regelenergie geschaffen. Die Novelle hat trotzdem den Zubau von Biogasanlagen zunächst einmal deutlich gebremst, vor allem wegen der aufgrund der Gesetzeskomplexität bestehenden rechtlichen Unsicherheiten. Solche Unsicherheiten werden im Nachgang einer Novelle sukzessive durch eine Clearingstelle EEG bzw. Musterprozesse ausgeräumt.

Neben den EEG-Novellen gibt es zu jedem Jahreswechsel vorher definierte Anpassungen der Stromvergütung, d. h. der für 20 Jahre gültige Strompreis sinkt um einen bestimmten Prozentsatz.

Die Jahreswechsel und die Termine der EEG-Novellen sind daher für den Zeitplan eines Biogasprojekts von zentraler Bedeutung. Üblicherweise definiert der Zeitpunkt der

Inbetriebnahme des Blockheizkraftwerks die für die weiteren 20 Jahre gültigen Regelungen, d. h. die erste Stromeinspeisung ist ein zentraler Meilenstein des Konzepts. Eine verspätete Inbetriebnahme kann zum wirtschaftlichen Scheitern eines Biogaskonzepts führen. Die gültigen Regeln eines EEG oder aber die vermuteten Regelungen einer kommenden Novelle des EEG sind die zentralen Planungsgrundlagen, die entsprechenden Termine sind Meilensteine des Projekts.

16.3 Projektgesellschaft – Personenbezogene Sicht

16.3.1 Gesellschaftsform

Biogasprojekte werden üblicherweise in Form von Einzelprojekten realisiert. Der Grund liegt darin, dass der Großteil der Anlagen als privilegiertes Bauvorhaben im Außenbereich (Baugesetzbuch der Bundesrepublik Deutschland 2004) realisiert wird. Für die Privilegierung sind die maßgebliche Beteiligung eines Landwirts und die bauliche Nähe zu dessen Betrieb notwendig. Daher wird entweder der Landwirt oder eine Gesellschaft unter Beteiligung des Landwirts Bauherr und Betreiber der Anlage. Üblich sind auch Gesellschaften mehrerer Landwirte. Industrielle Biogasanlagen werden auch von Kapitalgesellschaften (z. B. die KTG Agrar AG, Hamburg) oder Energieversorgern gebaut und betrieben. Bisher ist jedoch die landwirtschaftliche Gesellschaft die dominierende Organisationsform.

Dazu bieten sich im Prinzip drei Gesellschaftsformen an. Die GbR (Gesellschaft bürgerlichen Rechts) ist ein häufiges Gesellschaftsmodell, vor allem, wenn nur Landwirte beteiligt sind, die nach dem Bau auch den Betrieb der Anlage übernehmen. Die Vorteile diese Gesellschaftsform liegen in der einfachen Organisation und dem vereinfachten Zugang zu Finanzierungen, da die Gesellschafter gesamtschuldnerisch haften und ihre landwirtschaftlichen Betriebe als Sicherheiten genutzt werden können. Zudem fallen steuerliche Verluste aus der Bauphase direkt in den Einkommenssteuerbereich der Gesellschafter, sind also zumindest z. T. absetzbar. Der Nachteil liegt in genau dieser Haftung, die das Biogasprojekt bei Problemen zu einem existenziellen Risiko werden lassen kann.

Eine weitere oft genutzte Gesellschaftsform ist die GmbH&CoKG, die das Haftungsrisiko auf die Einlagen und ggf. zusätzliche Bürgschaften und nachrangige Finanzierungselemente reduziert. Aus diesem Grund sind jedoch aus Sicht der finanzierenden Banken höhere Eigenkapitalanteile notwendig. Zudem sind aufgrund der notwendigen Haftungs-GmbH höhere administrative Aufwände anzusetzen. Die steuerlichen Anlaufverluste der KG sind auch nur z. T. mit anderen Einkünften der Gesellschafter verrechenbar. Zu beachten ist, dass die KG Eigentümer der Biogasanlage ist und auch den Betrieb abwickelt, die Haftungs-GmbH hat keinen operativen Zweck.

Die GmbH ist ebenfalls als Gesellschaftsform geeignet. In diesem Fall baut und betreibt die GmbH die Biogasanlage. Eine zusätzliche KG ist nicht notwendig, der administrative Aufwand also reduziert. Die Unterschiede liegen vor allem in der steuerlichen Behandlung der GmbH durch die Körperschaftssteuer. Anlaufverluste verbleiben in der GmbH, Erträge werden immer über die Körperschaftssteuer, Gewerbesteuer und Kapitalertrags-/Abgeltungssteuer behandelt, so dass die Steuerbelastung aus Sicht des Gesellschafters höher ausfallen kann.

Die Gründung einer Gesellschaft ist einer der ersten Schritte eines Biogasprojekts. Je nach Gesellschaftsform sind Zeiten für die notariellen Abläufe und die Eintragung ins Handelsregister zu beachten. Aus den Einlagen in die Gesellschaft kann dann die Planungs- und Genehmigungsphase des Projekts geleistet werden. Die Gesellschaft ist auch Finanzierungsnehmer.

16.3.2 Zusammensetzung des Teams

Aufgrund der Komplexität eines Biogasprojekts ist es sinnvoll und üblich, das Projekt in einem Team und in Form einer Gesellschaft anzugehen. Eher selten werden die Projekte von einzelnen Landwirten oder von größeren Agrar- oder Versorgungsunternehmen durchgeführt. Das Bilden eines Projektteams macht aufgrund des Projekt- und Finanzierungsumfangs Sinn, aber auch aufgrund der verschiedenen notwendigen Qualifikationen.

a. Vor allem zum Betrieb der Anlage und zur Versorgung mit Substraten ist eine landwirtschaftliche bzw. biologische Kompetenz notwendig. Der Betrieb einer Biogasanlage und vor allem die Ernte- und Güllelogistik ähnelt stark den Abläufen in großen Landwirtschaftsbetrieben. Ein erheblicher Teil der rechtlichen Vorschriften stammt aus dem Bereich der Landwirtschaft. Die Anlagentechnik entstammt weitgehend dem landwirtschaftlichen bzw. abwasserwirtschaftlichen Bereich, so dass bei Landwirten (üblicherweise mit einer Ausbildung zum Agraringenieur) Erfahrungen vorliegen. Es werden auch landwirtschaftliche Geräte verwendet, u. a. Schlepper und entsprechende Anbauteile.
b. Da eine Biogasanlage ein mittelständisches Unternehmen ist, wird eine kaufmännische Kompetenz in diesem Bereich benötigt. In der Bauphase sind eine Investitionsplanung und ein Baucontrolling notwendig. Zudem sind Aufträge zu vergeben und abzurechnen. In der Betriebsphase muss eine transparente Kostenrechnung und Kostenträgerbetrachtung aufgebaut werden, vor allem, um Kaufpreise für Substrate und andere Verbrauchsmaterialien zu ermitteln und eine entsprechende Liquiditätsplanung aufzusetzen. Durch ein gut gestaltetes Controlling lassen sich Optimierungspotenziale finden und das Biogasprojekt wirtschaftlich betreiben. Die Gestaltung der Finanzierung und das geeignete Reporting für Banken und Steuerberater sind weitere Bereiche für eine kaufmännische Kompetenz. Das Teammitglied mit dieser Kompetenz übernimmt üblicherweise auch die Geschäftsführung der Gesellschaft.
c. Vor allem in der Bauphase ist eine Kompetenz im Baubereich bzw. im Anlagenbau hilfreich. Biogasprojekte werden zwar oft mit einem Anlagenbauer als Generalunter-

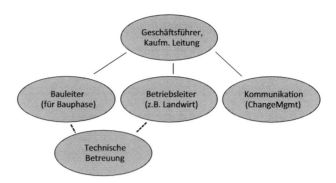

Abb. 16.3 Organisation des Projektteams

nehmer realisiert. Die Biogastechnik ist aber eine sehr junge Technologie, die noch in den Kinderschuhen steckt. Eine intensive Befassung mit den technischen Grundlagen ist daher zum Treffen sinnvoller Auswahlentscheidungen zwingend. Zudem sind in der Bau- und später auch in der Betriebsphase eine Vielzahl von Servicebetrieben und Handwerkern zu koordinieren. Eine technische Kompetenz und eine Kompetenz im Baubereich sind daher in einem Projektteam vorzusehen.

d. Ein oft unterschätztes Thema ist die Einbindung des Projekts in die örtlichen Strukturen und eine Abstimmung mit relevanten Stakeholdern bzw. Anwohnern/Bürgern. Ein Mitglied des Teams sollte daher den Kontakt zu den Stakeholdern pflegen und im Sinne eines Change Projects die Biogasanlage in die vorhandenen Strukturen einpassen. Hierzu ist eine Akzeptanz unter den Stakeholdern notwendig, das entsprechende Teammitglied ist im Idealfall vor Ort bekannt und beliebt.

Die Erstellung eines Geschäftsverteilungsplans mit Rollen und Verantwortlichkeiten kann zur Planung genutzt werden (Abb. 16.3).

Neben den zentralen Funktionen im Projetteam ist auch ein erheblicher Einsatz in Form von Arbeitsstunden auf der Anlage notwendig. Bei mittelgroßen Biogasanlagen kann leicht der Einsatz von 1–2 Vollzeitkräften notwendig sein, die über die notwendige landwirtschaftliche und technische Kompetenz verfügen müssen.

16.3.3 Stakeholderanalyse

Viele Biogasprojekte scheitern nicht an der wirtschaftlichen oder technischen Machbarkeit sondern an Widerständen im Umfeld. Die Akzeptanz für Biogasanlagen ist in den letzten Jahren deutlich gesunken und die genehmigungstechnischen Hürden sind erheblich gewachsen. Ein sorgfältige Stakeholderanalyse und die Ausarbeitung einer entsprechenden Strategie sind also schon im Vorfeld des Projekts notwendig. Aber auch in der Betriebsphase ist eine kontinuierliche Fokussierung auf die Einbindung in die vorhandenen Strukturen bzw. auf eine Änderung der Strukturen geboten. Ein Biogasprojekt ist immer auch ein Veränderungsprojekt/Change Project.

Die generelle Akzeptanzproblematik in der Bevölkerung ist nur ein Teil der Stakeholder-Betrachtung. Oft werden Befürchtungen bzgl. Lärm- und Geruchsbelästigung laut. Auch die umfangreiche Logistik zum An- und Abtransport der Substrate ist meist ein Thema, durch die intensive Nutzung landwirtschaftlicher Wege werden diese z. B. stärker abgenutzt. Die Akzeptanzproblematik wird meist durch Kommunikation und durch Bürgerbeteiligung adressiert (Fachagentur Nachwachsende Rohstoffe 2011; Hirschl et al. 2010). Hier spielen auch die Genehmigungsvorschriften zum Immissionsschutz sowie eine finanzielle Beteiligung an der Pflege der Wege eine Rolle, mit den Informationen darüber kann Bedenken begegnet werden. Viele Biogasanlagen beteiligen sich z. B. durch Spenden oder einen Tag der offenen Tür am öffentlichen Leben. Anlieger können auch im Zuge von Bioenergieprojekten durch eine günstige Wärmeversorgung für das Projekt gewonnen werden. Dem Problem der übermäßigen Verwendung von Siloamais in Konkurrenz zur Viehzucht und zur Nahrungsmittelproduktion kann nur durch eine weitgehende Umstellung auf biologische Reststoffe (z. B. Gülle und Mist) begegnet werden. Dadurch können auch ökologische Bedenken (Maismonokultur) adressiert werden. Die Verwendung von Reststoffen ist zwar aufwändig, aber technisch möglich und auch wirtschaftlich notwendig.

Eine weitere entscheidende Stakeholdergruppe bilden die örtlichen Landwirte, die üblicherweise gut organisiert sind. Zwischen Landwirten mit Biogasanlage und Landwirten ohne Biogasanlage herrscht eine erhebliche Konkurrenz um Flächen und Agrarprodukte. Oft werden Landwirte ohne Biogasanlage sukzessive verdrängt. Die örtlichen Landwirte müssen aber als Lieferanten von Substraten und als Abnehmer des Gärrests gewonnen werden. Durch diese Lieferbeziehungen kann eine Biogasanlage zum wirtschaftlichen Vorteil der örtlichen Landwirtschaftsstruktur gestaltet werden. Solch eine Einbettung muss kontinuierlich auch während der Betriebsphase analysiert und optimiert werden. Örtliche Landwirte können für weitere Arbeiten eingebunden werden, z. B. entstehen im Umfeld von Biogasanlagen Lohnunternehmen (zum Transport von Gülle, zum Ernten von Substraten).

Neben den Landwirten können weitere örtliche Unternehmen an der Wertschöpfung einer Biogasanlage partizipieren. Es empfiehlt sich, bei Baumaßnahmen und beim Service vor allem auf lokale Betriebe zu bauen und diese schrittweise an die Biogastechnik heranzuführen. Da Biogasanlagen oft in ländlichen Regionen entstehen, können sie zu einem wichtigen Wirtschaftsfaktor werden. Diese Landkreise haben in der Vergangenheit meist ihre gesamte Energie importiert, die Gelder sind aus dem Gebiet herausgeflossen. Durch erneuerbare Energie werden die Landkreise zu Energieexporteuren, das Geld fließt in das Gebiet. Dadurch entsteht regionale Wertschöpfung, die konstruktiv genutzt werden kann.

Ein Biogasprojekt gelingt nur in enger Zusammenarbeit mit den zuständigen Behörden. Im Prinzip ist die Genehmigungsbehörde während der Planungs- und Bauphase ein Mitglied des Projektteams, da eine Einpassung in die Vorschriften und eine Auslegung der Bestimmungen in Hinblick auf das Projekt vorgenommen werden müssen. Durch kontinuierliche Abstimmung mit der Behörde werden Lösungswege für genehmigungsrechtliche Fragen erarbeitet. Das Biogasprojekt kann dann gemeinsam genehmigungsfähig gestaltet werden. Im Fall von fachlich kompetenten Behörden werden oft wertvolle Hinweise für eine regional machbare Gestaltung des Projekts gefunden bzw. von anderen Projekten im Sinne eines best practice sharing gelernt. Zudem achten die Behörden auf eine auch für die Betriebsphase sinnvolle und effiziente Gestaltung. Im Sinne des Stakeholder-Managements kann also schon in der Planungsphase ein guter und vertrauensvoller Kontakt zu den Behörden aufgebaut werden, wenn diese von der Sinnhaftigkeit des Projekts und der Kooperationswilligkeit der Projektgesellschaft überzeugt werden. Dieser Weg kann erhebliche Zeit in Anspruch nehmen. Es sind üblicherweise eine Vielzahl von Stellen zu beteiligen und eine Vielzahl von Gesetzesgebieten zu beachten. Für ein bestimmtes Projektkonzept kann es aufgrund laufender Gesetzesänderungen ein nur sehr kleines Zeitfenster für die Realisierung bzw. Genehmigung geben. Das Genehmigungsverfahren und der Ablauf in den Behörden sind also auch für die zeitliche Planung entscheidend, Abläufe müssen deshalb vorab besprochen und Termine geklärt werden. Dieses gilt vor allem vor dem Hintergrund der zeitlichen Randbedingungen aus dem EEG.

Der örtliche Energieversorger ist fast immer der Abnehmer für den produzierten Strom und somit der Vertragspartner für den Verkauf über 20 Jahre. Außerdem ist er für die Herstellung eines Netzanschlusses am Standort der Anlage zuständig. Schon in der Planungsphase ist daher eine Kontaktaufnahme notwendig, eine Anschlusszusage ist z. B. für eine Projektfinanzierung Voraussetzung. Dem Energieversorger muss auch jährlich die Konformität zum EEG über Gutachten nachgewiesen werden, da ansonsten weite Teile des Vergütungsanspruchs erlöschen. Da der Energieversorger die Kosten für den Strom entsprechend EEG direkt auf den Kunden umlegen kann, ist die Zusammenarbeit meist unproblematisch. Dieses gilt jedoch nicht immer für die Erstellung des Netzanschlusses.

16.3.4 Projektfinanzierung

Die Finanzierung eines Biogasprojekts ist nicht trivial, da es sich nicht um eine reine Bau- bzw. Investitionsfinanzierung handelt. Ein Biogasprojekt ist vielmehr ein Erneuerbare-Energien-Projekt über eine Laufzeit von 20 Jahren. Hier ist der Förderzeitraum des EEG maßgeblich, der als Lebenszyklusdauer des Projekts angenommen wird.

Teil der Finanzierung ist das Bauprojekt. Da eine Biogasanlage jedoch nur als solche nutzbar ist und aufgrund der Genehmigungsvorgaben nur in Verbindung mit einem landwirtschaftlichen Betrieb betrieben werden darf, ist das Bauwerk bzw. die Anlage ohne Nutzung nur eine Industrieruine. Als Sicherheit für eine Bankfinanzierung ist das Bauwerk somit kaum geeignet. Die meisten Komponenten der Anlage sind zudem immobil und nicht anderweitig nutzbar.

Neben dem Bauprojekt muss auch die Betriebsphase finanziert werden. Vor allem der initiale Kauf von Betriebsstoffen (vor allem Substraten) muss vorfinanziert werden. Dazu ist oft ein Betriebsmittelkredit vorgesehen.

Meist werden die Projekte von einer Bank mit entsprechenden Krediten fremdfinanziert. Es handelt sich im Gegensatz zu Baufinanzierungen um eine Projektfinanzierung, die Bank muss also den Cash Flow und die Kapitaldienstfähigkeit über die komplette Pro-

16 Erneuerbare-Energien-Projekte: Beispiel Biogasprojekte

jektlaufzeit beurteilen. Da es sich um sogenannte Non-Recourse bzw. Limited-Recourse Finanzierungen handelt, wird zur Beurteilung der Kapitaldienstfähigkeit aus dem Projekt-Cash-Flow ein Bewertungsfaktor, z. B. DSCR (Debt Service Coverage Ratio) berechnet (Decker 2007). Dazu müssen detaillierte Geschäftspläne/Business Cases erstellt und geprüft werden.

Eine weitere Finanzierungsquelle sind Förderkredite, z. B. von der KfW. Für Biogasprojekte an sich ist eine solche Finanzierung nicht möglich, jedoch für Anlagenteile wie z. B. ein Wärmekonzept. Die Förderkredite beinhalten z. T. verlorene Zuschüsse. Die Bewilligung ist an zusätzliche Kriterien und Anforderungen an das Anlagenkonzept gebunden. Zudem darf teilweise nicht vor Kreditgewährung mit dem Bau begonnen werden, so dass solche Förderkredite bei der Zeitplanung berücksichtigt werden müssen.

Eine wichtige Finanzierungsquelle stellen die Bareinlagen, Einbringungen von Werten und Eigenleistungen der Gesellschafter dar. Vor allem bei der GmbH und GmbH&CoKG sind gewisse Quoten zur Erlangung von Fremdfinanzierungen nachzuweisen. Falls die Anteile der Eigenmittel nicht mit den geplanten Gesellschaftsanteilen der Partner korrespondieren sollen, können Teile der Eigenmittel als Gesellschafterdarlehen eingebracht werden.

Neben Eigenmitteln und Fremdmitteln kann auch Beteiligungskapital als Eigenkapital gewonnen werden. Es existieren einige Gesellschaften, die sich an Biogasprojekten beteiligen. Zum Teil sind auch Anlagenbauer für Kapitalbeteiligungen offen.

Die Sicherung der Finanzierung ist Teil des kaufmännischen Geschäftsentwicklungsprojekts (Business Development Project). Die Herausforderung liegt vor allem in der Synchronisierung mit dem technischen Bau- und Betriebsprojekt und dessen oft durch Gesetzeslagen definierten Zeitrahmens. Die leicht zu bewertende Umsatzprognose (20-Jahres-Abnahmevertrag) der Gesellschaft vereinfacht die Finanzierung.

16.3.5 Betrachtung als Veränderungsprojekt (Change Project)

Entscheidender Teil des Charakters eines Biogasprojekts ist das damit einhergehende Veränderungsprojekt (im Sinne des englischsprachigen Begriffs des Change Projects). Eine Biogasanlage verursacht vor allem im ländlichen Raum eine bedeutende Änderung der gegebenen Strukturen. Die zu erwartenden Widerstände können erheblich sein. Eine Vielzahl von Interessen ist tangiert. Die Strukturänderung muss gut durchdacht und sorgfältig durchgeführt werden. Das Projekt und die damit einhergehenden Strukturänderungen bedeuten für das Umfeld eine erhebliche Chance in einer oft nicht besonders chancenreichen Umgebung.

Der sozioökonomische Effekt beruht prinzipiell auf einer Umstellung der Region von einem Energieimporteur zu einem Energieexporteur (Hirschl et al. 2010). Dadurch entstehen Verdienstpotenziale, aber auch eine Konkurrenz um Ressourcen. Ein erfolgreiches Biogasprojekt kann zu einer Verschiebung der wirtschaftlichen Machtpositionen in einer

Region führen, was vor allem unter den dort seit Generationen ansässigen Landwirten zu Irritationen führen kann.

Der ökologische Effekt resultiert zum einen aus den Immissionen des Baus und des Betriebs der Anlage in die örtliche Landschaft. Hier sind Lärm und Geruch zu benennen, außerdem die Belastungen durch die Logistik. Das Bauprojekt hat einen großen Flächenverbrauch und Auswirkungen auf das Landschaftsbild. Vor allem der Anbau der Substrate für landwirtschaftliche Anlagen und die Ausbringung der Gärreste sind mit vielen ökologischen Fragestellungen verbunden und können die landwirtschaftliche Nutzungsstruktur der Region ändern. Diese Änderung ruft oft Widerstände hervor (Vermaisung der Landschaft, Konkurrenz zur Lebensmittelproduktion).

Die Planung des Change Projects und seine kompetente Durchführung, aber auch die entsprechende Ausstattung mit Ressourcen und die Berücksichtigung der oftmals langen zeitlichen Effekte sind für den Erfolg des Biogasprojekts zwingend. Ein Biogasprojekt gegen die vorhandenen Strukturen durchzusetzen ist praktisch nicht möglich.

16.4 Bauprojekt – Technologische und Ökologische Sicht

16.4.1 Genehmigung

Die Genehmigung des Biogasprojekts bzw. des Bauprojekts als Voraussetzung für die Betriebsgenehmigung ist ein erheblicher Teil des Gesamtprojekts, es muss z. T. mit einer Dauer von 1–2 Jahren gerechnet werden. Entscheidend für den Aufwand und die benötigte Zeit für die Genehmigung ist der Charakter des Projekts bzgl. Technologie, Standort und Umfang.

Biogasanlagen können je nach Größe im Baurecht oder nach Bundesimmissionsschutzgesetz (BimSch) genehmigt werden, wobei eine BimSch-Genehmigung erheblich aufwändiger ist, aber auch größere Anlagen erlaubt (Fachagentur Nachwachsende Rohstoffe 2009; Kap. 5). Es kann in Gewerbegebieten oder im Außenbereich (landwirtschaftliche Flächen) gebaut werden. Unter Umständen kann die Ausweisung eines Sondergebiets im Flächennutzungsplan notwendig sein, hier sind politische Entscheidungsprozesse notwendig.

Wichtige Genehmigungsthemen sind der Gewässerschutz und die landwirtschaftlichen Genehmigungstatbestände (z. B. bzgl. des Nachweises ausreichender Flächen). Die Auswahl eines geeigneten Standorts wird maßgeblich durch die Genehmigungsfähigkeit beeinflusst. Außerdem ist die Bauplanung auf die Genehmigungserfordernisse abzustimmen. Daher ist schon in dieser Phase ein enger Kontakt zwischen Planer und Behörde zu suchen.

Die Planung von Biogasanlagen wird oftmals vom Anlagenbauer als Generalunternehmer übernommen. Prinzipiell kann aber auch ein Architekturbüro oder Ingenieurbüro diese Aufgabe übernehmen, wobei eine besondere Expertise im Bereich der Biogasprojekte vorliegen sollte. Die Einbindung eines örtlichen Planers mit guten Kontakten zu den Behörden und guten Kenntnissen des Standorts kann ebenfalls sinnvoll sein. Außerdem werden auf den Bereich des EEG, des Baurechts und der Biogasanlagen spezialisierte Anwälte beauftragt, vor allem wenn die Rechtslage unklar ist oder die Genehmigung Probleme bereitet.

In Summe sind Projektvorlaufzeiten von 1–2 Jahren für die Planung und Genehmigung sowie Kosten von 50.000–100.000 € durchaus üblich. Am Ende dieser Phase kann trotzdem die Entscheidung für eine Einstellung des Projekts stehen. Der Erhalt einer Genehmigung für ein ausgearbeitetes Biogaskonzept stellt einen ersten entscheidenden Meilenstein für das Projekt dar.

16.4.2 Bauplanung und Ausführung

Der Bau der Biogasanlage als weitere Projektphase kann als eigenes Teilprojekt aufgefasst werden. Es handelt sich dabei um ein typisches Bauprojekt bzw. Anlagenbauprojekt. In einigen Fällen wird das Projekt schlüsselfertig durch einen Anlagenbauer als Generalunternehmer erstellt und zum Festpreis abgerechnet. Diese Art der Projektausführung ist aber nicht generell gegeben, vor allem werden oft trotz Generalunternehmer Teile der Anlage (Verkehrsanbindung, Siloplatte, Außenanlagen, Netzanschluss) in Eigenregie durchgeführt. In jedem Fall können also eine Bauplanung und eine Ausführung des Baus als Teilprojekt notwendig werden.

Bei der Zeitplanung ist zu beachten, dass wesentliche Bauabschnitte oft zum Jahresende mit Blick auf die Anpassung des EEG erstellt werden und somit durch schlechtes Wetter oder den Winter behindert werden können. Es kann dann durch eine Winterbaupause auch zu einem verzögerten Volllastbetrieb kommen, was wirtschaftliche Konsequenzen für die Anlaufphase hat.

In der Bauphase liegt die Aufgabe des Projektmanagements unter anderem im Baucontrolling. Dabei ist das Kostencontrolling wichtig, da die Investitionskosten die Wirtschaftlichkeit des Projekts stark beeinflussen. Durch zeitliche Verschiebungen im Projektablauf ist die Bewertung des Fertigstellungsgrades durch eine Earned-Value-Analysis (EVA) (Kerzner 2008) ein wichtiges Instrument, auch mit Hinblick auf die Finanzierungsfreigaben durch die Bank.

Unabhängig von der Vergabe an einen Generalunternehmer oder der Aufteilung auf Gewerke muss sich das Projektmanagement um die Sicherstellung der Gewährleistungsfristen und -ansprüche sowie um die Abnahme von Bauleistungen und Zwischenständen kümmern. Für die Abnahme der Leistungen sollten bei der Auftragsvergabe klar nachweisbare (möglichst quantitative) Kriterien vereinbart werden. Diese müssen bei der Abnahme überprüft werden, ggf. durch Hinzuziehen eines Fachmanns. Diese Projektabnahmen und die Teilabnahmen sind Voraussetzung für die Freigabe und Bezahlung von Abschlagszahlungen. Falls dem Auftraggeber die Kompetenz dafür fehlt, kann auch ein Planungsbüro mit dem Baucontrolling beauftragt werden.

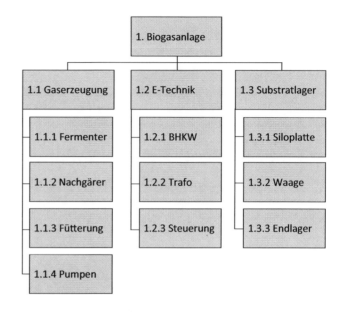

Abb. 16.4 OBS des Bauprojekts

16.4.3 Ausschreibung – Vergabe – Abrechnung

Aufgrund der hohen Bedeutung des Bau- und Investitionsprojekts für die Wirtschaftlichkeit des gesamten Biogasprojekts ist auf die Beauftragung der Bauleistungen ein besonderer Fokus zu legen. Im Baubereich wird dafür der Prozess Ausschreibung – Vergabe – Abrechnung (AVA) verwendet (Puche 2011).

Bei der Ausschreibung der Gewerke kommt es auf eine möglichst vollständige Erfassung der notwendigen Bauleistungen an, um im weiteren Verlauf Kostensteigerungen vorzubeugen. Basis hierfür ist eine gute Strukturierung des Projekts (z. B. durch eine Object Break Down Structure, OBS, Kerzner 2008) und eine geeignete Abgrenzung der Gewerke. Es sollten dann möglichst mehrere Angebote zu jedem Gewerk auf Basis der Ausschreibung eingeholt werden (Abb. 16.4).

Für die Vergabe der Aufträge für die Gewerke muss eine Vergleichbarkeit der Angebote gegeben sein, die durch eine geeignete Ausschreibung ermöglicht wird. Neben rein auf den Preisen basierenden Vergabeentscheidungen können und sollen auch Überlegungen zur Erfahrung des Auftragnehmers und zu der zu erwartenden Qualität sowie zur Termintreue einbezogen werden. Eine Terminverzögerung aufgrund eines falsch gewählten Auftragnehmers kann erheblich größere Auswirkungen auf die Kosten des Projekts haben als ein ggf. etwas höherer Preis.

Die Abrechnung der Baumaßnahmen beruht vor allem auf der Feststellung des Fertigstellungsgrads und der Nachbeauftragung von nicht im Angebot enthaltenen aber notwendigen Leistungen. Bei der Bezahlung von Abschlagsrechnungen und der Endrechnung sind Gewährleistungsansprüche oder die Beseitigung von Mängeln zu berücksichtigen.

16.5 Betrieb – Geschäftsprozesssicht

16.5.1 Wirtschaftlichkeit und Controlling

Im Zuge eines Biogasprojekts muss neben dem technischen und ökologischen Konzept auch ein Geschäftsentwicklungsplan erstellt und umgesetzt werden. Eine Biogasanlage ist ein mittelständisches Unternehmen mit einem auf 20 Jahre angelegten Geschäftsplan. Die Geschäftsprozesse von Biogasanlagen ähneln sich im Prinzip, müssen aber individuell angepasst werden. Die Wirtschaftlichkeit eines Biogaskonzepts hängt hochgradig von der Anpassung und Ausnutzung von Potenzialen ab.

Der grundsätzliche wirtschaftliche Rahmen einer Biogasanlage wird durch den Stromverkauf bestimmt, der 80–90 % des Umsatzes ausmacht. Die elektrische Leistung einer Biogasanlage und damit die maximal produzierbare Strommenge sind nach gültiger Rechtslage durch die Genehmigung definiert und können nicht geändert werden. Der Stromverkaufspreis ist für 20 Jahre vereinbart. Somit ist der ganz überwiegende Teil des Umsatzes im Prinzip über 20 Jahre fixiert (soweit mögliche EEG-Novellen außer Acht gelassen werden). Die Betriebskosten einer Biogasanlage sind hingegen zu aktuellen Preisen zu bewerten (Substrate, Service, Arbeitsstunden) und steigen tendenziell mit der Inflationsrate an. Die Kostenkurve läuft also gegen die Umsatzkurve und schneidet diese im schlechtesten Fall. Diese Problematik muss die Geschäftsplanung berücksichtigen. Sinnvoll ist daher eine frühe Reduzierung des Fremdkapitals und der damit verbundenen Kosten. Außerdem müssen permanent Effizienzsteigerungen zur Kostenreduktion realisiert werden. Vor allem über das Wärmekonzept und die Gärrestverwertung kann eine Biogasanlage zusätzliche Umsätze generieren. Insgesamt ist aber das wirtschaftliche Konzept einer Biogasanlage durch die Betriebsphase dominiert und nicht primär durch die Investitionsphase.

Im Zuge des Planungsprozesses eines Biogasprojekts wird also zunächst ein Geschäftsplan/Business Case erstellt. Anhand dieser Planung wird das Biogaskonzept evaluiert und angepasst. Zum Business Case gehört eine 20-jährige Vorausschau, um die gesamte Projektlaufzeit zu bewerten. Zudem ist eine Liquiditätsplanung notwendig, um den Finanzierungsbedarf zu ermitteln. Der Business Case und die Vorausschau können durch unabhängige Stellen (z. B. die Landwirtschaftskammer) bewertet und plausibilisiert werden.

Das Controlling und die Optimierung in der Betriebsphase sind eine Hauptaufgabe der Projektleitung. Dazu müssen Kennzahlen ermittelt werden, die eine zielgerichtete Optimierung ermöglichen. Basis ist eine zumindest monatliche betriebswirtschaftliche Analyse (BWA) (Bösinghaus 2008). Um eine aussagefähige BWA (Abb. 16.5) zu erstellen, ist eine möglichst genaue Kalkulation der monatlichen Abgänge und Zugänge bei den Substratvorräten wichtig, da die Substratverbräuche ein wesentlicher Kostenfaktor sind. Prinzipiell werden auf modernen Biogasanlagen alle Substratmengen gewogen, die täglichen Inputmengen werden in einem Betriebstagebuch erfasst.

Anhand der BWA lassen sich Kennzahlen ermitteln, z. B. der Gasertrag im Verhältnis zu den Inputstoffen, sowie die daraus produzierten Strom- und Wärmemengen. Durch

Position	Name	Jan 13	Feb 13	Mrz 13	Apr 13	Mai 13	Jun 13
1020	Umsatzerlöse	80000	77000	95000	82000	82000	82000
1060	Mat/Wareneinkauf	40100	41100	41100	41100	41100	41100
3000	Biodiesel	6500	6500	6500	6500	6500	6500
3001	Strom	3500	4500	4500	4500	4500	4500
3100	Sonstiges (Mist + Transporte)	3400	3400	3400	3400	3400	3400
3960	Bestandsänderung (Substrate)	26700	26700	26700	26700	26700	26700
1080	Rohertrag	39900	35900	53900	40900	40900	40900
1100	Personal	6000	6000	5000	5000	5000	5000
1150	Versicherungen etc.	1200	1200	1200	1200	1200	1200
1180	Kfz (Schlepper)	3000	3000	3000	3000	3000	3000
1240	Afa	12000	12000	12000	12000	12000	12000
1250	Instandhaltung	3500	3500	3500	3500	3500	3500
1260	Sonstige Kosten	1500	1500	1500	1500	1500	1500
1310	Zinsen	10000	10000	10000	10000	10000	10000
	Summe Kosten	37200	37200	36200	36200	36200	36200
	Ergebnis v. Steuern	2700	-1300	17700	4700	4700	4700

Abb. 16.5 Beispiel einer BWA/ Business Case

eine Analyse und Optimierung der Fermenterbiologie und eine Variation der Einsatzstoffe ergeben sich Effizienzpotenziale. Weitere wichtige Stellgrößen sind die Optimierung der Arbeitsgänge (zeitlich, Maschineneinsatz) und des Stromverbrauchs beim Betrieb der Anlage. Auch Wartungs- und Servicekosten spielen eine große Rolle. Die Erstellung eines täglichen Datencockpits oder einer Scorecard macht die zeitlichen Verläufe der Kennzahlen transparent.

Mittlerweile besteht auch die Möglichkeit, Kennzahlensysteme anderer Biogasanlagen einzusehen und Kennzahlen in Form eines Benchmarking mit anderen Anlagen oder Durchschnittswerten zu vergleichen (Bayerische Landesanstalt für Landwirtschaft 2011).

16.5.2 Supply Chain Management

Einen guten Zugang zur Optimierung und kontinuierlichen Erweiterung eines Biogaskonzepts stellt die Betrachtung ganzer Prozesse dar, insbesondere in Form von Supply Chains. Die Aufnahme der Prozesse der wichtigsten Supply Chains und ihre Optimierung sind eine wichtige Komponente bei der wirtschaftlichen Führung eines Biogasprojekts.

Die wichtigste Supply Chain ist aufgrund der hohen involvierten Werte die Versorgung mit und Entsorgung von Substraten. Die Substrate als Inputstoffe sind z. B. Mais, Rüben oder Grünpflanzen als nachwachsende Rohstoffe (NAWARO) und Gülle und Mist als landwirtschaftliche Reststoffe. Vor allem die NAWORO-Kette (Abb. 16.6) ist umfangreich und über eine lange Zeit gestreckt. Üblicherweise wird mindestens 1 Jahr vor einer Ernte eine Lieferung mit einem Lieferanten vereinbart, zumeist wird dann auch ein Preis vereinbart. Der Lieferant muss den Rohstoff in der Fruchtfolge seiner Flächen einplanen, die Flächen vorbereiten und düngen und die Pflanze aussäen und pflegen. Sinnvoll ist hier der gemeinsame Einkauf des Saatguts für alle Anbauer und die gemeinsame Vereinbarung von

Abb. 16.6 Aufbau der NAWARO Supply Chain einer Biogasanlage

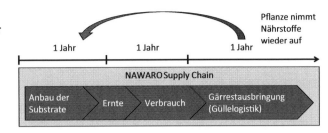

Fremdaufträgen für die Ackerpflege. So sind schon im Vorfeld Kostenreduktionen für die Substrate zu realisieren. Die Ernte und die Transportlogistik während der Ernte werden ebenfalls zentral organisiert, jedoch über die Anbauer abgerechnet, um den gesamten Vorgang im landwirtschaftlichen Bereich abzuwickeln. Grund dafür ist, dass für Tätigkeiten, die steuerrechtlich dem landwirtschaftlichen Bereich zugerechnet werden, spezielle Regeln gelten. Landwirtschaftlich zugelassene Maschinen (grünes Nummernschild) dürfen nur dann eingesetzt werden und landwirtschaftliche Arbeitszeiten nur dann genutzt werden, im gewerblichen Bereich würden andere Regeln gelten. Der Eigentumsübergang der Ernte findet daher im Silo der Biogasanlage statt. Eine Ernteaktion kann durchaus 1–2 Wochen dauern und den Einsatz von 15–30 Mitarbeitern, 10–15 Schleppern und mehreren Feldhäckslern bedeuten. Meist werden dazu Lohnunternehmer eingebunden. Silagen müssen handwerklich einwandfrei einsiliert werden, um Silierverluste zu vermeiden. Außerdem müssen Silos in der täglichen Einbringung in die Biogasanlage gut erreichbar und abbaubar sein. Die Supply Chain endet aber nicht mit der Ernte. Der Gärrest nach der Vergärung in den Fermentern stellt wertvollen Dünger dar und wird üblicherweise an die Anbauer abgegeben, die damit die durch die Pflanzen zuvor aufgenommenen Nährstoffmengen ausgleichen. Sowohl die Biogasanlage als auch die Anbauer müssen detaillierte Nährstoffbilanzen nachweisen, das Material wird also immer gewogen und von Laboren untersucht. Die Ausbringung erfolgt meist ebenfalls durch Lohnunternehmer, die über eine entsprechende Güllelogistik verfügen. In der NAWORO-Kette werden 30–40 % der Umsätze einer Biogasanlage bewegt. Zentrale Koordination und gemeinsamer Einkauf von Leistungen sind also ein wichtiger Hebel für die wirtschaftliche Optimierung. Ein LKW-Brückenwaage, geeignete IT-Systeme und eine zumindest rudimentäre Laborausstattung sind ebenfalls sinnvoll. Es empfiehlt sich, Business Cases für die Flächen der Anbauer zu pflegen und Flächenerträge zu ermitteln, um ein Benchmarking zu alternativen Feldfrüchten zu bekommen und so die Preisfindung für den eigenen Einkauf von Substraten zu steuern.

Weitere Supply Chains betreffen Betriebsstoffe (Öle und Verschleißteile) sowie den Service, vor allem für die BHKWs. Hier kann auch ein gemeinsamer Einkauf mit anderen Biogasanlagen nützlich sein.

16.5.3 Personaleinsatz und Outsourcing

Der Betrieb einer Biogasanlage erfordert kontinuierlich 1–2 Mitarbeiter, in Stoßzeiten (z. B. Ernte oder größere Reparaturen) können auch 15–20 Leute zum Einsatz kommen.

In der Bauphase sind ggf. mehrere Firmen mit 10–20 Mitarbeitern auf der Baustelle zu koordinieren. Die Mitarbeiter und auch das Personal in Stoßzeiten müssen entsprechend qualifiziert sein und ggf. über spezielle Fertigkeitsnachweise oder Führerscheine verfügen. Zu beachten ist, dass der Geschäftsführer der Biogasanlage in seiner Unternehmerfunktion für die Betriebssicherheit und den Unfallschutz sowie die entsprechende Einweisung und Schulung der Mitarbeiter verantwortlich ist (Landwirtschaftliche Berufsgenossenschaft 2010). Die Personalauswahl und die Personaleinsatzplanung hat also eine hohe Bedeutung für ein störungsfreies Biogasprojekt.

In den normalen Zeiten der Betriebsphase ist eine 7-Tage/24 h-Überwachung der Anlage notwendig. Diese wird üblicherweise realisiert, indem Störungen durch entsprechende Warn- und Messgeräte automatisch detektiert werden. Es erfolgt dann eine automatische Abschaltung der kritischen Komponenten und eine Benachrichtigung zuvor definierter Personen über Telefonanrufe/SMS mittels eines Rundwahlgeräts. Das Personal bzw. der Betreiber muss also eine Rufkette bilden und es muss definiert werden, wer zu welchen Zeiten im Zuge eines Alarmplans auf die Alarme reagiert. Servicebetriebe müssen ebenfalls über einen 24 h-Notdienst verfügen.

Spitzen in der Arbeitslast und spezielle Aufgaben (z. B. Ernte oder Ausbringen von Gülle) werden in der Landwirtschaft oft durch den Einsatz von Lohnunternehmern abgefangen. Diese Lohnunternehmen betreiben im Stundenlohn Schlepper, Transportzüge oder Feldhäcksler. Um eine gute Auslastung der oft sehr teuren Maschinen in den begrenzten Einsatzperioden (z. B. Maisernte) zu gewährleisten, planen die Lohnunternehmer die Zeitschlitze für ihre Kunden oft sehr früh, so dass es kurzfristig kaum möglich ist, ein Lohnunternehmen zu beauftragen. Die Planungen sind außerdem wetterabhängig, so dass mit hinreichenden Puffern zu planen ist. Das Outsourcing ganzer Prozessketten wie z. B. der Güllelogistik kann die eigene Betriebskomplexität der Biogasanlage reduzieren und zu einer besseren Bindung des Lohnunternehmers führen. Solche Schritte sind aber sorgfältig zu planen, da der Ausfall eines Outsourcing-Partners den Betrieb der Biogasanlage in ernste Schwierigkeiten bringen kann.

16.5.4 Qualitätsmanagement und Reporting

Da Biogasanlagen im Übergangsbereich zwischen Energiewirtschaft und Landwirtschaft arbeiten, sind Anforderungen an das Qualitätsmanagement und das Reporting aus beiden Bereichen zu erfüllen. Das EEG stellt hohe Erfordernisse an die Dokumentation und die Übereinstimmung mit den gesetzlichen Regelungen. Falls Regeln auch nur temporär nicht erfüllt werden, erlischt der Vergütungsanspruch zumindest für das entsprechende Jahr in weiten Teilen. Neben den wirtschaftlichen und gesetzlichen Konsequenzen kann durch ein gutes Qualitätsmanagement und ein durchdachtes Reporting aber auch die Akzeptanz für eine Biogasanlage bei Anwohnern, Behörden und anderen Stakeholdern deutlich gesteigert werden und Vertrauen aufgebaut werden.

Im Zuge des EEG-Reportings ist zunächst das Führen eines täglichen Betriebstagebuchs notwendig, in dem vor allem die täglich verbrauchten Einsatzstoffe und die Gas-, Wärme- und Stromproduktion des Tages einzutragen sind. Auf Basis des Betriebstagebuches und anhand von Plausibilitätsrechnungen ermittelt jährlich ein Umweltgutachter die Übereinstimmung mit den Anforderungen des EEG. Das Gutachten prüft zudem die Übereinstimmung mit allen Genehmigungsauflagen und die Erfordernisse der Sicherheit und des Umweltschutzes. Dieses Gutachten muss bis Ende Februar des Folgejahres dem Energieversorger vorgelegt werden (Erneuerbare-Energien-Gesetz 2009; Gesetz für den Vorrang Erneuerbarer Energien 2012). Die dazu notwendige Auditierung und die Auswertung müssen daher gut vorbereitet werden, eine stringente Dokumentation ist also unerlässlich. Neben dem Betriebstagebuch werden die Checklisten für die täglichen oder wöchentlichen Routinechecks und die Protokolle der Störfälle kontrolliert. Gerade in diesem Bereich ist eine deutliche Verschärfung der Anforderungen zu erwarten, da Biogasanlagen in weiten Teilen zukünftig unter die Störfallverordnung fallen.

Im Zuge der Anforderungen der Landwirtschaftskammer an die Lieferanten einer Biogasanlage müssen zudem Nährstoffbilanzen gepflegt werden und Einsatzstoffe und Gärreste regelmäßig von zugelassenen Laboren untersucht werden. Die Bilanzen und Ergebnisse müssen konsistent zum Betriebstagebuch sein.

Weitere regelmäßige Auditierungen sind zur Betriebssicherheit (Berufsgenossenschaft) und zum Brand- und Explosionsschutz (TüV) durchzuführen (Landwirtschaftliche Berufsgenossenschaft 2011). Der Gesundheitsschutz für die Mitarbeiter wird durch regelmäßige Untersuchungen und Begehungen durch einen zu beauftragenden Betriebsarzt sichergestellt, es muss zudem einen ausgebildeten Ersthelfer im Team geben.

Besondere Anforderungen werden an den Immissionsschutz (vor allem im Fall von BimSch-Anlagen) und an den Gewässerschutz gestellt. Der Umgang mit Substraten und Gärresten fällt zwar in die niedrigen Gewässerschutzklassen, jedoch wird mit großen Mengen gearbeitet. Auch hier sind regelmäßige Laboranalysen vorgesehen, Leckagen (Auslaufen von Substraten) müssen frühzeitig erkannt werden. Die BHKWs müssen regelmäßig Abgasprüfungen unterzogen werden.

Ein kritischer Punkt für den effizienten und wirtschaftlichen Betrieb einer Biogasanlage ist der Zustand der Prozessbiologie in den Fermentern. Nur bei optimalen Rahmenbedingungen wird hinreichend Methan erzeugt. Starke Abweichungen in der Prozessbiologie können zum irreversiblen Absterben der Bakterien führen (die Anlage „kippt um", der Inhalt wird unbrauchbar). Die Abläufe im luftdicht verschlossenen Fermenter sind jedoch schwer zu überwachen und in erheblichem Umfang auch noch unverstanden. Daher müssen die verfügbaren Werte möglichst engmaschig überprüft werden und regelmäßig Laboruntersuchungen durchgeführt werden Deutsches BiomasseForschungsZentrum (DBFZ) (2011).

Um allen Ansprüchen an ein Qualitätsmanagement gerecht zu werden, macht es Sinn, eine Biogasanlage von vornherein prozessorientiert zu denken und die Prozesse entsprechend zu steuern und zu dokumentieren. Im Prinzip muss eine effiziente Biogasanlage zumindest die Anforderungen einer DIN/ISO9001 erfüllen. Entsprechend müssen Rollen und Aufgaben geplant werden.

16.6 Projektrisiken

Aus den Ausführungen der Vorkapitel ist ablesbar, dass der Bau und Betrieb einer Biogasanlage erheblichen Projektrisiken unterliegt.

a. Genehmigungsrisiken: Durch das relativ komplizierte und langwierige Genehmigungsverfahren entsteht das Risiko, dass Dritte gegen die Genehmigung klagen und diese damit zumindest verzögern. Die zeitliche Unsicherheit im Genehmigungsverfahren beeinflusst aber die Wirtschaftlichkeit und Realisierbarkeit des Projekts, da sich z. B. in der Zwischenzeit geänderte Rahmenbedingungen im EEG ergeben. Daneben können Auflagen in der Genehmigung auch zu Änderungen am Konzept führen, die die Realisierbarkeit negativ beeinflussen. Auch besteht das Risiko, das einzelne im Verfahren zu beteiligende Dienststellen das Verfahren verzögern, blockieren oder anderweitig negativ beeinflussen. Hier sind z. B. die betroffenen Kommunen zu nennen, die bei Erneuerbare-Energien-Projekten immer wieder mit Rücksicht auf Widerstände der Bürger das gemeindliche Einvernehmen verweigern.
b. Akzeptanz-/Stakeholderisiken: Grundsätzlich ist ein Biogasprojekt nicht gegen den Widerstand der vorhandenen Strukturen realisierbar. Im Sinne eines Change Projects müssen die vorhandenen Strukturen also berücksichtigt und ggf. geeignet angepasst werden. Es besteht das Risiko, dass auch noch relativ spät im Verfahren Stakeholder Widerstände aufbauen und das Projekt negativ beeinflussen oder scheitern lassen.
c. Baurisiken: Bauprojekte können verzögert werden oder Kostensteigerungen können eintreten. Hier spielt vor allem eine Rolle, dass die Biogastechnologie noch recht jung ist und die Anlagenbauer häufig an die Grenzen ihrer Möglichkeiten stoßen. Zudem ist die Realisierung von Bauvorhaben vom Wetter und von den Gegebenheiten der Umgebung (z. B. Geologie des Baugrunds) abhängig.
d. Finanzierungsrisiken: Die Beschaffung von Fremdmitteln für Biogasanlagen als Projektfinanzierung ist komplex und kann aufgrund der starken Abhängigkeit von Rahmenbedingungen (z. B. Änderungen des EEG) scheitern oder teurer werden. Zudem ist oft die Kapitalstärke der Investoren (z. B. Landwirte) begrenzt, so dass bei Unterfinanzierungen oder unerwarteten Liquiditätsproblemen dem Projekt schnell das Geld ausgehen kann.
e. Wirtschaftliche Risiken im Betrieb: Der wirtschaftliche Betrieb kann zum einen durch zu hohe Standzeiten der BHKWs, also zu geringe Umsätze, oder aber durch zu hohe Kosten (z. B. durch ineffiziente Nutzung der Substrate) gefährdet werden. Zudem sind technische Defekte oder Probleme mit der Fermenterbiologie oft Gründe für wirtschaftliche Probleme. Ein wesentliches Risiko liegt in nicht geplanten Kostensteigerungen. Insgesamt wird der weitgehend fest planbare Umsatz zum Risiko, wenn die Kostenkurve die Umsatzkurve schneidet.
f. Technische Risiken im Betrieb: Ausfälle von Maschinen oder ungeplante Standzeiten aufgrund von Servicetätigkeiten gehören zu den Risiken jeder Energie-

erzeugungsanlage. Die noch recht junge Biogastechnik ist hier aber besonders anfällig.
g. Biologische Risiken im Betrieb: Insbesondere Fehler beim Betrieb der Fermenter oder eine ungeeignete Substratzufuhr (zu hoch oder zu niedrig) können zum Absterben der methanproduzierenden Bakterien führen. Auch der Eintrag von Schadstoffen (z. B. Antibiotika im Mist) ist ein Risiko.
h. Risiken der Substratversorgung/-entsorgung: Durch die Flächenkonkurrenz mit anderen landwirtschaftlichen Nutzungen kann die ausreichende Versorgung mit Substraten gefährdet sein oder unerschwinglich werden. Das Ausbringen des Gärrests ist zudem durch Vorschriften, den Vegetationsverlauf und das Wetter eng eingegrenzt. Kann der Gärrest nicht ausgebracht werden, muss die Anlage abgeschaltet werden, sobald der Lagerraum erschöpft ist.
i. Unfallrisiken: In einer Biogasanlage können Arbeitsunfälle in vielen Bereichen auftreten. Neben dem Risiko für die verunglückte Person besteht beim Ausfall von Schlüsselpersonen auch ein erhebliches Risiko für den Betrieb der Anlage. Da in einer Biogasanlage in großem Maße mit Gas hantiert wird, besteht ein Explosionsrisiko und ein erhebliches Vergiftungsrisiko.
j. Umweltrisiken: Vor allem durch den Austritt von Biogas (Methan ist in erheblichem Maße klimaschädlich) oder das Auslaufen von Gärsubstrat (z. B. durch Havarie eines Fermenters) bestehen erhebliche Umweltrisiken.

Die Planung eines Biogasprojekts muss daher ein kontinuierliches Risikomanagement berücksichtigen. Ein Risiko-Assessment im Sinne einer FMEA (Failure Mode and Effect Analysis) (DIN EN 60812 2006) ist schon beim Projektstart angebracht. Im Betrieb sollte eine FMEA kontinuierlich weiter gepflegt werden. Die Vorschriften zur Betriebssicherheit und zum Umweltschutz erfordern eine Gefährdungsbeurteilung. Auf Basis der FMEA oder der Gefährdungsbeurteilung können Maßnahmenpläne und Checklisten erzeugt werden, die das Risikomanagement unterstützen und Risiken vermindern oder vermeiden.

Für viele Risiken gibt es Versicherungen, die von einigen Anbietern zu Biogasanlagenversicherungen zusammengefasst werden. Neben Feuerversicherungen werden auch Maschinenbruch- und Betriebsausfallversicherungen angeboten. Zudem ist eine Umwelthaftpflicht notwendig. Üblicherweise verlangt spätestens die finanzierende Bank den Nachweis eines umfassenden Versicherungsschutzes.

Den technischen Risiken kann durch geeignete Garantievereinbarungen begegnet werden. Für wichtige Teile wird eine Betriebsdauer in Betriebsstunden bemessen. Bei einem Ausfall vor Ablauf der zugesagten Mindestbetriebsdauer übernimmt die Ersatzkosten anteilig der Hersteller (sogenannte pro rate Garantie). Die Garantiegestaltung ist Teil der Projekt- und Bauplanung.

16.7 Neue Trends und Chancen

Neben den Risiken bieten Biogasprojekte auch neue Chancen während der Betriebsphase. Die Technik ist jung und die Branche ist sehr innovativ. Auf der Umsatzseite bietet die Bereitstellung von Regelenergie, also das gezielte Anfahren und Drosseln des BHKWs zur Abdeckung von Verbrauchsspitzen im Stromnetz, interessante Perspektiven. Regelenergie wird erheblich besser bezahlt als Grundlastenergie oder gar unzuverlässig eingespeister Wind- oder Sonnenstrom. Da Biogasanlagen schon heute mit den Strompreisen aus den meisten anderen Quellen nicht konkurrieren können, bietet die Bereitstellung von Regelenergie auch nach dem Auslaufen der Preisbindung durch das EEG Perspektiven.

Der Flächenkonkurrenz zu anderen landwirtschaftlichen Produkten wird mehr und mehr durch den Einsatz innovativer Inputstoffe begegnet. So können z. B. durch Zwischenfrüchte Perioden genutzt werden, in den Ackerflächen aufgrund der Fruchtfolge bisher ungenutzt geblieben sind. So entsteht für die Landwirte ein zusätzlicher Flächenertrag. Außerdem können z. B. durch Gräser Flächen genutzt werden, die bisher nicht wirtschaftlich nutzbar waren bzw. aus ökologischen Gründen ungenutzt blieben (z. B. Uferrandstreifen). Der Einsatz von landwirtschaftlichen Reststoffen oder von Gülle und Mist erscheint sinnvoller als der gezielte Anbau von NAWAROs für Biogasanlagen. Die Umstellung auf alternative Substrate hilft zudem, die Akzeptanz der Biogasanlagen zu steigern.

Da neben dem Strom die erzeugte Wärme genutzt werden kann, bieten innovative und durchdachte Wärmekonzepte eine Möglichkeit, den Umsatz einer Biogasanlage deutlich zu steigern und die Anlage wirtschaftlicher zu machen. In Fällen, in denen kein überzeugendes Wärmekonzept erstellt werden kann, gewinnt auch die Nachverstromung der Wärme an Bedeutung (z. B. ORC-Maschinen) (Bayerisches Landesamt für Umwelt 2007).

Den Kostensteigerungen bei den Einsatzstoffen und den Arbeitskosten versuchen die meisten Biogasanlagen durch gegenläufige Effizienzsteigerungen zu begegnen. Insbesondere eine Optimierung der bisher z. T. noch unverstandenen Prozessbiologie erscheint aussichtsreich.

Insgesamt bieten Biogasanlagen den Betreibern und der Region erhebliche Chancen, so dass sie in einigen Gebieten mittlerweile ein wichtiger Wirtschaftsfaktor geworden sind. Nicht zuletzt sind solch Projekte ein unverzichtbarer Baustein in der in Deutschland propagierten Energiewende und ein potenzieller Exportschlager.

Literatur

ASUE. (2010) e. V.: BHKW–Grundlagen, Verlag Rationeller Erdgaseinsatz.
Baugesetzbuch der Bundesrepublik Deutschland. (2004, 23. September). in der Fassung der Bekanntmachung vom. (BGBl. I S. 2414), zuletzt geändert durch Gesetz vom 22.07.2011 (BGBl. I S. 1509): § 35 Bauen im Außenbereich.

Bayerische Landesanstalt für Landwirtschaft (LfL). (2009a). Wissenschaftliche Begleitung der Pilotbetriebe zur Biogasproduktion in Bayern, Abschlußbericht.

Bayerische Landesanstalt für Landwirtschaft (LfL). (2009b). Mikrobiologische Prozesse in landwirtschaftlichen Biogasanlagen.

Bayerische Landesanstalt für Landwirtschaft (LfL). (2007). Methanproduktivität nachwachsender Rohstoffe in Biogasanlagen.

Bayerische Landesanstalt für Landwirtschaft (LfL). (2011). Martin Strobl: Biogas – Entwicklungen, Wirtschaftlichkeit und einzelbetriebliches Controlling, Agrarfinanztagung des Deutschen Bauernverbandes und der Landwirtschaftlichen Rentenbank.

Bayerisches Landesamt für Umwelt (LfU). (2007). Wärmenutzung bei kleinen landwirtschaftlichen Biogasanlagen.

Bösinghaus, M. (2008). Analyse und Auswertung der DATEV-BWA, 4. überarbeitete Auflage, 2008.

Decker, C. (2007). Internationale Projektfinanzierung: Konzeption und Prüfung, Books on Demand.

Deutsches BiomasseForschungsZentrum (DBFZ)., Liebetrau, J., & Mauky, E. (2011). Prozessüberwachung auf Biogasanlagen.

DIN EN 60812 (2006). Analysetechniken für die Funktionsfähigkeit von Systemen – Verfahren für die Fehlzustandsart- und -auswirkungsanalyse (FMEA).

Erneuerbare-Energien-Gesetz. (2009). vom 25. Oktober 2008 (BGBl. I S. 2074) (zuletzt durch Artikel 12 des Gesetzes vom 22. Dezember 2009 (BGBl. I S. 3950) geändert).

Fachagentur Nachwachsende Rohstoffe. (2009). e. V.: Tagungsband „Biogas in der Landwirtschaft – Stand und Perspektiven", Gülzower Fachgespräche Bd. 32, 2009.

Fachagentur Nachwachsende Rohstoffe. (2011). e. V.: Wege zum Bioenergiedorf, 3. Auflage, 2011.

Fachverband Biogas. (2011a) e. V.: Branchenzahlen 2011 und Branchenentwicklung 2012/2013, Stand 06/2012.

Fachverband Biogas (2011b) e. V.: Stellungnahme des Fachverbandes Biogas e. V. zum Hintergrundpapier des NABU Landesverbandes Schleswig-Holstein „Agrargasanlagen und Maisanbau – Eine kritische Umweltbilanz" (von Fritz Heydemann).

Gesetz für den Vorrang Erneuerbarer, E. (2004). vom 21. Juli 2004 (BGBl I 2004, 1918).

Gesetz für den Vorrang Erneuerbarer Energien (Erneuerbare-Energien-Gesetz –, E. E. G.). (2012). vom 4. August 2011 (BGBl I, Nr. 42, S. 1634).

Hirschl, B., Aretz, A., Prahl, A., Böther, T., Heinbach, K., Pick, D., Funcke, S. (2010). Kommunale Wertschöpfung durch Erneuerbare Energien, Agentur für Erneuerbare Energien (AEE).

Kerzner, H. (2008). Projektmanagement, 2. Deutsche Auflage, 2008.

Lahme, A. (2010). Das Satelliten-BHKW im Bauplanungsrecht, Sonne Wind & Wärme 15, 2010.

Landwirtschaftliche Berufsgenossenschaft. (2011). Sicherheitsregeln für Biogasanlagen, Technische Information 4, 2/2011.

Puche, M. (2011) AVA-Praxis. Ausschreibung – Vergabe – Abrechnung. Bauwerk Verlag, 2011.

Regenerative Energien erfordern Novellierung des EEG mit Augenmaß. (2011). Drucksache des Niedersächsischen Landtags, Beschluss des Landtages vom 30.06.2011– Drs. 16/3807.

Vom Smart Meter zum intelligenten Gateway

17

Michael Laskowski

Die neuen Herausforderungen an die Energiewirtschaft für das Zieljahr 2020 betreffen den Vertrieb und das Netz gleichermaßen. Die zunehmende dezentrale Einspeisung erneuerbarer Energien führt zu mehr Volatilität in der Erzeugung und stellt so die Energiewirtschaft vor neue Herausforderungen sowohl im Angebot neuer Vertriebsprodukte als auch in der Betriebsführung der Übertragungs- und Verteilungsnetze. Zur Lösung dieser neuen Aufgaben gewinnt die IKT (Informations- und Kommunikationstechnologie) an zunehmender Bedeutung. Die Einführung von Smart Meter-Lösungen in Deutschland eröffnet insbesondere im Privat- und Gewerbekundensegment künftig neue Möglichkeiten der Verbraucherkommunikation und der Steigerung des Verbraucherbewusstseins. Mit beiden verknüpft sich die Hoffnung einer erhöhten Endenergieeffizienz. Dabei stehen die heutigen Smart Meter-Lösungen Pate bei den Entwicklungen des E-Energy-Projektes E-DeMa (Entwicklung und Demonstration dezentral vernetzter Energiesysteme hin zum E-Energy-Marktplatz der Zukunft) um einen weiteren Evolutionsschritt in Richtung eines intelligenten Gateways beim Kunden. Das Projektkonsortium von E-DeMa setzte sich aus den Unternehmen RWE Deutschland AG, Siemens AG, Stadtwerke Krefeld GmbH, ProSyst GmbH, Miele & Cie. KG sowie den Hochschulen TU Dortmund, FH Dortmund, Ruhr-Universität Bochum und der Uni Duisburg/Essen zusammen.

In einigen Teilnetzen werden Betreiber von Verteilnetzen intelligente Netzstrukturen (Smart Grids) aufbauen, um den Anforderungen durch volatile Einspeisungen gerecht zu werden. Nach heutiger Erkenntnis ist hierfür kein Smart Meter-Rollout notwendig. Betreiber von Verteilnetzen werden bei Bedarf ihre Netze mit entsprechenden Sensoren ausstatten, die ihnen die notwendigen Informationen zur Netzsteuerung liefern werden.

M. Laskowski (✉)
Essen, Deutschland
E-Mail: michael.laskowski@rwe.com

17.1 Steuerung von großen Förderprojekten

Förderprojekte mit einem großen finanziellen Volumen und mehreren Konsortialpartnern, sowie einer Vielzahl von Mitarbeitern aus unterschiedlichen Unternehmen über eine längere Laufzeit unterliegen einem hohen Aufwand in der Projektleitung und einer ausgeprägten Wahrnehmung, was sowohl die inhaltlichen als auch die administrativen Aspekte anbelangt. Der Fördermittelgeber verlangt jährliche Zwischenberichte und die exakte Nachvollziehbarkeit aller Projektkosten. Das führt dazu, dass sich die Projektleitung einerseits intensiv um den Projektfortschritt zu kümmern hat, andererseits genau darüber Buch zu führen hat, welche Projektkosten wann und zu welchem Anlass entstanden sind. Der gesamte Prozess der Projektadministration verkompliziert sich weiter, wenn seitens des Projektmanagements auf Konzernstrukturen zurückgegriffen werden muss, um die gesteckten Projektziele erfüllen zu können.

Um letztlich – auch nach mehr als fünf Jahren – Rückzahlungen von Fördermitteln zu vermeiden, sollte bei großen Projekten genauestens darauf geachtet werden, alle Anforderungen der Antrags-, Umsetzungs- und Abschlussphase des Förderprojektes zu erfüllen. Hierfür hat sich die Nutzung eines Projektleitfadens, basierend auf einem Projekthandbuch, empfohlen. Ein derartiger Leitfaden unterstützt das Projektmanagement in allen administrativen Fragen und weist zeitnah auf Projektdefizite hin. Da sich national und EU-seitig geförderte Projekte voneinander unterscheiden, muss auf die Erfüllung der jeweiligen Anforderungen geachtet werden. Beispielsweise sind alle Aufwandspositionen wie Personalkosten, Reisekosten, FE-Fremdleistungen, Material, Abschreibungen auf vorhabensspezifische oder sonst genutzte Anlagen oder sonstige unmittelbare Vorhabenskosten detailliert in der Antragsphase zu planen, in der Durchführungsphase zu belegen und abzurechnen, sowie in der Abschlussphase revisionssicher zu archivieren. Bei nationalen Förderprojekten ist die Umsetzungsphase des Projektes im Zuwendungsbescheid geregelt und gibt daher nur geringen Bewegungsspielraum durch das Projektmanagement. Der Fortschritt der Umsetzung bemisst sich durch die Erreichung der in der Antragsphase vom Antragsteller definierten Meilensteine z. B. in den Zwischenberichten und Zwischennachweisen. Es erfolgt sowohl eine technische als auch finanzielle Berichterstattung. Die technische Berichterstattung erfolgt in Form des Zwischenberichtes sowohl vom Konsortialführer als auch von den Projektpartnern aus dem Konsortium an den Projektträger. Je nach Vorgabe des Fördermittelgebers ist der Zwischenbericht halb- oder jährlich einzureichen. Die finanzielle Berichterstattung erfolgt anhand der Mittelabrufe der jeweiligen Projektpartner. Abrufe, sogenannte Zahlungsanforderungen für Zuwendungen auf Kostenbasis (ZAZK), können halbjährlich oder quartalsweise vorgenommen werden. Die Nachkalkulationen, sogenannte Zwischennachweise für Zuwendungen auf Kostenbasis (ZNZK), basieren auf tatsächlichen Kosten und „korrigieren" die ZAZK's. Damit hat das Projektmanagement die Möglichkeit, die reale Kostensituation ggü. der Planung, die häufig bereits viele Monate bis Jahre zurückliegen kann, anzupassen. Sollten

Änderungen oder Verschiebungen in den Aufwandspositionen stattfinden, müssen diese Veränderungen im Vorfeld mit dem Fördermittelträger besprochen und durch einen Änderungsbescheid seitens des Fördermittelträgers dokumentiert werden. Sollten sich im Projektverlauf Kostenverschiebungen erkennen lassen, so müssen diese beim Projektträger beantragt werden. Kostenverschiebungen bei den Kostenarten müssen ausführlich durch das Projektmanagement begründet und dokumentiert werden. Die Zustimmung des Projektträgers wird im Änderungsbescheid dokumentiert.

Zwischenergebnisse und Meilensteine sind die Indikatoren des Projektfortschrittes. Projektergebnisse sind alle Erkenntnisse, Erfindungen, entwickelte Geräte, Verfahren oder Rechenprogramme, die bei der Durchführung des Projektvorhabens entstehen. Projektergebnisse werden üblicherweise anhand der im Projektantrag definierten Deliverables und Meilensteine gemessen und werden in jährlichen Zwischenberichten gegenüber dem Projektträger berichtet. Für sehr bedeutsame Meilensteine ist es sinnvoll, projektübergreifende Meilensteintreffen gemeinsam mit dem Fördermittelgeber und – falls vorhanden – der Begleitforschung zu veranstalten. Derartige Veranstaltungen stärken den Zusammenhalt aller Projektbeteiligten und schaffen ggü. dem Fördermittelgeber Vertrauen, die im Antrag zugesagten Projektziele zeitgerecht zu erreichen. Derartige Ereignisse dienen zusätzlich dazu, „zwischen den Zeilen" nächste Schritte mit dem Projektträger abzustimmen. Innerhalb von neun Monaten nach Abschluss des Vorhabens sind die Projektergebnisse der Öffentlichkeit zugänglich zu machen. Hierfür eignen sich auch bereits im Verlauf des Projektes Veröffentlichungen in Fachzeitschriften oder Vorträgen auf Fachkongressen. Zusätzlich bietet es sich an, das Projekt mittels einer Internetpräsenz vorzustellen und Vorträge dort zum Download bereitzustellen. So erhält die Öffentlichkeit maximale Transparenz über das Projekt.

Von großer Bedeutung ist das interne Reporting über den optimalen Projektverlauf. Ziel der internen Berichterstattung sollte die Information aller Projektpartner und insbesondere des Projektkoordinators über den Projektfortschritt im Rahmen eines Frühwarnsystems sein. Hier hat es sich aus vergangenen Projekten gezeigt, dass ein eigens für Förderprojekte eingerichtetes Projektbüro eine bedeutsame Hilfestellung für die Projektleiter aller Förderprojekte ist. Der Projektleiter ist häufig tief in technische Projektdetails eingebunden und „übersieht" gelegentlich administrative Notwendigkeiten. Das Projektbüro stellt so die Gewähr für einen revisionssicheren Projektverlauf her. Sollte das Projekt nach seinem Ablauf einer Prüfung durch den Fördermittelgeber unterzogen werden, kann das Projektbüro der Projektleitung wertvolle Hinweise insbesondere beim administrativen Part in der Projektbearbeitung geben. Alle Projektunterlagen sind mindestens fünf Jahre aufzubewahren. Die Erfahrung hat gezeigt, dass sich sowohl die Detailkenntnisse zum Projekt im Verlauf der Jahre nach Beendigung eines Projektes verlieren als auch Personen durch andere Einsätze im Unternehmen nicht mehr für Prüfungen durch den Fördermittelgeber zur Verfügung stehen.

Die vorgenannten Informationen dienen dazu, ein grundsätzliches Verständnis über die Durchführung von Förderprojekten zu erlangen. Insbesondere Hochschulen oder öffentliche Forschungseinrichtungen sind von einer derartigen Finanzierung abhängig.

Wirtschaftsunternehmen sollten ihrerseits jedoch prüfen, ob und in wie weit sich der administrative Aufwand sich für sie rechnet, da im Gegensatz zu 100 %-geförderten öffentlichen Forschungseinrichtungen Unternehmen der Wirtschaft je nach Größe (Konzern oder Mittelstand) nur eine Förderquote von bis zu 50 % zu erwarten haben. Die finanzielle Residualgröße ist vom Unternehmen beizusteuern.

Es hat sich jedoch gezeigt, dass viele öffentlich geförderte Projekte aufgrund ihres Stellenwertes gerade bei Wirtschaftsunternehmen gerne aufgegriffen werden, um die damit verbundene öffentlich wirksame Reputation nutzen zu können. Zudem helfen die Projektergebnisse auch innerhalb der Wirtschaftsunternehmen dabei, eine hausintere Meinungsbildung weiter zu entwickeln. Ohne die Inanspruchnahme einer öffentlichen Förderung hätte es in den meisten Fällen wahrscheinlich ein zu 100 %-eigenfinanziertes Projekt nie gegeben.

Im Folgenden soll mithilfe des konkreten Projektes E-DeMa zur Energiewende aufgezeigt werden, wie derartige Großprojekte durchgeführt werden können.

17.2 E-DeMa, ein E-Energy-Projekt zur Energiewende

Die Ausschreibung zu den E-Energy-Projekten begründete die Phase der Energiewende-Projekte. Neben den E-Energy-Projekten wurde bis heute eine Vielzahl von Projekten zur Energiewende, ob öffentlich gefördert oder eigenfinanziert, durchgeführt. Im Wesentlichen haben sich alle Projekte mit der Frage nach der Beherrschbarkeit der volatilen Einspeisung durch Energieerzeugungsanlagen, die durch das Erneuerbare Energien-Gesetz (EEG) gefördert werden, oder mit der Lösung von lokalen Netzproblemen in Verteilnetzen durch eine verteilte EEG-Einspeisung beschäftigt.

E-DeMa, eines der sechs E-Energy-Modellregionen, nimmt die Herausforderung an, mittels variabler Tarife Anreize für den Verbrauch von elektrischer Energie dann zu schaffen, wenn diese im Überfluss kostengünstig zur Verfügung steht. Die Ansteuerung erfolgt indirekt über ein virtuelles Marktplatzsystem, die Umsetzung beim Letztverbraucher (Endkunde oder Gewerbe) erfolgt durch ein intelligentes Gateway, das die Anreize in reale Schaltfunktionen bei Endgeräten umsetzt.

Nachdem alle sechs E-Energy-Projekte fertig gestellt sind, lässt sich erkennen, dass sich die Ergebnisse der vor vier Jahren sehr unterschiedlich gestarteten Projekte immer mehr angleichen. Damit kann festgestellt werden, dass der vielfältige Ansatz aller Projekte hilfreich für die Gewinnung von Erkenntnissen für die Energiewende war.

Die Vision von E-Energy besteht in der Zusammenführung der Energieübertragung und IKT (Informations- und Kommunikationstechnik), also der Beschaffung von Verbrauchs- und Netzzustandsinformationen sowie der Steuerung von Verbrauchern und Erzeugern zugunsten einer optimalen CO_2-Bilanz (Abb. 17.1).

Um für eine erfolgreiche Durchführung von E-DeMa ausreichende Kompetenz und Ressourcen bereitstellen zu können, wurde mit den Konsortialpartnern RWE, Siemens,

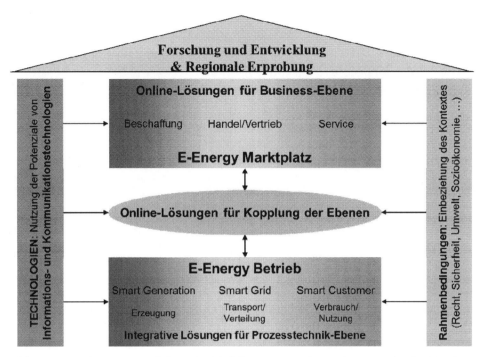

Abb. 17.1 „Online-Lösungen" der sechs Modellregionen erarbeiten Lösungen für die Kopplung von E-Energy-Marktplatz und E-Energy-Betrieb. (Quelle: BMWi)

Miele, ProSyst, den Stadtwerken Krefeld sowie den Hochschulen TU Dortmund, FH Dortmund, Ruhr-Universität Bochum und der Universität Duisburg/Essen ein Konsortium aufgestellt, um disjunkte Teilkompetenzen zu einem kompetitiven Projektziel zu vereinen. Zudem unterstützt ein derartig aufgestelltes Konsortium sowohl projektintern als auch in seiner öffentlichen Wahrnehmung die Wahrscheinlichkeit eines zeitgerechten, sinnvollen Projektergebnisses. Es sollte nicht vernachlässigt werden, dass sich über eine Projektlaufzeit von mehreren Jahren Unternehmen in ihrer Organisation verändern oder im ungünstigsten Fall in die Insolvenz geraten können, was das gemeinsame Projektziel akut infrage stellt. Nicht nur, dass in einer derartigen Situation ein neuer Konsortialpartner gefunden werden muss, sondern der „ausscheidende" Partner damit rechnen muss, dass er seine bisher erhaltenen Fördermittel dem Fördermittelgeben zurück zu erstatten hat.

Trotz einer expliziten Projektplanung lassen sich nicht alle Ereignisse in einem Projektverlauf vorhersagen und erst recht nicht finanziell planen. Daher obliegt es der Projektleitung, in besonderen Projektsituationen den direkten Kontakt mit dem Fördermittelgeber zu suchen. Maßnahmen zur Behebung von derartigen Änderungen im Projektverlauf können z. B. Projektmittelumwidmungen sein, d. h., ursprünglich verplante finanzielle Mittel werden einer anderen Verwendung zugesprochen.

Von weiterer großer Bedeutung ist der Abschluss eines Konsortialvertrages vor Beginn einer gemeinsamen Projektarbeit. Neben dem Zusammenspiel der Konsortialpartner regelt der Konsortialvertrag auch den Umgang mit dem geistigen Eigentum (intellectual property [IP]) und schließt so zukünftige Streitigkeiten zwischen den Konsortialpartnern weitestgehend aus.

Entscheidend für ein Fördermittelgeber ist die Verwertung der im Projekt gesammelten Projektergebnisse, denn ein Fördermittelgeber ist – abgesehen von Projekten zur Grundlagenforschung – immer daran interessiert, dass Projektergebnisse in nachfolgenden Aktivitäten aller oder einzelner Konsortialpartner weiterverwendet und weiterentwickelt werden.

17.3 Grundgedanken zur Projektrealisierung von E-DeMa

Das Projekt E-DeMa geht von der Prämisse einer zunehmenden Durchdringung des Elektrizitätssystems mit dezentralen Erzeugern und damit einem zunehmend stochastisch geprägten Angebot an Energie aus dezentralen EEG-Quellen aus. Um Energie auch künftig sicher zu den Kunden zu bringen, bedarf es daher Maßnahmen, die das bisher stochastische Nachfrageverhalten – gerade der Kleinkunden – beherrschbarer machen, um so einen Ausgleich von Angebot und Nachfrage nach elektrischer Energie auch im Fall einer wesentlich dezentraleren Stromerzeugung sicher stellen zu können.

Das Projekt verfolgt den Ansatz, künftig Energiekunden über elektronische Hilfsmittel wie z. B. ein intelligentes Gateway mit einem elektronischen Marktplatz zu verbinden, der ökonomische Anreize zu einem berechenbareren Verbrauchs- und Erzeugungsverhalten setzen soll. Bei der Lösungsfindung werden die heutigen Smart-Meter-Technologien aufgegriffen und um das Ziel erweitert, den heute passiven Energiekunden zu einem Akteur und aktiven Marktteilnehmer im Energiemarkt weiterzuentwickeln. Das wesentliche Ziel des Projektes besteht einerseits in der nachhaltigen Verbesserung der Endenergieeffizienz beim „Prosumer" (**Pro**ducer: der Kunde erzeugt künftig in gewissem Umfang seine Energie selbst oder bietet gewisse Flexibilitäten seines Energieverbrauches an; Con**sumer**: Der Kunde konsumiert weiterhin die aus dem Netz dargebotene Energie), andererseits soll das Verbrauchsverhalten optimal an die erneuerbaren Energieangebote angepasst werden. Ein derartiges „Demand Side-/Supply Side Management System" soll jedoch so gering wie möglich in die alltäglichen Abläufe der Kunden eingreifen und wird im Projekt hoch automatisiert aufgebaut.

Dabei werden im Kern Aspekte von Netzbetriebsführung, Inhouse-Anwendungen sowie zeitnaher Energiedatenerfassung und -bereitstellung berücksichtigt. Hierzu gilt es, Energie und IKT zu E-Energy zu verknüpfen. Wesentlich für die E-Energy-Vision ist die Entwicklung eines elektronischen Energiemarktplatzes, der das Drehkreuz der Informationen aller Handelsgeschäfte darstellt und ökonomische Anreize zu einem entsprechenden Energieverbrauch z. B. in Abhängigkeit der Verfügbarkeit von erneuerbaren Energien schafft. Die Preise auf diesem Energiemarktplatz werden ausschließlich nach marktwirtschaftlichen Gesichtspunkten gebildet. Das IKT-Gateway verbindet den Brückenkopf zwischen Haushalt des Prosumers und dem Marktplatz. Es integriert die heutigen Smart Meter (Strom-, Gas- und Wasserzähler) mit intelligenten Endgeräten und setzt die Preisanreize des elektronischen Marktplatzes in konkrete Steuerinformationen z. B. an Verbraucher wie „Weiße Ware", Wärmepumpen oder an die Betankung von Elektro-Fahrzeugen um. Gleichermaßen werden im Konzept Energieerzeugungseinheiten wie z. B. Photovoltaik-Anlagen, kombinierte Strom-/Wärmeerzeugungseinheiten (μKWK-Anlagen) bedarfsgerecht angesteuert.

Aus Sicht der Projektleitung war es wichtig, direkt vom Projektstart auf eine technische Machbarkeit und Umsetzbarkeit des ursprünglich eingereichten Projektvorschlages zu achten. Dabei stehen häufig die Vorstellungen und Wünsche Dritter im Widerspruch mit den finanziellen Mitteln des Projektes. Sollte das Projekt den exogenen Einwirkungen folgen, droht die Gefahr einer Komplexitätsfalle und/oder das Risiko einer mangelnden Projektfinanzierbarkeit.

Insbesondere bei der Einbeziehung von Pilotteilnehmern ist es zwingend notwendig, die öffentliche Wahrnehmung des Projektes als eine zusätzliche Projektkomponente zu beachten, die ein Projekt stark befördern aber auch hemmen oder im schlimmsten Fall beenden kann, wenn z. B. rechtliche Aspekte gegenüber den Pilotkunden missachtet wurden.

17.4 Smart Meter als Basis zur Zählwertbeschaffung beim Endkunden

In Deutschland hat sich in Sachen Smart Meter in der letzten Zeit – auch getrieben durch den VDE – ein Modulkonzept etabliert, das aus den Komponenten EDL-Zähler (Strom- und Gaszähler) sowie der Kommunikationseinheit, dem Multi Utility Communication Controller (MUC) besteht (Abb. 17.2).

Zähler und MUC gemeinsam stellen den Smart Meter dar. Der MUC-Controller stellt auf Basis der jeweils gesetzlich gültigen Datenschutzbedingungen die spartenübergreifenden Zählwerte von Strom, Gas, Wasser und Wärme dem Energiedaten-Managementsystem (EDM-System) des Energieversorgungsunternehmens zur Verfügung. Das Gesamtsystem ist modular und derart erweiterbar, dass Vertriebsprodukte mit entsprechenden Informationen bedient werden können. Hinsichtlich der Kommunikationsstrecke zwischen dem MUC und dem EDM-System des EVU werden derzeit die Technologien Powerline, GPRS und DSL eingesetzt. Das heutige Konzept ist aber auch offen für zukünftige klimapolitische Anforderungen und wurde im E-Energy-Projekt „E-DeMa" aufgegriffen und zu einem IKT-Gateway weiterentwickelt.

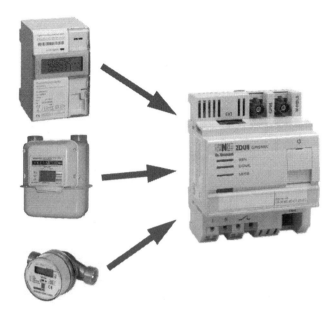

Abb. 17.2 Zähler übertragen ihre Daten via M-Bus-Schnittstelle zur Kommunikationseinheit. (Quelle: RWE)

17.5 Smart Gateways, die Energie-Controller beim Privat- und Gewerbekunden

Betrachtet man sowohl die politischen Klimaschutzziele „2020" als auch die technologische Weiterentwicklung, so ergibt sich zwangsläufig die Forderung nach mehr Energieeffizienz, was bedeutet, nicht nur weniger Energie zu verbrauchen, sondern auch mehr CO_2-arme Energieträger zu nutzen und diese vorrangig einzusetzen. Aufgrund der Volatilität erneuerbarer Energieträger führt diese Forderung automatisch zu einem Paradigmenwechsel. Der heutige Ansatz „Energieerzeugung folgt Last" verändert sich sukzessive in „Last folgt Energieerzeugung". Das wesentliche Erfolgsrezept einer derartigen Strategie liegt in ökonomisch sinnvollen Geschäftsmodellen im Privat- und Gewerbekundensegment.

Privat- und Gewerbekunden sollen künftig aktiver als heute in ihrer Rolle als Prosumer am Marktgeschehen teilnehmen. Berücksichtigung finden am E-Energy-Marktplatz jedoch nicht nur kleine Nachfrager, sondern auch andere Anbieter als beispielsweise an der Strombörse oder am Regelenergiemarkt teilnehmen. Abbildung 17.3 gibt eine Übersicht über potentielle Marktplatzakteure.

Ausgehend von der Idee, dass die zukünftigen Prosumer ihre Lieferbeziehungen über den Marktplatz abwickeln sollen, sind alle Akteure mit einer direkten Kundenbeziehung für den Marktplatz von Bedeutung. Im Fokus stehen demnach zunächst einmal die Lieferanten, die die Kunden mit Energie beliefern. Umgekehrt ermöglicht der Marktplatz den Kunden aber auch die Vermarktung eigener Einspeisungen und Flexibilitäten. Die Rolle der Gegenpartei übernimmt in diesen beiden Fällen der sogenannte Aggregator, der

Abb. 17.3 Potentielle Marktplatzakteure. (Quelle: Projekt E-DeMa)

aus den Einspeisungen kleiner Leistung und aus Flexibilitätsangeboten einzelner Haushalte vermarktbare Portfolien bildet. Des Weiteren gehören die Verteilnetzbetreiber (VNB), die den Kunden an das Netz anschließen und für die notwendige Versorgungssicherheit sorgen, zu den relevanten Akteuren. Außerdem sind seit Inkrafttreten der MessZV am 17. Oktober 2008 der Messstellenbetreiber (MSB) bzw. der Messdienstleister (MDL) als eigenständige Marktrolle zu betrachten – auch diesem Wettbewerbssegment wird der Zugang zum Marktplatz eröffnet. Dienstleistungen, die über den reinen Messstellenbetrieb hinausgehen, z. B. Energiemanagement und ähnliche Angebote, werden allgemein unter der Rolle des Energiedienstleisters zusammengefasst. Im Folgenden werden die einzelnen Marktrollen und ihre Funktion am E-Energy-Marktplatz detailliert beschrieben.

17.5.1 Kunden

Diese Marktteilnehmer können grob in zwei Gruppen unterteilt werden: die Industriekunden, die als Großverbraucher einen jährlichen Strombedarf über 100.000 kWh aufweisen, sowie die Privat- und Gewerbekunden (PuG-Kunden), die unterhalb dieser Grenze liegen und im Mittel etwa 4.500 kWh (4-Personen-Haushalt) bzw. 8.000–18.000 kWh pro Beschäftigten (Gewerbekunden) verbrauchen. PuG-Kunden sind in der Regel Haushalte, kleine Industrie-, Handwerks- oder Landwirtschaftsbetriebe, die mit dem synthetischen Standardlastprofilverfahren (SLP) beliefert und abgerechnet werden.

Da die Endkunden letztlich die gesamten auf dem Markt anfallenden Kosten in ihren Abrechnungen wiederfinden, muss daran gelegen sein, einen sinnvollen Ausgleich zwischen Versorgungssicherheit einerseits und kostengünstiger Energiebelieferung andererseits zu gewährleisten. Auch in ihren Beziehungen zu anderen Marktteilnehmern gleichen sich Großkunden PuG-Kunden immer mehr an.

Beide Gruppen verfügen über folgende Vertragsbeziehungen:

- zu Lieferanten, von denen sie ihre Energie beziehen,
- zu dem jeweiligen Netzbetreiber, an dessen Netz sie angebunden sind,
- zu Messstellenbetreibern, die die technische Funktionsfähigkeit der Messstelle gewährleisten sowie zu Messdienstleistern, die für die Ermittlung des individuellen Energieverbrauchs zuständig sind.

Grundsätzlich werden alle Prosumer, die am E-Energy-Marktplatz teilnehmen, in die Lage versetzt, Flexibilitäten des Eigenverbrauchs gegen einen Bonus anzubieten oder auch als Erzeuger von Energie- oder Flexibilitätsdienstleistungen aufzutreten. Damit entsteht – über den Aggregator – auch die Möglichkeit, EEG-Einspeiser künftig direkt zu vermarkten und ihnen die Möglichkeit zu eröffnen, z. B. nach Ablauf der gesetzlichen Vergütung ihre Anlagen weiterhin gewinnbringend einzusetzen. Durch diesen Marktplatz erhält der Energiekunde damit neue Möglichkeiten, sich aktiv am energiewirtschaftlichen Marktgeschehen zu beteiligen.

17.5.2 Lieferanten

Die Aufgaben der Lieferanten der Energiebranche reichen von der Kundenakquise über das Angebot variabler Tarife über die heute bekannte HT-/NT-Tarifstruktur hinaus bis hin zur Übernahme der Kommunikation mit anderen Marktteilnehmern für den Kunden. Als verschiedene Vertragsmodelle seien hier der für Privatkunden übliche All-Inclusive-Vertrag, bei dem der Verbrauch und die Netznutzung mit dem Lieferanten abgerechnet werden, Verträge mit Lastgangmessung für Großkunden oder speziell angepasste Lastprofile für Gewerbekunden genannt. Schließlich gibt es auch Anbieter, die Kombinationen (Multi Utility-Produkte) mit Wasser- und Gasversorgung sowie Telefon- oder Energiedienstleistungen anbieten.

17.5.3 Messstellenbetreiber/Messdienstleister

Um die Menge der gelieferten Energie zu bestimmen und damit neue Tarife abrechenbar zu gestalten, werden beim Endkunden Messeinrichtungen installiert, die unterjährig ausgelesen werden. Im Industriekundenbereich werden über registrierende Leistungsmessungen Tageslastgänge auf Viertelstundenbasis ermittelt, um sowohl die gesamte gelieferte Energie, als auch einzelne Leistungsspitzen abbilden und abrechnen zu können. Traditionell war der zuständige Verteilnetzbetreiber als „geborener" Messstellenbetreiber (MSB/MDL) für diese Aufgaben verantwortlich. Er hat sowohl die Messeinrichtung installiert, gewartet und betreiben, als auch die Dienstleistungen „Ablesung der Messstelle" und „Abrechnung der Netznutzung" erbracht. Im Zuge der allgemeinen Liberalisierung und Deregulierung des Energiemarktes wurde das Messwesen wettbewerblich organisiert und von den Leistungen des Verteilnetzbetreibers (VNB) entkoppelt. Dem Messstellenbetreiber stehen in dem neuen wettbewerblich organisierten Markt zusätzliche Produktmöglichkeiten zur Verfügung, die er im nichtregulierten Umfeld vertrieblich absetzen kann, um so den neuen Markt mit innovativen Metering-Produkten zu versorgen.

17.5.4 Verteilnetzbetreiber

Ein Verteilnetzbetreiber (VNB) ist ein Unternehmen, das örtlich oder regional die Versorgung der Endkunden mit Energie ermöglicht. Insgesamt gibt es in Deutschland etwa 900 Verteilnetzbetreiber, die den Lieferanten ihr Strom/Gasnetz kostenpflichtig zur physikalischen Belieferung der Endkunden zur Verfügung stellen. Als einer der zentralen Akteure in der Energiewirtschaft hat der VNB eine Vielzahl von Schnittstellen zu anderen Marktteilnehmern (Abb. 17.3), die er diskriminierungsfrei bedienen muss. Dazu schließt er sowohl mit einem PuG-Kunden als auch mit einem Industriekunden einen Netzanschluss- und einen Netznutzungsvertrag ab. Diese Verträge regeln lediglich den Netzzugang und sind unabhängig vom Energieliefervertrag, der zwischen Endkunden und Lieferant abgeschlossen wird. Der Lieferant schließt mit dem VNB einen Lieferantenrahmenvertrag ab, durch den die Netznutzung geregelt wird und der es ihm erlaubt, seine Kunden mit Energie zu beliefern.

Vom Messstellenbetreiber werden dem VNB die Viertelstundenwerte der Großkunden (rLM-Kunden) und zukünftig unterjährig der Verbrauch der PuG-Kunden (SLP-Kunden) übermittelt. Abhängig von der Kundengruppe leitet der VNB diese Messwerte entweder direkt an den Lieferanten und den Bilanzkreisverantwortlichen weiter (bei den rLM-Kunden) oder verwendet die Messwerte, um den Jahresenergieverbrauch der Standardlastprofilkunden zu prognostizieren (Abb. 17.4). Sollten sich im Markt variable Tarife durchsetzen, ist auch hier ein Wandel vom SLP zum analytischen also gemessenen Lastprofil zu erwarten.

17.5.5 Aggregatoren

Eine neue Marktrolle ergibt sich aus dem Handel mit Flexibilitäten und der Vermarktung dezentraler Einspeisungen. Da es sich in diesen beiden Fällen um in Relation zum Gesamtmarkt sehr kleine Energiemengen handelt, ist der mögliche Nutzen und damit der Marktwert einer einzelnen Einspeisung oder Flexibilität so gering, dass die einzelne Flexibilität nicht verkäuflich ist. Erst durch Aggregation von Energie- oder Flexibilitätsangeboten geringer Leistungen zu Portfolien wird eine Vermarktung überhaupt erst möglich. Die Wertschöpfung in diesem Schritt liegt in der Veredelung dieser Leistungen zu handel-

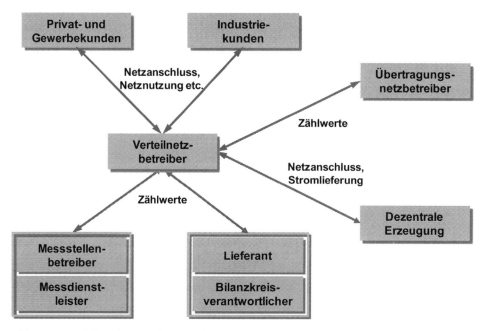

Abb. 17.4 Marktbeziehungen des Verteilnetzbetreibers. (Quelle: Projekt E-DeMa)

baren Produkten. Die Produkte des Aggregators können entweder an den Lieferanten oder den Verteilnetzbetreiber im Rahmen von Systemdienstleistungen vermarktet werden.

17.5.6 Energiedienstleister

Energiedienstleister (EDL) sind Unternehmen, die den verschiedenen Marktrollen auf einem E-Energy-Marktplatz Mehrwertdienstleistungen anbieten. Diese Angebote richten sich dabei einerseits an den Prosumer, an den über den reinen Messstellenbetrieb hinausgehende Services adressiert werden. Damit sind zum Beispiel die Beratung, Planung und Durchführung von Energieeinspar- und Energieeffizienzmaßnahmen gemeint. Andererseits können sich die Zusatzdienste der EDL aber auch an Marktteilnehmer wie den VNB, den Lieferanten, den Aggregator und den MSB/MDL richten.

17.6 Virtuelle Marktplätze als Basis für innovative Energie-Produkte

Innerhalb des E-DeMa-Ansatzes soll der Marktplatz als zentrale Informationsdrehscheibe und Administrationsoberfläche aber auch als Quelle von ökonomischen Anreizen für IKT-Gateways dienen. Der Marktplatz lässt sich damit in einer ersten Annäherung als eine Handelsdrehscheibe für Energie beschreiben und dient somit u. a. der Anbahnung von

Lieferbeziehungen höherer Komplexität, als sie heute in der Grundversorgung gegeben ist. Handelbar sind folglich positive/negative Lasten (kW) und positive/negative Arbeit (kWh).

Der Marktplatz dient dabei sowohl Akteuren der heutigen Energiewelt als auch neuen Anbietern als Plattform für die folgenden Leistungen:

- Energielieferungen,
- Aggregationsdienstleistungen,
- Messstellenbetrieb (innovative Produkte und Dienstleistungen erfordern IKT-Gateways oder andere Zähleinrichtungen) sowie
- energienahe Dienstleistungen (wie z. B. Gebäudemanagement, Energiedatenauswertung und -einsparberatung, Wartungscontracting von z. B. Weiße Ware etc.).

Während der elektronische Handel von Energie bereits vielfach in den Geschäftsbeziehungen zwischen den Unternehmen (Business-to-Business = B2B) unverzichtbarer Bestandteil geworden ist (z. B. EEX), vollzieht sich der Handel zwischen Lieferanten und Endabnehmern (Business-to-Customer = B2C) von Energie nach wie vor auf traditionellen Wegen. Ziel und Zweck der Einführung eines E-Energy-Marktplatzes soll es nun sein, die Privat- und Gewerbekunden in den elektronischen Handel mit Energie einzubeziehen.

Für die Unternehmen als Akteure am Strommarkt wie für Privat- und Gewerbekunden ergeben sich durch eine Nutzung des elektronischen Handels erhebliche Effizienzpotentiale bei der Wertschöpfung in allen Abschnitten der Energieversorgungskette. Durch Smart Meter werden die bis dato noch manuell erfassten Zählwerte der Kundenverbräuche in wesentlich kürzeren Zyklen elektronisch erfasst, durch einen automatisierten Prozess aufbereitet und den am Energieversorgungsprozess beteiligten Akteuren zeitnah elektronisch zugänglich gemacht werden. Auch die Netzbetreiber profitieren von der verbesserten Informationslage im Verbraucherprofil und gewinnen dadurch eine genauere Kenntnis über ihre Netzauslastung.

Für die Wertschöpfung von ausschlaggebender Bedeutung ist die Architektur des Marktplatzes als Informationsdrehscheibe zwischen allen Marktpartnern. Aufgrund der eindeutigen Zuordnung zwischen Verteilnetzbetreiber und Prosumer hat der Marktplatz eine strikte lokale Komponente (Abb. 17.5), d. h., es werden Verträge mit lokalem Bezug geschlossen und die jeweiligen Funktionsumfänge sind auf die lokalen Rahmenbedingungen abgestimmt.

Ein Prosumer kann beispielsweise seinen Verteilnetzbetreiber nicht frei wählen und auch nur auf diejenigen Lieferanten- und MSB-Angebote zugreifen, die für seinen Netzbereich eingestellt wurden. Daher gliedert sich die Marktplatzarchitektur in lokale E-DeMa-Marktplätze, die durch eine globale Administrationsebene miteinander vernetzt sind (Abb. 17.6).

Diese globale Vernetzung der lokalen Marktplätze, die z. B. je Regelzone organisiert werden könnte, ermöglicht überregional tätigen Akteuren einen einfachen Zugang zu mehreren ausgewählten lokalen Marktplätzen.

Abb. 17.5 Architektur des lokalen E-DeMa-Marktplatzes. (Quelle: Projekt E-DeMa)

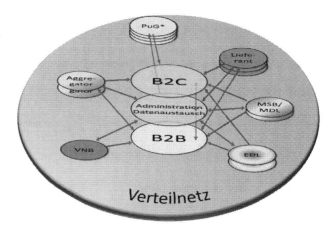

Abb. 17.6 Globale Vernetzung der lokalen Marktplätze und Zugang überregional tätiger Akteure. (Quelle: Projekt E-DeMa)

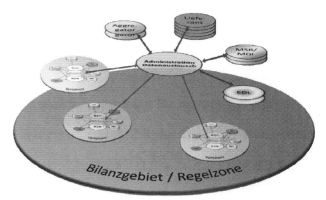

Die Herstellung von Software-und Hardware-Lösungen stellt in Projekten immer eine besondere Herausforderung dar, da – wenn nicht zuvor im Konsortialvertrag eindeutig geregelt – es fast immer zu Diskussionen zu Eigentumsrechten (intellectual properties [IP]) kommt. Daher muss unbedingt im Konsortialvertrag, der vor Beginn der ersten Projektarbeiten abgeschlossen sein muss, klar geregelt werden, welcher Konsortialpartner sich mit welchen Arbeiten welches Recht an einem Projektdetailergebnis erwirbt. Gibt es keine klaren Regelungen zu Projektergebnissen, gehören diese Ergebnisse allen Konsortialpartnern, was häufig eine spätere Verwertung der Ergebnisse ausschließt.

17.7 Smart Grids, die „intelligente" Form, Verteilnetze zu steuern

Die deutsche Energiewirtschaft steht vor großen Herausforderungen, neben den Umweltzielen auch die Wirtschaftlichkeit und Versorgungssicherheit auf dem heutigen Niveau zu erhalten. Die Volatilität der Energieerzeugung, insbesondere bei der dezentralen Stromerzeugung, wird stark zunehmen, kann aber durch Flexibilitäten im Netz im Rahmen von Netzdienstleistungen abgemildert werden. Flexibilität wird zukünftig ist ein Schlüssel zur Stabilität sein.

Die Energieversorgung der Zukunft steht vor insgesamt fünf elementaren Herausforderungen, denn sowohl die Erzeugung als auch der Verbrauch werden flexibler:

a. Erneuerbare Energien gewinnen an Bedeutung, der Netzbetrieb steht vor neuen Herausforderungen:Politisch gewollt sollen bis zum Jahr 2020 insgesamt 20 % erneuerbare Energiequellen am Netz sein. Bei dieser Forderung bleibt unberücksichtigt, dass heutige Energieversorgungsnetze diesen Ansprüchen teilweise nicht gerecht werden können, da sie hierfür weder geplant noch gebaut wurden. Ein Großteil der erneuerbaren Energiequellen ergeben sich zudem nicht gleichverteilt über die Republik, sondern siedeln sich eher in ländlichen Bereichen an, dort wo Wind- oder PV-Anlagen günstige Witterungs- und Platzbedingungen vorfinden, um sie kostengünstig und raumordnungspolitisch korrekt betreiben zu können.
b. Die Netzplanung steht im Spannungsfeld zwischen gesellschaftlichen und regulatorischen Anforderungen:
Planungen zum Netzausbau stehen seit jeher im Fokus der öffentlichen Wahrnehmung, was dazu führt, dass energiewirtschaftlich sinnvolle und versorgungstechnisch notwendige Netze nicht oder nur zeitlich verzögert gebaut werden können. Derartige Aspekte führen zu den heute bekannten und im EEG verankerten Regelungen der Abschaltung von Erzeugungen aus erneuerbaren Quellen aufgrund von temporären Leitungsengpässen.
c. Neue Netzstrukturen und -konzepte erfordern innovative Betriebsmittel und Lösungen:
Um den zukünftigen Herausforderungen in der Netzplanung und im Netzbetrieb gerecht zu werden, hat die RWE Deutschland AG bereits einige Pilotprojekte durchgeführt, die sich sehr intensiv einerseits mit neuen Betriebsmitteln im Verteilnetz auseinandersetzen, andererseits aber auch neue Geschäftsmodelle diskutieren. Da das Netz fast vollständig reguliert ist, sind die entsprechenden öffentlichen Entscheidungsträger mit in die Innovationen einzubeziehen.
d. Durch das neue Bewusstsein für Energieverbrauch und -erzeugung wird der Kunde zukünftig aktiver Bestandteil der Energiewirtschaft:
Durch den Einsatz von PV-Anlagen, die Nutzung von kleinen und mittleren KWK-Anlagen werden ehemalige Energiekonsumenten zu Energieproduzenten, zu sogenannten Prosumern. Neben der eigenen Erzeugung gewinnen Flexibilitäten sowohl im Energiekonsum als auch bei der Erzeugung eine immer größere Bedeutung. Erste Geschäftsmodelle wie z. B. im Rahmen von virtuellen Kraftwerken weisen einen stetigen Bedarf an einer Weiterentwicklung von Geschäftsmodellen auf, Energiemengen ggü. Dritten zu vermarkten.

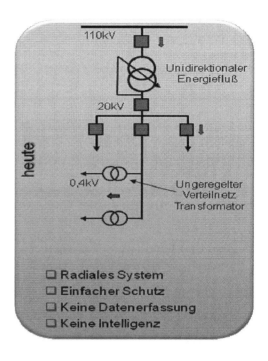

Abb. 17.7 Beispiel eines heutigen Verteilnetzes, ausgerichtet nach einem Top-Down-orientierten Lastfluss. (Quelle: Siemens)

e. Neue Geschäftsmodelle wie z. B. E-Mobilität und Breitband entstehen:
Insbesondere die Einführung von neuen Geschäftsmodellen auf der vertrieblichen Seite führt zu neuen Anforderungen auf der Seite der Verteilnetze. Das ebenfalls politisch gewollte Wachstum von PKW-Zulassungen mit E-Antrieb erwartet sowohl netz- als auch abrechnungsrelevante Lösungen von den Netzbetreibern. Für die Lösung dieser Herausforderungen stehen moderne Kommunikationslösungen zur Verfügung, die aufgrund des steigenden Bandbreitenbedarfes mittelfristig auf Kommunikationslinien wie z. B. Breitbandkabel umsteigen werden.

Alle Veränderungen wirken sich gleichermaßen auf ländliche aber auch auf städtische Regionen aus. Analysiert man die Herausforderungen moderner städtischer Infrastrukturen, so zeigt sich, dass in bestimmten Netzbereichen, in denen massive Ausspeisungen vorliegen, Leistungsverstärkungen vorgenommen werden müssen. Zudem muss der Automatisierungs- und Interaktivitätsgrad gesteigert werden, Speichersysteme müssen aufgebaut werden. Soll die erwartete Anzahl von E-Mobilen erreicht werden, so muss auf dem Weg dorthin eine intelligent agierende Ladeinfrastruktur errichtet werden. Alle Gebäude in Städten werden zunehmend „smart", besitzen also intelligente Aspekte zur Steuerung von Lasten und eigener Erzeugung. Neben allen Fragen der energetischen Neuausrichtung sind die zusätzlichen Herausforderungen zur Energiewende wie der Altersstruktur der Bevölkerung, dem Strukturwandel in etlichen Regionen Deutschlands und der Altersstruktur der elektrischen Betriebsmittel zu bewältigen.

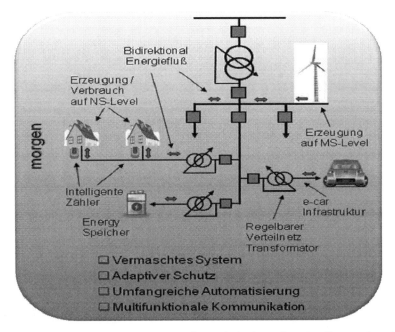

Abb. 17.8 Modernes Verteilnetz (Smart Grid) mit bidirektionalem Lastfluss und intelligenter Einsatzsteuerung. (Quelle: Siemens)

Vergleicht man heutige Verteilnetze (Abb. 17.7) mit Herausforderungen an moderne Netze (Abb. 17.8), so zeigt sich, dass Informations- und Kommunikationstechnologien eine wichtige Rolle bei der Erfüllung der Mess- und Steuerungsaufgaben spielen werden.

17.8 Zusammenwirken von Smart Grids und modernen Lösungen zum Lastmanagement

Der nächste Schritt zur Steuerung von Lasten bei Endkunden wurde im Projekt E-DeMa vollzogen. In diesem Projekt wurden Konzepte entwickelt, die es ermöglichen, bei Privat- und Gewerbekunden verschiedene Arten von elektrischen Lasten tarif- oder netzincentiviert zu steuern. Die zur Incentivierung notwendigen Preissignale werden von einem virtuellen Energiemarktplatz aus an ein Gateway im Haus des Endkunden übertragen, das den lokalen Einsatz der vorgesehenen elektrischen Geräte vornimmt. Derartige Einrichtungen lassen sich zukünftig in Smart Grid-Strukturen einbinden, um dem Netzcontroller die notwendigen Informationen über die Verfügbarkeit von Flexibilitäten aller Teilnehmer liefern zu können.

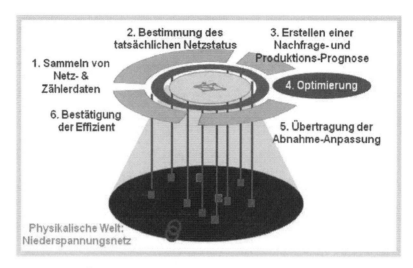

Abb. 17.9 Autonome Überwachung des Netzstatus und Optimierung des Energieverkehrs durch dezentrale Intelligenz. (Quelle: RWE, Deutschland)

Aus der Notwendigkeit heraus, lokale Flexibilitäten im Privat-, Gewerbe- und Industriebereich nutzen zu wollen, wurde bei RWE das Projekt „Smart Operator" (Abb. 17.9) gestartet, das im Verteilnetz lokal unter Nutzung aller vorhandenen Flexibilitäten das Netz ausregelt. Das Projekt arbeitet an der Optimierung der Steuerungsstrategien und einer Abnahmeanpassung und verbessert mithilfe eines Netzcontrollers die Reaktionsfähigkeit des Netzes auf volatile Einspeisung und gewährleistet so die Aufnahmefähigkeit des Netzes von erneuerbaren Energien.

Sehr hilfreich für die Durchführung von Projekten und der Wahrnehmung sowie der Anerkennung der Projektergebnisse ist die Übernahme von Projektzwischenergebnissen in Nachfolgeaktivitäten oder in Nachfolgeprojekten.

17.9 Fazit und Ausblick

Die hier vorgestellten Markt- und Wirkmechanismen werden in weiteren Projekten untersucht. Neben allen theoretischen Erkenntnissen und technischen Erfahrungen sind kundenseitige Rückkoppelungen von unschätzbarem Wert. Erst die Anwendung unter realen Bedingungen ermöglicht belastbare Aussagen zu technischer Stabilität der gesamten Systemtechnik sowie Erkenntnisse zum Kundennutzen. Für den Erfolg derartiger Marktplatzkonzepte ist der Mehrwert sowohl für den Kunden als auch dem Anbieter von enormer Bedeutung. Die Einbindung von Kunden in derartige innovative Einrichtungen führt immer zu neuen Erkenntnissen und Produktverbesserungen und ist damit für dessen Zukunftstauglichkeit unentbehrlich.

Literatur

E-Energy: IKT-basiertes Energiesystem der Zukunft, Bundesministerium für Wirtschaft und Technologie 2008
Projekt E-Energy: www.e-energy.de
Projekt E-DeMa: www.e-dema.de
Projekt Smart Operator: www.rwe.com/web/cms/de/37110/?pmid=4008283
Projekt Smart Country: www.rwe.com/web/cms/de/683570/smart-country/

Printed in Poland
by Amazon Fulfillment
Poland Sp. z o.o., Wrocław